O 3/6
A11

L'ÉGYPTE
A PETITES JOURNÉES

DROITS DE TRADUCTION ET DE REPRODUCTION RÉSERVÉS

PARIS. — IMPRIMERIE DE E. MARTINET, RUE MIGNON, 2.

L'ÉGYPTE A PETITES JOURNÉES

CERCUEIL DORÉ DE LA REINE AAH-HOTEP.
Musée de Boulaq, XVIIIe dynastie, XVIIe siècle av. J. C.

(Dessin de M. Ed. Garnier,
d'après une photographie inédite de Th. Devéria.)

L'ÉGYPTE

A PETITES JOURNÉES

ÉTUDES ET SOUVENIRS

PAR

ARTHUR RHONÉ

CORRESPONDANT DE LA SOCIÉTÉ DES ANTIQUAIRES DE FRANCE

―

LE KAIRE ET SES ENVIRONS

PARIS

ERNEST LEROUX, ÉDITEUR

LIBRAIRE DE LA SOCIÉTÉ ASIATIQUE, DE L'ÉCOLE DES LANGUES ORIENTALES
DE LA SOCIÉTÉ KHÉDIVIALE DU KAIRE, ETC.

RUE BONAPARTE, N° 28

M DCCC LXXVII

A MADAME CÉCILE RHONÉ

Qui, la première, a demandé et encouragé la mise au jour de cet essai,

Son neveu obéissant et respectueux,

« *Vagari, lustrare, discurrere, quivis potest : pauci indagare, discere, id est, vere peregrinari.* »

JUSTE LIPSE.

LES ILES ÉOLIENNES
(croquis de M. C. Chazal).

I

LA MÉDITERRANÉE.

> « C'est l'Orient que j'appelle, que je demande,
> que je veux !... »
> (HENRI REGNAULT. — *Lettres.*)

L'aspect des grands horizons de l'Histoire, à mesure qu'ils s'éclairent et se précisent, offre à l'esprit des jouissances d'un ordre toujours plus élevé, comparables à celles que la science lui ouvre dans l'exploration des espaces célestes. Ce n'est plus l'image d'une immensité vide et obscure qui saisit l'âme : dans les profondeurs du temps, comme dans celles de l'espace, c'est le spectacle d'un enchaînement de destinées dont les limites et les origines, reculant devant l'œil de l'observateur, montrent que partout une éternelle vie se meut au sein d'une éternelle jeunesse pour marcher vers un but inconnu... S'élevant alors au-dessus des traditions de la légende et de l'erreur, l'esprit pénètre dans le domaine de la nature et de la vérité, dont la généreuse et mâle poésie dépasse en grandeur les plus touchantes fictions du passé, puisque, loin de les effacer, elle les fait revivre dans leur beauté première et en leur milieu vrai d'action et d'influences. Devant tant de clartés inespérées, comment ne pas éprouver un invincible attrait pour ces lieux célèbres où, chaque jour, les vestiges du passé fournissent des révélations nouvelles sur les temps les plus lointains de notre histoire ?

Ce fut sous l'empire de ces impressions que, futurs compagnons de ce beau voyage, nous visitâmes un jour le musée égyptien du Louvre avec Théodule Devéria, savant aussi supérieur qu'artiste délicat. Un instant, à sa voix, le fantôme de la plus antique civilisation du globe était sorti des ténèbres, et quelques lueurs du ciel d'Orient avaient brillé à travers les humides rafales de novembre... Pleins d'émotion et d'ardeur, nous jurâmes devant le portrait de Champollion d'aller ensemble vers cette Égypte, si remplie de douceur et de majesté, dont les œuvres exilées apparaissent déjà comme un reflet naïf et sublime.

Un mois après, le 14 décembre 1864, nous entourions Devéria sur le pont du *Mœris*, qui, de Marseille, allait prendre son essor vers l'Orient. Aucun ne manquait à l'appel. C'était d'abord notre doyen d'âge, M. S***, directeur d'une de nos grandes compagnies de chemins de fer français, et, malgré ses graves occupations, capable de conserver l'esprit le plus universel, l'âme la plus enthousiaste et le caractère le mieux fait pour un long voyage en commun. Puis, Henry P***, jeune ingénieur, dont le nom appartient à l'histoire des plus belles créations du génie industriel, et qui, avec son esprit ouvert, son caractère sympathique, sait devenir le lien de toute réunion, puisque jamais il ne cesse de s'oublier lui-même pour s'occuper d'autrui. Alfred C***, l'excellent et hardi compagnon, qui ne songeait guère alors aux conflits de l'urne et de la tribune parlementaires. Enfin celui auquel fut confié plus tard le soin de fixer les impressions de ce voyage.

Une planche (planche de salut!) fut enfin retirée, et aussitôt l'avenir et l'horizon s'ouvrirent sur les eaux bleues de la Méditerranée. Le petit groupe alors se resserra plus étroitement et, dans un même élan, tourna les yeux vers l'Italie, vers la Grèce et l'Orient, régions bien-aimées du soleil, des souvenirs et du génie, où la pensée, devançant la réalité, va plonger à tire-d'aile et s'imprégner de lumière et de joie!

Dès le début tout nous souriait : le ciel était favorable, la mer vive et docile, le navire superbe et beau marcheur, le capitaine sociable, et l'assistance faite pour laisser des souvenirs. Nous voyagions avec plusieurs des dignitaires du Canal maritime de Suez, retournant à leur poste auprès de M. Ferdinand de Lesseps, et parlant avec enthousiasme de leur président, des luttes de tous genres qu'ils soutiennent avec lui, comme aussi des découvertes archéologiques de M. Mariette-bey, notre illustre compatriote, à qui Devéria devait nous présenter. C'est alors que nous fîmes la connaissance de M. A. de Chancel, administrateur délégué de la compagnie de Suez, de M. Voisin-bey, ingénieur en chef, et de M. le baron Jules de Lesseps, qui, pour la première fois, allait rejoindre son frère dans l'isthme, où nous devions l'accompagner.

Confiants dans l'avenir qui s'ouvrait et ne pouvait manquer de les initier à tant de grandes choses, les voyageurs se laissèrent d'abord aller aux charmes d'une traversée assez belle pour les dispenser de recourir aux bienfaisantes *précautions* de leurs familles, lainages, topiques et talismans. L'Histoire sait bien qui en était le plus chargé, mais elle pourra dire combien toutes ces saintes choses dormirent tranquilles durant la traversée; car, malgré un roulis assez fort, personne ne sentit les atteintes du mal horrible.

Le lendemain matin on côtoya la Corse, compacte et grandiose entassement de montagnes neigeuses, qui a déversé sur le monde en une fois, espérons-le du moins, tout son génie! Puis, on pénétra dans le détroit de Bonifacio, à travers un archipel de petites îles à l'aspect rocheux et tourmenté. Ces côtes, ces îles aux couleurs harmonieuses, aux lignes variées et changeantes, qui apparaissent de tous côtés, puis disparaissent, forment un spectacle aussi merveilleux qu'attrayant. Nous naviguions alors si près de la Corse, que l'on pouvait distinguer, sur la cime d'une falaise qui se prolonge en déclinant, les balcons et les promenades de Bonifacio fourmillant d'imperceptibles Corses, et les campaniles des églises faisant tinter leurs cloches dans la vive lumière d'un ciel italien.

Bientôt après on passait à côté de l'île de Caprera. Au fond d'une prairie qui s'incline vers la mer, nous apercevons une maison blanche, devant laquelle un groupe s'agite autour d'un personnage isolé qui paraît donner des ordres ou faire une harangue. Les lunettes aussitôt sont braquées de ce côté. « *Tchíntchinnâtous!...* » (Cincinnatus!) s'écrie tout à coup un passager italien en tendant les bras..... Mais le navire nous emporte, et ce petit tableau, si vivant et si imprévu, s'évanouit au milieu des lignes éternelles de rochers qui s'entrecroisent et se déroulent de toutes parts. Puis la nuit vint : le bleu sombre de la mer s'illumina de lueurs phosphorescentes, et le navire laissa derrière lui un long ruisseau d'argent.

Le 21, au coucher du soleil, nous traversions l'archipel volcanique de Lipari, les îles Éoliennes d'autrefois, masses abruptes, anguleuses, rougeâtres, qui semblent les éclats d'un continent disloqué par une convulsion. Entre ces belles îles aux souvenirs dorés, aux teintes incandescentes, sur ces eaux tiédies, empourprées par le soleil couchant, le passage du navire ouvrait un long sillage de paillettes d'or; la fumée blanche des volcans se mêlait aux brumes ardentes du soir. Nous nous sentîmes dans un monde nouveau, à mille lieues de l'hiver et des rives maussades de la Seine : « *Atrox cœlum!* » affreux climat, grommelait déjà le vieux Florus, rien qu'en y pensant.

Ce même soir, on entra dans Messine; il faisait nuit et l'on distinguait à peine les côtes de Calabre. Autour du navire, des dauphins phosphorescents s'ébattaient follement sous la vague : on les voyait poindre au fond de la mer, monter comme une fusée, percer l'eau d'un dos frissonnant qui lance un éclair, puis disparaître en frétillant.

On nous permit de descendre à terre : mille mots harmonieux se croisaient sur le rivage, annonçant la terre enivrante d'Italie; mais, de près, ce n'était plus, hélas! que le jargon des *facchini*, dont la tourbe nous assiégeait de mille offres baroques et persistantes. Quelle joie, malgré tout, de retrouver ce parler divin des madones et des princesses! Quelle volupté de pouvoir lancer en passant quelqu'une de ses notes musicales et sonores, ne fût-ce que « *Canaglia!* »

Voir Messine en pleine nuit, c'est le moins qu'on puisse voir de Sicile; car depuis le furieux tremblement de terre de 1783, ce n'est plus qu'une ville moderne et irréprochable. Telle du moins elle nous apparaît avec ses longues rues droites et plates, bordées de « *magnifiques constructions* » et de becs de gaz aussi utiles qu'ennuyeux. Toutefois, en traversant une place déserte, nous découvrons dans l'ombre une riche façade de cathédrale gothique, une de celles peut-être qu'ébranla le tocsin des *Vêpres siciliennes*.

Après la Sicile, vint la grande mer sans îles et sans rivage; celle des demi-dieux, des héros et des destinées agitées du vieux monde, dont les souvenirs murmurent, quand on passe, comme un ancien air de ballade aimé dès l'enfance et entendu dans le lointain. Les vagues bercent le navire en lui chantant leur légende, et on ne les trouve pas muettes et sauvages, comme celles des grands espaces atlantiques, sans histoire et sans souvenirs.

Le cinquième jour, à travers les brumes, une longue chaîne de montagnes blanchâtres apparut à l'ouest : c'était l'île de Crète annonçant la Grèce et Cythérée; elle s'évanouit vers le soir comme finit un chant d'Homère, « en s'élevant jusqu'à l'éther, jusqu'aux splendeurs du souverain des dieux », et nous ne pensâmes plus qu'à l'Égypte.

Le septième jour, enfin, on s'éveilla devant Alexandrie.

CYTHÈRE.

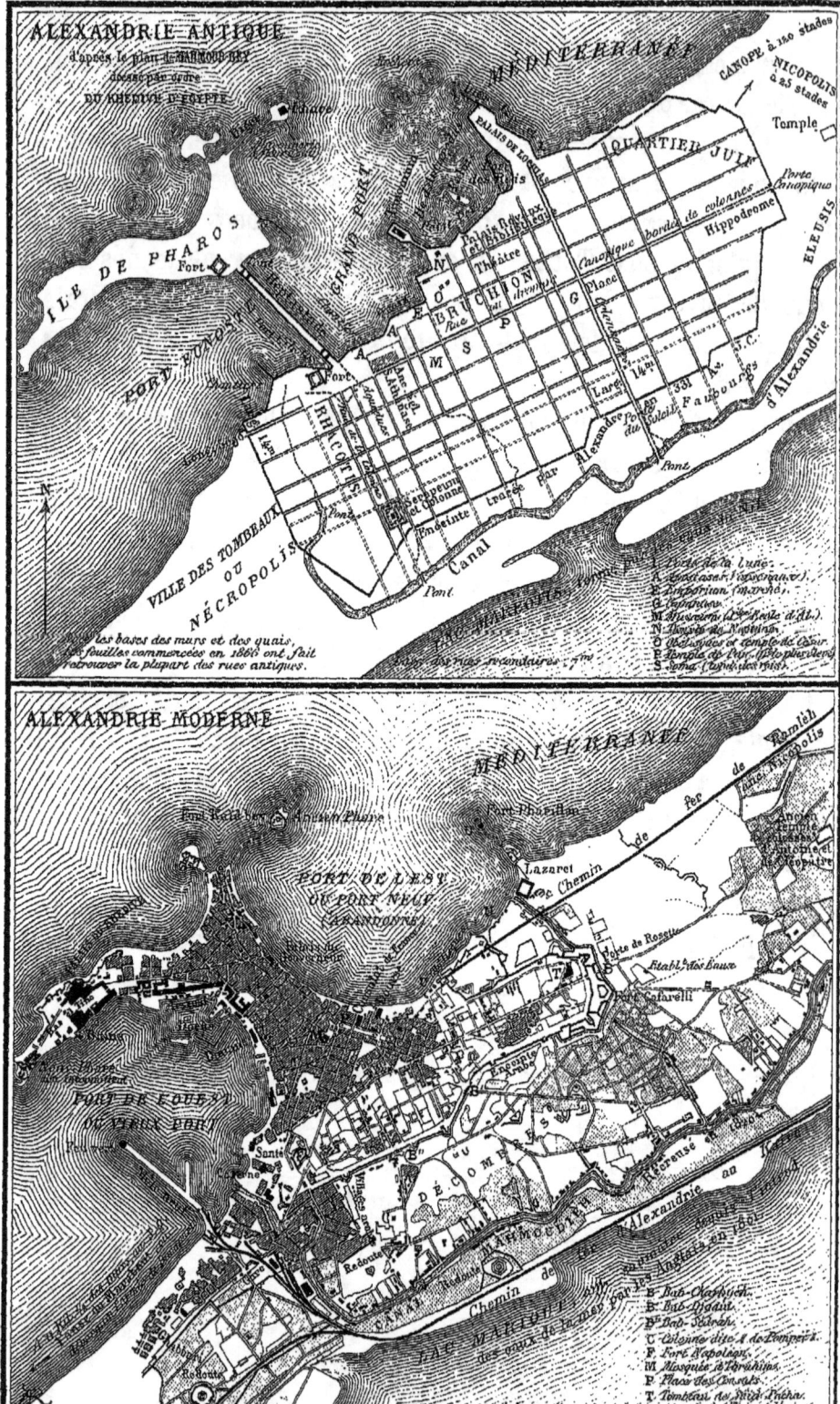

MONNAIES DES PREMIERS PTOLÉMÉES, DE BÉRÉNICE ET DE CLÉOPATRE
(d'après le Catalogue de la collection di Demetrio, par F. Feuardent).

II

ALEXANDRIE

« Ce fut pour nous comme une apparition des antipodes, et un monde tout nouveau. »

(CHAMPOLLION le jeune. — 1re *Lettre écrite d'Égypte.*)

25 décembre.

On s'élance sur le pont; dès le premier regard, tout l'Orient se révèle : le soleil se lève joyeux et brillant comme à l'aurore du monde biblique. Tout est ardent, lumineux, triomphant : ciel limpide et profond, mer bleue petillante d'étincelles, et à l'horizon, dans un lointain merveilleux, toute une ronde de légers nuages roses voltigeant dans une auréole enflammée autour du soleil levant.

Les côtes d'Égypte se dessinent onduleuses et dorées. Alexandrie approche, élevant sur les eaux le cercle de ses masures grises et de ses blancs édifices d'où s'échappent des minarets et des palmiers, et l'on entre enfin dans ce port fameux, tout hérissé des grandes antennes des barques égyptiennes.

Nous ressentions déjà cette joie d'arriver et de revivre, cette ardeur à l'escarmouche, qui jadis firent sauter saint Louis dans la mer, quand subitement le pont du navire s'est trouvé envahi, perdu sous le bruit et le tumulte; il ne nous appartient plus, il est la proie des portefaix, des mariniers en culottes, vestes et turbans qui s'y abattent comme la peste ou les sauterelles, s'emparant des choses et des gens avec une ardeur et une mimique si actives, qu'on en reste ébahi et subjugué. Ils nous emportent, nous lancent de barque en barque et de là au rivage en un clin d'œil, pour revenir plus vite au pillage.

L'un des passagers, artiste et homme d'imagination, est déjà si enflammé de tout ce qu'il voit, qu'en gagnant la rive il lance des *salams* enthousiastes à chacune des embarcations qui passent. Les Turcs qui s'y trouvent, sans comprendre ni s'étonner, lui répondent toujours gravement et dans les formes.

La douane nous arrête un instant : on y exhibe ses passe-ports, vieilleries consacrées qui font vivre quelques pillards. On y laisse beaucoup d'argent et quelques bagages, moyennant quoi on est libre enfin de mettre le pied sur ce vieux sol tant désiré.

Tout nous saute aux yeux par sa nouveauté. D'abord les constructions, bizarres, pittoresques, empreintes de saveur arabe; puis les individus, dont pas un ne ressemble à l'autre comme type ou costume, tant il y a mélange de races incroyable et divers. Ici c'est un Égyptien de vieille souche, à tête de sphinx, à nuance de granit; ses yeux long fendus, ses pommettes saillantes, ses lèvres épaisses animées d'un sourire singulier, toute sa personne enfin éveille et captive l'attention : c'est une momie ressuscitée qu'on a devant les yeux. Plus loin, voici les Nubiens noirs, qui caracolent, leurs draperies blanches au vent; puis, de vieux Turcs au lourd turban, aux traits réguliers et impassibles; des nègres grimaçants, des Grecs prompts et subtils, des Bédouins de haute mine, des Levantins cauteleux et autres espèces ambiguës et dangereuses. Enfin, toutes sortes d'êtres sans nom, de toutes les nuances possibles, noires, jaunes, blanches, bistres. Vêtus, pour la plupart, de longues chemises, de tuniques bleues ou blanches serrées à la taille, ils ont tous dans leurs mouvements et dans leurs poses cette agilité, cette grâce quasi sculpturale qui n'appartiennent qu'aux pays du soleil. Tout cela pullule et tourbillonne, pieds, bras et jambes nus, parlant haut les dents au vent, proposant toujours quelque service, tendant la main d'avance, et disputant une heure pour un *para*, même après avoir reçu dix fois plus que de raison.

Voilà ce que nous avons pu voir déjà en nous rendant à l'hôtel d'Europe, vaste et affreux caravansérail où tous les abîmes possibles de malpropreté, d'abandon et d'abus sont ouverts sous les pas de l'étranger; mais nous sommes si contents, que tout nous paraît charmant. On ne chagrine pas pour si peu de jeunes et fraîches impressions!

Devant nos fenêtres s'étend la *place des Consuls*, grand espace rectangulaire d'autant plus monotone qu'il a servi de lieu de rendez-vous aux principaux consulats d'Europe, ces pions qui s'observent sur l'échiquier toujours disputé des bouches du Nil. Chacun protége ses nationaux et en répond; il le faut bien, sur ce sol neutre où l'avantage est au plus adroit, au plus influent, au plus intrigant. Le consul est tout pour l'étranger, qui ne peut guère s'aventurer seul; il le fournit au besoin de guides, de renseignements, lui fait parvenir ses lettres, venge sa mort s'il est tué; enfin porte les plus belles décorations de son pays natal!

Rhoné, qui a l'honneur de connaître intimement le consul général, M. Tastu et sa mère, Mme Amable Tastu, notre célèbre et charmant poëte, court se jeter dans leurs bras et leur demander une audience pour ses amis.

En attendant le moment qui nous est indiqué avec empressement, nous nous lançons à l'aventure. Des nuées de petits âniers nous mettent dans la main leurs jolis ânes harnachés de hautes selles bigarrées et de brides constellées d'anneaux métalliques au bruit argentin. Les rues sont irrégulières, non pavées, pleines de fondrières et de flaques de boue; les maisons, sans symétrie, sont comme jetées au hasard, chaque étage débordant volontiers sur le précédent et dans le sens qui lui plaît. Au rez-de-chaussée, petites boutiques en façon de niches et béantes sur la rue; l'artisan travaille sur le devant, sans mystère; le marchand, accroupi sur son comptoir, fume le long chibouk sans remuer.

Qu'a-t-il à vendre ? Rien, en apparence quelques tas d'herbes, de chiffons ou de pots. Que vend-il ? Moins encore, si l'on en croit son air somnolent et distrait. Et cependant tout le monde paraît satisfait, et le soleil luit toujours.

De longues files de chameaux lourdement chargés de pierres ou de fourrage vert nous arrêtent un instant en encombrant la voie ; puis ils défilent lentement à pas saccadés, imperturbables et balançant d'avant en arrière leur long cou au-dessus de la foule enturbannée qui tourbillonne dans leurs jambes.

Plus loin, nous rencontrons une troupe de musiciens jouant en mode mineur, sur un rhythme assez vif, une de ces mélopées traînantes et bizarres qui ne reprennent jamais haleine, mais dont la monotonie a quelque chose qui grise et qui charme comme le *biniou* breton ou la *zampogna* d'Italie. Derrière eux roulent en cahotant des haquets chargés d'étoffes, d'aiguières, de bassins et autres objets aussi bruyants que voyants, cadeaux qu'un nouveau marié envoie à l'épousée dont il ne connaîtra, dit-on, le visage que ce soir : surprise pour surprise ! Le tout s'arrête au logis de la fiancée et s'engouffre au fond de corridors sombres d'où s'élève aussitôt comme un carillon lointain de clochettes argentines, sorte d'ullulation qui se produit avec la langue et se termine par une fioriture aiguë et vive : c'est le cri d'allégresse des femmes, obligatoire en toute circonstance joyeuse. Qui peut connaître l'antiquité de ce cri en Orient, où tout s'éternise ? Moïse l'entendit sans doute en descendant du Sinaï ; il retentit sur les terrasses de Sion et aux parvis du temple ; il accompagna peut-être l'entrée triomphante qui devint plus tard le *jour des Rameaux!*

Le consulat de France nous a fait l'accueil le plus flatteur : Mme Tastu tient son salon avec la dignité, l'aisance d'une grande dame et l'esprit d'une femme supérieure. Son fils nous révèle mille choses étranges sur l'Orient et sur le poste important qu'il y occupe. Sa situation est difficile ; il lui faut être l'arbitre et le protecteur de tous les Français résidant à Alexandrie, c'est-à-dire d'une population de 15 000 âmes, dont beaucoup d'aventuriers de la pire espèce. A chaque instant, il tombe au consulat des familles de ces malheureux qui changent de place pour vivre, et qu'il faut bien nourrir et protéger quand on ne trouve pas à les envoyer ailleurs. La population et les affaires ont décuplé depuis trente ans sans que le personnel et les ressources du consulat aient augmenté. Aussi le consul de France, pour faire honneur à son pays, doit-il parfois pratiquer des *coupes sombres* dans ses propriétés, s'il en a. L'Angleterre fait mieux les choses, car elle sait combien briller est chose importante devant ces populations enfantines de l'Orient. Au point de vue de la politique, le consul est toujours, selon son expression, sur le pont qui conduit au paradis de Mahomet, c'est-à-dire en équilibre sur un fil; le chemin qu'il a parcouru ne compte pas, puisque le moindre souffle suffit à le précipiter.

En revenant par la place des Consuls, nous retrouvons M. Jules de Lesseps qui, avec son amabilité charmante, nous présente immédiatement à son frère, M. Ferdinand de Lesseps. Le président de l'isthme de Suez nous séduit, comme il séduit tous ceux qui l'approchent, par son affabilité ouverte et spirituelle; connaissant déjà nos amis Henry P*** et Devéria, et depuis longtemps la réputation de M. S***, dont il recherche les avis comme ingénieur, il nous adopte tous et nous convie à le suivre bientôt dans l'isthme de Suez.

Il nous décide sans peine à ne partir pour le Kaire que le surlendemain et avec lui; à descendre au même hôtel et à y prendre tous nos repas à la table de famille des ingénieurs de l'isthme, de façon à pouvoir concerter ensemble notre prochaine tournée aux travaux du canal maritime. M. de Lesseps pense que le vice-roi, Ismaïl-pacha, avec cette hospitalité magnifique particulière aux souverains orientaux, se fera un plaisir de mettre à notre disposition un de ses bateaux à vapeur pour remonter le Nil, ce qui nous laisserait plus le temps pour visiter le Kaire et parcourir l'isthme.

Cette perspective de vie charmante et de projets magnifiques s'ouvrant dès notre arrivée en Orient, nous dispose à croire au merveilleux, et bien avant dans la nuit nous restons plongés dans des causeries, des extases et des dissertations d'une béatitude et d'une profondeur incalculables !

26 décembre.

Nous errons tout le jour parmi les places, les ruelles et les marchés d'Alexandrie; tout cela est plein de petits coins charmants qui semblent des fantaisies de l'imagination créées avec les éléments vrais et naïfs de la nature. A première vue, rien qui rappelle l'antique magnificence de cette fameuse ville de sagesse et de superstition, de travail et de brigandage, sauf quelque chose, peut-être, sur ce dernier point... C'est à peine si, en furetant bien, on découvre quelque *patio* fait de colonnes et de chapiteaux antiques. Le flot arabe a tout recouvert, tout transformé, et en fait de villes déchues, celle-ci est bien l'une des plus tombées, des plus misérables. Telle qu'elle est, cependant, elle nous plaît singulièrement : c'est un grand jour dans la vie, celui où, pour la première fois, on se trouve face à face avec un Arabe, un palmier, un chameau ! Que de surprises et de révélations ces trois choses entraînent après elles ! C'est le monde du moyen âge, ce sont les hommes du temps de Joinville qui nous apparaissent avec tous leurs caprices de grâce primitive et de franche énergie.

En fait d'êtres singuliers, il en est qui pullulent à une certaine heure de l'après-midi surtout : ils avancent en se dandinant, semblant rouler plutôt que marcher, et tenant les bras réunis sur la tête comme les anses d'un pot. Sans même s'y connaître, on devine tout de suite que ce sont des femmes. Effectivement la face est voilée. La robe de soie jaune ou bleu de ciel, souvent mal coupée sur une taille mal prise, descend en forme de large pantalon qui drape comme une jupe. Un immense surplis ou voile de taffetas noir tombe de la tête jusqu'aux pieds, maintenu seulement sur le chef par les deux mains; et c'est ainsi placée entre son *habarah* qui tombe et sa babouche qui la quitte, que la malheureuse, étouffant sous son voile épais, doit s'avancer à travers la foule, la poussière et l'accablante chaleur.

La pauvre femme fellah est plus gracieuse avec la simple chemise de cotonnade bleue qui dessine ses formes et ne gêne pas ses mouvements, avec le voile qui flotte librement sur ses épaules. Les bras sont nus comme les pieds et parfois ornés de gros anneaux d'argent massif; mais le visage est presque toujours voilé. Riches ou pauvres, il le faut, et souvent, hélas! elles font bien.

Les chiens, ces fameux chiens errants de l'Orient, avec lesquels il faut compter, nous apparaissent dans toute la splendeur de leur vagabondage : fauves, efflanqués, affairés et galeux. Ce fut une des premières et fortes émotions des *hommes sensibles* de l'expédition d'Égypte, et en particulier de Denon, qui en écrivit la relation de ce style héroïque parfois si réjouissant : « A Alexandrie, dit-il magnifiquement, je ne reconnus plus le chien, cet ami de l'homme, ce compagnon fidèle et généreux, ce courtisan gai et loyal; ici sombre, égoïste, étranger à l'hôte dont il habite le toit, isolé sans cesser d'être esclave, il méconnaît celui dont il défend encore l'asyle, et sans horreur il en dévore la dépouille!... »

La fameuse jetée de Pharos, ouvrage fait de main d'homme, qui conduisait au phare d'Alexandrie, la cinquième merveille du monde, n'est plus qu'un amas de masures, de petites mosquées et de recoins très-pittoresques. Le vieux port où flottaient les voiles de pourpre des galères de Cléopâtre est à demi ensablé. Ici, comme à Rome, comme dans tous les lieux qui ne vivent plus que de souvenirs, ne semble-t-il pas que les choses, en vieillissant, se détendent comme les caractères? Elles prennent de la bonhomie, une certaine grâce sénile qui sourit et semble avoir bu l'oubli; mais cherchez bien, et vous retrouverez sous les rides, des traits encore vigoureux; interrogez le vieillard, et vous verrez ses yeux lancer des lueurs!...

Au milieu des vases du port, des escouades de fellahs demi-nus transportent brin à brin sur leurs épaules de lourdes pièces de bois; ils ont ce pas malheureux, cette démarche incertaine des gens frappés de fatalisme et de servitude. Dans un coin, entre deux piles de bois, un barbier mulâtre rase au soleil un vieil Arabe qui lui tend sa tête chenue, et il lui fait à pleins poumons des périodes sans fin.

En poussant toujours nos pas le long du rivage, puis un peu au hasard, nous arrivons, on ne sait comment, sur la hauteur qui porte la fameuse colonne dite de Pompée, seul reste d'un édifice considérable, seul débris apparent de la ville antique. Ce monolithe colossal, autrefois consacré au nom de l'empereur Dioclétien, se dresse au sommet d'un tertre qui domine la mer et d'où la vue peut embrasser la belle courbe du vieux port d'Alexandrie. C'est, dit-on, dans cette région aujourd'hui aride et déserte, que se serait élevé, après l'avénement des Ptolémées, ce Sérapéum d'Alexandrie ou temple de Sérapis, devenu si célèbre par la magnificence de son architecture et par les trésors en livres, objets de science et œuvres d'art qu'on y conserva jusqu'au fatal édit de Théodose : édit qui, en promulguant l'ordre de fermer tous les temples du paganisme, amena l'abandon ou la destruction des précieux monuments de la sagesse et du génie de l'antiquité.

Au pied de l'éminence s'étend un cimetière arabe, longue plaine de sable sans limites, toute jonchée de tombes blanches qui portent un turban de pierre sur une dalle fichée en terre; autant de spectres pétrifiés qui regardent vers la Mecque, et semblent n'attendre que le signal de l'ange pour voler au paradis des croyants. En attendant, c'est le paradis des chiens et des chacals, qui y tiennent leur sabbat.

Tout à coup un cri strident et prolongé comme celui d'un oiseau de nuit se fait entendre derrière les tombes, et un cortége débouche dans la plaine : c'est un enterrement d'homme, reconnaissable au turban qu'on promène sur un bâton devant le mort. Ce dernier, porté la tête en avant, entre trois planches recouvertes d'une toile, est précédé de psalmodieurs, et suivi de pleureuses à gages qui agitent vers lui le pan de leurs manteaux noirs, en poussant à intervalles réguliers ce cri aigu qui simule une lamentation et vient trancher sur la psalmodie continue et gutturale des chanteurs.

Après avoir promené le corps dans le cimetière, on arrive à l'emplacement choisi. Les femmes s'asseyent; les amis du défunt le déposent à terre et l'entourent pour procéder à ce fantastique exercice de piété qu'on appelle un *zikr*. Agitant la tête en cadence d'avant en arrière, puis de droite à gauche, ils tirent d'abord du fond de leur poitrine le cri d'*Allah! Allah!* auquel succède celui plus vif de : *Là ilàha illa-llàh.* « Il n'y a pas d'autre dieu que Dieu. » Bientôt le mouvement les grise, les contorsions tournent au délire, le cri s'accélère, et leurs poitrines haletantes ne rendent plus qu'un son rauque et sauvage. L'un d'eux surtout est effrayant à voir. C'est un nègre de stature colossale; sa tête, coiffée du turban blanc, se renverse violemment, les veines du cou se gonflent, l'œil blanc paraît sortir de l'orbite et les mâchoires s'échapper de la bouche; son corps, agité de mouvements convulsifs, semble d'un démon arrachant une âme plutôt que d'un dévot priant pour elle. Ce spectacle devient hideux et monotone, et notre patience ne saurait lutter contre la force de ces possédés qui peuvent soutenir le *zikr* pendant des heures, recherchant avec fureur l'ivresse et l'extase qu'il leur procure. Nous renonçons à en voir le dénoûment et continuons notre chemin, entre le plaisir d'avoir vu une chose si nouvelle et le secret effroi que cause l'aspect d'une superstition humaine voisine de la bestialité. Ici comme partout, c'est le culte de la peur qui flatte et désarme le Dieu terrible!

A quelque distance de là, nous rencontrons le canal Mahmoudièh, ouvrage important dû à Méhémet-Ali, et très-utile en ce qu'il amène les eaux du Nil à Alexandrie et mit cette ville en communication avec le Kaire longtemps avant l'invention des chemins de fer.

Il est large et sinueux; et comme nos compagnons les ingénieurs s'étonnaient qu'il ne fût pas droit et inflexible comme tout canal sérieux qui se respecte, il leur fut répondu qu'il en était ainsi *par piété*. En effet, puisque Allah ne fait jamais de rivières tracées au cordeau, de quel droit les hommes en feraient-ils ? Nous n'avions point songé à cette raison. Mais quelle qu'en soit la valeur, il n'en est pas moins vrai, Messieurs, que le Mahmoudièh est aussi gracieux et charmant, avec ses courbes ombragées de sycomores et de palmiers, que votre irréprochable *canal latéral à la Garonne* est ennuyeux et maussade !

On dormit peu cette nuit-là : ce premier coup d'œil sur l'Orient et l'attente du lendemain nous agitaient singulièrement. Puis le chœur hurlant des chiens errants qui gronde, s'éteint, remonte et roule de proche en proche dans la nuit, se mêlait aux réminiscences et aux échos du cimetière : « *Allah ! Allah ! Là ilàha illa-llàh !* »

FELLAHS.

III

LE DELTA

« Dans le pays du soleil, le beau n'est jamais éteint, la grâce se mêle à tout. »
(J. J. AMPÈRE. — *Égypte.*)

27 décembre.

Nous quittons Alexandrie de bon matin, entraînés par le courant du personnel de l'isthme, en tête duquel M. de Lesseps marche avec cette aménité de grand seigneur qui le fait roi en Orient.

Après bien des circuits au milieu de ces collines de décombres, lamentables vestiges de quartiers disparus qui entourent Alexandrie, nous arrivons à la gare du chemin de fer du Kaire.

Un chemin de fer en Orient, cela fait frémir! Quoi, retrouver ici l'insipide uniformité des services publics d'Occident?

Rassurons-nous : l'Orient n'en fera jamais qu'à sa guise, et saura toujours transformer d'une façon neuve et piquante ce qu'on lui apportera de tout fait, de sec, de parisien ou d'anglais.

Ici point de sonnettes, de salles parquées, de barrières, ni d'employés brodés au verbe impératif et terrifiant. Un vaste hangar ouvert à tous les vents reçoit pêle-mêle pachas, fellahs, bagages, et la multitude de ceux qui ne partent pas, mais sont là comme ils seraient ailleurs, parlant tous à la fois et se racontant leurs petites affaires sur le ton de la dispute. Dans un angle obscur, au fond duquel il faudrait désespérer de pouvoir jamais parvenir, et derrière un simulacre de grillage, une ombre d'employé s'évertue lentement au milieu des monnaies de tous pays et des fellahs qui discutent le prix des places. En même temps les bagages passent par-dessus sa tête pour aller retomber de l'autre côté s'enregistrer à la grâce de Dieu.

Mais le moyen le plus simple, le plus sûr, le seul même qui soit digne d'un voyageur qui se respecte, est de faire prendre ses billets par un drogman, et d'aller soi-même sur la voie avec ses bagages; on les entasse dans un compartiment de 1re classe, que l'on fait fermer à clef. On retient celui d'à côté, au moyen d'une sentinelle, la première venue, que l'on aposte avec un bon *bakhchich* en promesse, et l'on attend. — On attend parfois longtemps; car, disent les mauvaises langues, certains convois n'arrivent au Kaire qu'entre onze heures et une heure, d'autres entre six heures et minuit.

Enfin nous partons, il faut le reconnaître! Des nuées de fellahs se sont entassés debout dans des wagons découverts; ils ne craignent pas le soleil natal, et pour monter ou descendre quand le train marche, ils sont d'une imprudence inouïe, contre laquelle, du reste, on ne se donne pas la peine de réagir. Notre brave Henry ne vit pas et se tient pour ne pas leur faire ses mille recommandations; mais sa voix se perdrait, et c'est l'*historiographe* qu'il sermonne...

Nos wagons, de facture anglaise, sont très-complets. Ils ont un double toit contre l'ardeur du soleil; mais, comme il ne pleut jamais, une poussière antique les couvre et les pénètre; une épaisse couche de limon du Nil agglomeré protège les essieux, et le plat des caisses, bâti sommairement de *papier mâché*, est deçà et delà rapiécé avec des fragments de planches, peut-être bien de cercueils de momies. A l'intérieur, le plus grand négligé : vitres brisées, filets qui pendent comme des toiles d'araignée auprès d'araignées qui filent leurs toiles. Les coussins, vraies cavernes, recèlent des trésors d'insectes aussi hargneux que les chiens d'Alexandrie; mais « *l'aria è buono!* », comme disent gaiement les Italiens, et l'on s'enfonce de plus en plus avec délices vers le cœur de l'Égypte.

L'Égypte!... Ce monde immuable, singulier, aux origines impénétrables encore, et dont la sagesse était trois ou quatre fois millénaire aux temps d'Abraham et de Jacob; où toutes les nations antiques sont venues s'instruire sans égaler jamais sa foi et son espoir en des destinées consolantes; cette terre des pharaons légendaires, des cités géantes, des pyramides, des temples mystérieux et de l'Exode; ce lieu de soleil et de fécondité, incessamment troublé par l'esprit des conquérants et des religionnaires, illuminé par l'art merveilleux des Sarrasins, et qui aujourd'hui enfin ouvre au monde entier une route nouvelle et directe vers les profondeurs de l'Asie!

L'Égypte, Jérusalem, Athènes et Rome, voilà les lieux où il faut s'élever, qu'il faut avoir vus et compris avant de redescendre vers le Nord, où tout est d'hier! Alors, au milieu du majestueux ensemble de souvenirs qui nous arriveront de toutes parts, adoucis et harmonisés par l'éloignement du temps, nous ne verrons plus que le spectacle de la conscience humaine se dégageant avec efforts, mais s'élevant sans relâche d'étape en étape, de défaites en victoires, vers l'idéal, vers l'idée divine! Peut-être, alors, le présent si rapide nous paraîtra-t-il moins précaire et la nuit de l'avenir moins sombre; elle se déroulera devant nos yeux comme un horizon sans limites où quelques lueurs consolantes nous indiquent déjà cette lumière immense vers laquelle tout marche irrésistiblement.

Le train fend l'air avec joie comme le cheval arabe : il a des bonds, des écarts, des surprises et des caprices qui ne déroutent que les mauvais cavaliers. On dirait qu'il sent toujours à ses trousses ce bon pacha Saïd, qui aimait tant à chasser aux trains avec la petite locomotive à salon qu'on lui avait envoyée d'Angleterre. Mais Saïd-pacha, de spirituelle mémoire, n'est plus!

Et lorsqu'on regarde au dehors, ce n'est plus la Beauce ou la Brie que l'on aperçoit comme d'habitude, mais bien l'Afrique! Notre ami*** a beau dire qu'une plaine en vaut une autre pour la forme, nous nous récrions pour soutenir que rien ne vaut à cette heure ces déserts dorés et *véritables*, qui fuient à notre droite, avec une fougue sauvage, vers Jupiter Ammon et le Sahara; puis ces lagunes bleues du lac Maréotis et des bouches du Nil, enfin ce Delta verdoyant, où nous entrons décidément.

Nous nous engageons dans le réseau compliqué de ces fameux canaux qui sillonnent incessamment ce vénérable sol couleur de cendre aussi infatigable que ceux qui le cultivent et semblent en avoir été pétris. On ne voit partout que bouquets de palmiers abritant, au bord de l'eau, des huttes de terre où pullule le fellah bruni et souriant dans sa longue robe bleue qui drape mieux qu'aucun vêtement civilisé. Au pied de ces hameaux, sur le penchant de quelque grève, ils sont là faisant la sieste au soleil, n'ayant pour horizon que ce qu'ils voient dans le miroir de ces eaux calmes et pures : eux-mêmes, leurs troupeaux, leurs cabanes et les dattiers qui les entourent. Se doutent-ils de ce qui se passe ailleurs? Ont-ils notion du vaste monde? Les femmes vont et viennent, le port droit, l'urne antique sur la tête, l'œil scintillant au-dessus du voile, auprès de l'anneau d'or qui brille et s'agite à leur oreille; et c'est chose merveilleuse de voir combien l'œil prend de feu et d'expression quand le reste des traits manque au visage : on croirait qu'il les venge et parle pour eux.

Les enfants vaguent tout nus sur le chemin, avec les chiens leurs compères. Les chameaux en file n'en finissent plus; on en aperçoit d'ici qui font la mauvaise tête, et ruent de l'avant et de l'arrière en une manière de bascules très-comique pour d'aussi grandes machines. En vérité, on se sent porté à prendre parti pour le chameau, car il semble qu'une bête si grave et si sage ne peut avoir que de légitimes colères! Ajoutons que les jeunes chameaux sont charmants : rien n'est réjouissant comme ces diminutifs qui ont des allures juvéniles avec la mine vieillotte et compassée, avec la bosse et autres infirmités de leurs aïeux!

Des buffles se prélassent au milieu de grandes mares pleines de joncs, entourés de nuées de petits individus blancs à grands becs, que l'on voudrait bien prendre pour des *ibis*, et qui poussent le sans-façon jusqu'à escalader l'échine des bonnes bêtes pour aller gratter leurs crânes pierreux et s'y endormir une patte en l'air.

Il n'est pas rare de voir, en passant, une charrue tirée par un âne ou un buffle couplé d'un chameau. Le tout s'arrête au passage du train : le fellah rit en montrant ses dents blanches ; le buffle cherche à terre et le chameau à l'horizon, tandis que l'ombre de sa bosse couvre tout l'attelage avec cette supériorité olympienne que les pyramides seules doivent mettre à l'égard des menus temples ou colosses qui rampent à leurs pieds.

C'est à Damanhour que commence réellement ce paysage du vrai Delta ; c'est là qu'eut lieu la première rencontre des soldats de Bonaparte avec les mamlouks, ce qui releva leur courage, en leur montrant enfin cet invisible ennemi tel qu'il était, « plus brillant que sérieux ». Lorsqu'on vient de traverser les régions désolées que pendant dix-sept jours ils eurent à mesurer pas à pas, au cœur de l'été, mourant de faim et de soif, harcelés par les Bédouins, et ne sachant point où les menait ce général à promesses, — on conçoit le désespoir qui les poussait au suicide, et l'on est effrayé de leurs souffrances : « souffrances durant lesquelles, dit encore le sensible Denon, la pastèque fut consacrée dans leur mémoire par la reconnaissance », jusqu'à l'appeler, dit-on, *sainte Pastèque*.

A Kafr-Zayad, qui marque à peu près le milieu du trajet, le Nil nous apparaît pour la première fois large, tranquille, encaissé dans ses berges profondes et dénudées. Avant la construction du pont que nous venons de traverser, il survint ici, entre autres accidents de même genre, une catastrophe qui fit un bruit inusité et faillit changer les destinées de l'Égypte.

A cette époque il y avait, pour le passage du fleuve, un bac sur lequel les wagons du train étaient poussés à bras pour être transportés sur la rive opposée. Or un jour, peu de temps après l'avénement de Saïd-pacha, les princes de sa famille revenaient ensemble vers le Kaire, après avoir, selon l'usage, complimenté le nouveau vice-roi qui se trouvait à Alexandrie. Mais voici qu'au passage du Nil on s'aperçut tout à coup que les hommes d'équipe poussaient le train sur le bac avec une violence et une précipitation inusitées. Au même instant, le prince Halim, dont la défiance s'éveillait, sentit son wagon pencher en avant, puis s'abîmer sous lui : on avait omis de fermer la barrière d'arrêt, et les voitures, lancées avec force, s'engloutissaient dans le fleuve. Jeune et leste, Halim-pacha put s'élancer par la portière au moment où l'eau y faisait irruption, et, recueilli par un de ses mamlouks, il fut sauvé. Mais son frère aîné, le prince Achmet-pacha, affligé d'une obésité telle qu'il pouvait à peine se mouvoir, périt avec un certain nombre de victimes inutiles; on le retrouva ayant la tête engagée dans la cavité où se place la lampe du wagon. Ismaïl-pacha, le vice-roi actuel, devait aussi prendre ce train pour revenir au Kaire; mais une affaire pressante le retint au départ, et il échappa miraculeusement à la catastrophe qui semblait devoir anéantir les descendants et les principaux héritiers de Méhémet-Ali. Le vice-roi Saïd fut inconsolable de la mort de son frère Achmet, qu'il aimait et qui était un homme distingué; mais il ne sut trop, dit-on, où chercher les vrais coupables. Les malheureux souverains de l'Orient, au milieu de leurs richesses et de leur pouvoir quasi illimités, ont presque toujours quelque ennemi intime qui veille dans l'ombre, souvent de loin, et les surprend quand ils y songent le moins. Le régime de la polygamie, qui produit des familles très-étendues, composées d'éléments hétérogènes et rivaux, puis le mode d'hérédité qui confère le pouvoir à l'aîné, de quelque branche et génération qu'il soit, tout cela enfin n'est fait que pour engendrer des crimes et empêcher, dans l'exercice du pouvoir transmis, cet esprit de suite qui est si nécessaire à toute civilisation véritable.

A Kafr-Zayad, un buffet tout servi attend le voyageur, auquel du moins on ne marchandera pas les minutes. Le haut bout de la table est occupé par quantité de ministres, de pachas à grand air et à façons exquises, au milieu desquels M. de Lesseps fait centre ou circule avec l'aisance que donnent une situation exceptionnelle et l'ascendant d'un génie persévérant. A l'autre bout, le verbiage de commis voyageurs et l'épouvantable concert de musiciens ambulants, italiens ou allemands.

Au dehors, des légions de fellahs de tous âges, accroupis sur le bord de la voie, attendent avec le silence et la patience du bœuf, qu'on les expédie où l'on voudra. Ce sont, nous dit-on, les recrues de la corvée royale.

Bientôt apparaissent, à l'est, les déserts de la chaîne Arabique ; on approche de la pointe du Delta, qui ne paraît plus qu'un îlot de verdure nageant au milieu d'un océan de sables qui le pressent de toutes parts. A l'occident, deux silhouettes aiguës, rosées, vaporeuses, surgissent du fond des solitudes par delà plaines et jardins : ce sont les pyramides de Gizeh. Mais bientôt les bois de palmiers, les fourrés de mimosas, les bosquets verdoyants, nous les dérobent ; la chaîne rocheuse du Mokattam resplendit derrière les minarets de la citadelle, et l'on entre au Kaire.

IV

LE KAIRE

> « Qui n'a pas vu le Kaire n'a rien vu ! »
> (*Les Mille et une Nuits.*)

On nous l'avait bien dit, dès les premiers pas on saisit toute la distance qu'il y a d'une capitale illustre et intacte à un lieu de transit où le mélange a tout altéré : le Kaire efface Alexandrie.

Mais comment décrire ce milieu d'enchantements où l'on entre, ce fouillis de rues, de venelles, de places irrégulières et charmantes de caprice, où chaque maison, chaque édifice presque est un chef-d'œuvre d'originalité délicate et pleine de sève! Comment dépeindre ce calme dans les airs, cette lumière éblouissante où baignent les minarets sculptés, puis l'ombre intime et douce qui règne au fond des rues! Ici tout est en fête, en joie perpétuelle : le pittoresque, la couleur, le mouvement, y règnent sans partage; tout chatoie, miroite et bruit; tout s'agite et poudroie, comme les atomes joyeux dans un rayon de soleil.

Au bruit argentin du harnais de nos petites montures alertes et vives, nous courons tout le jour sans nous arrêter, de rue en rue, de mosquée en mosquée, quittant la place inondée de soleil et de foule, où bat le tambourin du conteur arabe, pour nous enfoncer dans les mystères d'étroits passages où le ciel n'est plus qu'un filet de lumière éclatant qui serpente derrière les *moucharabyèh* à jour; entrevoyant rapidement dans l'ombre fraîche des mosquées les croyants qui se plongent dans les fontaines d'ablutions ou s'abîment la face contre terre sur leurs beaux tapis harmonieux; poursuivant les caravanes jusque dans les cours des *okels* à arcades, où les chameaux fatigués mugissent et s'agenouillent au milieu des ballots qui roulent dans tous les sens du sommet de leur dos poudreux.

C'est une vision rapide que nous venons d'avoir; mais, puisqu'il n'est pas encore question du voyage de l'isthme, nous allons pouvoir nous lancer dans ces délices et ces merveilles d'un autre âge, marchander toutes les tentations des bazars, enfourcher tous les ânes et faire aboyer tous les chiens!

LES AUDIENCES

28 décembre.

Nous voici installés auprès de M. Lesseps et de son groupe, à l'hôtel d'Orient, sur la place de l'*Esbekyèh*, lieu vague tout parsemé de vieux arbres noueux et touffus, où l'on vole pendant le jour et assassine fort bien durant la nuit. Les branches des palmiers qui peuplent la cour viennent caresser nos fenêtres, et ce matin, en les ouvrant, leurs belles palmes sont entrées sans façon, nous apportant l'abondante rosée des nuits du Kaire, bienvenue qu'elles répéteront chaque jour, nous l'espérons.

Nous n'avons qu'un pas à faire pour rencontrer cette longue rue du *Mousky*, où l'on trouve toutes les ressources de l'Orient et de l'Occident, et qui mène droit au cœur de la ville des khalifes... Mais, pour rendre hommage à l'initiative de notre ami Henry, relatons d'abord « *les actes officiels* » qu'on lui doit.

Ce matin, il accompagna Devéria jusqu'à ce fameux musée égyptien de Boulaq, situé fort loin, on ne sait où, créé, gouverné par M. Mariette-bey, qui, par la volonté expresse du vice-roi et à l'aide d'un bateau à vapeur à lui seul destiné, règne sur toutes les villes antiques et les monuments de l'ancienne Égypte, qu'il est chargé de conserver et de fouiller. Henry est revenu enchanté de l'issue de sa première visite, et grâce à l'amitié de M. Mariette pour sa famille et pour son collègue Devéria, qui l'a déjà tant secondé en Égypte, nous ferons la connaissance de cet homme remarquable qui tient tous les secrets de l'antique Égypte, et a plus fait pour elle que des nuées d'écrivains passés, à l'exception toutefois de Champollion le jeune, sans lequel nous serions tous encore à errer avec Hérodote.

Un autre événement officiel très-important est la visite qu'Henry a faite ensuite au vice-roi d'Égypte, Ismaïl-pacha. Il y fut conduit par un certain M. S***, banquier, qui, hier soir, était venu de lui-même, disait-il, avertir notre ami que Son Altesse serait charmée de lui donner audience aujourd'hui au palais de Kasr-en-Nil, et, croyait-il, de mettre à sa disposition un de ses bateaux à vapeur pour remonter le Nil à sa guise. C'est là une gracieuseté toute royale que le souverain fait assez souvent aux étrangers qui lui sont présentés et qu'il veut honorer. C'est un véritable bienfait pour les voyageurs sérieux qui n'ont que quelques semaines devant eux, et ne peuvent passer deux mois à faire ce voyage à la voile.

Notre ami a été reçu par le vice-roi de la façon la plus digne et la plus courtoise. Son Altesse s'est enquise du temps que nous comptions rester en Égypte, et des parties que nous visiterions les premières. Il a beaucoup parlé des grands travaux projetés pour le port d'Alexandrie, mais, hélas ! aussi, des prochains embellissements du Kaire.

C'en est donc fait ! la ville la plus merveilleuse du vieux monde oriental va devenir banale et européenne comme tant d'autres! Quel tact d'antiquaire et d'artiste, quelle intelligence des nécessités et des convenances du climat, ne faudrait-il pas pour toucher à cet ensemble magique dont le charme et l'intérêt tiennent justement à cette conservation si entière et si rare, que viennent seule chercher les étrangers intelligents!

O Turcs! s'il est vrai qu'il y ait urgence, faites faire ce qu'il faut et rien de plus; mais, de grâce, ne vous en chargez pas vous-mêmes!

Entre autres choses curieuses, le vice-roi dit, à propos des progrès d'Alexandrie, qu'autrefois la famille de Mohammed-Ali ne possédait qu'une seule voiture; encore était-elle non suspendue, à quatre roues, et semblable aux voitures de blanchisseurs.

Dès le commencement de l'audience, des domestiques turcs, en redingotes noires, avaient apporté des chibouks allumés garnis de diamants et de saphirs, et du café à l'arabe posé sur un plateau recouvert d'un tapis de velours brodé d'or; mais notre ami observa et apprit que Son Altesse ne touchait jamais à ces choses exquises qui sont l'accompagnement obligé de toute réception en Orient : ceci déplaît beaucoup, dit-on, à ses ennemis intimes...

LES MOSQUÉES

« ... Oh! quelle ivresse, la lumière !... »
(HENRI REGNAULT. — *Lettres.*)

Cela fait et raconté par Henry, nous allons rejoindre Hassan, brave drogman turc assez lymphatique, mais très-patient, qui nous attend à la porte de l'hôtel avec un choix de ces petits baudets si doux et si vifs, dont les selles bien rembourrées sont de vrais fauteuils magiques, puisqu'il suffit de s'y placer pour voir se dérouler toutes les fantasmagories des *Mille et une Nuits.*

D'abord et toujours, c'est le Mousky, longue rue qui commence par des étalages d'armes nubiennes, africaines, et autres sauvageries prises sur le fait. Le crocodile empaillé s'y balance la gueule béante, d'un air horriblement vexé, parmi des poignards, des lances, des flèches, des boucliers, des tambourins, et des objets de parure à formes étranges et couleurs terreuses. Seule, la grande épée nubienne, avec sa poignée d'argent en croix et son fourreau de maroquin rouge, a quelque noblesse, surtout quand elle se campe auprès de la peau du tigre ou du léopard.

Ce Mousky est le grand boulevard du Kaire; tout y afflue, foule, luxe, bruit, commerce et commérages. C'est une assez large et très-longue rue, non pavée, droite d'intention, mais en réalité changeante, tournante, montante, descendante. Elle est bordée de maisons en partie nouvelles, mais où le style arabe se conserve et n'a pas fait place encore au genre ennuyeux moderne.

En somme, elle est charmante cette rue, avec sa couverture de planches, de roseaux, de toiles qui, jetées d'un bord à l'autre, rabattent les échos et y font descendre une ombre douce pailletée de filets d'or qui dansent sur tous les objets. Tous les marchands y bayent le nez au vent avec leurs marchandises. On ne voit que burnous rayés, brodés, que ceintures de soie éclatantes et *abayèh* dorées qui pavoisent la rue comme pour une fête. Par-ci par-là, dans un coin sombre ou sous de riches étoffes, c'est quelque famille de vieux vases de cuivre rêveurs, tout gravés, chamarrés de splendides versets du Coran, et reluisant pacifiquement, comme de gros bijoux fabuleux et invraisemblables, sévèrement gardés par des chimères. Ou bien, du fond d'un trou noir et derrière une échoppe, surgira une tête de Levantin ou de Grec, doux comme miel, subtil comme chat, et qui, toujours épiant et souriant, va nous mettre dans la main des bagues de serpentine et de turquoise, des colliers de poissons d'or, des chapelets d'agate, de gros bracelets d'argent massif, puis de vilains sabres dont il essaye le mauvais tranchant sur le vieux bois de sa vitrine.

De temps à autre c'est quelque porte de mosquée, creusée en forme de longue niche ogivale et flamboyante, aux mille facettes disposées en stalactites, aux arabesques délectables et toujours variées. Quelques marches et une barrière la séparent de la rue. Sur le devant, une société de vieilles et jeunes babouches se prélassent à l'ombre, chacune dans sa posture favorite, en attendant que leurs maîtres aient doucement terminé la prière du jour, ce *kief* ou *sieste* de l'âme. Au-dessus d'elles, une vieille lampe de bois ou de cuivre oxydé oscille au bout d'une corde avec une dévote et béate régularité.

Mais, ce qui commande encore plus l'attention, c'est le milieu de la rue; car ce n'est pas chose facile que de s'y frayer un passage sans tuer ou être tué, surtout lorsqu'on a un gamin fellah à ses trousses qui fouaille d'autant plus votre monture que la voie est plus embarrassée. Devant les bazars surtout, c'est un encombrement compacte de bonshommes en turbans et cafetans, qui parlent à tue-tête, discutent ou se font des compliments interminables sur le ton de la dispute et avec des gestes qui prennent beaucoup de place.

Arrive une file de chameaux pesamment chargés, marchant comme l'impitoyable Destin. Il faut se ranger; mais, du côté où l'on nous rejette, court sur nos talons un petit âne vif qui trottine sous un immense patriarche barbu et enturbanné jusqu'aux yeux. Son poids l'emportera sur le nôtre; on se rejette donc vers le milieu de la rue. Mais là on voit arriver sur soi un grand diable noir hurlant et bondissant à grands coups de *courbache* sur la foule. C'est le *saïs*, l'élégant coureur noir nubien, aux pieds et aux jambes nus, à la tunique blanche et flottante serrée à la taille par une écharpe rouge; ses gigantesques manches, relevées sur les épaules, s'agitent en courant comme les ailes d'un papillon. La tête, expressive, armée de grands yeux vifs, est coiffée du tarbouch au long gland sautillant. Toute la rue est remplie de ses cris au point de faire perdre tout à fait la tête au nouveau venu. Ces cris traditionnels sont, au reste, ceux de tous les âniers, chameliers et drogmans qui s'entrecroisent, mais de force, chez le saïs, à étouffer tous les autres : « *Rouâh! Rouâh!*... *Guarda! Balek!* (Prends garde!)... *Chemâlek!* (Ta gauche!)... *Yemînek!* (Ta droite!)... *Ouarek!* (De côté!). » — Et la foule de se ranger précipitamment pour laisser passer l'équipage qui court au grand trot sur les talons du saïs, et remplit toute la rue.

On reconnaît de loin les pachas, les grands personnages, à la beauté des saïs, à leur nombre, à la force des cris et des coups qui tombent sur le dos des fellahs, lesquels s'en soucient moins que d'une ondée. C'est, au reste, un luxe indispensable et charmant que celui de ces saïs; on les paye fort cher, mais ils meurent presque tous poitrinaires. — On rapporte qu'un jour Mohammed-Ali, apprenant qu'une révolte venait d'éclater à vingt lieues de l'endroit où il se trouvait, partit sur-le-champ, comme le vent, sur son dromadaire de course. Son saïs ne le quitta pas, fit les vingt lieues à pied, courant suspendu aux cordages du harnais, et tomba mort de fatigue en arrivant, sans avoir proféré un mot, une plainte.

Plus loin, c'est un admirable cheval arabe, à la robe rosée, empanaché de soie, caparaçonné d'or, et qui ondule en marchant dans la foule, comme un léopard au milieu des hautes herbes. Son cavalier, beau, jeune, un vrai prince des *Mille et une Nuits*, porte le turban blanc broché d'or et l'abayèh noire aux grands plis, brodée de cachemire. Le saïs qui le conduit par la bride s'arrête un instant pour faire place à un bel âne robuste qui tient la tête haute, et porte en cadence un fantôme blanc, si bien voilé, si bien enfermé de la tête aux pieds, qu'on n'y peut distinguer que deux yeux de femme pleins d'enfantillage et de curiosité.

Lorsqu'on a traversé le silencieux canal du *Khalig*, tout assombri de hautes maisons mystérieuses, lorsqu'on a parcouru le Mousky dans toute sa longueur, on rencontre la rue d'*El Gouryèh*, qui le termine et le coupe transversalement. La partie gauche conduit aux murailles et à la belle porte *Bab-el-Fotouh*, en passant devant l'antique mosquée du sultan Hakem; la partie droite mène à la citadelle : c'est celle-ci que nous prenons.

On se trouve alors dans une région très-calme, dont le caractère ancien n'est pas altéré : il y a là bien des masures qui donnent aux rues l'apparence d'un vieux village endormi depuis des siècles par les enchanteurs; mais, avec cela, quel ensemble original! quelle réunion de vifs contrastes et de détails séduisants! A chaque pas, c'est une porte ciselée d'arabesques, ou un perron dans un angle rentrant, ou une moucharabyèh à jour qui s'avance dans la rue; tantôt c'est une fontaine publique brillant sur un carrefour avec ses grilles dorées et ses auvents enluminés de versets du Koran; tantôt un bijou de mosquée, — toutes fondations pieuses que leurs antiques donateurs ont jetées au hasard, comme des largesses au milieu de la foule des habitations pauvres, ou devenues telles à force de temps et d'abandon.

Auprès de la belle mosquée d'*El Moyed*, nous passons sous une grande porte flanquée de deux hauts minarets; et, après quantités d'écarts et de circuits pleins d'attraits, nous arrivons dans le voisinage de la citadelle. Tout à coup, à un dernier détour, le fond de la rue s'ouvre sur l'horizon tout en feu. Au haut de la montée, un vieillard à barbe blanche, sur un âne vénérable, se profile et se tient arrêté devant nous dans une attitude menaçante : avec l'autorité, avec la majesté d'un prophète des anciens jours, sa droite s'agite dans une sainte colère, et sa voix grave fait retentir la rue d'imprécations terribles et interminables, dont le fond est assurément : « Fils de chiens! maudit soit le flanc qui vous a portés! »

Mais nous ne sommes plus au bon temps du fanatisme, et l'anathème n'est pas pour nous : il tombe en entier sur deux pauvres diables de fellahs tout haletants qui montent la rue avec nous et se hâtent, dos courbé, front penché; ils nous jettent en passant un regard désolé, avec un hochement d'épaules expressif. Ce sont deux paysans arrachés à leurs foyers et conduits aux corvées du vice-roi par leur *scheikh el beled*, ou chef de village, qui tremble d'arriver trop tard au dépôt de la citadelle et d'être puni pour son compte.

A cet endroit, le chemin de la citadelle tourne vers la gauche, serpente et monte à découvert sur le flanc de la montagne, d'où la vue embrasse déjà un panorama très-étendu. Mais bientôt on entre dans un défilé de constructions, on passe sous une grande porte fortifiée, et l'on se trouve dans ce coupe-gorge fameux où, le 1er mars 1811, Méhémet-Ali fit massacrer les beys et les mamlouks. Rien de mieux choisi pour un guet-apens que cette cour sinistre, irrégulière, dominée de tous côtés par des rochers escarpés et de hautes murailles percées de meurtrières. Au fond de l'entonnoir formé par le triangle de ces murs, s'ouvre la porte monumentale d'*El-Azab*, qui donne accès sur la place de *Roumeyleh* : c'était autrefois la seule entrée du palais des khalifes, celle par laquelle nous venons étant de date assez récente.

Elle joua un rôle décisif dans ce drame épouvantable; car, au moment où les mamlouks à cheval allaient la franchir pour sortir de la forteresse, El-Azab se ferma brusquement devant eux et les retint au fond de l'étroit défilé où les balles pleuvaient de tous les côtés sans qu'ils pussent s'échapper ou se défendre.

Ces malheureux venaient d'être reçus amicalement par le vice-roi, qui les avait convoqués pour la cérémonie d'investiture solennelle de son fils Toussoun, auquel il allait donner le commandement d'une expédition contre les Wahabites, ces tribus rebelles et fanatiques d'Arabie qui menaçaient la Mecque. D'après l'ordre donné, ils avaient pris la tête du cortége, qui devait traverser la ville en grande pompe, pour se rendre au camp, situé hors des murs; mais, chose étonnante, les beys furent sans défiance, dans ce temps où eux-mêmes travaillaient par toutes sortes de moyens à renverser Mohammed. Il était facile de prévoir, cependant, que dans ce duel permanent de haine et d'ambition qui désolait l'Égypte, le moins rusé des deux partis finirait par succomber dans une catastrophe sanglante. Ce crime, qui eut pour effet de pacifier le pays, ayant été répété dans toutes les provinces, le vice-roi, l'âme tranquille, put s'acheminer vers Suez, et faire partir ses troupes. Horace Vernet l'a représenté calme, résolu au moment de cette terrible exécution qu'il commande, de loin, appuyé sur un lion apprivoisé. Mais nous tenons de bonne source qu'en réalité il tremblait fort et se tenait caché, ne sachant trop comment ses ordres seraient exécutés, et prêt à fuir si le coup manquait [1].

De là nous passons dans d'autres cours qui occupent le sommet du plateau, grands espaces arides, irréguliers, entourés de constructions monotones : casernes, arsenaux, manutentions et autres laideurs en bon état qui entourent la merveilleuse mosquée du sultan mamlouk Kalaoun, condamnée à la ruine et à l'abandon. Près de là, sur les débris du palais de Saladin, que soutenaient encore des forêts de colonnes arrachées aux temples de Memphis, Méhémet-Ali a fait ériger, pour sa sépulture, l'immense mosquée que l'on aperçoit de partout. De loin elle produit un grand effet par sa masse imposante, par ses larges coupoles et ses minarets hardis comme des mâts; mais, de près, il n'en est plus ainsi, et l'on reste péniblement impressionné devant cette énorme *turquerie* si froide, si nulle, auprès des ravissantes créations de l'ancienne architecture arabe.

La cour à portiques précédant la mosquée est en partie construite en albâtre oriental assez semblable à l'onyx trop connu des pendules parisiennes, belle matière, mais d'un aspect fade, surtout pour d'aussi grandes masses architecturales; car tout en est revêtu jusqu'à une certaine hauteur. Au centre, et riche d'albâtre, s'élève une petite fontaine d'ablutions d'un goût italien détestable. Pour la faire plus belle, on a orné les colonnes très-composites qui la soutiennent, non de cannelures creuses, mais de nervures très-saillantes, qui s'arrêtent avant la base et avant le chapiteau, ce qui leur donne un faux air de tourniquets de sonnerie d'horloge. Au reste, en Syrie et en Asie Mineure, lorsque les pachas construisent une mosquée avec

---

[1] Voyez, à l'*Appendice*, les détails de la journée du 1er mars 1811.

MOSQUÉE DU SULTAN KALAOUN

des matériaux antiques, ne redressent-ils pas de préférence les colonnes grecques sur leur petit bout, la base en l'air?

Mais laissons là cette mosquée, dont l'intérieur est propre et froid comme un salon moderne, temple vraiment fait pour les âmes administratives, officielles et financières du voisinage.

En sortant du sanctuaire, on nous fait tourner à gauche, passer sous la colonnade, et franchir une porte de sortie vers le couchant : et alors nous nous trouvons tout à coup sur le rocher de la citadelle comme au bord d'une falaise très-élevée; à nos pieds et à une profondeur énorme, le Kaire étale ses merveilles avec ses mille bruits de fête.

Nous nous avançons sous les murs de la mosquée, en marchant sur le faîte de cette puissante muraille qui contient le massif du rocher, et défendait jadis le palais des khalifes contre les soulèvements du flot populaire qui battait à ses pieds. On est là sur un promontoire d'où la vue s'étend de tous côtés à l'infini, et s'enivre de cette éblouissante lumière qui réjouit l'âme et la réchauffe.

C'est d'abord tout ce tumulte de constructions, tout ce désordre séduisant qui constitue une ville arabe. De place en place, les belles mosquées avec leurs vastes enceintes de portiques, avec leurs dômes et leurs minarets sculptés, zébrés de rose et de blanc dorés par le temps, émergent comme des îlots, du milieu d'un océan de maisons à toits en terrasse, faits pour jouir du ciel et non pour s'en défendre, comme en nos froides villes du Nord. Parmi ces habitations, les unes sont spacieuses et renferment de beaux ombrages, les autres misérables ou tombant en ruine, mais formant toujours un ensemble harmonieux et chaudement coloré. On ne voit, bien entendu, ni rues droites et béantes comme des trouées de boulets, ni places géométriques taillées à l'emporte-pièce, mais seulement un réseau de minces fissures qui se mêlent comme des arabesques, puis de grandes zones irrégulières d'une nuance plus pâle et plus bleuâtre au fur et à mesure qu'elles s'enfoncent dans l'éloignement.

L'air est si transparent, que la vue perce sans efforts et sans obstacles les plus secrètes profondeurs de l'horizon. On aperçoit, à des distances infinies, de ravissants groupes de palmiers imperceptibles qui se jouent par bandes dans la plaine avec les attitudes spirituelles des petites figures de Callot.

Vers l'ouest, la ville apparaît d'ici sur ses confins comme une tache irrégulière dont les bords cessent brusquement sans éparpillement de maisons. De belles zones verdoyantes entrecoupées de places sablonneuses se succèdent jusqu'au Nil, qui, avec toutes ses îles et tous ses bras, nous apparaît comme un chapelet de touches bleuâtres d'une nuance délicieuse, et va, serpentant à perte de vue, se perdre dans la direction du nord.

Au delà du Nil, l'œil chemine encore longtemps au milieu des plaines vertes parsemées de bois de palmiers; puis il tombe dans les sables éternels du désert, et s'y perdrait peut-être s'il n'était arrêté par les fières silhouettes des deux grandes pyramides qui forment le groupe le plus majestueux qui se puisse voir à d'aussi grandes distances. En ce moment, leur pied baigne dans les plis d'une nappe de vapeurs ardentes qui semble les surélever, tandis que leurs cimes étincellent au soleil comme des pointes d'opale ou de rubis colossales faites pour défier le choc du temps et des hommes, et soutenir le poids de l'Éternité.

Que de paix et de lumière sur la cime où nous sommes placés! A nos pieds seulement, viennent mourir en ondes harmonieuses les mille bruits discordants qui s'élèvent du fond de la grande ville. Pourquoi n'en serait-il pas ainsi de toutes choses dans l'univers, dans le vaste sein de Dieu, où la mort n'est rien qu'une transition, où la vie seule subsiste ardente, ascendante, infinie? Pourquoi les destinées les plus malheureuses, les plus agitées des individus comme des mondes ne se résoudraient-elles pas aussi un jour en paix et en harmonie? — « *Col tempo!* »

Derrière la citadelle, on nous montre le fameux puits de Joseph, où plutôt de Yousouf, que Saladin fit creuser dans le roc : c'est un gouffre large et béant, profond de 100 mètres, comme la hauteur du rocher. Dans ce site aride et sévère, on est heureux de rencontrer tout à coup ce charmant fouillis de plantes vertes qui retombent en grappes abondantes vers la gueule humide et noire de cette caverne formidable, d'où l'on entend sortir les grincements et les gémissements perpétuels des manéges tournés par les bœufs qu'on y fait descendre par une spirale en rampe douce.

Enfin, nous nous retrouvons dans la cour des Mamlouks. Au lieu de repasser par la porte neuve, nous descendons sur la place de Roumeyleh, par la vieille porte ogivale d'El Azab, qui vit les quatre cent soixante-dix beaux mamlouks entrer pleins de vie, brillants dans leurs grands costumes, et n'en laissa plus sortir que les têtes sanglantes. Car on rapporte qu'après le massacre, Méhémet-Ali, toujours défiant, voulut voir et compter les têtes de ses ennemis avant de les faire exposer devant le peuple, selon la coutume. Il en manquait une, dit la légende : c'était celle d'Ahmin-bey, qui, descendu après ses compagnons, entendit de loin leurs cris, les coups de fusil, et comprit. Déroulant son turban, il en enveloppe la tête et les yeux de son cheval, court au rempart, et du haut des murailles se lance avec lui dans le vide. Il tombe de quatre-vingts pieds ; son cheval seul est tué sur le coup ; lui, se traîne dans une maison où on le cache : mais, huit jours après, sa tête allait rejoindre celles de ses compagnons, et Mohammed pouvait dormir tranquille. Ce récit émouvant, que l'on fait à tout visiteur en lui montrant l'endroit même où le fait se serait accompli, n'est nullement prouvé, et ressemble fort à un conte oriental. Nous donnons ailleurs le récit beaucoup plus vraisemblable d'un témoin.

La grande porte, du plus beau style arabe, est flanquée de deux tours massives qui forment une avancée formidable sur la place. C'est bien là l'entrée qu'on pouvait rêver pour la forteresse des khalifes, des sultans et des pachas : étroite, mystérieuse, discrète et opulente, elle a cette physionomie de certaines têtes sémitiques qui peut se traduire par : *sensualisme et embuscade*.

La place de Roumeyleh a grand air, située comme elle l'est

entre les masses imposantes de la citadelle, de la grande mosquée de Hassan et de plusieurs autres qui l'entourent. Mais, hélas! elle ne conservera pas longtemps sa physionomie! d'ici à quelques années, il est à craindre que sa vieille surface inégale où les groupes de fellahs s'étagent si bien, que ses antiques chemins usés par le passage des caravanes, ne soient dûment nivelés, cerclés de grilles de fonte dorée avec réverbères et squares à la parisienne. Pourquoi tout simplement n'y pas planter de beaux et bons arbres un peu en désordre, comme à l'Esbekyèh, comme au temps où cette place formait les jardins du khalife Mostanser, de brillante mémoire?

Nous allons revoir la mosquée de Sultan-Hassan, que nous ne vîmes hier qu'en courant. Par sa grandeur et sa majesté, par la beauté de ses savantes dispositions, elle pourrait être attribuée à quelque Michel-Ange sarrasin du xiv° siècle, fortement inspiré par une foi supérieure et par la majesté terrible des sultans Baharites[1].

Elle s'avance comme une citadelle sur la place, lui présentant la masse de sa puissante coupole escortée de deux minarets très-simples, très-beaux, et s'élevant à une grande hauteur.

Nous descendons la petite rue de *Souk-es-Selah*, qui s'ouvre sur la place, au pied du minaret de droite, et longe la façade principale. Cette longue façade, qui, au point le plus bas de la rue, atteint une hauteur de cent vingt pieds, se dresse fière et simple, ornée seulement de longues fenêtres très-rapprochées qui en rehaussent les proportions et en accentuent l'énergie.

Couronnée d'une corniche très-saillante, très-épaisse, faite de ces cordons de stalactites à facettes dont les jeux de lumière sont si brillants, elle a l'aspect grandiose, formidable de nos forteresses féodales; mais en guise de crénelage règne ici, malheureusement presque détruite, une dentelure de pierre découpée comme les fleurons d'un diadème royal. Enfin, une porte colos-

---

[1] C'est celle qu'on appelle au Kaire, *la Grande mosquée* ou la mosquée par excellence. C'est là que, pendant l'occupation française, s'étaient réfugiés les Arabes insurgés, à la révolte du 21 octobre 1799.

L'ÉGYPTE À PETITES JOURNÉES

VUE DE LA GRANDE MOSQUÉE DE HASSAN
ET D'UNE PARTIE DE LA VILLE DU KAIRE

salle à ogive flamboyante, s'ouvrant dans une sorte de donjon carré, termine cette perspective sévère en faisant sur la rue un retour oblique d'un grand effet.

Du point où nous sommes, cette longue et austère façade qui plonge dans le demi-jour, puis, tout au bout, cette entrée monumentale dont les jambages éclairés par le soleil se détachent vivement sur la baie sombre de la haute arcade ogivale; dans les airs, ce rayonnant cordon de stalactites et de fleurons roses sur le ciel bleu; enfin, ces turbans, ces caftans rouges, verts ou bleus qui s'échelonnent sur le perron et se mêlent au fond de la rue, — tout cela est vraiment grand : c'est un tableau qu'il faut personnifier sous ce nom magique et terrible, — l'islam!

Nous gravissons les marches de la mosquée, au milieu de vieux croyants qui, certes, il y a cinquante ou soixante ans, ne nous auraient reçus ici qu'à bons coups de khandjar, si toutefois nous avions pu pénétrer dans cette *rue sainte* de Sultan-Hassan, où eux-mêmes ne passaient humblement qu'à pied.

Dès le premier pas, sous la haute ogive flamboyante de l'entrée, on est saisi de la grandeur et de la simplicité qui règnent dans toutes les parties de cette noble conception architecturale, et l'âme en reçoit une impression virile et profonde qui l'exalte et se soutient. Le premier vestibule se creuse, se développe en niches, en alcôves mystérieuses où l'on devait voir autrefois de grandes figures drapées se tenant immobiles, en méditation. On suit quelque temps des passages, des détours obscurs où l'on croit voir toujours des janissaires en faction; puis, tout à coup le ciel reparaît, ineffable, éclatant, au-dessus d'une cour entourée de très-hauts murs dentelés d'où la lumière descend tamisée. Chacune des quatre parois de cette enceinte est percée d'une seule arcade ogivale, hardie, puissante, élevée comme le monument lui-même, et large de soixante pieds, — derrière laquelle s'ouvre une vaste salle de prière pleine d'ombre et de fraîcheur.

Qu'on se représente l'aspect de ces quatre grands arceaux à fonds obscurs, se faisant face deux à deux et se pénétrant mutuellement, pour ainsi dire, de ces pensées hardies et concentrées qui sont celles du fanatisme religieux soutenu par la puissance et la gloire; puis ces longues inscriptions du Koran, dont les lettres, hautes de six pieds, marchent processionnellement sur les frises; ces multitudes de lampes qui pendent du bord des arceaux jusque sur nos têtes, et dont les chaînes rapprochées sont comme les cordes d'une harpe que le moindre souffle d'air fait frissonner; enfin, ce grand silence, où arrivent par bouffées les rumeurs de la ville, mêlées au bruit furtif des pieds nus sur les dalles, aux palpitations de l'eau dans la fontaine d'ablutions!...

On voudrait alors, vêtu du long caftan soyeux et rafraîchi par l'ablution, aller s'asseoir aussi sur les tapis qui couvrent tout le sanctuaire comme une belle prairie semée de fleurs où le croyant semble nager dans l'extase. Tous les rites de sa prière sont extatiques : il se tient debout, la tête levée, fixant l'horizon; puis il s'agenouille, mais la tête souvent renversée en arrière; enfin, s'il se prosterne, son front et ses mains vont toucher le sol par un mouvement plein de grâce, et il reste là adorant, mais non tremblant et pleurant.

Le mysticisme de l'Oriental est vraiment plein de soleil comme son ciel; celui que nous laissa le moyen âge, en Occident, pleure comme notre climat, et la tête s'y penche toujours en avant; mais il a de plus ce charme profond et infini qui manque à l'autre, et se relève en se disant : « Heureux ceux qui pleurent ! »

Le sanctuaire, formé de la plus grande des quatre salles de prière, est tourné vers la place de Roumeyleh, c'est-à-dire vers la Mecque; aux beaux temps de l'islamisme, elle était réservée au sultan. On y retrouve ce mobilier traditionnel de toutes les mosquées, qui peut varier de richesse, mais jamais de forme. C'est d'abord le *mihrâb*, ou niche semi-circulaire, creusée au milieu du mur de fond, et indiquant l'orientation vers la Mecque[1].

---

[1] On ne peut parler du *mihrâb* sans faire mention de la *kiblah*, lieu vers lequel il faut se tourner pour prier, donc Jérusalem pour les chrétiens, la Mecque pour les musulmans. « Chacun, dit le Koran, a une plage du ciel où il se tourne en priant. » Jérusalem servait de *kiblah* dans les premiers temps de l'islamisme,

INTÉRIEUR DE LA MOSQUÉE DE HASSAN AU KAIRE.
(XIVᵉ Siècle)

A droite, le *mimber*, ou chaire à prêcher, adossée au même mur, surmontée d'un dais, et à laquelle on monte par un escalier droit, gardé par une porte dont le riche linteau évasé la couronne fièrement, comme le turban d'un janissaire. A gauche, des pupitres avec les grands exemplaires du Koran, qu'on doit lire publiquement du matin au soir pour les fidèles. Enfin, sur le devant, en face du mihrâb, une petite estrade portée sur des colonnettes, où l'*imam* vient annoncer l'heure de la prière. C'est là que le sultan venait jadis en personne, au milieu du silence général, proclamer ses édits devant le peuple assemblé dans les trois autres salles de prière.

De chaque côté du mihrâb, œuvre d'un goût pur et sévère, est une porte grillée qui donne accès dans le *turbèh*, ou salle du tombeau, lieu délabré, désolé, abandonné aux vers et aux chauves-souris : un sarcophage solitaire sous un dôme opulent qui tombe en ruine ; des versets dorés qui s'effacent sur les murs ; partout enfin l'oubli de cet antique précepte du Koran : « La propreté est la clef de la prière. »

En quittant ce vieux sanctuaire de cinq cents ans, auquel pas une main humaine n'a touché sans doute depuis les funérailles de sultan Hassan, arrivées au temps de Charles V, un dernier regard en arrière nous montre le grand minaret dont l'ombre descend dans la cour ; au fond du sanctuaire, le lustre de bronze qui jette des lueurs fauves, et dans la fontaine, l'eau qui dort

---

puis Mahomet ordonna de prendre désormais la Mecque pour orientation : « Nous t'avons vu, dit-il, tourner ton visage de tous les côtés du ciel ; nous voulons que tu le tournes dorénavant vers une région dans laquelle tu te complairas. Tourne-le donc vers la plage de l'*Oratoire sacré* (le *Mesdjid elharam*, ou enceinte du temple de la Ka'ba, à la Mecque). — En quelque lieu que vous soyez, tournez-vous vers cette plage. » (II, 130.) Le mot *kiblah* désigne souvent le sud, d'une manière générale, la Mecque étant au sud pour la plupart des peuples musulmans. Dans une mosquée, la *kiblah* est donc une chose abstraite : c'est le point vers lequel doit être orienté le *mihrâb*, cette niche où l'*imam* se place, le visage tourné vers le mur et le dos à la foule, pour diriger ses prières vers la Mecque. — Nous renvoyons à l'*Appendice* pour les éclaircissements à donner sur les mosquées, leur caractère religieux et celui de leurs desservants, sur leur mode d'administration, etc., etc.

en cachant un reflet du ciel sous son vieux marabout dévoré par le temps.

Hélas! le bruit court que les Turcs veulent élever en face de cette mosquée, sur l'autre bord de la petite ruelle, une mosquée neuve dont les colonnes seront sans doute de fonte dorée. Ainsi les vieilles maisons disparaîtraient, et cette belle façade de Sultan-Hassan, qui produit de loin et de partout un si puissant effet, se trouverait masquée; et par quoi!... Que deviendra lui-même notre vieil édifice, dans ce voisinage dangereux? Une carrière de matériaux? un terrain à bâtir?

Les groupes sont devenus plus nombreux et plus compactes sur la place de Roumeyleh : un grand cercle s'est formé autour d'un conteur arabe qui, sur un ton monotone, nasille une strophe; son acolyte en reprend immédiatement la dernière phrase sur un air plus vif, mais toujours le même, et il en marque le rhythme à coups de tambourin. C'est une litanie interminable, dont le caractère, assez saisissant d'abord, devient bien vite endormant pour tout autre qu'un fellah. C'est ce dernier qu'il faut voir avec son sourire naïf, ses dents blanches au soleil, ses bons gros yeux d'enfant et ses impressions bruyantes qu'il serait bien en peine de garder pour lui. Les pauvres fellahines, toujours si affairées, si poursuivies par le labeur, s'oublient à regarder aussi; mais, tout ce qu'on en peut saisir, c'est leurs beaux yeux expressifs et de petits cris qui étouffent sous leurs voiles. Quant aux chiens, ils sont partout, mais bien plus graves et moins folâtres que les nôtres, malgré leur immense liberté : ils ont toujours l'air d'être accablés par leurs affaires publiques.

Comment décrire ensuite ce que nous avons pu voir et traverser? Par des chemins impossibles à se rappeler, masures, bazars, tas de poussière et décombres; par une vieille porte appelée *Bab-el-Korafah*, entre une mosquée qui croule et un magnifique sycomore où des fellahs causent à l'ombre, assis sur des sépulcres, nous tombons dans un désert de sable, jonché, à droite, des décombres du vieux Kaire, qui se nommait alors *El Fostât* ou *la tente*, parce que c'est là qu'Amrou campa pour la première fois, à l'endroit même où subsiste encore sa mosquée. Maisons sur maisons sont tombées, formant des collines que jamais on n'a remuées; la vie s'est portée ailleurs, vers le nord, et les morts seuls sont restés. Leurs magnifiques et innombrables tombeaux sont encore debout, depuis le temps des splendeurs de l'islam. En cet endroit, ils s'avancent dans le désert sur un espace d'une demie-lieue, que l'on croit d'abord infini; au milieu d'une nuée de tombes blanches *à turbans*, s'élèvent çà et là de petites mosquées surmontées de dômes et de minarets ravissants, de toutes les époques et de toutes les grandeurs, mais tombant en ruine et ne tenant plus que par la grâce d'Allah et du beau ciel d'Égypte. Le plus remarquable est, au fond de la plaine, le tombeau du fameux imam Schafey, de Bagdad, qui vivait à l'époque de Charlemagne et d'Haroun-er-Reschid, fut un des *Pères* de l'islamisme et le fondateur de doctrines que l'on enseigne encore dans la mosquée d'El Azhar. La tradition en est touchante : les Égyptiens auraient, dit-on, obtenu, à force de prières, que son corps ne quittât point la terre d'Égypte; il y aurait immédiatement fait des miracles, et tous, dans l'ordre qu'il plut à Allah de les appeler à lui, simples croyants, beys ou mamlouks, se sont fait ensevelir sous son ombre jusqu'à couvrir la plaine et à former une ville des morts qui porte toujours le nom vénéré de l'imam Schafey.

Il nous tarde maintenant d'arriver à la vallée des Sultans mamlouks, la plus belle nécropole qui ait peut-être jamais existé[1]; nous rebroussons chemin vers le nord, passons par la place de Karameidan, encore par celle de Roumeyleh, et longeant le pied de la citadelle, que nous laissons à notre gauche, nous sortons des murailles par la porte de *Bab-el-Ouysir*, qui s'ouvre sur le désert.

Il n'y a qu'un mot pour rendre l'effet prodigieux de la vallée

---

[1] Celle qu'on nomme toujours par erreur : *Tombeaux des khalifes*.

des Tombeaux : c'est un *mirage*, et un mirage vrai. On est en plein désert, au milieu d'une vallée triste dont les flancs brûlés cachent l'horizon ; on marche péniblement sans avancer, sous un soleil de feu, — et même on a grand soif, — et voilà que tout à coup surgit une ville entière, merveilleuse, invraisemblable de luxe au milieu de cette désolation ! Coupoles innombrables et minarets entassés ou égrenés au hasard dans la plaine ; murs dentelés qui se poursuivent à perte de vue, entourant des dépendances, des cours à portiques où rien ne remue.

Partout une solitude, un silence qui donnent un charme surnaturel et une majesté presque effrayante à tous ces édifices des vieux âges, qui tombent pierre à pierre et comme goutte à goutte sur les morts qu'ils recouvrent : sultans, vizirs et guerroyeurs de l'islam ; foule brillante et remuante qui dort sérieuse maintenant, mais revient, dit-on, à de certaines nuits, avec des psalmodies, des hennissements de chevaux, des cliquetis de boucliers et des chatoiements d'émeraudes mêlés aux damasquines d'or des armures sarrasines. Mais enfin, après de longues heures, un bruit sourd gronde tout à coup comme le canon du Ramadhân : c'est quelque dôme miné par le temps, ébranlé par les farandoles, qui s'effondre avec un tourbillon de poussière blanche comme un spectre. La fantasia infernale s'arrête glacée, pâlit et s'évanouit comme les *djinns*. Le coq chante sur les hauteurs, les minarets blanchissent ; quelques crépitements encore sous les galeries en ruine, et le jour naît. La lente caravane reparaît dans la plaine, et le fellah qui la guide, voyant sur son passage une ruine de plus, s'en détourne avec crainte et dit : « Dieu est grand ! »

A chaque pas, en effet, on voit quelque coupole effondrée sur le sol, comme un grand corps terrassé la face contre terre et les bras en avant, et que le sable recouvre lentement, sûrement, comme l'oubli. La chute a dû être brusque, foudroyante, à en juger par les lambeaux aigus, déchirés, qui restent debout, et le jour noie maintenant les dernières enluminures de la voûte, faites jadis pour le mystère ; d'autres sont si lézardées, qu'on

A. RHONÉ. MOSQUÉES FUNÉRAIRES DES SULTANS MAMLOUKS. P.

Djebel-Mokattam. Mosquée de Kaït-Bey. El-Aschraf-Barsebay. Méhémet-Ali, à la citadelle. Sultan Hassan, au Kair

(Vue prise du minaret de Barkouk. — D'après une photographie de J. Lévy.)

évite de passer sous leur ombre. Les legs qui soutenaient toutes ces fondations pendant des siècles ont disparu ; Méhémet-Ali a pris les derniers, et rien n'arrête plus leur destruction. Les plus grands édifices, faits pour loger un peuple de desservants, ont encore un gardien qui se traîne vêtu d'un sayon bleu et tendant la main.

Nous allons d'une mosquée à l'autre, découvrant à chaque pas des points de vue nouveaux tout remplis de surprises et d'effets magiques : il y a des impasses, des rues irrégulières, des places formées au hasard de chefs-d'œuvre grands et petits. Lorsqu'on avance, les minarets, les coupoles, semblent se mouvoir, se grouper différemment, parfois se ranger en avenues avec des dégradations de nuances impossibles à dire : les plus éloignées, toutes roses avec des ombres bleuâtres, paraissent nacrées et quasi transparentes, tandis que les plus rapprochées ont des énergies violentes de lumière dorée et d'ombres fortes, mais diaphanes.

Parfois les groupes d'édifices s'allongent dans la plaine vide comme de grands promontoires sur une mer endormie. Ailleurs, ils y sont jetés comme des îlots ; et si l'on se retourne, on aperçoit toujours au loin, vers le sud, les grands rochers du Mokattam, l'immense silhouette de la citadelle et de la mosquée de Mohammed-Ali, qui ne paraît plus qu'une forme bleuâtre, rehaussée de quelques touches légères et brillantes ; enfin, plus loin encore, les minarets du Kaire, qui s'élèvent comme un autre mirage répondant au premier.

Nous arrivons au charmant édifice de *Kaït-bey*, qui a donné son nom à toute la nécropole. C'est une mosquée du XVᵉ siècle, assez petite, mais bien complète, très-élégante, et dominant la foule des édifices voisins. Le minaret, très-élevé, a trois étages marqués par ces jolis balcons fort saillants que soutiennent de larges gorges formées de cordons de stalactites ; ces renflements successifs donnent à la hampe du minaret la grâce nerveuse de la tige du bambou, relevée par ses nœuds saillants. Chose assez rare, celui-ci a encore son couronnement, formé d'une sorte de fleuron ovoïde d'une élégance extrême. La coupole, située en arrière de l'édifice, est très-élancée, et couverte d'un lacis d'ornements en relief d'un goût exquis.

Devéria, qui en est à son troisième voyage d'Égypte, et a déjà étudié toutes choses, en artiste autant qu'en savant, nous fait remarquer mille détails qui auraient pu nous échapper. Il nous montre, entre autres, comment les pierres qui forment le dessus des portes, sont découpées et s'emboîtent les unes dans les autres avec une précision admirable, en formant les dessins les plus variés. Il nous fait examiner les fenêtres garnies de claires-voies de pierre d'une légèreté incroyable. Ces grilles sont ordinairement doubles : celle de l'intérieur est formée de très-petits dessins, tandis que celle de l'extérieur se compose de gros entrelacs au travers desquels on distingue l'autre grille. « Il faudrait un an, dit-il, pour voir tout cela en détail, et l'on pourrait en tirer des motifs d'ornements dont on n'a pas idée en Europe[1]. »

L'entrée de Kaït-bey, placée près de la base du minaret, est formée par une grande baie ogivale; tout à côté, la fontaine traditionnelle avec ses fenêtres grillées, et au-dessus l'école avec ses arcatures soutenues par des colonnettes.

Lorsqu'on a franchi les marches du perron, on voit, au fond du vestibule d'entrée, une niche où s'asseyaient le sultan et son vizir, pour rendre la justice en certains jours. On revoit alors, par la pensée, ces énergiques figures d'autrefois assises dans l'ombre et perdues dans leurs beaux vêtements blancs; puis, sur tous ces degrés, ces haies de mamlouks immobiles sous leurs armes éclatantes, entre lesquelles il fallait passer pour arriver jusqu'au chef des croyants « pensif, féroce et doux ».

Cette mosquée passe pour la plus jolie du Kaire, comme celle

---

[1] Depuis que nous écrivions ces lignes, deux ouvrages remarquables ont paru : 1º *Les Arts arabes*, par M. Jules Bourgoin, 1 vol. de planches in-fol. et 1 vol. de texte, sur *le trait général de l'art arabe*. — 2º *L'Art arabe d'après les monuments du Kaire, depuis le* VIIe *jusqu'au* XVIIe *siècle*, par M. Prisse d'Avennes, 1 vol. de planches in-fol. et 1 vol. in-4 de texte (Paris, Morel).

du sultan Hassan en est la plus belle. L'intérieur, complétement couvert à cause de sa petite dimension, est d'une élégance qui en dépasse encore la richesse. Le plafond, à solives apparentes, est couvert d'arabesques rehaussées d'or qui forment une réunion de petites merveilles du genre. Les murs, unis et dépourvus d'encadrements à reliefs ou de membrures saillantes, sont revêtus de compartiments de marbre veiné rose ou violet, entourés de larges bandes de rouge antique, bordées elles-mêmes de lisérés noirs. Sur ces bordures rouges, des entrelacs noirs et de grands filets d'argent vont, viennent, toujours en lignes brisées, et, se rencontrant comme par hasard, forment des nœuds, des étoiles, des rosaces, dont le centre est rehaussé de jaune antique; puis ils se séparent pour aller recommencer plus loin ce jeu de labyrinthe qui charme les yeux et embarrasse l'esprit par des subtilités sans fin issues de principes assez simples. Tel est le mode à peu près constant de décoration de toutes ces mosquées; mais les combinaisons de lignes varient à l'infini, et souvent pour une même paroi. On y rencontre les plus belles matières, la nacre, l'écaille, l'ivoire, l'argent, incrustées et groupées avec perfection, et dans un état de conservation très-heureux pour des choses aussi anciennes et abandonnées. En voyant les ressources merveilleuses que les Arabes ont su trouver dans la géométrie pour la décoration des édifices, on regrette moins pour l'art que les lois de l'islamisme leur aient défendu, comme un acte idolâtre, d'y introduire des représentations d'êtres animés. Bien que ces lois restrictives fussent moins absolues qu'on ne le croit généralement, qui sait si, en détournant les artistes arabes de la sculpture et de la statuaire, elles ne les ont pas maintenus dans la voie de cette aptitude spéciale et quasi-transcendante qu'ont les Sémites pour toutes subtiles combinaisons, et en particulier pour celles des nombres, des lignes et des figures géométriques? Tout ce que les Persans et les Arabes d'Espagne, plus libres que ceux de Syrie et d'Égypte, ont tenté en sculpture ou dessin de figures animées, est en somme au-dessous du médiocre : au point de vue de l'ornement, au contraire, tous ces peuples sémitiques, avec leurs styles différents, sont en quelque sorte demeurés sans rivaux.

Le tombeau du sultan est dans une salle voisine, sous le dôme, et enfermé dans un véritable *château* de boiseries ajourées d'un travail précieux. « *L'Esprit qui le garde* », comme disent les Arabes dans leurs contes merveilleux, est un vieux musulman à grand turban et longue barbe blanche ; il passe quatre-vingts ans, et dit avoir vu le général Bonaparte dans cette même mosquée à laquelle il était déjà attaché. Cela est vraisemblable, puisqu'il ne s'est écoulé que soixante-sept ans depuis l'expédition française. On le presse de questions sur ce sujet, mais son esprit est vague comme celui d'un paysan qui a vu sans comprendre, et notre drogman turc toujours très-apathique. Il finit cependant par nous faire entendre que les Français furetaient partout, comme pour chercher des trésors, et il fait un geste qui donnerait à penser qu'ils trouvèrent bien des choses dans la mosquée... Sur le général en chef, il s'exprime d'une façon plus nette : il le dépeint comme un petit homme vif (pas beaucoup plus haut que le plus petit d'entre nous, au-dessus duquel il étend la main) ; il était jaune, réfléchi (il penche la tête), et frappait du pied (geste qu'il répète avec sa babouche). Il y a de quoi rêver devant pareils souvenirs, si présents, bien que si incomplets, et jamais curiosité ne fut plus désorientée que la nôtre devant l'impitoyable parler arabe du vieux fellah.

Au pied de la charmante mosquée est blotti un des plus misérables hameaux que l'on puisse rencontrer. C'est le reste du grand faubourg, ou cité de Kérafât, que le puissant sultan Kaït-bey avait fondé pour sa résidence habituelle. Mais pourquoi et comment les gens vivent-ils encore ici ? C'est ce qu'on ne peut comprendre en passant, quand on voit l'éloignement et l'aridité absolue de ce lieu.

A quelques pas de là, et toujours cheminant au milieu des dômes et des tombeaux, nous trouvons l'élégante mosquée d'*El-Aschraf*, l'une des plus complètes, bien qu'elle n'ait ni fontaine, ni école publique. Elle possède une jolie porte à double perron, un dôme très-élancé couvert de riches broderies, d'assez grandes dépendances, mais un minaret nu, triste, délabré, dont la cime tronquée laisse dépasser l'axe de l'escalier à vis, qui se dresse dans les airs comme un pal sinistre. C'est la sépulture de cet Aschraf Barsebay qui, en 1421, de la situation de simple esclave mamlouk, était parvenu à s'élever au rang suprême par une suite de ruses et d'usurpations. Son règne, du moins, fut long et glorieux : il mit à la raison les pirates de la Méditerranée, dont le roi de Chypre se trouvait être le recéleur; et l'on vit alors ce prince chrétien, un Lusignan, baisant la terre et payant rançon dans le palais de Saladin, devant l'esclave couronné, qui, satisfait de cette leçon, le fit reconduire courtoisement dans son île.

Du seuil d'El-Aschraf et dans le prolongement de sa façade, on aperçoit alors très-bien la célèbre mosquée du sultan *Barkouk*, qui mourut à la fin du XIV° siècle. C'est la plus grande et la plus magnifique de toute la vallée; aussi, malgré nos longues et peut-être trop minutieuses descriptions, fixerons-nous encore par quelques traits le souvenir d'un édifice dont l'aspect grandiose et puissant est fait pour laisser une vive impression.

L'ensemble des bâtiments forme un rectangle fermé, dont la façade et le sanctuaire occupent les deux grands côtés. L'extérieur ne présente que des murs simples et sévères, zébrés de rose et de blanc jauni par le soleil. Sur les deux angles de la façade, deux minarets jumeaux, carrés jusqu'à mi-hauteur, se dressent comme deux tours florentines couronnées de leurs mâchicoulis; à ce premier étage, leurs troncs passent à la forme ronde avec des successions de balcons, puis finissent en campaniles à jour surmontés du fleuron terminal. Sur les deux angles postérieurs, deux coupoles s'élèvent derrière les minarets; chaque angle est ainsi pourvu d'une haute et belle construction dont l'ensemble a une harmonie et une majesté sans égales.

A l'intérieur, une cour silencieuse, entourée de portiques délabrés, pleine de ruines où poussent en liberté des palmiers et autres grands végétaux du désert; on y sent planer cette inexprimable mélancolie si remplie de grandeur que Georges Sand a nommée « *la solennité de l'abandon* ».

La fontaine aux ablutions, tarie, abandonnée, montre de toutes parts son squelette de lattes desséchées qui tombent en poussière. Au fond de la cour, entre les deux dômes, les galeries plus hautes et disposées sur trois rangs, marquent le sanctuaire ; les objets du culte y sont encore en place, mais tombent de vétusté : la chaire ou *mimber*, d'un travail admirable, est rongée par les vers, et, comme le trône funéraire de Salomon, elle s'écroulera quelque nuit avec des gémissements auxquels rien ne répondra ; et elle entraînera dans sa chute l'immortalité de cet aventureux sultan Barkouk, tant aimé du peuple arabe, qu'il haranguait du haut de ces marches où nous sommes assis. C'était, si nous ne nous trompons, vers l'époque où notre bon roi Charles VI tombait en démence dans la forêt du Mans.

Aux deux extrémités du sanctuaire, deux portes qui s'ouvrent au milieu d'admirables clôtures de bois ajouré donnent accès sous les dômes où reposent le sultan et son harem. Le sultan, dans son sarcophage de marbre, est seul sous le dôme de gauche, seul au pied de son *mihrâb* orienté vers la Mecque, comme devant la pensée éternelle du prophète de Dieu. Au chevet du tombeau, une fière colonne de marbre enroulée de versets du Koran, coiffée du casque de pierre conique du sultan, se dresse comme une dernière et fidèle sentinelle mamlouke veillant sur son maître endormi. Tout cela respire une mâle et sauvage grandeur, une sorte de désespoir abandonné, surtout si quelque coup de vent fait gémir les treillis vermoulus, entre et sort par les fenêtres béantes, et fait tournoyer sur le tombeau le sable qui vient peut-être de la Mecque et va se reposer un siècle ou deux sur les degrés des pyramides.

Barkouk fut un sultan modèle, un grand sultan devant Allah et les hommes de son temps. Il grandit esclave comme un vrai mamlouk, conspira, usurpa le pouvoir, fit de belles exécutions en masse, et malgré tout fut trahi, exilé, jeté en prison. Il s'évada au moment d'être étranglé, revint plus puissant que jamais, rentra triomphalement au Kaire, qu'il noya dans le sang ; régna heureux ; se moqua des Tartares, qui, par deux fois, n'osèrent l'approcher ; joua tant et si bien au *mail*, qu'il en mourut, âgé de soixante ans à peine, regretté du peuple et des pauvres, et laissant de grands trésors dont ils n'héritèrent point...

Sa mosquée est bien celle d'un souverain fastueux et populaire. Elle est immense : il s'y trouve des appartements d'hiver et d'été pour les voyageurs, trois logements complets pour les cheiks ou dignitaires de la mosquée, des salles d'audience ; puis une fontaine publique et une salle d'école placées en dehors, dans une annexe à l'angle nord de la façade.

On reste confondu de tant de splendeurs jetées dans un désert absolument stérile, inhabitable et situé fort loin des portes et des murailles du Kaire. Qui donc venait fréquenter ces écoles? Qui pouvait-on appeler à la prière du haut de tous ces minarets perdus dans la solitude?

En considérant les goûts fastueux et les coutumes immuables de l'Orient, on serait tenté de conclure, *à priori*, que tout ceci était œuvre de luxe et non d'utilité; que, tout tombeau complet étant une mosquée avec ses accessoires obligés, fontaines, écoles, etc., les souverains les plus riches et les plus puissants se plaisaient à effacer leurs devanciers par la magnificence d'une sépulture plus grande que toutes les autres; et qu'alors, d'un coup de baguette, avec leur prodigalité et leur esprit de tradition imperturbable, ils jetaient n'importe où, dans la nécropole, un édifice de toutes pièces, sans se soucier de savoir si ce qui était conçu pour la ville servirait au désert.

Voilà ce que nous pensions d'abord avec une certaine vraisemblance ; mais des recherches ultérieures, des renseignements pris auprès de personnes ayant habité longtemps le Kaire et connaissant bien l'histoire intime de l'Orient, nous ont ouvert des aperçus nouveaux sur ce fait assez secondaire en apparence, mais en réalité assez intéressant au point de vue de la politique intérieure des anciens souverains de l'Égypte.

De tout temps ces princes, mamlouks ou pachas, se sentant peu solides au milieu des factions intérieures et rivales, ou des haines de familles, auraient senti le besoin de s'appuyer sur les tribus bédouines du désert, auxquelles l'ancienneté de leur race et leur indomptable énergie donnaient une sorte de supériorité redoutable. Il fallait à tout prix se concilier leur amitié, ou au moins neutraliser leur force en les divisant par des intrigues bien nouées et bien entretenues. Or, de toute antiquité, le Bédouin a eu l'horreur des villes, dont il redoute les miasmes étouffants : aujourd'hui encore, s'il vient au Kaire, il se garde bien d'y passer la nuit; mais, aussitôt le soleil couché, il en repart au galop pour aller camper dans les sables. On ne pouvait donc héberger les chefs nomades, les traiter royalement, les posséder enfin, que dans des demeures construites hors de la ville, en plein désert. Il en fut ainsi jusqu'à la création des chemins de fer, en 1851, et à l'extension de l'influence européenne, qui les refoulèrent en Arabie et en Syrie.

Abbas-pacha suivait fidèlement encore à leur égard cette antique politique des sultans-mamlouks, et ce fut une des raisons pour lesquelles s'élevèrent, durant son règne, ces palais isolés dont nous ne comprenons plus l'usage : l'*Abbassièh*, situé dans le triste désert d'Héliopolis, et le *Dâr-el-Bèda*, placé à plus de quinze lieues du Kaire, au *Gebel-Awebet*, en un lieu si dénué, qu'il fallait y apporter l'eau à dos de chameau.

Il paraît donc plausible que nos immenses mosquées funéraires des XIV° et XV° siècles pouvaient avoir un usage analogue : ce devait être surtout les tribus voisines du désert qui venaient aux mosquées et envoyaient leurs fils aux écoles du sultan régnant. — Chaque matin donc, on devait voir se dessiner dans le jour naissant, sur les hauteurs environnantes, et puis s'éparpiller dans les tombeaux, ces jolis groupes d'enfants suivant d'un pas léger les fils de leurs *scheikh* et de leurs *émirs*, conduits sur des ânes robustes par les grands *saïs* noirs de Nubie.

Quelle fête aussi, quel orgueil pour ces fiers et souples Arabes que le sultan daignait appeler à lui. On les revoit par la pensée dévorant l'espace dans les tourbillons de leurs vêtements flottants d'où sort le cliquetis des armes froissées. En galopant avec eux, on voit surgir le soleil derrière les coupoles vermeilles des mosquées, puis s'élever dans les airs avec les mille voix des mouezzins. A leur suite, enfin, on vient arrêter sa course aux bords escarpés de cette vallée de merveilles, pour aller un instant après comparaître devant le grand sultan aux yeux fixes, qui, replié dans l'ombre d'une alcôve d'or, attend que ses fidèles viennent implorer des grâces et conspirer avec lui au murmure des fontaines et des prières.

Cependant les beaux jours d'une mosquée nouvelle et préférée duraient peu, sans doute, car bientôt elle allait partager le sort de ces épouses royales devenues veuves, qu'un successeur relègue à jamais, encore belles et encore jeunes, dans une région écartée du palais. Tant que le fondateur de l'édifice vivait, la foule des dévots, des flatteurs et des écoliers affluait de gré ou de force. Le maître lui-même y venait, donnant audience, rendant la justice et faisant largesse. Mais, après lui, tout rentrait dans le silence et le néant; les usurpateurs ou les successeurs prenaient sans doute pour eux-mêmes la foule et les dotations qui ne revenaient plus, et la belle mosquée, tout à l'heure si fêtée, perdait petit à petit sa fraîcheur et son éclat, devenait lentement une ruine. Un fait analogue se passe encore en Égypte, et semble particulier aux gouvernements musulmans, versatiles et nomades dans l'âme. L'Égypte est couverte de palais modernes qui tombent en ruines : ce n'est pas grand dommage, mais on ne sait qu'en faire et où en bâtir de neufs. Pas un souverain nouveau qui veuille se contenter des résidences de son prédécesseur; pas un qui n'en construise de nouvelles, ne se dégoûte, n'interrompe, et ne recommence ailleurs, enrichissant toujours quelque entrepreneur européen qui ne laisse ordinairement qu'une bâtisse insipide ou ridicule, incapable même de former de belles ruines. D'ailleurs, on connaît ce dicton oriental, hélas! trop souvent justifié : « *Quand la maison est finie, la mort y entre.* » C'est pour cela, dit l'histoire, que les sultans avaient toujours un palais en construction, qu'ils se gardaient bien d'achever...

Enfin, on pourrait compter encore, parmi les causes d'abandon, cette superstition singulière qui, autrefois surtout, s'imposait aux gens riches, leur faisant croire qu'il y a danger pour un héritier à habiter les appartements et la maison où son père a rencontré la mort.

Aussi, lorsqu'on étudie un peu l'histoire du Kaire et des villes d'Orient, est-on vivement frappé des effets de cet esprit inconstant : à chaque nouveau règne presque, ce sont des palais merveilleux, des quartiers entiers élevés rapidement par le caprice d'un sultan, qui sont abandonnés, détruits après sa mort, pour aller se reformer ailleurs, on ne sait pourquoi. Toute l'histoire morale du Kaire est écrite dans les immenses champs de décombres qui l'entourent de tous côtés, comme si son inquiète turbulence n'avait pu réussir à se fixer nulle part. Ce n'était rien autrefois ! car alors la sève créatrice renouvelait sans cesse ce qui disparaissait ; mais, aujourd'hui, ce qui tombe de souvenirs et de chefs-d'œuvre dans nos villes anciennes, ce qu'elles perdent chaque jour de physionomie et de charme, ne se retrouve plus !

Le jour baisse et nous quittons la vallée. Les façades et les minarets de Barkouk sont empourprés par le soleil couchant qui les frappe directement ; les broderies des coupoles ressortent comme des damasquinures d'or au front des casques sarrasins. Les ombres s'allongent et se rencontrent ; les cimes du Mokattam semblent se couvrir d'une neige rosée sur un fond d'un bleu sombre qui s'épaissit, monte et envahit le firmament, chassant devant lui la lumière qui se réfugie et se concentre plus ardente autour du soleil abaissé sur l'horizon.

Nous marchons dans sa direction, et rencontrons encore une longue traînée d'édifices en ruines, dont les fenêtres béantes, au milieu des murs sombres, semblent illuminées par un incendie. Ce sont les belles mosquées d'Inâl et d'El-Ghourî, qui se relient et semblent les parties symétriques d'un seul et immense édifice. Les Turcs en ont fait un dépôt de poudre ; de temps à autre une file de chameaux, conduits par quelques fellahs nonchalants, vient y puiser. Malgré les petits postes endormis qui entourent la poudrière, elle sautera quelque jour, « *cela est écrit* », et alors que deviendront tous ces beaux édifices si légèrement construits et si anciens ! « Pourquoi soutiendrions-nous les monuments pharaoniques, dit avec franchise le gouvernement, puisque nous ne conservons même pas ceux de notre religion ? »

Parvenus aux limites de cette nécropole sans égale dans le monde et mesurant près d'une lieue de long, nous tournons à gauche, vers l'angle nord-est des murailles du Kaire, qui, par leur abandon et leur majesté, rappellent les murs tant aimés de l'ancienne Rome. Derrière nous, dans la vallée des Tombeaux, les ombres s'allongent toujours et se perdent au loin sur le sol comme les derniers plis oubliés de longues draperies traînantes ; elles font cortége aux mosquées, qui prennent, dans le crépuscule, la figure de grands génies suppliants, prosternés devant le soleil couchant, dont les derniers reflets baignent encore leurs fronts immobiles. Toutes les gloires du moyen âge oriental sont venues finir là ; toutes ses splendeurs, toutes ses misères oubliées, sont là confondues dans une même pensée religieuse. Ne faudrait-il pas tomber ici à deux genoux comme les Arabes du désert, et, les bras tendus vers la lumière, redire avec eux cette belle parole, image contemplative de la nature, que Mahomet dicta pour le Koran? « Tout ce qui est dans les cieux et sur la terre » se prosterne devant Dieu, de gré ou de force : les ombres mêmes » de tous les êtres s'inclinent devant lui les matins et les soirs. »

Nous rentrons dans la ville : une porte monumentale, flanquée de deux énormes tours carrées jadis crénelées, fait songer à celle qui ouvre le chemin vers les catacombes de San-Sebastiano, à Rome. C'est *Bab-en-Nasr*, ou *porte du Secours de Dieu*. A quelque distance en arrière, on aperçoit les tours de *Bab-el-Fotouh*, ou *porte de la Victoire*, par laquelle Bonaparte voulut faire sa première entrée au Kaire, « tambour battant ». Entre ces deux portes s'élève le minaret démantelé de la mosquée du khalife Hakem, qui la termina près de cent ans avant la première croisade, et fonda la religion des Druses. *Bab-en-Nasr* passe pour la plus belle des soixante et onze portes du Kaire. Nous franchissons cette arche sombre et guerrière, contemporaine de Godefroy de Bouillon, et, par quelques circuits habiles, retrouvons le Mousky juste au point où nous l'avions quitté pour aller, dans une direction inverse, chercher la citadelle.

Le Mousky s'endort; par instants, la voix des mouezzins, qui tournent sur leurs galeries aériennes, descend jusqu'à nous. Ces voix lointaines, qui semblent venir du ciel, avec la nuit suave et limpide qui nous enveloppe, ont quelque chose d'intime, de biblique, de pastoral, qui saisit profondément. C'est qu'il y a là ce concert harmonieux des idées sublimes et des choses primitives et simples qui s'enfuit trop vite, hélas ! et de partout, depuis l'apparition moderne de ce que l'on peut appeler hardiment l'*âge de fonte*.

Dans la salle à manger des ingénieurs de l'isthme, qui, sur l'invitation de M. de Lesseps, sera nôtre durant tout ce séjour, nous trouvons, au nombre des invités, M. Mariette-bey.

« — Monsieur le comte est servi ! » crie d'une voix tonnante le majordome de l'hôtel, brave Levantin très-rompu, qui se pique d'être fort stylé.

M. de Lesseps, qui préside la table de famille avec une simplicité charmante, fait placer M. S*** en face de lui et M. Mariette-bey à sa droite. Il est très-effrayant, le bey, avec sa haute taille, son tarbouch rouge très-enfoncé, sa figure sévère et accentuée, son parler bref, et les redoutables lunettes noires bombées, qui cachent complétement ses yeux depuis l'ophthalmie terrible qui les frappa, lors des premières fouilles du désert de Saqqarâh. Mais bientôt, se voyant malgré cela environné d'amis et d'intelligences sympathiques, il s'anime et devient étincelant de verve et d'esprit.

Les récits les plus captivants se succèdent et se croisent; les heures s'envolent... Enfin, le corps et l'esprit rendus de fatigue, nous regagnons nos lits à grand'peine pour rêver aux surprises de cette vie si nouvelle, et, par-dessus tout, au « soleil du lendemain », ce bien suprême qui, au moins ici et loin de Paris, ne fait jamais défaut !

29 décembre.

Pendant que l'on entraîne les plus aventureux d'entre nous au bain arabe, qui a été retenu tout entier pour cette cérémonie, les autres, peu soucieux d'affronter la malpropreté traditionnelle de ces lieux et les redoutables manipulations des baigneurs, retournent aux bazars et aux mosquées. Les petits bourriquiers ont beau nous poursuivre de leurs ânes en criant : « *Boûn bôdé! Boûn bôdé!* » nous leur échappons pour conserver notre précieuse liberté; car la vraie flânerie ne se fait bien qu'à pied, comme chacun sait, et il n'en est pas de plus délicieuse que celle des bazars du Kaire, une première fois surtout.

On n'y trouve pas d'objets bien rares ni bien précieux, mais tous ont des formes, des couleurs, des usages tout nouveaux pour nous; ils ont ce style franc, cette bonne foi primitive et naturelle qu'on trouvait peut-être encore dans Paris au XVIe siècle, à la foire Saint-Germain, non loin du Pré-aux-Clercs. Ce qui est merveilleux surtout, c'est la mise en scène. Ainsi le grand bazar d'El-Ghouriêh s'ouvre sur le Mousky par un passage étroit et sinueux qui serpente parmi de hautes constructions. Aux boutiques, point de fermetures, de devantures et autres tristesses des pays froids : toutes sont ouvertes, et, pour la plupart, encadrées d'élégantes arcades en fer à cheval, faites de bois ajouré; sur le devant, de petites estrades à balustres couvertes de tapis et de coussins, où de vénérables Orientaux à turbans fument le chibouk en attendant les offres des passants. Les boutiques regorgent d'étoffes pliées et dépliées, qui débordent et flottent de tous côtés. Les murs du passage en sont tapissés jusqu'à une grande hauteur : étoffes brochées d'or, tapis de Perse, ceintures de soie chatoyantes, burnous blancs rayés d'azur et d'argent, *habarah* noires et blanches brodées de cachemyr, et *abayèh* tissues d'or comme des chasubles; le tout entremêlé d'aiguières, de bassins, d'armes aux belles formes, et inondé de la délicieuse lumière qui descend du ciel bleu sur la ruelle enchantée.

Il est peu d'endroits au Kaire qui évoquent mieux les images féeriques des *Mille et une Nuits* que le point où les différents passages du bazar viennent déboucher dans la rue populeuse d'El-Gouriéh, le quartier aristocratique d'autrefois. C'est là que s'élèvent le tombeau et la mosquée de Kansouh IV El-Ghouri, l'avant-dernier des sultans-mamlouks, dont la dynastie fut renversée en 1517 par Sélim Ier, sultan des Turcs de Constantinople. Outre leur beauté, ces édifices ont donc cet intérêt particulier d'être les dernières créations de l'art arabe et national au Kaire, puisque dès le XVIe siècle, les Turcs en sont restés les maîtres. Or, dit le proverbe, « là où le cheval d'un Osmanli a posé le pied, l'herbe ne pousse plus... »

C'est au dernier coude formé par la ruelle du bazar, que l'on aperçoit le superbe monument funéraire d'El-Ghouri se dressant, comme fond de tableau, sous la forme d'un très-haut édifice horizontalement rayé de blanc et de rose, et couronné de découpures tremblotées comme les aigrettes de flamme qui s'agitent au front des *génies* et des *péris*. A l'étage supérieur, sous les claies et les toiles qui recouvrent la rue, règne une élégante galerie d'arcades d'où jaillit un gazouillement perpétuel de voix enfantines : c'est l'école matinale. Au-dessous, les chameliers, les portefaix, les fellahines, l'épaule chargée d'un enfant, s'arrêtent, gravissent les trois marches du rez-de-chaussée avec une élégance inimitable, et, passant un beau bras nu annelé d'argent à travers de riches barreaux forgés, en retirent un gobelet enchaîné plein d'eau vive que leur tend une invisible main : c'est la fontaine publique ou *Sebil*. Telles sont les fondations de bienfaisance qu'abrite ordinairement le tombeau d'un prince souverain. Point de bruits discordants ni grossiers, point de résonnance de pas lourds; cette foule en babouches coule doucement sur le sol, épanchant dans les airs le bourdonnement de ses mille voix que se renvoient les grands murs et la couverture de la rue, transparente comme une treille d'Italie.

Quelques détours dans les ruelles nous conduiront maintenant devant l'un des plus anciens et des plus célèbres établissements de l'Égypte et de l'Orient. C'est la grande mosquée ou université *El-Azhar*, la « *brillante* » ou la « *florissante* », qui est contemporaine de la fondation du Kaire; neuf mille étudiants accourus de tous les points du monde musulman, de l'Inde comme du Soudan, viennent encore y recevoir les leçons de plus de trois cents professeurs, selon des méthodes et des traditions qui n'ont guère varié depuis le xe siècle de notre ère. El-Azhar, inférieure en beautés architecturales aux autres mosquées de la ville, a du moins conservé une physionomie à part qui en fait peut-être la plus intéressante de toutes. Demeurée la seule importante parmi les universités musulmanes, elle est devenue le centre de l'orthodoxie; c'est un foyer de fanatisme et d'opposition aux idées modernes, qui oblige le visiteur étranger aux plus grandes précautions de prudence et de respect.

La façade, dont nous ne franchirons pas l'entrée sans une permission spéciale de police, ne se ressent pas de l'abandon qui règne ailleurs : de riches enluminures d'or, d'azur et de vermillon, répandues à profusion selon un goût un peu turc, attestent des restaurations de fraîche date, également reconnaissables dans la lourdeur des minarets et de bien d'autres parties reconstruites. Sur trois côtés d'une cour immense, s'alignent les logements gratuits ou *harahs* (quartiers) donnés aux étudiants pauvres qui viennent de loin, et les *riwaks*, ou salles destinées à l'enseignement et à la conservation des manuscrits. Au milieu de la cour et sous les portiques, on trouve un peuple d'étudiants ou *talib* de tous âges et de toutes nuances, qui lisent, récitent, écrivent, cousent, mangent, causent, se promènent ou dorment étendus sur les dalles, mais sans aucun tumulte ou irrévérence. Que le chant du *mouezzin* retentisse, ils se lèveront en masse pour les ablutions et la prière, et iront ensuite par groupes s'accroupir sur les nattes du sanctuaire, afin d'écouter quelque professeur assis au pied d'une colonne.

Dirigeons-nous vers ce sanctuaire avec notre drogman : dix où douze étudiants nous suivent de près, en demi-cercle, et de curieux deviendraient hostiles à la moindre imprudence de notre part. Comme dans toutes les mosquées, ce sanctuaire s'ouvre à l'air libre par le portique du quatrième côté, faisant face à l'entrée ; mais tandis qu'ailleurs ce lieu de prière n'est formé que de trois ou quatre travées parallèles de portiques, à El-Azhar il en contient neuf, soutenues par trois cent quatre-vingts colonnes de marbre précieux, de porphyre, de granit, avec bases et chapiteaux grecs ou romains. Cette forêt de colonnes éclairée par douze cents lampes suspendues, et mesurant une largeur de 40 mètres sur une longueur de 90 en certains endroits, offre de tous côtés des perspectives féeriques dont l'effet serait admirable, comme en la mosquée de Cordoue, si toutes les proportions étaient en harmonie. Malheureusement les plafonds sont bas et enfumés, en sorte que, malgré sa superficie de 3000 mètres carrés, cette salle manque absolument de grandeur architecturale.

L'éducation universitaire donnée à El-Azhar a un caractère non moins primitif que celui de l'édifice et de ses habitants. Nul contrôle, nulle direction dans des études dont la matière est forcément restreinte, puisqu'elles reposent en grande partie sur l'exégèse du Koran et des Hadiths ou traditions de Mahomet, dont on prétend tout tirer. L'université n'arrive donc à former que des maîtres d'écoles, des théologiens et des jurisconsultes à la façon arabe, c'est-à-dire fort différents des nôtres, en ce qui concerne les derniers surtout. On surcharge la mémoire des élèves d'un fatras de subtilités stériles faites pour rétrécir l'esprit et l'empêcher de se fortifier [1]. De là cette immobilité timorée, ce fanatisme ignorant dont certains pays d'Occident ne seront peut-être délivrés eux-mêmes complétement que quand on y sera un peu revenu à ces principes naturels de sagesse, d'équilibre moral et physique dont l'antiquité avait su trouver le chemin, et dont l'absence favorise des antagonismes nuisibles : piétisme envahissant d'une part, de l'autre indifférence et scepticisme à outrance ; enfin, planant sur le tout, l'institution du baccalauréat !

---

[1] Voyez, sur El-Azhar, *L'instruction publique en Égypte*, par M. Ed. Dor, 1872.

PEINTURE D'UN TOMBEAU ÉGYPTIEN.

LE MUSÉE DE BOULAQ

> « Il y a quelque temps l'Égypte détruisait ses monuments, elle les respecte aujourd'hui ; il faut que demain elle les aime. »
>
> (MARIETTE-BEY, *Catalogue du musée*.)

La route en est assez longue et ne se fait qu'en voiture ou à baudets ; on tourne le dos au Mousky, on traverse l'Esbekyeh, on suit de longues avenues bordées de sycomores, à travers des terrains nus et vagues que l'on appelle des plantations ; à gauche, des traînées de boursouflures pierreuses indiquent des quartiers entiers tombés sur place au temps des croisades, peut-être.

On trouve, au bout de tout cela, une petite place à l'entrée d'un vieux quartier, une grande porte dans un grand mur, et l'on entre : c'est le musée de Boulaq.

Quelque chose de riant et de charmant apparaît tout d'abord : c'est une cour parsemée de vieux arbres, au fond de laquelle on voit couler le Nil au pied des fourrés de sycomores et de dattiers qui couvrent la rive opposée ; au delà, des plans successifs de verdure qui s'effacent et se perdent dans l'éloignement, puis les deux grandes pyramides de Gizeh, qui se confondent presque dans la même silhouette.

A main gauche, dans la cour, s'élève l'habitation de M. Mariette et de sa famille ; à droite, la cour du musée, séparée de la première par une grille dont les piliers portent des moulages de ces petits sphinx qui, en 1850, mirent M. Mariette sur les traces du fameux *Serapeum* de Memphis. La chienne *Bargoût*, gardienne du musée et contemporaine de sa fondation, fait son *kief* sous un arbre, et *Finette*, la gazelle privée, bondit à travers la cour. Le cabinet de travail de M. Mariette fait face au Nil, près de la porte d'entrée : Devéria nous y introduit, et nous trouvons le maître dans une grande pièce aux murs décorés de fresques à l'égyptienne, remplie de livres, d'antiquités, et d'où la vue plonge directement sur les ravissantes perspectives du Nil et de la région des Pyramides.

Quelques années plus tôt, sous le règne de Saïd-pacha, nous n'aurions trouvé ici qu'un pâté de masures délabrées appartenant à la Compagnie du transit et servant de magasins depuis l'expédition française. La protection et les encouragements de Saïd et d'Ismaïl-pacha ont permis à M. Mariette d'y installer, dans des bâtiments provisoires, en peu de temps et sans frais trop considérables, le premier musée égyptien du monde. Aujourd'hui, grâce aux pouvoirs et aux facilités donnés à son fondateur pour se transporter à sa guise du nord au sud de l'Égypte, les principaux monuments, déblayés, fouillés et gardés, craignent de moins en moins le vandalisme extérieur et intérieur; les trouvailles qu'on y fait, au lieu d'être dispersées ou perdues, vont droit au musée de Boulaq, qui est composé en totalité d'objets découverts par la Direction, et dont le lieu de provenance, ainsi connu, apporte souvent les plus grands éclaircissements à l'étude de l'histoire d'Égypte. On comprend toute l'importance d'un pareil avantage, presque impossible à obtenir en Europe, où les objets d'antiquité égyptienne passent de main en main avant d'arriver aux musées.

Lorsqu'on veut voir l'Égypte de près, telle qu'elle se présente dans un musée, par exemple, il faut se défaire de certaines illusions et de bien des préjugés; ne pas y chercher l'art pour l'art, mais se rappeler les paroles de M. Mariette : « Que la recherche désintéressée du beau n'a jamais été l'idéal de l'Égypte, et qu'il reste le privilège de quelques races mieux douées[1]. » Passant donc sur l'ennui que peut causer d'abord la vue d'un art un peu monotone et incomplet, il faut chercher ce qu'il contient : en un mot, comprendre le sens mystique qui en forme le fond et comme l'unique préoccupation. On reconnaîtra bien vite que

---

[1] Catalogue du musée de Boulaq.

cette symbolique, en apparence puérile ou grossière, n'est que la forme secondaire, usuelle et populaire de ces dogmes élevés, profonds et vigoureux qui brillèrent seuls à l'origine, donnèrent le souffle à la civilisation égyptienne et la conservèrent durant plus de cinquante siècles. Ici la religion contient tout, règle tout; l'art n'est qu'un de ses organes, il ne vit pas sans elle, il la sert : car l'idéal égyptien semble ne résider que dans l'idée religieuse, qui met son empreinte sur toutes choses, depuis les formes de la monarchie jusqu'à celles des objets les plus ordinaires de la vie.

La pensée égyptienne paraît avant tout préoccupée des questions de résurrection finale, d'éternité de l'âme, et des moyens de les assurer : aussi les temples et les sépultures sont les choses les plus importantes. Les tombeaux, selon l'expression antique, sont les *maisons éternelles* où les corps embaumés doivent attendre la résurrection. Les maisons, simples lieux de passage pour la vie mortelle, sont peu de chose : construites légèrement et munies de l'indispensable, elles suffisent ainsi pour le climat merveilleux de l'Égypte. Il en résulte que presque tous les objets d'antiquités proviennent des sépultures, dont le gisement est toujours si soigneusement caché; car, pour les temples, leur richesse même devait attirer de bonne heure spoliation et destruction. Quant aux habitations, elles n'ont pas laissé de traces, et jusqu'à présent on n'a fait que de rares trouvailles en fouillant les buttes qui marquent le site des villes antiques.

C'est donc muni de notions positives sur la théogonie de l'Égypte et l'esprit qui la domine, sur les grandes divisions de sa chronologie et ses horizons majestueux, qu'il convient d'aborder un musée égyptien [1]. Ces mille dieux épars se grouperont dans

---

[1] Voyez à l'*Appendice*, notre tableau de l'histoire antique d'Égypte établi, avec dates approximatives, d'après les travaux de M. Mariette-bey, dont il faut lire le remarquable Catalogue du musée de Boulaq, ou *Notice des principaux monuments exposés dans les galeries provisoires du musée, etc.* (4ᵉ édit.), et le très-intéressant *Aperçu de l'histoire d'Égypte* (Paris, Franck-Vieweg, in-12). — M. F. de Saulcy a publié une charmante description du musée de Boulaq dans le 1ᵉʳ volume de son *Voyage en Terre-Sainte* (Paris, Didier, 1865), et dans la *Revue archéologique*

le panthéon céleste et sur la terre, entre le dieu unique et l'homme auprès desquels chacun aura son rôle et sa mission. Toutes ces figures de pierre, divines ou royales, cesseront alors de paraître muettes et sans âmes; elles prendront la physionomie du sentiment calme et profond qu'évoque sans doute chez l'Égyptien l'aspect de son ciel toujours pur. Contemplatives et confiantes, elles n'attendent pour vivre et se mouvoir que l'immortalité dans la résurrection. Leurs visages calmes, purs et souriants, semblent avoir été modelés pour consacrer l'idée de sécurité et de mansuétude éternelles. Toutes sont bien à l'exemple d'Osiris, le dieu de bonté et de sacrifice incarnés, qui pendant son existence terrestre civilisa l'Égypte, et, dans l'autre vie, ouvrait encore à ses enfants les portes des régions bienheureuses : aussi toutes aspirent et montent vers lui.

Ce caractère de majesté tranquille et de bonté éternelle paraît avoir été l'attribut consacré, dominant, persistant, des dieux et des rois de l'Égypte; les simples mortels les suivent dans la

---

de 1864 (1ᵉʳ sem., p. 313). — Sur l'histoire de l'Égypte ancienne, ses croyances et ses arts, les manuels à consulter d'abord sont encore : *Catalogue des galeries égyptiennes du Louvre*, par feu M. E. de Rougé. — *Histoire d'Égypte* (2ᵉ édit., in-8°) de M. Brugsch-bey. — *Histoire ancienne des peuples de l'Orient*, par G. Maspero, prof. de langue et d'archéologie égyptiennes au Collége de France (Hachette, in-12). — *Manuel d'histoire ancienne de l'Orient*, par F. Lenormant, professeur d'archéologie à la Bibliothèque nationale (A. Lévy, 3 vol. in-12 avec atlas). — *Dictionnaire d'archéologie égyptienne*, par P. Pierret, conservateur du musée égyptien du Louvre. — *L'ancien Orient*, par L. Carre (tome Iᵉʳ). — *A popular Account of the anc. Egypt*, par Wilkinson (2 vol. in-12 illustrés). — Enfin rappelons l'étude synthétique si instructive donnée par M. E. Renan après son voyage sur le Nil avec M. Mariette (*Rev. des deux mondes*, 1ᵉʳ avril 1865). — Au point de vue descriptif, artistique ou savant, lire : *Lettres de Champollion le jeune*. — Les *Voyages* de J. J. Ampère, de Max. du Camp (*le Nil*), l'un des plus savoureux livres de souvenirs que l'on puisse trouver. — *Voyage de la Haute-Égypte*, par M. Charles Blanc, ancien directeur des Beaux-Arts; ouvrage où l'auteur, avec ce charme de style et cette élévation de pensée qu'on lui connaît, s'entretient surtout des arts égyptien et arabe (Renouard, 1876, illustré). — Au point de vue de l'art et de l'histoire de ses procédés dans l'antiquité, voy. *La sculpture égyptienne* par M. Em. Soldi, sculpteur, ex-pensionnaire de Rome : l'auteur s'y livre, en praticien consommé, à des recherches curieuses et nouvelles sur les procédés, l'esprit et les phases diverses de l'art égyptien (Paris, E. Leroux, 1876, in-8° illustré).

voie de ce sentiment, et comme eux n'aspirent qu'à être assimilés à Osiris après leur mort. Mais avant que ce caractère descendît des dieux aux hommes, il était monté primitivement des hommes vers les dieux : en un mot, ici comme ailleurs, et surtout là où le système religieux se développe sans apport étranger sur le sol qu'il domine, l'Égyptien avait dû commencer par former instinctivement les dieux à son image ; ce fonds de douceur, de bonté, de quiétude, il l'avait d'abord en lui et le devait, sans doute pour une large part, à l'influence de cette nature féconde où le climat permet le travail et l'activité, où le ciel toujours radieux prédispose invinciblement à la joie[1]. Là jamais de nuages, d'orages ni d'intempéries persistantes entre le ciel et l'homme : il voit toujours le soleil, le suit constamment depuis son lever jusqu'à son coucher ; aussi, dès l'origine, le sentiment religieux qui s'éveille en lui s'imprègne, comme son caractère, du bonheur, de la paix et de la régularité dont la nature lui présente le tableau ; il divinise le soleil, dont la course toujours éclatante devient pour lui l'image vivante de la succession des destinées : la vie s'assimile au jour, et la mort à la nuit. Puis, dans l'astre qui disparaît, l'Égyptien voit son héros légendaire, son bienfaiteur Osiris succombant, descendant aux régions inférieures après qu'il a été assassiné par Typhon, l'esprit du mal. Enfin, comme tout être humain qui prend conscience de sa propre nature, l'idée d'immortalité le travaille, et le jour qui renaît après l'obscurité devient à ses yeux, sous le nom d'Horus, fils et vengeur d'Osiris, le symbole et le sûr garant de la résurrection : c'est le triomphe certain de la lumière, de la vérité, de la vie sur les ténèbres et sur la mort, qui se représente à lui dans chaque aurore nouvelle.

---

[1] S'il est une chose frappante en Égypte, c'est la douceur et la gaieté du caractère des fellahs, que n'ont pu altérer tous les genres de misères, d'opprobres et d'exactions. « Si la bonté existe sur la terre, dit Michelet, c'est dans ces races. Leurs types, éloignés du lourd profil du nègre, et non moins différents du sec Arabe ou Sémite, ont une extrême douceur. La famille est très-tendre, et pour l'étranger même l'accueil bon, sympathique. » (Ibid.)

Comme dans la nature, c'est donc le bien qui chassera toujours le mal, le dépassera et lui survivra; l'optimisme, enfin, sera la loi du monde, et elle s'y reflétera par le caractère bienfaisant des dieux, puis des rois, qui leur sont assimilés [1].

Cependant les causes premières qui hâtèrent l'éclosion de cette primordiale civilisation devinrent bientôt celles qui l'immobilisèrent; ce qui avait fait sa force fit sa faiblesse : la douceur immuable et la facilité de l'existence, l'absence de besoins, écartèrent de l'esprit égyptien ce trouble de la recherche et de la lutte, cette ardeur persévérante de progrès dont la récompense est l'apparition du génie personnel, créateur, éternellement fécond. Dès lors l'art, première et naturelle manifestation du sens religieux, ne s'éleva pas plus que lui au-dessus de ses premiers fondements; l'esprit humain n'y connut jamais sans doute ces profondeurs, ces hardiesses et ces divergences de la philosophie transcendante qui ont toujours animé, agité l'Occident et l'ont

---

[1] C'est ainsi que le nom du roi régnant est presque toujours précédé du titre : l'*Horus bienfaisant*, l'*Horus-Soleil*, etc.; car chaque avénement, chaque règne de pharaon était assimilé à un lever d'Horus, c'est-à-dire à un lever de soleil. De même, le roi mort, et par extension *tous les défunts*, sont appelés « l'*Osiris.....* », c'est-à-dire qu'ils sont assimilés au soleil couché, et en même temps à Osiris mort, qui, ressuscité dans l'autre monde, est le symbole divin de la mort et le juge des âmes.

Voyez, sur ces points essentiels de la mythologie égyptienne, le chapitre des *Monuments religieux* dans la *Notice sommaire des monuments égyptiens exposés dans les galeries du musée du Louvre* (2ᵉ édit., 1873), par feu M. le vicomte Emmanuel DE ROUGÉ, membre de l'Institut et conservateur du musée égyptien. Ce chapitre, et entre autres l'*Avant-propos*, contenant un exposé de la chronologie ainsi que des résumés de l'histoire politique et de l'histoire de l'art en Égypte, sont considérés avec raison comme des modèles de justesse et de clarté, pouvant servir de point de départ aux études égyptologiques.

Voyez aussi à l'*Appendice*, le *Mythe d'Osiris*, dans l'exposé de la Théogonie égyptienne par Th. Devéria, et dans la *Revue archéologique*, le *Sarcophage de Séti Iᵉʳ*, par M. P. PIERRET, conservateur du musée égyptien du Louvre (mai 1870).

Voyez encore leur édition du *Rituel funéraire de Neb-Qed*, dont le papyrus est au Louvre. Le texte et les vignettes, reproduits avec une habileté surprenante par Devéria, sont précédés d'une dissertation mythologique dont il est l'auteur. La traduction du texte est de M. Pierret. On peut la consulter dans le cabinet des conservateurs du musée, où les documents et les renseignements sont communiqués aux travailleurs, de la façon la plus aimable et la plus encourageante.

conduit si loin déjà. Il ne se forma point ici de caractère public et politique, et le peuple, toujours asservi, ne fut que l'instrument d'une grandeur qui ne lui rendit jamais rien.

L'art et la religion s'absorbèrent ainsi l'un dans l'autre : ils traversèrent les âges, inattaquables et invariables, mais vieux de cœur avant le temps et doués seulement d'une vitalité qui leur fit traverser les plus rudes épreuves, sans être assez puissante pour les porter au delà du cercle où ils s'étaient enfermés une fois pour toutes.

Du reste, pouvait-il en être autrement ? Le monde social était si jeune alors ! Songeons que l'antiquité égyptienne devança toutes les autres, qu'elle établit le lien entre les âges barbares et inconnus, et les civilisations plus avancées des temps anciens. A cette époque reculée, pouvait-on parvenir à autre chose qu'à tracer et à fixer l'ébauche d'un art vrai et d'une morale juste, également exempts de monstruosité ? à prendre conscience enfin, en allant chercher à grands traits les modèles de l'un dans l'observation fidèle de la nature physique, et les lois de l'autre dans les sentiments naturels les plus sains et les plus élevés, auxquels le spectacle d'une nature puissante et sereine fournissait sans cesse de magnifiques et innombrables symboles ?

DE LA CHRONOLOGIE ÉGYPTIENNE. — Avant d'entreprendre de glaner parmi les restes d'un monde si lointain, nous croyons utile de rappeler sommairement quelles ont été les phases principales de son histoire. Si elle parut longtemps immobile et vide, c'est qu'on en voyait l'étendue sans en connaître la substance, et qu'on la jugeait sur l'aspect uniforme de ses monuments, sans s'apercevoir encore que, comme toutes les choses humaines qui se succèdent, ils portent en eux la marque d'assez profondes variations d'esprit.

On pourrait dire qu'il en est du génie égyptien comme d'un lac tranquille et abrité où les moindres mouvements des courants intérieurs se trahissent d'autant mieux au dehors, que la nappe de ses ondes est plus calme et plus unie. Loin d'être monotone, son unité d'aspect offre donc à l'étude un genre d'intérêt assez délicat : celui d'observer les tendances et l'évolution naturelles d'un génie qui, après ses débuts, resta pour ainsi dire inaccessible aux influences étrangères et rivales. C'est donc cette évolution même qu'on touche pour ainsi dire au doigt, et qu'on saisit seule. Il en est de cela un peu comme de ces guérisons dont la médecine, dit-on, n'observe bien les phases que sous le climat sec et régulier de l'Égypte, où aucune variation brusque ne vient influer sur la marche naturelle des phénomènes intimes.

Grâce aux progrès de la science égyptologique fondée par Champollion, on a pu remettre à leurs rangs d'ancienneté tous ces vieux monuments jadis confondus sur le même plan, et en rétablir un enchaînement dont l'œil suit maintenant les modifications progressives, en observant les indices des causes secrètes qui les ont préparées ou développées.

Tout important que soit leur témoignage, il n'a pas suffi cependant pour permettre encore de fixer d'une façon unanime les dates reculées de la chronologie; les points d'appui manquent pour établir leur concordance, et dans l'attente de découvertes nouvelles de papyrus et d'inscriptions, force sera de rester à cet égard dans une prudente réserve. « Dans l'état actuel des études égyptologiques, dit lui-même M. Mariette, il est assez facile de déterminer la dynastie à laquelle appartiennent les monuments dont on demande l'âge; mais quand cette dynastie se classe à un rang antérieur à la XVIIIe (au XVIIe siècle environ av. J. C.), il est impossible d'en donner la date sans s'exposer à une chance considérable d'erreur[1]. » — « Quant à la date absolue à assigner à chacune de ces familles royales, et par suite aux monuments contemporains, je dois avertir que pour toutes les dates antérieures à l'avénement de Psammitichus Ier (665 av. J. C., XXVIe dynastie), il est impossible de donner autre chose que des approximations qui deviennent de plus en plus incertaines à mesure que l'on remonte le cours des âges. La chronologie égyptienne présente en effet des

---

[1] *Album du musée de Boulaq*, ouvrage cité plus loin, p. 79, note.

difficultés que personne jusqu'ici n'a réussi à vaincre. L'habitude de compter par les années du roi régnant a toujours été un obstacle à l'établissement d'un calendrier fixe, et rien ne prouve que les Égyptiens aient jamais fait usage d'une ère proprement dite. Au milieu de ces ténèbres, c'est encore *Manéthon* qui est notre meilleur guide. Malheureusement, dès qu'on jette les yeux sur ce que certains écrivains chrétiens nous ont conservé de son œuvre, on aperçoit des traces manifestes d'altération et de négligence [1]. » D'après cela, nous pourrons considérer les dates précises données dans les ouvrages d'égyptologie moderne, plutôt comme des termes de rapports marquant approximativement les intervalles que comme des quantités absolues.

Ce que l'on peut affirmer, c'est que l'époque historique de l'Égypte commence pour nous à la première dynastie de cette monarchie qui eut *Ménès* pour fondateur et réunit le nord et le sud sous le même sceptre, dans un état de civilisation fort avancée déjà. De la longue période qui précéda l'avénement de cette royauté et vit cette civilisation se former, nous ne connaissons rien que quelques fables très-vagues qu'il est impossible encore de réduire à l'état de faits historiques. Sur l'origine des Égyptiens, sur la provenance de leurs traditions, on ne peut faire encore que des conjectures, et quant à leurs monuments, les plus anciens que l'on connaisse, contemporains des premières dynasties, sont aussi les plus parfaits et les plus gigantesques : il suffit de nommer le sphinx colossal et les grandes pyramides de Gizèh. Les fouilles de l'avenir feront sans doute sortir de terre les essais primitifs d'un art archaïque et les rares monuments d'une épigra-

---

[1] *Catalogue du Musée de Boulaq*, p. 11 (3ᵉ édit.). — Le prêtre égyptien Manéthon vivait au IIIᵉ siècle avant J. C., et avait composé une histoire d'Égypte à l'aide des livres sacrés conservés dans les temples, et des traditions populaires encore vivaces à cette époque. Cette histoire, qui serait aujourd'hui d'une valeur inestimable, a malheureusement péri dans le naufrage de la civilisation égyptienne. Il ne nous en reste que quelques fragments assez divergents, cités par ses *abréviateurs*, *Flavius Josèphe*, *Eusèbe* et *Georges le Syncelle*. Josèphe est celui des trois qui paraît en tirer les renseignements les plus corrects et les plus importants.

phie dont les formes embryonnaires fourniront des indices plus certains sur l'origine probablement asiatique des Égyptiens [1].

Nous nous bornerons à mettre ici sous les yeux les divisions sommaires de l'histoire ancienne de l'Égypte, telles que les propose M. Mariette, réservant pour notre *Appendice* les détails, les suites chronologiques, ainsi que la mention des sources originales que l'on possède et auxquelles on a puisé pour chercher la solution de cette difficile question.

Les trente-quatre dynasties égyptiennes peuvent se répartir entre cinq grandes époques, dont chacune inaugure d'abord une phase de renaissance et de splendeur et se termine par quelque grande catastrophe.

I. — L'Ancien-Empire. — De la Ire dynastie à la XIe (exclusivement), — ou du L^e siècle avant J. C. au XXXe.

(Durée de 2000 ans environ.)

II. — Le Moyen-Empire. — De la XIe dynastie à la XVIIIe (exclusivement), — ou du XXXe siècle au XVIIe.

(Durée de 1200 à 1300 ans.)

Aux cinq cents dernières années de cette période se placent la grande invasion et la domination des Hyksos ou Pasteurs, venant de l'Asie.

III. — Le Nouvel-Empire. — De la XVIIIe dynastie à la XXXIIe (exclusivement), — ou du XVIIe siècle à l'an 332 avant J. C.

(Durée de 1200 à 1300 ans.)

Vers la fin de cette période, l'Égypte est soumise aux dynasties *éthiopiennes*, puis *saïtiques* (avec Psammitichus, qui y introduit pour la première fois les Grecs); enfin aux Perses, avec lesquels finit son histoire véritablement nationale.

---

[1] « La langue copte apparaît de plus en plus comme placée à une certaine distance des deux groupes des langues aryennes et *syro-araméenne* (la dénomination de *sémitique* étant inacceptable au point de vue ethnographique), et comme un rameau détaché très-anciennement et tout près de la racine...... » — « Plus on remonte dans l'antiquité, plus on remarque dans l'égyptien une tournure de phrase concrète et se rapprochant de l'esprit général des langues de cette famille.» (Vte E. de Rougé, *Recherches sur les monuments qu'on peut attribuer aux six premières dynasties de Manéthon*, précédées d'un rapport adressé au Ministre de l'instruction publique sur les résultats généraux de sa mission en Égypte, en 1863, pages 2 et 3. Paris, Imprimerie impériale, 1866, in-4°.)

IV. — L'Égypte macédonienne et grecque. — XXXII⁰ et XXXIII⁰ dynasties, — ou de l'an 332 avant J. C. à l'an 30 après J. C.

(Durée de 302 ans.)

V. — L'Égypte romaine. — XXXIV⁰ dynastie. An 30 après J. C.

(Durée de 411 ans.)

En l'an 381, l'édit de l'empereur Théodose le Grand porta le dernier coup à la civilisation égyptienne en amenant la fermeture des temples et la destruction des *statues de dieux*. Quarante mille statues périrent, tous les temples furent dépouillés et leurs précieuses archives perdues pour jamais. Au milieu de ces ténèbres et sur ces ruines, il ne resta qu'un christianisme divisé par les schismes, et qui, deux siècles et demi après, disparaissait lui-même devant l'invasion arabe et mahométane ; il ne lui resta de sectateurs que les *Coptes*, classe d'Égyptiens chrétiens qui s'est conservée jusqu'à nos jours [1].

La haute antiquité attribuée aux premières époques pourra peut-être effrayer plus d'un esprit encore habitué aux fausses chronologies que l'on établit autrefois sans critique comme sans hésitation. Très-chercheuse, mais plus prudente, la science moderne ne s'appuie que sur les faits, et s'ils lui paraissent encore insuffisants, elle se garde bien d'affirmer péremptoirement [2]. La science ne prétend donc point avoir trouvé encore la vérité sur l'âge précis de l'antiquité égyptienne ; mais ce qu'elle nous démontre de plus en plus avec certitude, c'est que l'histoire du genre humain a des origines lointaines et de profondes racines au-dessus desquelles l'époque historique, si reculée qu'elle soit, n'apparaît plus que comme une cime éclairée d'où la lumière doit descendre graduellement vers les ombres du passé. En quoi, du

---

[1] M. Chabas adopte la même division avec des dates différentes pour l'Ancien-Empire surtout. M. Maspero, professeur au Collége de France, propose de diviser l'histoire d'Égypte selon les trois grandes révolutions qui ont reporté successivement son centre de gravité d'une capitale à une autre. Ainsi on aurait : 1° la période Memphite (I⁷⁰-X⁰ dyn.); — 2° la période Thébaine (XI⁰-XX⁰ dyn.), divisée elle-même en deux parties par l'invasion des Hyksos ; — 3° la période Saïte (XXI⁰-XXX⁰ dyn.). (*Revue critique* du 8 février 1873.)

[2] « Là où les documents strictement historiques font toujours défaut, il faut réunir avec patience et sonder curieusement tous les indices contenus dans les formes du langage, dans les traditions populaires et dans la mythologie. » (Vte E. de Rougé, *Monuments des six premières dynasties*, p. 1.)

reste, les dates égyptiennes prises à leur maximum d'éloignement pourraient-elles nous surprendre, quand aujourd'hui la science vient nous montrer dans les couches des terrains quaternaires les traces de l'homme et de son industrie naissante, contemporaines de ces grandes espèces d'animaux disparues qu'on appelait autrefois des *antédiluviens?*

La silhouette de l'histoire humaine, telle qu'on l'entrevoit aujourd'hui, pourrait se comparer, dans de certaines limites, à celle de ces colosses de glace qui flottent à la dérive sur l'océan des mers polaires : ils ne peuvent surnager et se dresser au-dessus des eaux pour aller déchirer les nues, que parce qu'ils ont comme base au-dessous d'eux une masse cent fois peut-être plus colossale, qui plonge dans les abîmes et que nul œil ne voit.

Monuments de l'Ancien-Empire. — Nous l'avons dit, les plus anciennes sculptures égyptiennes trouvées jusqu'à ce jour appartiennent déjà à une civilisation formée dont l'origine et les phases nécessaires de développement échappent encore à l'investigation ; l'écriture hiéroglyphique s'y montre à peu près complète et fixée, sans que l'on puisse dire encore de quelle façon elle a pu naître et se développer. Le caractère donné à la physionomie humaine est déjà tel que nous l'avons indiqué ; mais la religion étant alors peu compliquée, les représentations de dieux n'apparaissent pour ainsi dire pas encore, bien que les images funéraires des rois et des simples Égyptiens aient déjà et souvent ces poses immobiles, *assises* ou *droites*, considérées depuis comme *divines* et conservées jusqu'à l'édit de l'empereur Théodose, qui, au IVe siècle de notre ère, amena la chute définitive du génie et des traditions égyptiennes.

Le grand vestibule du musée de Boulaq renferme un certain nombre de ces statues primitives des premières dynasties, qui auraient une antiquité de 3700 à 4000 ans avant notre ère d'après la chronologie de M. Mariette. Ce sont des figures de pierre calcaire colorées en brun rouge assez semblable au ton de peau des races dites *cuivrées*, et d'une perfection d'imitation réaliste qui ne fut peut-être pas égalée depuis en Égypte. Les corps sont traités avec simplicité, selon la nature et sans parti pris de convention[1]. Le modelé des jointures, des muscles est fin, bien accusé et toujours bien en place. Les physionomies sont vivantes et douces, mais parfois vulgaires comme la réalité ; les épaules sont hautes et larges, les hanches étroites, les pieds évasés et plats : tous les caractères, enfin, indiquent une conformation physique analogue, mais plus robuste qu'aux époques postérieures, et qui, d'après les monuments, paraît s'être maintenue jusque sous la XIIe dynastie (environ 3000 ans av. J. C.). Après cette époque, les formes étaient devenues plus sèches et plus élancées, peut-être par l'influence du climat ou le mélange des races sémitiques qui envahirent l'Égypte et l'opprimèrent si longtemps[2] ?

Ce que l'examen de ces ouvrages primitifs nous révèle aussi, c'est qu'à ces époques reculées des IVe, V^e et VIe dynasties, celles des pyramides et des plus anciens monuments connus, le principe

---

[1] « Le musée de Boulaq possède une centaine de statues de l'Ancien-Empire, provenant de Saqqarah (nécropole de Memphis). Les neuf dixièmes de ces statues ont été recueillies dans les *serdab* (réduits secrets et murés dans les tombeaux). Les autres étaient placées dans des cours qu'à une certaine époque de la IVe dynastie, il a été de mode de construire en avant de la façade du *mastaba* (chapelle funéraire). La cour étant à l'air libre, on peut s'étonner que les constructeurs des tombeaux aient songé à y déposer des monuments recouverts de fragiles couleurs, que les sables seuls, qui plus tard ont envahi et submergé ces cours, ont conservés jusqu'à nous. Il fallait qu'à cette époque il plût bien moins qu'aujourd'hui, ou plutôt qu'il ne plût jamais. » (Mariette, *les Tombes de l'Ancien-Empire*, dans *Revue arch.*, 1869.)

[2] « On doit observer d'abord, dit M. de Rougé, le caractère court et trapu des hommes. Ce caractère est tellement tranché, que, suivant la remarque de M. Lepsius, le *canon* des proportions du corps humain suivi par les sculpteurs égyptiens, et que l'on trouve encore tracé sur certaines figures, était alors différent de celui qui donna plus tard aux formes humaines les proportions sveltes qui rappellent la race arabe. Le second canon, celui que les Grecs empruntèrent aux artistes égyptiens, ne commence à être en usage que vers la XIIe dynastie. Les Égyptiens primitifs semblent presque appartenir à une autre race par leur tournure carrée et un peu lourde. » — (Vte E. de Rougé, *Rapport sur l'exploration scientifique des princip. collect. égyptiennes*, 1851.)

de l'art est jeune et libre encore : on sent qu'il n'est pas soumis déjà à l'inertie de l'esprit et à ces traditions hiératiques qui, en se compliquant, l'étreignirent dans la suite et arrêtèrent l'essor plus hardi qu'il semblait d'abord destiné à prendre.

Le charmant petit *scribe accroupi*, du Louvre, trouvaille faite par M. Mariette au Sérapéum de Memphis, est de cette époque et la résume admirablement[1]: quelle liberté, quelle souplesse, auprès des statues immobiles du *Moyen-Empire!* C'est qu'indépendamment des causes intérieures qui agirent sur son évolution, le génie égyptien était essentiellement imitateur et positif : tant que la divinité fut chose abstraite et qu'il vit les hommes seulement, il les copia fidèlement avec la vie qui les animait; à peine est-il absorbé par la mythologie et la théologie, qu'il devient abstrait et imaginaire comme elles. Ce qu'il gagne par là en idéalité, il le perd en perfection d'imitation réaliste; il ne sut pas allier l'une à l'autre.

Parmi les morceaux de sculpture placés dans le *vestibule*, il en est un qui attire l'attention, et pour la beauté de son exécution et pour l'intérêt historique qui s'y rattache[2]. C'est un portrait de pharaon, dont la physionomie a une douceur et un charme quasi enfantins. L'inscription en est malheureusement brisée au-dessus du cartouche royal; mais, d'après certains caractères bien connus, M. Mariette serait tenté d'y voir le fils de Ramsès II, le pharaon Menephtah (de la XIX° dynastie), dont l'Éternel endurcit le cœur, dit l'Écriture, et que la tradition fait périr dans la mer Rouge en poursuivant Moïse : son tombeau s'est retrouvé cependant au fond des hypogées royaux de Thèbes[3].

[1] Il est placé au milieu de la *salle civile* du musée égyptien de Paris.

[2] On voudra bien ne pas oublier que nous visitons un musée, malgré l'entraînement qui nous a fait sortir insensiblement du cadre restreint de simples notes de voyage, dans lequel nous aurions mieux fait, peut-être, de nous renfermer; que l'intérêt passionnant du sujet soit notre excuse. — Nous sommes donc forcés d'ouvrir ici une parenthèse pour quelques monuments importants placés dans le même vestibule, mais très-postérieurs à l'Ancien-Empire.

[3] Ramsès II le Grand, le Sésostris légendaire des Grecs, le Ramsès-Meiamoun de Flavius Josèphe, régna soixante-sept ans, et eut pour successeur son fils Menephtah

Dans ce vestibule, se trouve aussi une grande et précieuse collection de *stèles* ou dalles couvertes d'inscriptions, la plupart funéraires et relatives à des rois, à de hauts personnages, et dont M. Mariette donne la traduction dans son catalogue. On y trouve de beaux modèles de la littérature antique, écrits dans ce style poétique et pompeux qui fait songer à certains morceaux de la Bible, tels que le cantique de Moïse après la sortie d'Égypte. Ce sont presque toujours des louanges décernées aux pharaons par les dieux, des célébrations de leurs victoires sur tous les peuples de la terre, comme on peut le voir surtout dans le chant poétique et cadencé de Touthmès III gravé sur une stèle trouvée à Memphis, et dont la traduction est due à M. de Rougé [1]; puis, des hymnes, des invocations aux dieux, aux prophètes et aux prêtres; des paroles laudatives du défunt pour lui-même, qui toujours se déclare *Makhérou*, « *mââ-xeru* », épithète, a dit Devéria, « qui est particulièrement attachée à la forme royale historique d'Osiris, au roi *Ounnovré*, l'*Être bon* par excellence, le dieu dynaste », auquel tout Égyptien, s'il le méritait, pouvait être assimilé après sa mort et pour l'éternité [2]. Selon l'opinion raisonnée de notre savant ami, opinion partagée depuis lui par presque tous les égyptologues, le sens de ce mot n'est pas « *le justifié* », ainsi qu'on le traduisait, mais il doit être ramené à celui de *véridique*, entrevu d'abord par la merveilleuse intuition de Champollion : « L'Être bon, dit Devéria, le type et l'auteur du bien, a-t-il donc jamais été *justifié* dans aucune mythologie ? Ce serait absurde! Son rôle au contraire est d'être persécuté, d'avoir à souffrir de la malice humaine, et de ne prouver son

(c'est-à-dire *aimé de Phtah*). Ramsès est le pharaon dont Moïse attendit si longtemps la mort avant de pouvoir rentrer en Égypte: « Lors même, dit M. Chabas, que nous ne saurions pas que ce souverain a occupé les Hébreux à la construction de la ville de *Ramsès*, nous serions dans l'impossibilité de placer Moïse à une autre époque, à moins de faire absolument table rase des renseignements bibliques. » (*Étude sur la XIXᵉ dynastie*, p. 148.)

[1] *Catalogue du musée de Boulaq*, 1869, p. 73.
[2] Th. Devéria, Discussion de l'expression susdite, dans le *Recueil de travaux relatifs à la philolog. et à l'archéolog. égypt. et assyr.*, 1ʳᵉ livrais., 1870.

innocence que par l'évidence de ses bienfaits. » En résumé, cette épithète de *mâà-xeru* que l'on retrouve toujours à la suite des noms propres, dans les inscriptions funéraires, « exprime que le défunt est dieu par ce fait que sa parole (*xeru*) est la vérité (*mâà*). En effet, dans la doctrine égyptienne, *émettre la vérité* est l'attribut divin par excellence. L'homme qui possède cette qualité dans toute sa perfection est essentiellement « véridique » et « persuasif ». Il a l'art de persuader ses ennemis, comme Osiris Ounnovré par la sagesse éloquente dont *Thoth* ou *Hermès* lui donna le secret[1]. »

La découverte et la confirmation du sens vrai de ce mot sont des plus précieuses; les textes ainsi interprétés « retrouvent

---

[1] Un écho de cette doctrine nous est apporté par les livres sacrés dont les Égyptiens attribuaient la rédaction au dieu Thoth, inventeur de l'écriture, des arts et des sciences, l'*écrivain des dieux* et le *seigneur de la parole divine*, selon les textes. Il fut identifié par les Grecs à Mercure ou Hermès et surnommé *Trismégiste*, c'est-à-dire *trois fois très-grand*.

« Ne regarde comme *vrai*, dit le livre sacré, que l'éternel et le *juste* (c'est le même mot qui, on le sait, exprime en égyptien le *vrai* et le *juste*). L'homme n'est pas toujours, donc il n'est pas vrai; l'homme n'est qu'apparence, et l'apparence est le suprême mensonge... Quelle est la vérité première? Celui qui est un et seul. » (*Hermès*, IV, 9.) « Ceci nous explique l'importance et le sens caché du rôle que joue la Vérité dans la religion égyptienne. Les dieux et les rois, toujours assimilés aux dieux, sont constamment représentés dans les textes comme « unis à la Vérité, maîtres de la Vérité, forts par la Vérité, subsistant par la Vérité, enfantant la Vérité. » Dans un papyrus de Turin, Thoth, qui personnifie la Raison, est appelé « mari de la Vérité ».

« Je l'adore (le soleil) et je me prosterne devant sa Vérité. » (*Hermès*, IV, 9.) Comparez le prénom ou nom divin d'Aménophis III, *Ranebma, soleil maître de la Vérité*. » — (*Hermès Trismégiste*, par P. Pierret, dans les *Mélanges d'archéologie égyptienne et assyrienne*, octobre 1873. Paris, Franck-Vieweg).

« Aujourd'hui, dit M. L. Ménard dans l'étude qui précède sa traduction d'*Hermès*, on classe les livres hermétiques parmi les dernières productions de la philosophie grecque, mais on admet qu'au milieu des idées alexandrines qui en forment le fond, il y a quelques traces des dogmes religieux de l'ancienne Égypte... » — « De la rencontre des doctrines religieuses de l'Égypte et des doctrines philosophiques de la Grèce sortit la philosophie égyptienne, qui n'a pas laissé d'autres monuments que les livres d'Hermès, et dans laquelle on reconnaît, sous une forme abstraite, les idées et les tendances qui s'étaient produites auparavant sous une forme mythologique. » (*Hermès Trismégiste*, traduction complète, précédée d'une Étude, etc., par Louis Ménard, ouvrage couronné par l'Institut. Paris, Didier, 2e édit., 1867, in-12.)

leur véritable importance morale dans l'expression du triomphe absolu de la sagesse et de la raison ».

« Les vivants, ajoute Devéria, pouvaient s'approprier ce titre en vue, peut-être, de la fin de leur existence. » Ils se déclaraient ainsi d'avance semblables aux dieux, ou sanctifiés, c'est-à-dire assurés d'une éternité heureuse. « Les particuliers, comme les rois, dit à ce sujet M. Mariette, avaient un droit dont les limites ne sont pas encore bien définies : celui de consacrer leurs propres statues dans les temples. En ce cas, bien qu'ils fussent vivants, leur nom propre est presque toujours suivi des mots *mââ-xeru*, qui habituellement ne s'appliquent qu'aux morts. » Plusieurs fragments de statues votives déposés dans le vestibule du musée portent en effet le signe de cette sorte d'indulgence plénière qui, sans doute, n'était dévolue qu'à ceux des vivants qui pouvaient en faire les frais.

Citons, en passant, un fait avancé par M. Mariette au sujet d'une stèle de la XIIe dynastie, et qui, selon lui, témoignerait, pour l'ancienne société égyptienne, d'une organisation des plus singulières. On voit, sur cette stèle funéraire, le défunt amené par sa mère devant la *table d'offrandes*: « On sait déjà, dit l'auteur du catalogue (3e édit., p. 76), que cette préférence accordée à la mère, sur les monuments de l'Ancien et du Nouvel-Empire, n'est point sans exception : les droits de la mère paraissent avoir été prédominants dans la famille, à l'exclusion de ceux du père[1]. »

---

[1] L'opinion de M. Chabas, l'un des maîtres de l'égyptologie moderne, à qui nous demandions quelques détails à ce sujet, n'est pas conforme à celle de M. Mariette ; nous pensons bien faire en la mettant en regard de la sienne, regrettant seulement de ne pouvoir présenter ici que les éléments incomplets d'une discussion dont le sujet, très-intéressant, est au reste en dehors de notre compétence.

« En Égypte, nous dit M. Chabas, les femmes étaient honorées, siégeaient à côté de leurs époux, sortaient librement et se paraient de leur mieux pour cette existence ostensible. Divers textes donnent ces renseignements d'une manière positive ; la vie sociale avait quelques rapports avec celle de notre époque en Europe, et il en résultait les mêmes inconvénients : ainsi les femmes sont quelquefois appelées « *sacs de*

Ces tables d'offrandes mentionnées dans l'inscription de la stèle dont nous parlons, sont à la fois des objets votifs et des monuments commémoratifs d'une fondation pieuse faite par le personnage dont elles portent le nom; on y voit la mention ou la représentation sculptée de dons en nature, tels que viandes, huile, vin, eau, lait, pain, fleurs et fruits que l'on offrait une fois pour toutes, comme aux momies en les enfermant dans leur caveau, ou bien à des anniversaires prévus, ce qui constituait un véritable service religieux. On n'élevait pas un temple, une statue, un bas-relief même, qu'il n'y eût une offrande; aussi trouve-t-on ces tables en grand nombre, surtout dans les temples, dans les tombeaux, et souvent exécutées avec luxe. On en voit à Boulaq de magnifiques exemplaires : ce sont des blocs à peu près cubiques d'albâtre veiné, dont la face antérieure est ornée de deux lions en ronde bosse d'un beau caractère. Le plus remarquable de ces monuments a été trouvé au fond d'un corridor de la *grande pyramide à degrés* de Saqqarah, celle que l'on considère comme la plus ancienne de l'Égypte, puisqu'elle compterait environ 7000 ans. Il existe dans le temple de *Karnak* à Thèbes d'énormes blocs d'albâtre et de granit pesant environ 8000 kilogrammes; parfois on trouve, à des places consacrées, des pierres équarries qui n'ont que 10 à 12 centimètres de haut : les unes et les autres ne sont que des tables d'offrandes et de libations [1].

---

malice »... En l'absence de leurs maris, elles s'occupaient de la gestion de la maison et des biens. Quant aux droits légaux, nous n'avons aucun détail sur ce point, et j'ignore sur quel motif on a pu exprimer l'idée que les droits des épouses primaient ceux des maris. Les enfants nomment toujours leur mère, souvent leur père; quelquefois le père sans la mère ou la mère sans le père ; mais cela paraît tenir à un sentiment de tendresse, car dans les pièces de procédure, c'est toujours le père qui est désigné. » Quoi qu'il en soit, « la science égyptologique marche à pas de géants, nous dit M. Chabas, et les différends entre interprètes sont plus apparents que réels. » — (F. Chabas, *Lettre inédite*, 14 avril 1873.)

[1] Voyez dans les *Mélanges d'archéologie égyptienne et assyrienne*, 1872, 1ᵉʳ fasc., *Étude sur une inscription grecque découverte dans les ruines du temple de Phtah, à Memphis*, par M. E. Miller, suivie d'une lettre de M. Mariette, où il est parlé avec détail des tables d'offrandes.

Pénétrons enfin dans la salle centrale du musée, qui est élevée, spacieuse, éclairée par un rang de fenêtres supérieures, et décorée de larges bordures d'ornements peints à fresque dans le style égyptien antique. Ce qui frappe tout d'abord en entrant, c'est l'aspect riant, riche, coquet même, du musée, dont l'organisation, conçue avec un goût exquis, est en soi-même une véritable œuvre d'art qui attire et réjouit les yeux. Sentant qu'on allait avoir affaire à un public nouveau, insoucient et ignorant des choses qui tiennent au passé de son propre pays, M. Mariette comprit que pour chercher à lui donner le goût et le respect des antiquités nationales, il fallait lui épargner l'ennui de cette régularité froide et de cette aridité des musées classés selon l'ordre scientifique le plus rigoureux. Ici un peu de mise en scène était nécessaire, et l'on sacrifia volontiers aux Grâces, que Strabon reprochait aux Égyptiens de ne pas connaître; divinités bénies qui améliorent et animent tout ce qu'elles touchent, et qu'on ne devrait jamais oublier ni dédaigner!

De grandes armoires vitrées richement pourvues sont adossées aux murs de la salle, et des vitrines circulaires, surmontées des plus rares monuments de la sculpture antique, en occupent le milieu. De distance en distance, dans les vides, se dressent, sur des socles élevés, les statues de choix et autres monuments de grandes dimensions[1]. Tous les meubles, assortis de formes et de couleurs, ont été construits d'après un petit modèle antique, de bois de deux nuances, trouvé dans un tombeau de la XIe dynastie à Thèbes : c'est un bahut à pans inclinés selon le profil des

---

[1] Mentionnons ici l'*Album du musée de Boulaq*, magnifique recueil de 40 planches photographiques par MM. Délié et Béchard, avec un texte explicatif par Aug. Mariette. (Le Kaire, Mourès, 1872, in-fol., et Paris, Franck.)

On y trouve des vues générales extérieures et intérieures de ce musée, qui n'est au reste que provisoire, et dont le contenu sera transporté un jour dans un édifice définitif en voie de construction et dû à la munificence du Khédive. L'*Album* contient un choix des monuments les plus précieux de toutes les époques : stèles, statues, bijoux, etc. Presque tous ceux dont nous parlons ici et beaucoup d'autres encore s'y trouvent admirablement reproduits.

Voyez encore : *Une visite au musée de Boulaq*, par Auguste Mariette (Paris, Franck).

temples, et dont les panneaux sont noirs, avec encadrements de bois naturel à teinte claire.

Quatre grandes cages de verre isolées s'élèvent dans les angles de la salle centrale, de façon à mettre en vue les objets les plus précieux et les plus parfaits des quatre grandes divisions du musée, qu'elles résument et auxquelles on les a fait correspondre : monuments religieux, funéraires, civils, historiques.

Cette éblouissante réunion d'objets du premier ordre, qui tiennent tous une place importante et nécessaire dans l'ensemble des notions recueillies sur l'Égypte, donnerait l'envie de passer en revue toutes leurs séries, pour essayer d'arriver à cette synthèse dont l'intelligence éprouve le vif besoin. Mais ne pouvant songer à tenter un tel travail, nous nous bornerons à parler des objets qui nous ont le plus frappés et à le faire dans un ordre chronologique ; chacun d'eux venant ainsi nous rappeler une époque historique, une croyance, ou une phase intéressante de l'art, il en résultera peut-être, souhaitons-le du moins, un tableau fait à grandes lignes, mais en traits suffisamment justes, grâce aux autorités scientifiques sur lesquelles nous continuerons à nous appuyer toujours.

Parmi les monuments de l'Ancien-Empire placés dans la salle centrale, un de ceux qui commandent le plus l'attention est incontestablement cette célèbre statue de bois haute de trois pieds, qui fut trouvée dans un tombeau de Saqqarah, et remonte à la IVe dynastie, c'est-à-dire à une antiquité de 6000 ans. Elle représente un personnage important d'une soixantaine d'années, un gouverneur de province peut-être, qui marche avec gravité, un bâton à la main, comme s'il visitait ses propriétés ou observait ce qui se passe dans celles du roi son maître, qu'il administre certainement avec une vigilance et une de ces fermetés douces qui ne se laissent jamais prendre en défaut. *Ra-em-Ké* nous représente vraiment l'homme de la vie pastorale et agricole aux âges les plus reculés. Le torse est nu, touche à l'embonpoint et respire le bien-être ; la taille est prise dans une jupe collante, le *pagne* ou la *schenti* , qui descend jusqu'aux genoux, et constitue un vêtement sommaire et commode

RA-EN-KÉ.

Statue de bois de la IVᵉ dynastie (environ 4000 ans avant J. C.).

qui se porta en Égypte jusqu'aux premiers siècles de notre ère.

La tête, grasse et fine, est pacifique, attentive, et l'œil, pourvu d'iris et de prunelles imités en pierres dures, l'illumine des rayons de la vie et de l'intelligence. Lorsque la statuette était recouverte de son stuc fin et coloré, qui simulait la peau avec toutes ses délicatesses, elle devait former un portrait ou plutôt un *fac-simile* d'une ressemblance inouïe. Tel est à cette époque le genre de chef-d'œuvre auquel parvient déjà cet art qui procède de la patience et de l'observation, et n'arrivera jamais aux créations inspirées du génie véritable; dans ce réalisme consciencieux, le point de vue principal n'est-il pas au reste l'*utile*? Car dans le tombeau il s'agit non-seulement de conserver intact le corps embaumé, mais encore le nom, les habitudes et la forme vivante du défunt : l'immortalité promise est à ce prix; et si dans ce luxe de portraits, de bas-reliefs, d'invocations et de peintures, il n'y avait qu'une préoccupation de luxe ou de vanité, les tombes ou les parties de la tombe qui les contiennent ne seraient pas, pour la plupart, si bien fermées et cachées qu'il faille encore les recherches les plus patientes et souvent le hasard pour les découvrir et en trouver le contenu.

Chose curieuse, les caractères de la race ont si peu changé en certains endroits, que quand on découvrit cette statue, les fellahs, frappés de sa ressemblance inouïe avec leur chef de village, crurent que c'était son portrait et le décorèrent de son titre, le *scheikh el beled*. Cet ancêtre vénérable avait avec lui sa femme, dont le buste se voit à peu de distance : c'est une fort jolie figure en bois, dont le type distingué, indiquerait une race plus fine, plus aristocratique que celle du chef de maison ; la physionomie en est un peu sardonique et capricieuse. Serait-ce par hasard, comme on l'a dit, quelque femme étrangère ou d'un rang supérieur ? Quelque fille du roi, donnée en mariage à un personnage important, comme cela se faisait parfois ?

En suivant la direction des regards de cet « *ancien des âges* » qui semble aller au-devant des *commandements royaux*, on découvre, de l'autre côté de la salle, un personnage sombre assis sur un trône, les bras étendus sur les genoux, dans cette attitude de commandement et de majesté divine qu'à première vue

LE PHARAON CHÉPHREN
(IVᵉ dynastie).

on pourrait croire déjà imposée par les lois religieuses de l'Égypte, tant elle resta, depuis, invariable et officielle dans l'art statuaire. Quelles ne furent pas la surprise et la joie de M. Mariette, lorsque, en déblayant le temple, aujourd'hui souterrain, qui est aux pieds du grand sphinx de Gizèh, il vit sortir d'un ancien puits d'ablutions cette magnifique statue de diorite où se lit le cartouche du roi *Schafra,* le fameux Chéphren qui éleva la seconde des grandes pyramides !

Ce fut une révélation, car alors apparut l'idéal de ce premier art égyptien que l'on ne connaissait encore que par des échantillons peu nombreux et assez vulgaires. Ici la plus dure des roches se trouve assouplie sous un ciseau délicat et puissant à la fois. Point d'art ni de composition dans la pose du personnage : c'est toujours l'attitude droite, simple et un peu gauche de toutes les statues égyptiennes, mais on sent du moins que la routine et une tradition vieillie n'ont point passé sur cette œuvre.

Ici la gaucherie a un parfum de naïveté jeune et vraie comme celle de l'enfant, qui jamais ne saurait être disgracieux. Une main déjà expérimentée, conduite par un esprit simple et sans invention, a reproduit la nature avec ingénuité, mais en même temps avec une force intime d'observation qui fait vivement ressortir l'individualité du modèle et atteint par là presque à l'idéal.

C'est ainsi qu'en Europe, les artistes de la fin du moyen âge, qui copiaient déjà la nature avec attention et bonne foi, ont laissé des œuvres d'une physionomie saisissante, bien qu'ils fussent inhabiles à poser leurs figures et à les mettre en perspective ; cependant l'indécision et la naïveté qui en résultent ne leur prêtent souvent qu'une grâce de plus, si la main de l'artiste a été vivante et inspirée.

Le génie grec, qui le premier trouva l'art de poser et de *hancher* une figure, et dont le simple contact a suffi pour renouveler tant d'écoles en Europe, devait rester sans action sur la résistance d'inertie de l'esprit égyptien, incapable de le comprendre, et d'ailleurs enfermé depuis longtemps dans la formule des traditions qui se perpétuaient depuis la création, probablement libre, de ces premiers types dont nous avons ici un échantillon.

La tête de Chéphren, d'une physionomie sereine et ferme,

est couverte du *klaft* royal, cette belle coiffure à forme pyramidale qui encadre si bien le visage et descend sur les épaules, en formant pour ainsi dire des assises monumentales. Le visage a les traits originaux qui révèlent un portrait ; le modelé du corps est sobre et fin ; son assiette est magnifique, et ce qu'on pourrait appeler son *architecture* traitée avec autant de justesse que d'ampleur. Il porte bien les titres de *Fils du soleil*[1], de *Seigneur des deux mondes*, de *Seigneur-vie-santé-force*, de *Stabiliteur de justice*, de *Vivant à toujours*, qu'avec beaucoup d'autres on donnait habituellement aux pharaons. En le voyant, on croit être devant le trône d'un dieu regardant avec sérénité jusqu'au fond de cette vie éternelle qu'il possède, et qui l'entoure d'une atmosphère de puissance et de respect, dont on reçoit encore aujourd'hui l'impression : tels devaient apparaître au milieu des temples et des palais, ces rois immobiles et isolés dans leur divinité, qui planaient sur un peuple d'esclaves et d'adorateurs gravitant autour d'eux dans des orbites invariables[2]. Huit autres statues du pharaon Schafra, mais de moindre valeur et très-mutilées, se sont trouvées au fond du même puits, où elles avaient été précipitées sans doute en un jour de tourmente révolutionnaire[3].

[1] Chéphren est le premier roi qui prenne ce titre. (Vte E. de Rougé, *Monuments des six premières dynasties*, p. 55.)

[2] Le mot de *pharaon* nous vient certainement du titre *pharo* donné dans l'Exode au roi de l'Égypte ; et le mot hébreu est venu probablement lui-même de cette désignation particulière et constante qui marche en tête des titres royaux, et dont le groupe hiéroglyphique se lit : *Per-aa*, c'est-à-dire *la Grande* (aa) *demeure* (per). Cette expression de *Grande demeure* peut nous paraître vague à présent, comme celle de *Sublime-Porte*, qui lui ressemble, le sera sans doute pour les archéologues de l'avenir qui en auront perdu la signification, aujourd'hui populaire. On peut croire que ce mot de *Grande demeure* désignait le palais du roi, le siége de la puissance royale, c'est-à-dire de l'autorité divine sur la terre, selon la foi des Égyptiens, pour lesquels ce lieu devait avoir un prestige et une sainteté comparables à ceux des temples. Cette étymologie, qui est la plus généralement adoptée, est celle de M. de Rougé.

[3] « C'est sous son règne qu'apparaissent les premières statues royales qui nous soient connues. » (Vte E. de Rougé, *Monuments des six premières dynasties*, p. 54.)

La découverte de ces statues, proclame M. Mariette[1], est un événement : « Belles en elles-mêmes, elles restent belles encore quand on les compare aux œuvres des dynasties que l'on croit représenter les siècles florissants de l'Égypte[2]. Elles ont en outre l'avantage d'être les témoins en quelque sorte parlants d'une civilisation sérieuse et avancée. Enfin elles fournissent à la philosophie de l'histoire un chapitre nouveau, en montrant qu'au moment où Schafra ornait les temples de ses images sculptées, l'Égypte portait la marque désormais implacable de ce lent travail sacerdotal qui pétrifia tout chez elle, les formules de l'art comme les formules de ses croyances, et qu'à ces époques reculées elle avait eu le temps déjà de couler le bronze de ce moule inflexible dans lequel elle se façonna elle-même pendant quatre mille ans. »

On pourrait ajouter que si cette influence sacerdotale finit un jour par dominer l'Égypte, c'est que le caractère de la nation s'y prêtait, et qu'elle n'avait pas en elle cette âme puissante qui crée quand même les génies individuels et fait les peuples libres. Cependant, à l'époque reculée dont nous parlons, le sacerdoce n'était pas encore maître de tout, comme il le fut plus tard sous le Moyen et le Nouvel-Empire. Eut-il alors le pouvoir ou même l'instinct de hiératiser l'art à ce point ? Faut-il le considérer comme le seul et direct auteur de ce style immobile ? Il est permis d'en douter en considérant les autres causes naturelles qui n'ont pu manquer d'agir sur sa formation, et cela dès les premiers temps : nous les examinerons dans l'*Appendice*.

---

[1] Lettre sur ses fouilles (*Revue archéol.*, 1860).

[2] « Certains arts, tels que la statuaire, n'y ont fait aucun progrès depuis la IVe dynastie. » (Chabas, *Études sur l'antiquité historique d'après les sources égyptiennes, etc.* Paris, Maisonneuve, 1873, 2e édit., 1 vol. in-8.)

« Évidemment la belle époque de la statuaire sous l'Ancien-Empire est la seconde moitié de la IVe dynastie. La belle époque des bas-reliefs élégants et fermes, des hiéroglyphes pouvant servir à jamais de modèle, est la Ve. » (Mariette-bey, *les Tombes de l'Ancien-Empire*, dans *Revue arch.*, 1869, 1er sem.)

« L'art égyptien a cela de propre, que plus on monte vers ses origines, plus on le trouve parfait. » (Nestor L'Hôte.)

Ainsi, presque au début des temps dont l'histoire ait pu garder le souvenir, l'art égyptien était arrivé à une perfection qu'il ne dépassa plus : on y sculptait déjà des portraits merveilleux dans la plus dure des matières. Ceci ferait penser que les prêtres égyptiens ne se trompaient pas quand ils disaient à Platon que leur histoire remontait à plus de dix mille ans : que de temps ne faut-il pas, en effet, pour qu'un peuple sauvage se transforme et arrive à une civilisation déjà capable de produire des œuvres sérieuses, sans monstruosité ni excentricité, telles que la statue de Chéphren et le personnage de Saqqarah, ou colossales et savantes comme les grandes pyramides ! D'ailleurs on sait maintenant d'une façon presque certaine que la première dynastie, qui remonte à près de sept mille ans, ne fut elle-même que le fruit d'une révolution qui remplaça par une monarchie unique l'oligarchie qui durait peut-être depuis des milliers d'années. On peut le supposer hardiment, quand on songe que les premiers ancêtres des Égyptiens, venus du nord en hordes probablement sauvages et peu nombreuses, comme dans toute émigration, eurent à se multiplier suffisamment pour occuper toute la vallée du Nil, puis à sortir de l'état de peuplades barbares et ennemies, pour arriver à cette forme, relativement avancée, d'une monarchie universelle, homogène et régulière [1].

Nous trouvons une autre preuve de cette antiquité très-reculée, dans l'inscription découverte par M. Mariette à l'est et non loin de la grande pyramide. Il y est dit, que le roi *Khoufou*, son fondateur (Chéops) *a déblayé le temple d'Isis, rectrice de la pyramide* (située) *à l'endroit où est le sphinx*, et qu'il en a *renouvelé* (les fondations) *des divines offrandes et leur a bâti son*

---

[1] M. Chabas, en son livre des *Antiquités historiques d'après les sources égyptiennes*, estime à quatre mille ans environ cette période de formation de la civilisation égyptienne : « Quatre mille ans, dit-il, c'est un espace bien suffisant pour le développement d'une race intelligente ; ce ne serait peut-être pas assez si l'on nous montrait les traces des races de transition. Dans tous les cas, ce chiffre n'a aucune prétention à l'exactitude ; son seul mérite est de se prêter aux exigences de tous les faits actuellement connus ou probables. » Nous ne devrons donc, ce nous semble, considérer le chiffre indiqué par M. Chabas que comme un *minimum* nécessaire.

temple en pierre, et une seconde fois il a aussi restauré les dieux (de ce temple) *dans son sanctuaire.* » Il y est aussi fait mention du sphinx colossal de Gîzèh : « *Le lieu du sphinx de Horem-Khou* (Armachis) *est au sud du temple d'Isis, rectrice de la pyramide, etc. Les peintures du dieu de Hor-em-Kou sont conformes aux prescriptions.* » — « Ainsi, dit M. Mariette, que la pierre soit contemporaine de Chéops, ce dont il est permis de douter, ou qu'elle appartienne à un âge postérieur, il n'en est pas moins certain que Chéops restaura un temple *déjà existant*, lui assura des revenus en offrandes sacrées, et renouvela le personnel des statues d'or, d'argent, de bronze et de bois qui en ornaient le sanctuaire... Nous voyons par là qu'à cette époque si prodigieusement reculée (4000 ans av. J. C.), la civilisation égyptienne brillait déjà du plus vif éclat. Il n'est pas inutile d'ajouter que le grand sphinx des pyramides, après avoir été attribué à Touthmès III, puis à Chéphren, est ici cité comme *antérieur à Chéops lui-même*, puisqu'il figure comme un des monuments que ce prince aurait *restaurés.* »

MONUMENTS DU MOYEN-EMPIRE. — Après cette première époque de splendeur qui dure jusqu'après la vi⁰ dynastie (3700), on trouve dans la série monumentale un vide qui s'étend jusqu'à la xi⁰ dynastie (environ 3000 av. J. C.), et semble indiquer une période de décadence ou de troubles qu'on ne connaît ni ne s'explique bien encore. « L'Égypte, dit M. Mariette dans son *Aperçu*, semble avoir disparu du rang des nations. Quand avec les *Entef* et les *Mentouhotep* (familles royales) de la xi⁰ dynastie, on la voit se réveiller de ce long sommeil, les anciennes traditions sont oubliées. Les noms propres usités dans les familles, les titres donnés aux fonctionnaires, l'écriture elle-même, et jusqu'à la religion, tout en elle semble nouveau. Thinis, Éléphantine, Memphis, ne sont plus les capitales choisies : c'est Thèbes qui, pour la première fois, devient le siége de la puissance souveraine. » Les monuments « sont rudes, primitifs, quelquefois grossiers, et à les voir, on croirait que l'Égypte, sous la xie dynastie, recommence cette période d'enfance qu'elle avait déjà traversée sous la iiie. »

A la xiie dynastie (vers 2900), l'Égypte était arrivée à l'apogée de cette RENAISSANCE du Moyen-Empire qui la rendit de nouveau si florissante et si puissante : on y créait des œuvres gigantesques et d'utilité publique, telles que le *labyrinthe* et le *lac Mœris*[1] ; mais cette terrible invasion des *Hyksos* ou *Pasteurs*, qui descendit de l'Asie occidentale et la surprit sous la xive dynastie (vers 2200), et peut-être sur la pente d'une nouvelle décadence, la replongea dans l'anéantissement. « L'histoire, d'accord avec les recherches des archéologues, dit M. de Rougé dans son rapport sur les collections égyptiennes, nous apprend que le vainqueur renversa la plupart des temples et ravagea toute la vallée du Nil. Tout temple subsistant actuellement en Égypte est, en effet, postérieur à cette période de malheurs, qui, suivant les historiens, n'aurait pas duré moins de cinq cents ans. »

« Ce grand désastre, et la longue oppression qui en fut la suite, sont attestés par tous les souvenirs historiques. L'interruption violente de la série monumentale en est aussi la preuve la plus directe. On peut croire que tous les temples furent renversés ; car il y eut une guerre religieuse, indépendamment de la soif du pillage qui préside à toutes les incursions des peuples nomades. L'emplacement des temples antiques se reconnaît par les arasements et les anciennes fondations, sur lesquels on reconstruisit les nouveaux sanctuaires après la restauration de l'empire égyptien par la xviiie dynastie[2]. »

---

[1] « Non loin d'*Illahûn*, dans le *Fayoum*, sont les ruines du labyrinthe construit par Aménemha III. MM. Mariette et Brugsch pensent que le mot Λαϐύρινθος est la transcription de l'égyptien *rapi-ra-hunt*, *lapi-ri-hunt*, c'est-à-dire le *temple de Rahunt*. Rahunt était le nom du lac Mœris, appelé aussi *Mu-ur*, le grand lac (d'où *Mœris* pour les Grecs). Ces dénominations ont été révélées dernièrement par un papyrus de Boulaq. » (Note de M. Paul Pierret.)

Voyez, dans l'*Aperçu de l'histoire d'Égypte* (3e éd., Paris, Franck, in-12, p. 32), la description de cette admirable création d'Aménemha III, dont le but était de régler les inondations du Nil.

[2] E. de Rougé, *Catalogue du musée égyptien du Louvre*, p. 16.

Toutefois les fouilles commencées en 1860 par M. Mariette dans les ruines de *Tanis*, l'ancienne capitale des rois pasteurs[1], ont révélé un fait auquel on ne s'attendait guère et qui vient modifier l'opinion que l'on se faisait de ces envahisseurs, sur la foi des historiens anciens : c'est qu'ils ne détruisirent pas les temples et les statues de la basse Égypte. Voulurent-ils ménager cette contrée que leurs ancêtres ou leurs congénères avaient fréquentée assez pacifiquement dès l'antiquité la plus reculée, et dans laquelle ils allaient fonder leur puissance? Ou bien dédaignèrent-ils de détruire des monuments dont l'usage et le symbole leur étaient inconnus ou indifférents? On ne sait; mais il paraît certain qu'ils ne songèrent d'abord qu'à se fortifier militairement dans la basse Égypte, pour pouvoir ensuite se jeter sur les provinces voisines, qui leur restèrent tributaires jusqu'à la fin de leur domination. Les édifices religieux du Delta furent sans doute abandonnés pendant longtemps, dépouillés de leurs richesses, mais non renversés.

En effet, les fouilles de Tanis ont considérablement augmenté le nombre, si restreint jusqu'alors, des monuments du Moyen-Empire : un grand nombre de colosses et de statues royales des XIIe et XIIIe dynasties furent trouvés debout au milieu des restes bien conservés de temples antérieurs aux Pasteurs, et d'autres édifices restaurés ou même construits par eux dans la dernière période de leur domination[2]. Pas un des cartouches primitifs des rois égyptiens n'a même été martelé par les Hyksos, qui se contentaient d'apposer le nom de leur roi sur une autre partie de la statue. La plus grande destruction de noms royaux, perte toujours fâcheuse pour l'archéologie et l'histoire, provient au contraire des rois nationaux qui se succédèrent après les Pasteurs et restaurèrent la monarchie égyptienne : ainsi les puis-

---

[1] Tanis, aujourd'hui *Sân*, pauvre village arabe, est située dans le nord de l'isthme de Suez, au sud-ouest de Port-Saïd et au sud de Damiette, à environ quinze lieues de l'une et de l'autre de ces deux villes.

[2] Neuf de ces monuments du Moyen-Empire devaient être transportés au musée de Boulaq (*Catalogue* de 1869). Il s'y trouve un colosse d'Aménemha Ier, un d'Ousertasen Ier, et un sphinx colossal qui est le pendant de l'un de ceux du Louvre.

sants pharaons de la XIXᵉ dynastie, principalement Ramsès II et Menephtah, que l'on regarde comme les contemporains de Moïse et de l'Exode, ont usurpé presque partout les monuments des XIIᵉ et XIIIᵉ dynasties en substituant leurs noms à ceux des fondateurs primitifs.

Ce fait, assez fréquent dans l'ancienne Égypte, semble prouver une fois de plus qu'une statue était plutôt un *hiéroglyphe*, une expression symbolique, qu'une œuvre d'art ou un portrait : du moment que le nom du monarque régnant était inscrit au pied d'une statue portant les insignes consacrés de la royauté, le symbole ne perdait rien de sa valeur aux yeux des prêtres et des adorateurs. Dans l'ancienne Rome, où les empereurs usurpaient volontiers les statues de leurs prédécesseurs, on remplaçait au moins la tête du mort par celle du vivant : cette seule différence de procédé dans un acte analogue suffirait pour montrer à quel degré inférieur l'art et l'artiste étaient restés en Égypte. Quelle que soit la beauté de certaines œuvres, on peut dire que l'*imagerie*, première période de l'art, n'y fut pas dépassée. Toute œuvre d'art, la plus colossale comme la plus minime, y semble avant tout une expression hiéroglyphique, un signe conventionnel faisant partie d'un immense alphabet à jamais fixé.

Grâce à cette découverte de M. Mariette sur les substitutions de noms faites à Tanis, on a pu restituer aux XIIᵉ et XIIIᵉ dynasties bien des œuvres réputées jusqu'alors de la XIXᵉ, sur la foi de légendes mensongères, sous lesquelles on découvrit des traces de martelage. Nous citerons, entre autres, les deux beaux sphinx colossaux du Louvre (nᵒˢ 21 et 23 du catalogue) qui proviennent de Tanis, et portent en surcharge les cartouches de Ramsès II, de Menephtah et même de Scheschonk Iᵉʳ (XXIIᵉ dynastie), bien qu'en réalité ils soient antérieurs de 1200 à 1400 ans au premier de ces rois ; enfin, une statue de granit gris (nᵒ 20), sur laquelle notre ami Devéria a constaté l'usurpation de Ramsès II aux dépens d'un roi du Moyen-Empire[1].

---

[1] T. Devéria, *Lettre à M. Mariette sur quelques monuments relatifs aux Hyksos ou antérieurs à leur domination* (Revue archéolog., octobre 1861).

Les ruines de la ville d'Abydos, où se trouvait la sépulture vénérée d'Osiris, que l'on croit reconnaître dans cette butte de décombres appelée aujourd'hui *Kom-es-Sultân*, ont fourni au musée une belle statue d'un roi de la XIII° dynastie, nommé *Sebek-em-sa-f*. A Abydos même, on voit encore en place un beau colosse haut de près de 4 mètres et qui est un portrait d'*Ousertasen I*er, le roi qui caractérise le plus glorieusement la XII° dynastie; celui même qui érigea l'obélisque d'Héliopolis, le plus ancien de tous et qui témoigne de la grandeur et de la beauté du temple dont il décorait l'entrée principale. Les précieux hypogées de Beni-Hassan situés dans la moyenne Égypte, et dont nous aurons l'occasion de parler dans la suite, sont de cette époque.

Si les monuments importants du Moyen-Empire sont devenus rares, au moins les sépultures de cette période ne le sont-elles pas; mais ordinairement dépourvues d'inscriptions, choses intéressantes par-dessus toutes, elles contribuent peu à étendre le domaine de la science et de l'histoire. En revanche, étant pour la plupart riches en objets mobiliers au moins contemporains de l'époque de Joseph, ces tombes sont devenues un véritable lieu d'approvisionnement pour les musées : c'est ainsi que la nécropole royale de Thèbes, lieu dit aujourd'hui *Dra-abou'l-neggah*, a livré depuis quarante ans aux fellahs, qui les ont malheureusement dispersées, « des sépultures de rois aussi précieuses que rares ». C'est de là que M. Mariette a retiré presque tous les objets, vases, fruits, pains, vêtements, meubles, armes, et autres ustensiles de la vie privée antique, dont on voit la série dans les vitrines de la salle de l'est.

Citons, entre autres, de charmants petits paniers de jonc tressé de différentes couleurs, antérieurs de quelques siècles à Abraham, et dont la fabrication s'est perpétuée jusqu'à nos jours dans l'île d'Éléphantine; grâce au climat absolument sec de l'Égypte, ils ont conservé l'aspect sain et brillant des choses neuves : ici, quatre ou cinq mille ans ne gâtent rien, n'altèrent pas plus les objets que les idées. M. Mariette nous montre des arcs et des flèches dont la pointe est un os aigu ou une arête de poisson ; des sabres de bois, courts, maladroits, et que l'on serait tenté de traiter de *symboliques*.

L'Égypte, quoi qu'on ait semblé conclure de là, eut cependant toutes les armes connues dans l'antiquité, et elle sut s'en servir, comme le prouve l'histoire de ses guerres et de ses conquêtes. Le sabre ou cimeterre égyptien avait un peu la forme d'une cuisse d'animal, d'où le nom de *khopesh* (cuisse) qui lui fut donné ; la lame, quelquefois branchue, a, dans sa forme la plus simple, l'aspect d'une serpe. On possède deux *khopesh* de fer, l'une est au Musée de Berlin, l'autre au Musée Britannique, mais on ne peut leur assigner de date. La seconde de ces armes fut trouvée par Belzoni sous l'un des sphinx de Karnak [1].

[1] C'est, dit M. Chabas, « le monument de fer dont l'antiquité est le mieux constatée... » « La rareté des objets de fer trouvés dans les ruines de l'ancienne Égypte a donné naissance à l'opinion que les Égyptiens n'ont jamais fait usage de ce métal. M. Mariette, le plus grand fouilleur de la vallée du Nil, partage cette manière de voir (*Catalogue*, 3ᵉ édit., p. 246), et semble penser que, pour un motif mythologique, le fer, regardé comme l'*os de Typhon* (génie du mal, meurtrier d'Osiris), était l'objet d'une espèce de répugnance. D'autres observateurs ont été jusqu'à admettre que les Égyptiens n'ont pas connu le fer. Ces opinions me paraissent beaucoup trop absolues. » M. Chabas donne les plus grands développements à la discussion de cette question dans son livre des *Antiquités historiques*.

D'après un très-savant et très-intéressant mémoire posthume de Th. Devéria, *Le fer et l'aimant, leur nom et leur usage dans l'ancienne Égypte*, écrit à Cannes en 1870 et publié dans les *Mélanges d'archéolog. égypt. et assyr.*, 1ʳᵉ livr., 1873, l'Égypte ne serait arrivée à l'âge du fer que dans les temps modernes. Le fer, ou *baa*, y fut connu cependant à une époque très-reculée ; mais, outre que les possessions territoriales des pharaons en fournissaient très-peu, ce métal paraît avoir été rejeté comme formant la *substance des os de Typhon*: les textes sont formels sur cet article de foi. Au contraire, le fer magnétique, météorique ou aimanté, était sacré, comme venant du ciel ; c'était le métal des os d'Horus, fils d'Osiris et son vengeur sur Typhon. Mais ce dernier étant le dieu du *meurtre* et de la *guerre*, il était permis de se servir d'armes de fer ; comme il l'était aussi de la *violence* et de la *force*, les rudes ouvrages pouvaient s'effectuer avec des outils de fer : autrement expliquerait-on la puissance et la précision avec lesquelles les Égyptiens taillèrent et gravèrent, dès la plus haute antiquité, les matières les plus dures, telles que le diorite, le basalte, le granit et les pierres précieuses? Pour de pareils ouvrages et si multipliés, aucun métal peut-il tenir lieu du fer et de l'acier?

Malgré l'anathème qui les couvre, on voit cependant du fer et des minéraux ferru-

On voit encore des chaises, des tabourets, des sandales de papyrus, un niveau de maçon et des houes de bois : ce sont ces houes classiques que l'on rencontre si fréquemment parmi les signes hiéroglyphiques, où elles portent le nom de *han* ou de *mer :* . Elles ont la forme d'un *A* dont la plus longue branche, convexe, aiguë, élargie en palette, sert de hoyau; la plus courte est le manche ; la barre de l'*A* est formée par un lien de corde qui empêche l'écartement des deux branches : c'est l'outil dans toute l'économie et la simplicité rudimentaires du *sauvage*. Ajoutons que la charrue égyptienne , construite sur le même modèle et à aussi peu de frais, s'est conservée jusqu'à nos jours pour les opérations si simples de la culture des bords du Nil.

Les tombes de la xie dynastie ont fourni encore des pains grossiers, du raisin, de l'orge, du blé, du lin; mais dans les expériences de semis faites par M. Mariette, aucune de ces graines n'a germé. Que pouvait-on raisonnablement exiger de semences qui attendent depuis cinq mille ans [1] ?

MONUMENTS DES CONQUÉRANTS HYKSOS OU PASTEURS. — C'était beaucoup déjà que d'avoir rencontré à Tanis tant de ces mo-

gineux servant à de certains usages religieux; mais ces usages se rapportaient à la momification, dont le but était sacré et les opérations maudites, car il était réputé impie de mutiler un corps humain : aussi l'embaumeur, ou *paraschyste*, qui venait de faire légalement la première incision au flanc d'un cadavre avec la pierre *éthiopienne* (probablement du deutoxyde de fer, du fer arséniaté, ou autre), était-il légalement chassé et poursuivi par les assistants. Espérons pour l'opérateur que c'était là un rite et non un péril. Il n'en est pas moins vrai que cette classe de fonctionnaires était honnie comme le bourreau. N'était-ce pas aussi pour raison de *sacrilège sacré* que le prêtre, *sodem*, venait, après l'embaumement, faire le simulacre de rouvrir les yeux et la bouche de la momie avec un petit instrument *de fer*, appelé *nou*, afin « d'assurer au défunt, dans toute nouvelle existence, l'usage des organes nécessaires pour exprimer *la vérité*, et pour se convaincre de toute évidence » ? — En somme, il est donc permis de penser, avec Devéria, que le fer fut maudit en principe, mais qu'en réalité il n'était banni que là où il n'était pas nécessaire. Il est avec l'enfer des accommodements...

[1] On peut penser que toutes les expériences sérieusement faites à ce sujet ont été conformes à celles de M. Mariette. Un savant illustre et regretté, qui fit de mi-

numents du Moyen-Empire, qui, indépendamment de leur valeur propre, ont apporté une si grande lumière sur l'époque peu connue qui nous occupe ; mais une découverte d'un plus haut intérêt encore prouva bientôt que, d'une part, *Manéthon* avait eu raison de représenter la dernière période de la domination étrangère comme relativement pacifique, et que, d'autre part, on était dans le vrai en pensant que les envahisseurs avaient fini par adopter en partie pour eux-mêmes les arts et les mœurs de l'Égypte vaincue. Du reste, les papyrus le faisaient bien pressentir en disant que le roi pasteur Apophis (Apapi) avait fait élever à Tanis un temple magnifique, précédé d'avenues de sphinx, selon la coutume égyptienne. Malheureusement pour les Pasteurs, ce temple fut dédié au dieu *Suthekh*, le même que Set ou Typhon, l'antique ennemi d'Osiris, c'est-à-dire du dieu national des Égyptiens.

Ce fait, indice d'une antipathie de race persistante et aggravé par des exigences blessantes pour les indigènes tributaires du midi, ne fut pas étranger, croit-on, à la querelle religieuse qui éclata vers cette époque et donna l'occasion aux Égyptiens régénérés de se soulever contre leurs oppresseurs adoucis et affaiblis à leur tour par la paix et par la domination des prêtres. Ils

---

nutieux essais sur les *blés de momie*, M. Louis VILMORIN, a établi que, « contrairement à l'opinion très-répandue, ces blés ont perdu leur faculté germinative ». L'expérience montre en effet qu'au bout de dix ou douze ans, le froment perd la propriété de germer. D'ailleurs « le blé est loin de rencontrer dans les hypogées toutes les conditions de conservation parfaite ». La température, il est vrai, y est assez égale, mais cet avantage ne constitue pas à lui seul un préservatif suffisant pour annuler l'action destructive du temps. Auprès des momies, du reste, les semences ne sont pas assez privées d'air pour que leurs matières grasses puissent éviter de se rancir ; et quand même elles le pourraient, les vapeurs bitumineuses de l'embaumement, si destructives pour la vie végétale, suffiraient seules pour atrophier la faculté germinative. M. Vilmorin ne suspecte pas la bonne foi de certains expérimentateurs qui disent avoir réussi, mais il est « persuadé qu'ils ont récolté à leur insu ce qu'ils n'avaient pas semé ». C'est quelque grain de blé venu d'autre part qui aura germé dans la terre fraîchement remuée. (*Revue archéologique*, 1859, t. XVI, p. 52 ; et Compte rendu des expériences de M. L. Vilmorin, publié au *Journal d'agriculture pratique*, puis au *Moniteur.*)

réussirent enfin à les chasser du sol de la patrie, après une lutte qui ne laissa point que d'être longue et acharnée [1].

En cherchant à se frayer un passage vers le sanctuaire du grand temple de Tanis, M. Mariette retrouva l'ancienne avenue de sphinx qui y conduisait; quatre de ces sphinx étaient encore debout, vrais témoins de l'époque civilisée des Pasteurs. Ces colosses de granit noir ont environ $2^m,50$ de longueur, et leurs corps sont modelés d'après les traditions encore vigoureuses du grand art égyptien : même ampleur nerveuse, même assiette empreinte d'énergie et de majesté. Mais les têtes ont un caractère si différent de tout ce que l'Égypte a jamais produit, qu'il est impossible de ne pas reconnaître tout de suite dans ces œuvres le mélange d'un type et d'un goût étrangers au sol : on en jugera par le dessin que nous donnons de la plus remarquable de ces têtes [2].

Nous laisserons maintenant parler encore le savant et courageux directeur des fouilles d'Égypte, dont on ne saurait trop goûter les écrits si remplis du feu qui l'anima lui-même et si pleins de justesse et d'élévation, soit qu'il parle des œuvres de l'art, soit qu'il fasse le tableau d'une grande époque historique.

« Les sphinx d'origine égyptienne, dit-il [3], frappent surtout par leur tranquille majesté. Les têtes sont le plus souvent des

---

[1] Voy. de M. Chabas, *Le nom hiéroglyphique des Pasteurs* (*Mélanges égyptologiques*, 1862), et *les Pasteurs en Égypte* (Amsterdam, 1868, in-4), mémoire qui contient le résumé historique de cette époque intéressante, et l'analyse des documents authentiques de première importance dont l'auteur s'est servi pour la reconstituer.

[2] Ce dessin et le suivant sont les reproductions de ceux qui ont été adressés, au moment des fouilles, par M. Mariette à M. de Rougé, conservateur du musée égyptien du Louvre. Ils ont été publiés dans la *Revue archéologique* en 1861 et 1862, et c'est à l'amabilité de MM. Didier et Morel, éditeurs de ce recueil, que nous devons de pouvoir faire juger ici de ces précieux monuments.

La vue générale du grand champ de décombres de *Sân* et les reproductions des monuments des Pasteurs se trouvent dans l'admirable album photographique rapporté d'Égypte par MM. de Rougé et exécuté par M. de Banville (édité par Samson, place Saint-Sulpice).

[3] *Lettre de M. Mariette à M. de Rougé sur les fouilles de Tanis* (*Revue archéol.*, 1861, 1er semestre).

portraits, et cependant l'œil est toujours calme et bien ouvert, la bouche toujours souriante, les lignes du visage toujours arrondies. Surtout remarquez que les sphinx égyptiens n'abandonnent presque jamais la grande coiffure aux ailes évasées (le *klaft*), qui se marie si bien à l'ensemble paisible du monument. Ici, vous êtes loin de reconnaître ce type. La tête des sphinx de Sân est

Sphinx d'un roi Hyksos,
a Tanis.

d'un art auquel je ne saurais véritablement rien comparer. Les yeux sont petits, le nez est vigoureux et arqué en même temps que plat, les joues sont grosses en même temps qu'osseuses, le menton est saillant, et la bouche se fait remarquer par la manière dont elle s'abaisse aux extrémités. L'ensemble du visage se ressent de la rudesse des traits qui le composent, et la crinière touffue qui encadre la tête dans laquelle celle-ci semble s'enfoncer, donne au monument un aspect plus remarquable encore. A voir ces figures étranges, l'on devine donc qu'on a sous les yeux les produits d'un art qui n'est pas purement égyptien, mais qui n'est pas exclusivement étranger, et l'on en conclut *déjà* que les sphinx de Tanis pourraient bien offrir cet immense intérêt d'être du temps des Hyksos eux-mêmes. »

« Je me hâte d'ajouter que les légendes dont les quatre sphinx ont été pourvus tranchent d'une manière définitive cette importante question. » Ils portent tous sur l'épaule le cartouche du roi pasteur Apophis, endommagé, il est vrai, par ses successeurs égyptiens et remplaçant lui-même le nom de quelque prédécesseur, mais assez lisible pour que l'on y reconnaisse l'hiéroglyphe si caractéristique de leur dieu *Suthekh*, dont le roi se dit *fils*, selon le rite des Égyptiens. Enfin, « le tout rappelle si bien, par la manière dont les inscriptions sont posées, par la longueur des lignes, par le style des hiéroglyphes qui restent, la légende d'Apophis sur le colosse *Ra-smenkh-Ka* (l'un de ceux conservés de la XIIIe dynastie), qu'on n'hésite pas à lire cette même légende sur les nouveaux monuments..... Non-seulement ils appartiennent à l'époque de la domination des Pasteurs en Égypte, mais ils sont les produits de la civilisation de ces conquérants, en même temps que la révélation d'un art dont nous ne possédons aucun autre échantillon..., où les hiéroglyphes régnaient probablement sans partage et où l'architecture égyptienne dominait, modifiée cependant par un certain mélange de goût asiatique. »

La présence de ce goût originel se révéla de nouveau dans les monuments qui furent découverts à Tanis l'année suivante, en 1861. M. Mariette y trouva un groupe de granit gris, représentant deux personnages de grandeur naturelle placés côte à côte devant des tables d'offrandes chargées de poissons, de volatiles et de fleurs de lotus. Nous en donnons le profil.

« La parenté de ces personnages avec les quatre sphinx est évidente, dit-il encore [1] : c'est la même figure que les artistes ont reproduite de part et d'autre..... Le premier aspect de notre

---

[1] *Deuxième Lettre de M. Mariette à M. de Rougé sur les fouilles de Tanis* (Revue archéolog., 1862, 1er sem.).

groupe laisse penser que ce monument est bien plus asiatique qu'égyptien [1], fait important pour les conséquences qu'on en

MONUMENT DES HYKSOS,
A TANIS.

pourrait tirer. Mais la pose des personnages et l'unique vêtement,

[1] Par l'arrangement compliqué de ces perruques énormes qui rappellent ces chevelures et ces barbes tressées des rois assyriens. Malheureusement les insignes qui couronnaient évidemment les têtes ont été mutilés, et en l'absence d'inscriptions on ne peut affirmer que ce soient des portraits de rois, bien qu'on puisse le supposer.

la *schenti*, qui couvre leur corps, nous rapprochent tout à coup de l'Égypte. »

Ce qui ajoute à l'intérêt de ces statues, c'est qu'elles semblent pour ainsi dire des portraits pris sur les individus de cette race, si différente des fellahs, qui peuple encore l'ancien territoire des Pasteurs : « Le fellah égyptien est grand, svelte, léger dans sa démarche ; il a les yeux ouverts et vifs, le nez petit et droit, la bouche bien dessinée et souriante ; la marque de la race est surtout chez ce peuple dans l'ampleur du torse, la maigreur des jambes et le peu de développement des hanches. Les habitants de Sân, de Matarieh, de Menzaleh et des autres villages environnants ont un aspect tout différent, et dès le premier abord dépaysent en quelque sorte l'observateur. Ils sont de haute taille, quoique trapus ; leur dos est toujours un peu voûté, et ce qui les fait remarquer avant tout, c'est la robuste construction de leurs jambes. Quant à la tête, elle accuse un type sémitique prononcé. » On peut voir combien ce portrait tracé par M. Mariette dans sa première lettre, après la découverte des sphinx et un an avant celle de ce groupe, s'adapte bien aux personnages qu'il représente.

« Loin de sembler étrange, le groupe de Sân apparaît donc, au sein des ruines où il a été trouvé, comme dans son véritable milieu. Ce sont les mêmes hommes que vous avez vus dans votre route, que vous voyez en quelque sorte sculptés en granit. Les uns et les autres arrivent à vous, les mains pleines de poisson et de gibier sauvage, et autour de leurs poignets s'enlacent, comme d'épais bracelets, les tiges des nénuphars [1]. »

---

[1] « Ce qui donne à la basse Égypte son vrai caractère, ce sont les myriades d'oiseaux aquatiques qui, répandus sur les branches du fleuve, sur les canaux, sur les lacs, étonnent le voyageur. C'est dans la basse Égypte aussi que le poisson est si abondant, que le seul droit de pêche sur le Menzaleh est affermé par le gouvernement actuel pour 250 000 francs par an. Enfin, c'est dans la basse Égypte qu'à la surface des canaux où ils étendent, comme de véritables tapis verts, leurs feuilles plates et rondes, on rencontre les lotus nénuphars, plante inconnue aux autres parties de l'Égypte. » (Mariette-bey, *Deuxième Lettre à M. de Rougé*)

Le musée de Boulaq possède encore un autre monument des Hyksos : c'est la partie supérieure d'une statue colossale de granit gris, représentant un roi pasteur posé debout. Ce fragment ne porte point d'inscription, mais le caractère de la tête est tellement semblable à celui des statues de Tanis, qu'il ne peut y avoir de doute sur sa nationalité: ce sont les mêmes traits, la même conformation ethnique; c'est aussi ce même air sauvage et terrible qui sent l'invasion barbare. Tout enfin, jusqu'aux ornements, diffère du style égyptien : la barbe épaisse, ondulée, couvre le bas des joues et descend sur la poitrine; le chef est couvert d'une perruque formidable dont l'arrangement rappelle encore les coiffures asiatiques, et le dos est revêtu de peaux de panthères dont les têtes sont ramenées sur les épaules.

Ce colosse trouvé à sa place primitive, à *Mit-Farès*, dans la province du Fayoum, offre de plus le grand intérêt de prouver d'une façon certaine que les Pasteurs ont occupé tout au moins le territoire de Memphis. Ce seul fait suffirait déjà pour donner une idée de l'importance que peut avoir, au point de vue historique, l'institution d'un musée central recueillant immédiatement les résultats positifs acquis par un système de recherches méthodiques et raisonnées [1].

« Une fois sortis du pays qu'ils avaient usurpé, dit M. Mariette dans son *Aperçu*, les Pasteurs n'y reparurent plus, et si l'Égypte doit les rencontrer encore, ce sera sur les champs de bataille où ils porteront les armes, confondus avec les *Khétas* (Syriens du nord). Quant à ceux que la politique d'Amosis attacha au sol qui les avait si longtemps nourris, ils formèrent dans l'orient de la basse Égypte une colonie étrangère tolérée aux mêmes titres que

---

[1] Il existe au musée égyptien du Louvre (salle historique, armoire A), une statuette de basalte vert, malheureusement sans inscription ni indication de provenance, mais dont le type est tellement conforme à celui des monuments dont nous venons de parler, que M. de Rougé a cru pouvoir émettre l'opinion que c'est là, bien certainement, un monument de l'art des Pasteurs. Devéria en donne le dessin et la description dans sa *Lettre à M. Mariette sur quelques monuments relatifs aux Hyksos* (*Revue archéologique*, octobre 1861, p. 258).

les Israélites. Seulement ils n'eurent pas d'exode, et par une destinée singulière, ce sont eux que nous retrouvons dans ces étrangers aux membres robustes, à la face sévère et allongée, qui peuplent encore aujourd'hui les bords du lac Menzaleh. »

« N'oublions pas d'ajouter, dit-il encore, que de fortes présomptions tendraient à faire croire que le patriarche Joseph vint en Égypte sous les Pasteurs (vers 1750), et que la touchante histoire racontée dans la Genèse eut pour théâtre la cour de l'un de ces rois étrangers. Joseph n'aurait donc pas été le ministre d'un pharaon de sang national. C'est un roi pasteur, c'est-à-dire un roi *sémite* comme lui, que Joseph aurait servi, et l'élévation du ministre hébreu s'explique d'autant plus facilement, qu'il aurait été accueilli par un souverain de la même race que lui[1]. »

[1] A propos du cantique d'actions de grâces de Moïse après le passage de la mer Rouge, un homme d'esprit demandait finement si l'on n'avait pas retrouvé aussi celui que les Égyptiens durent entonner après le départ des Hébreux... La Bible, au reste, ne le laisse-t-elle pas supposer? Les Beni-Israël, tribu énergique et rusée, fournissaient des esclaves et des travailleurs utiles, mais turbulents, qui depuis longtemps étaient en pleine révolte contre l'autorité et s'étaient rendus redoutables par des actes de représailles, peut-être mystérieux, que la terreur superstitieuse, puis la légende, ont pu transformer en prodiges : « Levez-vous, sortez du milieu de mon peuple, dit le pharaon à Moïse, tant vous que les enfants d'Israël, et vous en allez... Et les Égyptiens forçaient le peuple et se hâtaient de les faire sortir du pays, car ils disaient : Nous sommes tous morts! » (*Exode*, XII, 31, 33.)

La vérité est qu'on n'a trouvé aucune trace certaine de leur venue en Égypte ni de leur fuite, parmi les papyrus et les inscriptions officielles recueillis jusqu'à ce jour, et il est peu probable qu'on en rencontre jamais. Qu'était-ce alors, pour l'Égypte puissante au dehors et florissante au dedans, que la disparition vers la frontière de quelques *Ilotes?* Ils avaient, en s'en allant, emporté subrepticement la vaisselle d'or et d'argent que ceux des Égyptiens au milieu desquels ils vivaient, ou qu'ils servaient, leur avaient prêtée bénévolement pour faire la Pâque; c'est peut-être là surtout ce qui leur valut la poursuite des détachements de troupes qui les gardaient en les forçant au travail, et qui, moins bien dirigés qu'eux, arrivèrent trop tard pour passer le même gué à pied sec (probablement le seuil de Chalouf), et furent saisis par le flux rapide de la mer Rouge (ce qui faillit arriver à Bonaparte, dans les environs de Suez, en décembre 1798 : voyez, sur l'explication qu'on en peut donner, l'*Histoire de l'isthme de Suez*, par M. Ritt). Les grands événements historiques sont parfois si peu de chose à l'origine, que les contemporains ne peuvent les remarquer ; il faudrait pour cela qu'ils connussent l'avenir. Toutefois il est juste d'ajouter que les Égyptiens, peuple flatteur et idolâtre de ses rois, ne mentionnent jamais leurs

MONUMENTS DU NOUVEL-EMPIRE. — La XVIIIe dynastie (1700 ans av. J. C.) amène une seconde renaissance appelée le *Nouvel-Empire*, et elle inaugure l'ère la plus glorieuse et peut-être la plus magnifique de l'histoire d'Égypte. Les Hyksos, qui pendant cinq cents ans ont asservi la vallée du Nil, lui ont barré passage vers le nord et vers l'Asie, ses principaux débouchés, les Hyksos viennent enfin d'être expulsés sans retour par le pharaon Ahmès ou Amosis.

Aussitôt l'Égypte se relève plus puissante et plus brillante que jamais : « En quelques années, est-il dit dans l'*Aperçu*, l'Égypte a reconquis les cinq siècles que l'invasion des Hyksos vient de lui faire perdre. De la Méditerranée à Gebel-Barkal (en Éthiopie, à trois cent cinquante lieues de la Méditerranée, à vol d'oiseau), les deux rives du Nil sont ornées de temples. Des voies nouvelles

---

défaites, leurs échecs, ni même leurs désagréments publics. D'un autre côté, les Israélites, comme tous les peuples du monde, et surtout lorsque leur histoire se transmet longtemps par tradition, ont dû exagérer beaucoup leur triomphe et lui donner, vis-à-vis des Égyptiens, l'importance qu'il avait pour eux-mêmes. — Voyez sur cette intéressante question et sur la situation des Israélites en Égypte : *Moïse et les Hébreux d'après les textes*, par M. E. de Rougé. — *Les Hébreux en Égypte* (*Mélanges égyptologiques*, 1862, IV), et l'*Étude sur la XIXe dynastie*, par M. Chabas (Maisonneuve, 1873). Ces savants sont d'accord pour reconnaître une trace des Hébreux en Égypte dans ce nom d'*Apéri* (qui traduit l'hébreu *Hibérim*, fils d'Héber) donné dans plusieurs papyrus aux tribus captives qu'on astreignait par la force aux durs travaux de construction de la ville de Ramsès, dont parle précisément la Bible : c'était sans doute l'appellation générale sous laquelle on désignait en Égypte les Hyksos vaincus et les différentes tribus sémitiques esclaves dont un rameau seulement, celui d'Israël, parvint à s'échapper sous la conduite d'un chef tel que Moïse.

L'immigration des fils de Jacob paraît avoir été d'ailleurs un fait qui se produisit souvent en Égypte depuis l'antiquité la plus reculée. C'est ainsi, par exemple, qu'aux hypogées de *Beni-Hassan*, se voit une peinture représentant une famille sémitique de trente-sept personnes arrivant de Syrie avec ses troupeaux pour demander asile au gouverneur de la province (XIIe dynastie, plus de 800 ans avant l'époque de Joseph).

L'*Histoire d'Égypte* de M. Brugsch en donne un dessin et une description, ainsi que la reproduction d'un bas-relief de Thèbes représentant des captifs travaillant à la construction d'un temple, sous la surveillance de gardiens armés de fouets à triple lanière. Rien ne peut donner une idée plus exacte de l'arrivée des Hébreux et de leur servitude en Égypte que ces deux tableaux.

sont ouvertes au commerce ; l'agriculture, l'industrie, les arts, prennent un essor considérable. Le rôle politique de l'Égypte à ce moment devient immense. Elle envoie au Soudan des vice-rois pour gouverneurs généraux, et au nord elle met des garnisons égyptiennes jusqu'en Mésopotamie, aux bords de l'Euphrate et du Tigre. »

Les monuments que nous a laissés cette époque sont nombreux en tous genres ; le style des œuvres statuaires, bien que moins large, moins vigoureux que sous l'Ancien et le Moyen-Empire, se manifeste cependant par des œuvres d'un grand caractère. Les monuments d'architecture, moins sévères, moins parfaits dans leur exécution, atteignent alors l'apogée de la magnificence colossale : c'est l'époque des temples gigantesques de *Karnak*, des palais de *Louqsor*, puis de *Medinet-Abou* et autres, dont nous aurons l'occasion de parler dans la suite[1]. Les tombeaux n'ont plus ces vestibules ouverts, aux statues parlantes de vérité, aux murs couverts de bas-reliefs et de peintures représentant les scènes de la vie terrestre et patriarcale sans mélange de représentations mythologiques : on sent qu'on a, pour ainsi dire, changé de *période géologique*. Les grands hypogées royaux, inaccessibles aux vivants, se creusent dans le flanc des montagnes de Thèbes, et leurs murs, désormais et uniquement chargés de scènes mythologiques toujours compliquées et souvent effroyables dans leurs menaces d'outre-tombe, nous révèlent que la centralisation sacerdotale et monarchique est arrivée à son comble, a tout envahi, s'est tout approprié. « Ces deux classes de tombeaux ne se ressemblent pas plus, dit M. Renan, qu'un tombeau païen ne ressemble à un tombeau chrétien[2]. » Nous sommes au temps des Louis XIV et des Napoléons égyptiens, et bientôt après,

---

[1] Sur le développement grandiose, sur l'ordonnancement nouveau et partout uniforme que prennent alors les temples et qu'ils conservèrent jusqu'à la fin, c'est-à-dire pendant près de 2000 ans, voyez, dans la *Revue archéologique*, les *Textes géographiques du temple d'Edfou*, par M. Jacques DE ROUGÉ (mai 1865, p. 353).

[2] *Les Antiquités égyptiennes et les fouilles de M. Mariette, souvenirs*, etc. (*Revue des deux mondes*, 1ᵉʳ avril 1865.)

l'Égypte, toujours assise dans sa gloire, mais plus que jamais dominée par la caste sacerdotale, déclinera, puis tombera en des mains étrangères qui se l'arracheront successivement, sans réussir à lui enlever sa physionomie et son originalité.

Les grands monuments du Nouvel-Empire couvrent encore le sol de l'Égypte que nous sommes destinés à parcourir bientôt; nous choisirons donc maintenant dans le musée de Boulaq des objets d'étude tout différents de ceux que nous avons déjà examinés : nous parlerons des bijoux et des parures, et ce que nous y trouverons de goût, de magnificence et d'habileté nous prouvera tout d'abord qu'au moment où l'Égypte abattue, effacée depuis cinq cents ans, se relevait péniblement, combattait avec acharnement pour sa délivrance, elle n'avait perdu non-seulement aucune de ses grandes traditions, mais que de plus elle avait su progresser dans l'ordre du talent le plus délicat et du luxe le plus raffiné. Les objets que nous devons examiner nous apparaîtront dès lors comme le germe plein de promesses d'où, en quelque sorte, devaient bientôt surgir tant d'œuvres grandioses et tant d'immortelles entreprises.

Les riches bijoux que nous allons décrire sont tous sortis d'une momie de reine, la plus magnifique que l'on ait jamais trouvée; son cercueil, entièrement doré, est à lui seul une œuvre d'art si exceptionnelle en ce genre, qu'il convient de s'y arrêter. Le couvercle représente la reine la face découverte, le corps serré dans ses bandelettes et recouvert des grandes ailes symboliques d'Isis, comme d'une aube à petits plis [1]. Contre l'usage habituel, la figure est évidemment exécutée d'après les traits mêmes de la personne défunte, et elle constitue un portrait d'une exquise

---

[1] Voyez, dans l'*Avant-propos* du *Catalogue de Boulaq* (3ᵉ édit., p. 22), l'intéressant article qui traite des *Monuments funéraires* de l'Égypte à toutes les époques, et des variations de procédés et de styles qui s'observent dans la préparation et la décoration des momies. On voit qu'il y a décadence complète sous la domination des Pasteurs; mais qu'au moment où ils vont être expulsés et où le Nouvel-Empire va commencer, sous la XVIIᵉ dynastie déjà, on revient au mode d'ensevelissement usité sous la XIᵉ, bien avant l'invasion. Sans les inscriptions des bijoux, le cercueil dont il est ici question aurait pu être considéré comme appartenant au Moyen-Empire. Ainsi

beauté[1]. De grands yeux noirs rapportés et bien imités donnent réellement quelque chose de vivant et de fascinateur à ce charmant visage. Le profil est merveilleux de pureté, c'est le type égyptien dans toute sa splendeur africaine; les yeux long-fendus, pleins de douceur et de langueur, vous suivent toujours de côté comme de face; le nez est ferme, fin et très-légèrement arqué, les pommettes et la lèvre supérieure un peu proéminentes. Rien ne peut mieux lui être appliqué que ce mot de la superstition orientale cité par G. de Nerval à propos de divinités égyptiennes trouvées par les Arabes, et inspiré peut-être par quelque apparition de ce genre : « L'esprit attaché à cette idole était une femme belle et rieuse, qui apparaît encore de notre temps et fait perdre l'esprit à ceux qui la rencontrent ! » C'est bien là une personne qui a vécu, qui a exercé un prestige, et qui survit toujours jeune, toujours prête pour la résurrection qu'elle attend, selon les promesses du prêtre égyptien.

D'après les inscriptions qui couvrent les nombreux et magnifiques bijoux trouvés dans le cercueil, la princesse *Aah-Hotep*, (tel est son nom) fut contemporaine de la xviii° dynastie. Le nom d'Amosis, le premier roi de cette dynastie, le vainqueur des Hyksos, se trouve sur une bonne partie de ces objets; mais, chose singulière, les autres portent le cartouche de *Kamès*, l'un des derniers rois de la xvii°, et le nom de la reine, à laquelle ils sont consacrés, ne s'y trouve pas une seule fois : il y a là un problème historique qui est loin d'être résolu. « Ce qui est probable, dit cependant l'auteur du *Catalogue*, c'est qu'Aah-Hotep était la femme de Kamès, et qu'elle sera morte sous le règne d'Amosis, soit que celui-ci ait été son fils (conjecture que semble autoriser le soin tout filial dont témoigne le luxe vraiment extraordinaire de la tombe), soit que, *rex novus* et sans généalogie connue, il

---

donc, la civilisation renaissante franchissait alors d'un seul bond la période de sa décadence, pour se retremper dans son passé glorieux et renouer la chaîne de ses traditions; preuve remarquable de la persistance conservatrice de l'esprit égyptien et de sa vitalité.

[1] Voyez la gravure qui forme le sujet de notre frontispice.

ait voulu laisser à la femme de l'un de ses prédécesseurs son titre d'épouse royale [1]. »

Le nom de la reine, qui ne se trouve pas sur les bijoux, est placé sur l'extérieur de la caisse, dans une inscription conçue en ces termes : « *La royale épouse principale, celle qui a reçu la faveur de la Couronne blanche*, Aah-Hotep, *vivant pour l'éternité* [2]. »

La momie de la reine Aah-Hotep renfermait un véritable trésor composé de bijoux inestimables comme travail d'art et matières précieuses, mais dont une quarantaine seulement nous sont parvenus : bracelets d'or incrustés de pierres dures de différentes couleurs, colliers d'or, haches, poignards enrichis d'or, etc. Nous allons décrire les plus beaux, les plus intéressants, mais non sans nous permettre encore quelques digressions archéologiques, bonnes à faire en passant.

Le premier objet qu'il convienne de choisir dans le trésor funéraire de la reine, comme devant nous initier tout de suite

---

[1] Voici ce que M. Chabas nous dit à ce sujet : « L'arrangement dynastique des princes de la famille d'Amosis est très-incertain ; il y a là un vaste champ d'hypothèses que je ne me charge pas de démêler. Le plus grand problème historique consiste à relier les temps d'Amosis Ier, de Sakenen-Ra et d'Apophis, à ceux des *Sebek-Hotep* et des *Mentouhotep* » (XIIIe et XIVe dynasties). On se rappellera que Sakenen-Ra est celui des prédécesseurs d'Amosis qui se souleva le premier contre le roi pasteur Apophis.

« Je crois que Kamès appartient à la XVIIIe dynastie, comme Amosis ; et il est certain que *Setnekht* commence la XXe, et non Ramsès III. » (F. Chabas, *Lettre inédite* du 14 avril 1873.)

[2] La *couronne blanche* est cette mitre élevée qui est l'hiéroglyphe du mot *lumière* et, sous le nom d'*atew*, forme la coiffure ordinaire d'Osiris dans les monuments, lorsqu'elle est ornée des deux grandes plumes longitudinales, hiéroglyphes et symboles de *lumière* et *vérité*, et des cornes de bélier, symboles de *l'ardeur créatrice* ; à l'état simple, elle symbolisait la royauté de la haute Égypte.

La *couronne rouge* est cette couronne lisse, évasée, munie à l'arrière d'un appendice très-élevé, d'où se détache une sorte de crosse ou *lituus* qui se dirige en avant. Elle symbolisait la royauté de la basse Égypte.

Ces deux couronnes réunies symbolisent la royauté de la haute et de la basse Égypte, et forment le grand diadème ou insigne royal appelé le *pschent*, que à la pensée dominante et fondamentale de la religion égyptienne, est ce grand et magnifique *scarabée* d'or massif, aux élytres bleus rayés d'or, aux pattes si finement ciselées, qu'on les croirait moulées sur nature. L'insecte sacré était suspendu au cou de la momie par une chaîne d'or longue de trois pieds, si ténue, si flexible et si élégante, qu'on peut se demander si depuis l'époque de Jacob et de Joseph, rien de plus parfait en ce genre est sorti de la main d'un orfévre. Par suite d'une croyance populaire qui remontait sans doute à la nuit des temps et que l'on conserva sans examen, le scarabée passait pour s'engendrer seul, pour naître de lui-même : cette fable reflétant la pensée égyptienne qui cherchait une expression, l'insecte devint bientôt le symbole de la *régénération céleste*, et par suite, de la *résurrection*, c'està-dire l'image de la vie humaine qui s'engendre elle-même de nouveau dans l'acte de la résurrection de la chair, par l'effet du retour de l'âme épurée. Dès lors le scarabée prit rang parmi les signes hiéroglyphiques, et devint le compagnon nécessaire des morts. Aussi ne le trouve-t-on qu'auprès des momies et des tombeaux, d'abord répandu par poignées sur le sol et dans le sable des caveaux, puis attaché aux doigts des cadavres, comme

les rois, dit M. Mariette, portaient, selon l'inscription de Rosette, « quand ils entraient dans le temple de Memphis pour accomplir les *cérémonies du couronnement* ». Dans les monuments, toutes ces coiffures sont aussi placées sur la tête des dieux, selon qu'ils sont de la haute ou de la basse Égypte.

Le casque royal qui chargeait la tête du pharaon dans les combats était une sorte de tiare recouverte de peau de tigre.

Toutes ces coiffures portent au front l'*uræus* d'or, ce petit serpent rageur qui se dresse sur sa queue et gonfle son cou. C'est le symbole et l'hiéroglyphe de la *divinité*.

Si tous ces insignes ont des formes un peu bizarres pour nous, il faut convenir qu'ils ont aussi une singulière majesté ; c'est une sorte d'architecture ambulante et pontificale dont la saveur étrange se trouve dans une harmonie admirable avec le caractère sacerdotal, surnaturel et divin que l'on attribuait au pharaon. Il devait être plus aisé de fixer des yeux le soleil, père des rois, qu'une de ces têtes immobiles et mitrées d'or dont les calmes regards pouvaient donner la joie ou la mort immédiate.

une simple mention ou promesse d'éternité ; enfin, et c'est là sa véritable place, son vrai poste d'activité, il se retrouve couché sur le cœur de la momie, attendant le moment de la résurrection et tout prêt à activer le souffle de la vie nouvelle qui, selon le dogme sacré, doit se manifester d'abord à cet organe et le ranimer le premier. Telle devait être la mission du beau scarabée d'or de notre reine [1].

Le musée de Boulaq possède des séries nombreuses de scarabées de toutes les époques, dont plusieurs ont fait connaître des noms de rois complétement ignorés de l'histoire : le plus ancien de tous porte le cartouche du roi Mycérinus ou plutôt *Menkara*, de la IVe dynastie, et rien ne prouve que ce joyau n'ait pas dormi pendant des milliers d'années avec son royal maître dans la plus petite des trois grandes pyramides de Gizèh, élevée pour sa sépulture.

Les variétés d'amulettes sont nombreuses près des morts, et comme le scarabée, chacune exprime une promesse et une espérance de vie nouvelle. Le désir et le besoin en étaient si grands, qu'il ne suffisait pas des pratiques matérielles, savantes et compliquées de l'embaumement et de l'inhumation, pour rassurer les vivants : il leur fallait encore protéger les momies contre les

---

[1] Dans la religion égyptienne, « la divinité se transforme, l'homme se transforme, la matière se transforme. Cela nous est expliqué par le *scarabée*, hiéroglyphe du mot *kheper*, qui signifie *être, devenir, créer*, et dont la valeur essentiellement philosophique résume le créateur et la création, Dieu et le monde, l'existence et la transformation. De là l'importance énorme donnée au scarabée dans la religion égyptienne : il est la synthèse de cette religion. » (*Le dogme de la résurrection chez les anciens Égyptiens*, par P. Pierret. Paris, Franck, in-4°.)

L'âme qui revient frapper à la porte du cœur est représentée, dans les monuments funéraires, sous la forme d'un épervier à tête humaine. Signalons, à ce sujet, une charmante petite figurine du musée : une momie est représentée couchée sur le lit funèbre ; à ses pieds, son âme veille sous la forme consacrée, une aile étendue sur le corps et les yeux fixés sur ceux de la dépouille mortelle. Il y a comme une tendresse infinie entre ces deux êtres : l'âme paraît boiteuse et grelottante sans le corps, tandis que la figure vivante et souriante de celui-ci semble ne désirer que le retour de la vie et du mouvement. C'est qu'au fond des idées funèbres dont l'Égypte ancienne a l'air de s'envelopper comme à plaisir, il y avait avant tout le grand amour et l'impérieux besoin de la vie.

ennemis surnaturels et les influences malfaisantes par les talismans efficaces et consacrés du *Rituel*, qui tendaient tous au même but. Ainsi le cœur, siége de la vie, auquel l'âme revenait donner le premier souffle, était nanti d'un cœur d'or, d'améthyste, de cornaline ou de feldspath, sur lequel on gravait le scarabée sacré, ou bien l'oiseau *Bennou*, le vanneau, que l'on peut assimiler au *phénix* de la tradition classique.

Tous ces emblèmes, il faut en convenir, ont un sens touchant, une forme à la fois poétique et ingénieuse qui nous émeuvent encore aujourd'hui en face de l'éternelle énigme de la mort, devant ses brutalités terribles et les plaies inguérissables qu'elle laisse toujours derrière elle! L'aimable et tendre nature égyptienne paraît l'avoir senti profondément, et elle se peint bien dans ses emblèmes funèbres : aimant la vie, que la nature lui fait si belle, et attachée à ses morts chéris dont elle ne veut rien abandonner. Quoi de plus charmant, par exemple, que l'idée de ces amulettes épars sous les bandelettes et représentant des fleurs, des fruits, des bourgeons, images de *germination* pour une seconde vie, de rajeunissement, d'épanouissement, de résurrection toujours?

La même idée se retrouve dans l'emblème de la *colonnette* de feldspath *vert*, faite, comme les grandes colonnes des temples, à l'image de la tige fleurie du lotus, dont le sens hiéroglyphique est *verdoiement;* le chapitre CLIX du *Rituel* ordonnait de la placer au cou de chaque défunt comme un symbole de l'état prospère et florissant du corps destiné à ressusciter. Quant à l'âme, elle était nécessairement immortelle et divine, et si en dernier jugement elle n'était pas condamnée à l'*anéantissement*, cet enfer des Égyptiens, il fallait au moins, pour que la résurrection éternelle s'accomplît, qu'elle retrouvât son corps conservé et rajeuni [1].

[1] Dans un des fragments de papyrus du Louvre, se trouve une vignette assez rare, représentant la momie d'Osiris couchée et poussant des rameaux verts qui symbolisent la résurrection de sa chair, ou la vie résultant de la mort, ou, comme dit le *Rituel*, « l'état de vivre après la mort ».

Les emblèmes ordinaires des momies sont encore les *sceaux* de lapis-lazuli et de feldspath vert, symboles des *périodes du temps*, promesses d'éternité. Le *cartouche royal* 〇, ou figure elliptique dans laquelle les pharaons inscrivaient le groupe hiéroglyphique de leur nom, n'est pas autre chose que le sceau symbolique. Suivant le grammairien gréco-égyptien *Horapollon*, il faudrait rapprocher de cette figure consacrée celle du serpent grec qui mord sa queue, et représentait l'éternité ou le cycle sans fin de la durée éternelle.

— Les *disques de pâte rouge* symbolisaient le *soleil levant*, c'est-à-dire une promesse de ressusciter comme le soleil, qui chaque matin émerge de l'horizon.

— Les *angles* étaient des symboles de mystères et d'adoration, et les *triangles*, des signes de l'*équilibre* éternel.

— Les *chevets* Y, modèles de ces supports de tête de bois, d'ivoire ou de pierre, sortes d'oreillers dont on se sert encore aujourd'hui dans quelques régions de la Nubie, de l'Abyssinie et d'autres pays chauds, étaient « destinés à marquer la *quiétude éternelle* qui attend l'homme juste dans la sphère des âmes »[1].

— Le *Tat*, ou *nilomètre*, ou autel à quatre degrés, est un objet non identifié encore d'une manière certaine, mais que l'on considère comme un emblème de *stabilité*, de perpétuité, ou « comme l'image de l'*Osiris* (c'est-à-dire du défunt assimilé à Osiris) arrivé au terme de ses épreuves et se reposant pour l'éternité de son combat contre le mal », contre Typhon[2].

— L'*Out'a*, ou *œil mystique*, est un symbole qui signifie le terme resplendissant de la période d'existence que l'on doit traverser avant d'être admis dans le sein du dieu suprême ; exécuté en émail et « placé sur une momie, c'est un souhait à l'âme pour qu'elle parvienne saine et sauve au terme de ses épreuves ».

— Enfin vient la célèbre *croix ansée* ☥, emblème de la *vie*

---

[1] *Catalogue du musée de Boulaq*. Voyez dans le *Magasin pittoresque*, année 1858, page 20, une description et des dessins de ce meuble, dont l'usage s'est perpétué.
[2] *Album du musée de Boulaq*.

éternelle que, dans les représentations figuratives de tous genres, les dieux et les rois tiennent à la main avec un sentiment de conviction et de possession si magistral.

La plus riche et la plus intéressante, peut-être, de toutes les pièces du trésor de la reine, est une hachette à tranchant d'or, construite et décorée avec un soin, un luxe et un goût que l'on n'avait point encore rencontrés en Égypte, dans les objets de cette nature.

Le manche de cette hache est de cèdre recouvert d'une feuille d'or repercée d'hiéroglyphes à jour, ce qui produit des figures noires s'enlevant sur un fond brillant: on y lut pour la première fois au complet le protocole royal d'Amosis. Ce manche, qui se termine par une sorte de crosse ou de pommeau où la main s'adapte à merveille, a une légère courbure et est orné, de distance en distance, d'anneaux en incrustations de lapis, de turquoises et de pierres colorées. Le taillant est de bronze: l'une de ses faces est recouverte d'une feuille d'or sur laquelle se dessinent des bouquets de lotus de pierres dures; l'autre face, enduite d'une pâte bleue extrêmement résistante, est ornée de la figure en or d'Amosis terrassant un barbare; au-dessous du roi, se tient un griffon allongé comme un sphinx: c'est *Month* ou *Mentou*, le dieu des combats, assimilé à Mars, et auquel les poëmes égyptiens comparent les rois combattants. Dans celui du grand Ramsès, traduit librement, on croit lire une phrase de l'*Iliade:* « Alors Sa Majesté à la vie saine et forte, se levant comme le dieu Month, prit la parure des combats. »

L'objet que nous avons sous les yeux ne saurait être considéré comme une arme réelle destinée à l'usage du combat : il est probable qu'il faut y voir un insigne de commandement plus riche et plus soigné que ceux de même nature qui se rencontrent parfois dans les tombes de chefs militaires, et en même temps, peut-être, un emblème de divinité approprié au caractère et aux titres divins toujours décernés aux personnes royales.

On sait qu'en effet, dans l'écriture hiéroglyphique, le signe de la hache ⌐ exprime le mot *dieu* qui fait partie des titres royaux, et que, répété neuf fois, il désigne l'ensemble des dieux : ainsi on voit parmi les objets précieux tirés de la momie, neuf très-petites hachettes votives, trois d'or et six d'argent, dont le sens symbolique est évidemment voisin de celui de la grande hache qui nous occupe, et dont la présence a sans doute pour objet d'établir une sorte de filiation entre la reine et les dieux.

HACHE DU PHARAON AMOSIS
(XVIII° dynastie).

A ce sujet une question intéressante se présente : Pour quelle raison la hache a-t-elle été prise comme symbole de la divinité ? Plusieurs égyptologues pensent que les Égyptiens se sont servis d'abord du mot *nouter*, qui signifie *renouvellement*, pour désigner la divinité, parce que l'éternelle jeunesse est un privilége divin; or, ce même nom ayant été celui de la hache, ce serait par un jeu de mots dont l'exemple est fréquent dans la langue égyptienne, que la représentation de cette arme serait devenue l'hiéroglyphe du mot *dieu*, puis, par extension, l'objet même son symbole dans la main des rois et dans leurs sépultures. Mais, sans rejeter complétement les déductions précieuses qu'on peut tirer de la philologie, ne pourra-t-on se demander si l'archéologie préhistorique ne fournirait pas ici de meilleures raisons, en permettant de remonter plus haut dans la question des origines et de s'appuyer sur des faits bien connus ?

On sait que la première arme sérieuse, le premier outil même dont l'homme primitif se soit servi aux époques antéhistoriques, dites *âges de la pierre*, est la hache de silex grossièrement taillée à éclats, instrument à la fois contondant et tranchant, véritable casse-tête du sauvage. Quand même on n'aurait pas trouvé ces armes en abondance dans les terrains sous-jacents ; quand même on ne les verrait pas aux mains de quelques peuplades arriérées du nouveau monde, on aurait pu pressentir qu'il avait dû forcément en être ainsi à l'origine, puisque le métal n'était pas connu alors, et que le silex, pour garder sa solidité dans un instrument de choc, ne peut guère recevoir d'autre forme que celle d'une hache grossière et massive. Lorsque, avec le temps, les besoins se compliquèrent et que l'industrie vint à progresser, on donna aux haches de pierre une forme et un poli qui en firent des instruments de travail plus précis et des armes plus maniables; on en tailla même dans des matériaux de luxe venant souvent de loin, très-durs et difficiles à travailler, et partant assez fragiles : ces armes exceptionnelles devaient donc avoir une valeur inestimable, et, pour ainsi dire, ne jamais servir. C'est du moins ce qu'on est en droit de conclure quand on voit l'état absolument neuf et intact de plusieurs de ces magnifiques haches polies de *chloromélanite*, de *jadéite* translucide et d'autres pierres de choix, que l'on trouve dans les plus belles sépultures des dolmens de presque toutes les contrées du globe. On suppose donc à bon droit que c'étaient là des insignes royaux de grand prix et assez rares; on peut en dire autant de certaines herminettes de pierre polie de la Nouvelle-Zélande, dont le manche sculpté avec grand luxe, très-épais et à section carrée, rend leur maniement tout à fait impossible et montre que l'instrument n'a pas été fait pour servir.

Ces faits nous amènent à penser, d'après les mœurs bien connues des peuplades sauvages, que l'objet le plus essentiel à la vie, que l'outil et l'arme par excellence était devenu d'abord *fétiche*, c'est-à-dire qu'on lui rendait un culte, qu'on l'adorait comme un dieu en esprit et en vérité, dans la personne de ses plus beaux exemplaires, réservés seulement pour les chefs: ceux-ci, se trouvant les alliés et les soutiens naturels des devins, des sorciers et des prêtres, étaient toujours revêtus par eux d'un caractère surnaturel et divin, dont la hache, insigne royal et sacré tout à la fois, put devenir de très-bonne heure l'expression et comme l'*hiéroglyphe* mystique.

« Soit donc que cette arme, dit M. A. de Longpérier, ait été considérée comme un symbole de la divinité, soit qu'elle ait été regardée comme étant le dieu même, il demeure constant qu'elle a été chez divers peuples de la haute antiquité l'objet d'un culte, et dès lors on peut admettre que dans la Gaule, aussi bien qu'en Égypte, en Asie et en Grèce, on aurait placé dans un sanctuaire un simulacre de hache et attaché à cette image une idée religieuse. C'est une hypothèse et pas autre chose, mais du moins elle n'est pas en contradiction avec les mœurs de l'antiquité[1]. »

Un fait bien connu des archéologues pourrait être pris en considération comme argument pour l'existence de ce culte : dans un certain nombre des plus beaux dolmens de la Bretagne, on voit la figure de la hache de pierre gravée sur les dalles qui en forment le revêtement intérieur ; parfois la hache est représentée avec son emmanchure, mais nulle part on ne la voit accompagnée d'une représentation quelconque d'autres objets. Ce signe unique placé dans des tombeaux, et dans des tombeaux si importants qu'ils n'ont pu appartenir qu'à des chefs, ce signe ne doit-il pas avoir là un sens à la fois religieux et honorifique ? Diffère-t-il beaucoup, enfin, de l'antique hiéroglyphe de la hache égyptienne, qui signifiait *dieu* et désignait en même temps les rois [2] ?

Les exemples d'attributions analogues sont du reste fréquents

---

[1] Conclusion d'un mémoire sur *le culte de la hache*, par M. Adrien DE LONGPÉRIER, de l'Académie des inscriptions, dans le *Compte rendu du Congrès international d'anthropologie et d'archéologie préhistorique de* 1867 (Paris, Reinwald, 1868, p. 37). L'auteur y passe en revue un grand nombre de preuves archéologiques prises chez les différents peuples de l'antiquité.

[2] « Dans le beau dolmen de l'île de *Gavr'inis* (Morbihan), au milieu des innombrables dessins de fantaisie qui ornent les grandes pierres de l'intérieur, la seule représentation réelle est celle de la hache de pierre polie en forme de coin. On la retrouve sur sept de ces pierres, reproduite trente-cinq fois, toujours sans emman-

dans l'histoire des peuples anciens : chez tous, c'est l'arme rendant le plus de services qui est prise comme emblème de la divinité, et presque toujours c'est l'épée. Mais il est probable que si nous pouvions remonter plus haut dans la connaissance de leur passé, nous verrions se confirmer ce que l'on peut admettre déjà : c'est qu'en vertu du même principe, la hache, ayant été la meilleure arme de l'époque de la pierre, fut prise comme symbole divin ou adorée partout, et ne fut détrônée par l'épée que quand la découverte du métal, et surtout l'invention de procédés industriels suffisants, mirent aux mains des hommes une arme plus commode et plus efficace [1].

chure. En outre, il s'est trouvé dans le monument une pierre plus petite, portant gravée sur sa face une seule hache emmanchée.

» On voit encore de ces haches emmanchées, reproduites d'une façon plus ou moins élémentaire, sur deux pierres du dolmen du *Mané-Lud*, sur une du *Mané-er-H'roëk* et sur une du *Petit-Mont*. On pourrait en citer encore quelques autres, disséminées dans divers monuments. La plus remarquable est celle qui figure d'une manière isolée au-dessous de l'immense dalle de recouvrement du dolmen connu sous le nom de *Table des Marchands* ou *de César*, en *Locmariaker* (Morbihan). » — Note de M. G. DE MORTILLET, sous-directeur du Musée des antiquités nationales de Saint-Germain en Laye, où l'on voit des moulages des pierres de *Gavr'inis*, ainsi que des modèles en petit des principaux dolmens, et les objets mêmes, haches, couteaux de silex, etc., trouvés dans leurs cavités.

Dans un des caveaux funéraires de l'époque de la pierre polie trouvés récemment par M. Debay dans le dép. de la Marne, on voit, gravée sur les parois, de chaque côté de l'entrée, la figure d'une hache de pierre emmanchée. Un peu plus loin, la même figure se retrouve, mais elle a comme vis-à-vis le simulacre grossier d'une tête de femme représentant sans doute une divinité, peut-être bien la personnification de la hache. En tout cas, cette association dans un tombeau semble prouver encore, qu'ici la hache a bien une attribution divine. M. de Mortillet se propose d'en rendre compte prochainement avec détail dans une publication importante.

[1] Voici, sur ce sujet, quelques documents intéressants réunis par M. A. DE BARTHÉLEMY, membre de la Commission de topographie des Gaules, pour un travail publié en 1843 dans la *Revue de la province et de Paris : Types de l'épée*, p. 11 :

« A propos de certaines monnaies gauloises d'or, nous dit-il, que l'on trouve ordinairement du côté du Cotentin, et dont le revers représente une petite figure humaine qui paraît exécuter une danse devant une grande et large épée, j'ai essayé jadis de rappeler le peu que nous savons du culte religieux dont cette arme fut l'objet.

» J'ai rappelé que chez les Gètes, les Alains et les Scythes, le glaive était l'emblème de la divinité; qu'Ammien Marcellin (liv. XXXI, 2) dit ceci : « La religion,

On observera enfin que jusqu'aux temps modernes, l'épée conserva ce caractère symbolique : elle jouait un des rôles principaux dans les rites qui accompagnaient le sacre des rois ; on la portait devant eux dans les solennités publiques comme un emblème de cette puissance royale regardée toujours comme sacrée autant que civile.

Si maintenant on observe le type de la hache égyptienne des ex-voto et des tombeaux, de celle dont nous donnons le dessin, on verra qu'elle a conservé dans toute son intégrité la forme du signe hiéroglyphique correspondant : preuve d'antiquité extrêmement reculée, puisque l'écriture apparaît toute formée dès les premières dynasties, et que l'époque de sa naissance se perd pour nous dans la nuit des temps[1]. De plus, si l'on examine attentive-

» chez eux, n'a ni temple, ni édifice consacré, pas même une chapelle de chaume. Un » glaive nu, fiché en terre, devient l'emblème de Mars : *c'est la divinité suprême*, et » l'autel de leur dévotion barbare (*Nec templum apud eos visitur*, etc.). »

» Que chez quelques tribus scythes, le culte de la lance était substitué à celui de l'épée, probablement parce que la première de ces armes y était la plus employée. Que chez les autres, au dire d'Hérodote (liv. IV, 62), on élevait, dans chaque district un grand amas de fascines sur lequel on plantait une vieille épée, simulacre du dieu Mars, devant laquelle on sacrifiait des bestiaux et même des victimes humaines dont le sang servait à l'arroser.

» Que chaque peuplade avait ainsi une épée sacrée confiée à la garde d'un chef ou d'un prêtre.

» Que, selon Ammien Marcellin, ces cérémonies se célébraient encore chez les Alains au temps de l'empereur Valens.

» Que d'après Jordanès, Attila, ayant retrouvé une de ces vieilles épées honorées chez les Scythes, considérait cette trouvaille comme un heureux présage pour lui et comme le signe certain de sa domination sur le monde. »

A propos des Quades, Ammien Marcellin dit encore : « Vitrodore, fils du roi Viduaire, et Agilimonde, son vassal, accompagnés des chefs ou juges de diverses tribus, vinrent se prosterner devant nos soldats, et jurèrent sur l'épée nue, *seule divinité reconnue par ce peuple*, de nous garder fidélité. » (Liv. XVII, 12 : *Eductisque mucronibus*, etc. — Ed. de M. Nisard.)

[1] M. le docteur ROULIN, bibliothécaire et membre de l'Institut, dans un rapport fait à l'Académie des sciences, *Sur une collection d'instruments de pierre découverts dans l'île de Java*, etc. (*Comptes rendus*, 28 décembre 1868), nous montre que le système de la hache égyptienne est absolument le même que celui de toutes les haches de pierre des contrées encore sauvages du globe, identiques elles-mêmes à ce qu'étaient celles de l'ancien monde primitif. Sans insister autant que

ment sa structure, on sera également frappé de sa ressemblance ou, pour mieux dire, de son identité avec les haches de l'âge de pierre et du premier âge de bronze des autres contrées. Comme dans celles-ci, le taillant ne s'adapte pas au manche en l'enveloppant d'une douille; c'est le manche qui est creusé d'une rainure longitudinale pour recevoir le talon du taillant, qui s'y maintient à l'aide d'un réseau de ligatures entrecroisées d'une grande solidité. Puis, pour augmenter les points d'adhérence entre le bois et la lame et fournir plus de prise aux ligatures, on fut amené à donner à ce talon la plus grande largeur possible; mais on dut en même temps réduire celle du tranchant, afin de diminuer les chances de dislocation après choc, en reportant l'effet du contre-coup sur une ligne de base plus étendue. La lame, au lieu d'aller en s'évasant vers le tranchant, se rétrécit donc plutôt graduellement. Le *Rapport* de M. le docteur Roulin nous fait voir que toutes les haches de pierre ayant ce système d'emmanchement étaient ainsi faites; il suffit de jeter les yeux sur le signe hiéroglyphique égyptien, puis sur la figure de l'arme elle-même, pour reconnaître que ce principe de construction primitive s'y est conservé.

Enfin, les armes antiques de pierre, aussi bien que celles des peuples modernes de la Polynésie et d'autres régions qui sont restées dans l'état primitif, avaient et ont encore des ligatures faites de tendons d'animaux employés à l'état frais, ou de fibres de coco; les haches de bronze, qui se moulèrent d'abord sur celles de pierre, avaient une ligature du même genre, où, par un progrès de l'industrie, le cuir était alors employé en lanières. Telles

---

nous sur le fait de la consécration religieuse de la hache, il nous la fait cependant pressentir; il dit à propos de l'arme dont nous parlons : « C'est bien en effet cette sorte particulière de hache, et non aucune autre, que nous représente le caractère hiéroglyphique, et c'est sans doute parce qu'elle devait porter bonheur aux combattants qu'elle est restée la même depuis un temps qui remonte nécessairement jusqu'à l'invention ou au moins jusqu'à la fixation de ce mode d'écriture. N'est-elle même pas plus ancienne? C'est ce que nous n'oserions dire; mais ce que nous ne craignons pas d'affirmer, c'est qu'elle s'est transmise sans altération sensible *depuis l'âge de pierre.* »

sont aussi, d'une façon absolue, les haches ordinaires de bronze trouvées dans les sépultures égyptiennes[1] : celle de la reine Aah-Hotep n'en diffère que par l'emploi des matériaux précieux et d'une ligature faite de lamelles d'or au lieu de lanières de cuir, mais disposée de la même façon.

On se demandera maintenant pour quelles raisons ces formes imparfaites et ces procédés de construction compliqués, nécessités par l'emploi de la pierre, s'étaient conservés pour le métal, quand il eût été si facile de lui donner la meilleure forme par l'opération de la fonte ou du martelage?

M. le docteur Roulin nous en donne l'explication en nous montrant comment, à l'aide d'une observation raisonnée des détails, on peut arriver à entrevoir de grandes vérités historiques :

« Ainsi, dans l'empire des Incas, dit-il, comme dans celui des Pharaons, l'introduction des métaux n'avait pas fait abandonner d'abord, pour les outils les plus usuels, les formes que l'âge précédent avait reconnues comme les plus avantageuses. C'est là certainement la marche qu'a suivie l'industrie toutes les fois qu'elle a pu passer sans secousse d'une époque à l'autre; mais le plus souvent des invasions, dont les preuves sont manifestes, ont tout troublé, et les cas de développement normal sont assez rares pour mériter d'être relevés chaque fois qu'ils se présentent. »

S'il subsiste un indice de ce développement normal et non troublé dont nous parlions au commencement de ce chapitre, c'est assurément ici : on le voit, les traces d'évolution et de transition insensible qui ont disparu presque partout en ne laissant que des marques assez vagues, ont pu se fixer à jamais dans la civilisation égyptienne et parvenir intactes jusqu'à nous.

En résumé, l'objet que représente notre vignette serait l'un des plus vieux symboles du monde; c'est toujours la hache du *sauvage*, un peu lourde et primitive de forme, mais revêtue de

---

[1] Voyez Prisse d'Avennes, *Monuments d'Égypte*, pl. XLVI, nos 4 et 5 ; et Rosellini, *Monum. dell' Egitto e della Nubia*, t. II, n° 66.

tout l'appareil de luxe que peut mettre en œuvre une époque civilisée. Comme alors on se servait aussi de haches de guerre dont la structure était différente et beaucoup plus moderne [1], il semble évident que celle des hiéroglyphes et des tombeaux est une forme conservée sans interruption du fond des âges préhistoriques, avec le caractère sacré dont elle fut revêtue à l'origine et pour ainsi dire spontanément; caractère dont on ne connaissait peut-être plus la raison à l'époque historique, mais qui se perpétua indéfiniment, et par la valeur du signe hiéroglyphique correspondant, et grâce aux immuables rites du culte religieux, essentiellement conservateur dans tous les temps et chez tous les peuples, mais plus en Égypte que partout ailleurs [2].

La similitude de nom (*nouter*) entre la hache et la divinité ne

---

[1] Citons ici un exemple de ces haches d'armes *non hiéroglyphiques*, dont nous nous rappelons avoir vu la représentation peinte sur les murs de l'hypogée de l'un des Ramsès à Thèbes et dont nous parlons plus en détail en son lieu. Le taillant de ces haches est de fer et tient au manche par une douille; sa forme est un croissant dont la courbe convexe est tournée en dehors et forme le tranchant. Les deux pointes du croissant reviennent vers le manche et s'y attachent aussi par des douilles. Cette arme, du reste, est décrite et dessinée, ainsi que l'autre, dans l'ouvrage de Wilkinson : *A popular Account of the ancient Egyptians.* (London, Murray, 1871, 2 vol. in-12 illustrés (t. I, p. 361 et 362). — L'éditeur prépare une 6ᵉ édition de ce charmant et savant ouvrage.

[2] Pour l'archéologue, toute religion apparaît comme un chemin frayé vers le passé, tant l'esprit en est essentiellement conservateur. Sur le fait intéressant de la conservation des anciens usages par le culte religieux, des exemples nombreux pourraient être pris chez tous les peuples et dans tous les temps. Les plus curieux, touchant la conservation indéfinie des haches de pierre dans les sacrifices romains et de l'emploi exclusif du bronze dans la construction de certains temples et autres édifices de Rome, — se trouvent cités dans les *Découvertes d'antiquités paléoethnologiques dans le bassin de la campagne romaine*, par M. Michel DE ROSSI (Rome, 1867, *Instit. del. corrispond. archeolog.*). Voyez le compte rendu que nous en avons donné dans la *Revue archéologique*, juillet 1867. Sur divers exemples de conservation d'usages par le culte, voyez *Une visite à l'exposition mexicaine*, par M. Henry DE LONGPÉRIER (*Compte rendu du Congrès de Paris*, déjà cité).

D'autres faits de ce genre et non moins intéressants sont rapportés dans le grand *Dictionnaire des antiquités grecques et romaines, d'après les textes et les monuments*, qui se publie sous la direction de M. Edmond SAGLIO, conservateur au musée du Louvre (Paris, Hachette, in-4° illustré). Voyez à l'article Æs.

se trouverait donc pas être la cause du symbole, elle n'en serait que le résultat.

Entre les haches sauvages enfouies sous les dolmens ou gravées sur les blocs barbares du tumulus de *Gavr'inis*, et la hachette éblouissante d'or et de pierreries du cercueil d'Aah-Hotep, il y aurait donc, en réalité, un de ces liens intimes et secrets qui peuvent servir un jour comme de fil conducteur aux générations futures pour remonter à l'origine des idées et suivre la marche si intéressante de leur développement; car, s'il est une chose naturelle et nécessaire, c'est que la postérité, semblable à un voyageur qui sort de la plaine pour gravir une montagne, se retourne au fur et à mesure qu'elle s'élève, et cherche à reconnaître au loin derrière elle, en s'aidant de tous les indices, le point d'où elle vient, le chemin qu'elle a suivi et l'espace qu'elle a déjà pu franchir.

— Le chef-d'œuvre de la collection est un poignard, objet que l'on est fort étonné de rencontrer sur une momie, attendu qu'il n'a rien de symbolique et se trouve en dehors des prescriptions du *Rituel;* mais nous avons déjà remarqué qu'Aah-Hotep était une personne fort exceptionnelle jusqu'en ses funérailles : comment expliquer, entre autres choses, qu'une momie si soignée n'ait pas été trouvée dans son tombeau, mais enfouie dans le sable, à un mètre seulement de la surface du sol ?

POIGNARD DE LA REINE AAH-HOTEP.

Le pourtour du tranchant de cette belle arme est d'or massif et rattaché à une bande de bronze noirâtre qui forme le milieu, et comme l'échine de la lame. Sur cette bande médiane se détachent vivement des figures et des hiéroglyphes au cartouche d'Amosis, damasquinés en or. La poignée, plus étroite que la lame et sans quillons, est de bois revêtu d'or avec incrustations de pierres dures de couleur; elle est ornée à sa base d'une tête d'Apis renversée, dont les cornes viennent embrasser et contenir le talon de la lame; le pommeau d'or, formé de quatre têtes de femmes adossées, est une œuvre parfaite de goût et d'à-propos. Rien de plus élégant que cette arme, dont les formes et la structure rappellent néanmoins celles des coutelas qu'on voit encore suspendus au bras des Nubiens par une lanière, comme aussi des poignards et des épées préhistoriques de bronze. A un point de vue purement esthétique, il faut reconnaître, du reste, que les épées et les poignards, par la simplicité nécessaire de leur structure, fournissent des objets supérieurs, comme dessin de la forme, aux autres armes ou ustensiles; il n'est presque pas d'industrie si reculée qui ne nous présente de beaux et purs modèles en ce genre. Un fourreau d'or complète ce magnifique monument, que l'on trouva accompagné de deux autres poignards du même genre, mais beaucoup plus simples[1].

— Sur le velours rouge de la vitrine des bijoux, un riche collier d'or funéraire, de ceux appelés *ousekh*, étale ses rangs concentriques de figurines de toutes sortes. Il couvrait toute la poitrine et se terminait sur les épaules par deux agrafes en forme de têtes d'éperviers, symboles du *soleil levant* ou d'*Horus*, c'est-à-dire de la résurrection. Il en est fait mention dans le chapitre CLVIII du *Rituel funéraire* ou *Livre des morts*, ce code sacré, long et compliqué, qui accompagne les momies et détermine les cérémonies des funérailles, ainsi que les pérégrinations et les épreuves de l'âme après la mort[2]. Le prêtre devait réciter une prière mystique sur ce collier au moment où l'on en parait la momie, rite qu'il accomplissait, du reste, pour

---

[1] « Parmi les bronzes antiques d'origine égyptienne, il s'en trouve de compositions fort diverses. M. Mariette signale dans son catalogue le bronze pâle, le bronze jaunâtre très-pesant. Il en est que la lame d'acier n'entame que très-difficilement. » Il est probable que la lame du poignard d'Aah-Hotep est cette variété noire du *tahesti* ou bronze d'Asie, « dont on fabriquait principalement les ustensiles sacrés ». Ces deux bronzes étaient aussi « le métal d'encadrement et d'ornement des portes monumentales ». (M. F. Chabas, *Études historiques*.)

[2] Nous parlerons plus en détail du *Rituel funéraire* quand il sera question des nécropoles antiques.

chaque partie de l'ensevelissement. Ces colliers sont ordinairement de verroteries de couleur ou de cartonnages gaufrés, peints et dorés; mais celui-ci est d'une richesse inusitée : ses rangs, tous variés, représentent, les uns des fleurs crucifères, les autres des lions et des antilopes courant, des chacals assis, des éperviers, des vautours, des vipères ailées, des croix ansées et autres figures symboliques ayant toutes un sens profond. Un poëte égyptien aurait pu le décrire à la façon du bouclier d'Achille dans l'*Iliade*. Tout ce petit peuple éblouissant de figurines d'or était cousu au linge qui couvrait la poitrine de la momie, et devait simuler ainsi une riche broderie.

— La momie portait encore sur la poitrine ce pectoral en mosaïque de pierres dures cloisonnées d'or, qui a la forme trapézoïdale d'un *naos* ou chapelle, c'est-à-dire le profil d'un temple égyptien. C'est un tableau complet et fort compliqué, où l'on voit le roi Amosis debout sur une barque sacrée et aspergé par les dieux Ammon-Rha et Rha de l'eau de purification. C'est, dit M. Mariette, l'un des trois objets les plus précieux du trésor de la reine Aah-Hotep; bijou considérable, sérieux et grave comme un texte authentique, mais peu aimable : le symbolisme l'absorbe tout entier, et, avec ses formes rigides de temple égyptien, il semble, à première vue, mieux fait pour la poitrine immobile d'un vieux pontife que pour celle de la plus séduisante des reines. On ne pourrait nier cependant que ce bijou ne dût produire un grand effet dans l'ensemble du costume royal, lorsque sa large surface brillante et colorée étincelait sur la poitrine, entre le bord supérieur du corselet de lin brodé aux couleurs éclatantes et les épaulières couvertes de pierres fines, destinées à soutenir cette riche ceinture [1].

— Le symbole de la barque se retrouve encore en grand

---

[1] M. l'abbé Victor ANCESSI vient de publier un travail des plus intéressants et des plus nouveaux, dans les *Annales de philosophie chrétienne* (année 1872), sur les vêtements sacerdotaux du grand prêtre de Jérusalem et des lévites, d'après les peintures et les monuments égyptiens contemporains de Moïse. L'auteur montre comment les Israélites, habitant l'Égypte depuis des siècles et mêlés à ses habitants, durent

dans cette collection. Il y avait dans le cercueil royal deux modèles de barques d'environ 0ᵐ,40 de longueur : l'une, d'argent massif, contient quinze figurines de rameurs ; l'autre, d'or, est portée sur quatre roues de bronze et montée par douze rameurs d'argent ; les trois personnages importants qui les dirigent, le chanteur ou cadenceur, le timonier et le chef de l'équipage, sont d'or massif : ce dernier, assis sous un dais, tient une hachette symbolique et un sceptre recourbé dont nous verrons un exemplaire réel parmi les insignes royaux de la momie. Sans pouvoir définir le sens précis de ces singuliers monuments, on suppose à bon droit qu'ils symbolisaient le voyage mystérieux que l'âme du défunt devait entreprendre dans des régions célestes, pleines de canaux et de champs à cultiver plus radieux encore que ceux de l'Égypte terrestre. Le cartouche du roi Kamès s'y trouve ; mais, contre l'habitude, la barque ne porte ni le nom ni la figure de la reine défunte à qui elle semble destinée ; nous n'aurons donc pas le chagrin de voir notre reine ressembler à ses compagnons de voyage, affreux petits magots chinois qui auront fort à faire pour passer à l'état céleste.

—Comme nous le disions, le sceptre tenu par l'âme anonyme que l'on emmène dans la barque, se retrouve lui-même parmi les bijoux de celle qu'on présume avoir été la *royale épouse* du roi Kamès. C'est un bâton de bois noir recourbé, d'un pied de long environ et entouré d'un large ruban d'or en spirale : il serait diffi-

nécessairement en emporter les coutumes, les arts et jusqu'à un certain point les mœurs. Les descriptions minutieuses du costume sacerdotal que donne la Bible sont restées complétement obscures, tant que l'on ne s'est pas aidé des renseignements fournis par l'archéologie égyptienne ; mais aujourd'hui ce problème, si ardemment cherché depuis des siècles, s'éclaircit tout à coup : on voit que l'*éphod* et le *pectoral* du grand prêtre n'étaient que des modifications du corselet et du pectoral égyptiens. Les points de rapports ont dû abonder entre les deux civilisations : on sait entre autres, que le premier temple de Jérusalem n'était qu'un temple égyptien de dimensions assez restreintes ; que l'arche d'alliance rappelle infiniment ces *baris* ou barques sacrées que l'on portait dans les processions. Un jour même, on aura peut-être la certitude que le Décalogue est un résumé précis et vigoureux des lois de l'Égypte, dont les inscriptions et les papyrus nous font connaître la justice et la haute raison déjà, pour une époque bien antérieure à Moïse.

cile de lui attribuer un autre usage que celui d'un commandement effectif ou d'un pouvoir mystique. Chose intéressante, on le voit, de nos jours encore, porté à l'état fruste par les Nubiens, les Soudaniens et les Bischaris, ces maigres et tristes sauvages des bords de la mer Rouge. Ils ne s'en départent jamais, bien qu'ils en ignorent complétement le symbolisme perdu, et qu'ils n'en tirent d'autre profit, sans doute, que celui d'apaiser fréquemment les irritations que leur cause une vermine éternelle.

Nous n'en finirions pas si nous voulions décrire les pendeloques, les bracelets de la reine; le miroir à main de métal poli où se reflétèrent ces traits charmants, si redoutés des Hyksos, et ces yeux qui firent peut-être baisser ceux du patriarche Joseph, fils de Jacob; puis ce chasse-mouches ou *flabellum* à manche d'or, autrefois paré de plumes d'autruche, insigne de souveraineté que sa main balançait dans les longues cérémonies triomphales où le peuple, à genoux derrière les rangées de sphinx, acclamait la libératrice de l'Égypte chassant devant elle les chefs hyksos garrottés. Scènes légendaires, gracieuses ou terribles que l'histoire nous offre décolorées comme les fleurs desséchées d'un herbier, et qu'une simple parure de femme suffit à faire revivre !

Enfin, que l'on nous permette de parler encore d'un beau collier composé d'une chaîne d'or longue et flexible à laquelle sont suspendues trois mouches colossales d'or massif : on suppose avec vraisemblance, mais sans preuves suffisantes pour l'affirmer, que ce collier était une décoration honorifique décernée au mérite civil, le *lion* étant la décoration militaire, comme symbolisant la *force* et la *vaillance*. Il serait possible, nous disait M. Mariette, que ce fût le collier de l'ordre civil qui eût été décerné à Joseph lorsque le pharaon hyksos l'établit sur tout le pays de la basse Égypte : « Alors, lisons-nous dans la Bible, Pharaon ôta son anneau de sa main et le mit en celle de Joseph, et il le fit revêtir d'habits de fin lin, et il lui mit au cou un collier d'or. » Puis il prononça ces paroles, qui montrent toute l'importance du rang conféré avec l'insigne du collier : « Tu seras sur ma maison, et tout mon peuple te baisera la bouche ; seulement je serai plus grand que toi quant au trône [1]. »

[1] Le sort de Joseph ne fut pas exceptionnel en Égypte ; avant et après lui, bien d'autres reçurent des charges aussi élevées avec le même cérémonial. *Cha-em-ha*, haut fonctionnaire à Thèbes, reçoit le collier d'Aménophis III, et son inscription funéraire le qualifie ainsi : « Celui qui emplit le cœur du Seigneur des deux mondes (c'est-à-dire qui accomplit les volontés du roi), *l'intendant des greniers du Sud et du Nord*, le basilicogrammate Cha-em-ha. » (Prisse d'Avennes, *Monuments*, pl. XXX). — Il ressort du texte des monuments funéraires que les rois donnaient comme récompenses des objets très-variés : des anneaux, des coupes et des bracelets d'or, des couronnes d'or et de pierres précieuses, des poignards et des haches d'or et d'argent analogues aux objets du trésor d'Aah-Hotep. On peut voir au Louvre, dans la vitrine H de la *salle historique*, un très-beau plateau d'or donné comme récompense par Touthmès III (XVIII° dynastie), à un fonctionnaire nommé Toth. — Voyez, pour les détails, le nouveau *Catalogue de la salle historique*, par M. P. Pierret, conservateur (1873). — Birch, *Mémoires de la Société des antiquaires de France*, 1858. — Th. Devéria, *Note sur le basilicogrammate Touth*. — Mais de toutes ces marques honorifiques, la plus élevée était l'investiture du collier et de la robe de lin dont fut gratifié Joseph. Le Louvre possède un bas-relief funéraire d'un personnage qui, devant le roi Séti Ier (XIX° dynastie) et par son ordre, est revêtu de ces insignes suprêmes ; ce monument nous retrace ainsi de la façon la plus précise la scène d'investiture de Joseph rapportée par la Genèse. Le *Magasin pittoresque* en donne un dessin accompagné d'un excellent article par Devéria (année 1859, p. 87, 88). — Un personnage nommé Ahmès, chef des nautoniers sous Amosis, raconte dans son inscription funéraire les derniers événements de l'expulsion des Pastours, à laquelle il prit part ; il nous apprend qu'il reçut sept fois le *collier d'or de la vaillance* (*Inscription du tombeau d'Ahmès*, par M. E. de Rougé, in-4°). Un autre personnage du même temps et d'un rang plus élevé, Ahmès Pensouban, dit également qu'il reçut nombre de fois des colliers et des lions d'or. Tout récemment (1873), un savant égyptologue, M. Ebers, a découvert près de Gournah (ruines de Thèbes) une longue inscription d'un officier du temps de Touthmès III : le défunt, Amen-em-Heb, dit avoir reçu du roi diverses récompenses, et notamment la décoration du *lion*. Disons, en passant, que ce texte affirme aussi un fait précieux pour la chronologie et la fixation des dates : c'est que le règne de Touthmès, que l'on croyait jusqu'ici avoir été de quarante-sept ans, en a duré cinquante-quatre. Ce sont les hommes d'équipage de M. Ebers qui, par hasard, ont découvert ce tombeau ; il était si bien enfoui, que de mémoire d'homme les fellahs s'y cachaient pour éviter la conscription et les corvées, sans que l'on pût savoir ce qu'ils étaient devenus.

Il existe dans les manuscrits de Champollion (n° 36, t. V, *Bibliothèque nationale*) un dessin de collier copié par lui sur un tombeau : ce collier est orné à la fois de deux lions et de deux mouches en tout semblables à celles du trésor d'Aah-Hotep. M. E. Poitevin l'a reproduit dans un article intéressant de la *Revue archéologique* : *Monument d'Ahmès Pensouban* (t. XI, 1854).

Peu s'en est fallu cependant que le trésor de la reine Aah-Hotep, si précieux et si ancien, puisqu'il serait antérieur à Moïse de près de quatre cents ans [1], n'ait été perdu pour le musée, puis dispersé ou même livré à la fonte par des mains subalternes.

Devéria, qui était en Égypte au moment de cette découverte, travaillant avec M. Mariette, nous en a fait le récit; mais nous préférons le transcrire ici d'après ses lettres, qui nous sont communiquées avec la plus obligeante complaisance : elles nous révèlent quelques-unes de ces tribulations qui accablent trop souvent les malheureux archéologues, mais ont presque toujours ici un côté comique et instructif qui chasse la mauvaise humeur.

« 22 *mars* 1859. — Notre journée d'hier, écrivait Devéria, a été marquée par une des plus grandes jouissances que puissent éprouver des archéologues, et voici comment. Il y a quelque temps les ouvriers de M. Mariette trouvèrent à *Drah-abou'l-neggah*, partie de la nécropole de l'ancienne Thèbes, une momie beaucoup plus belle que d'ordinaire; l'extérieur de la caisse est entièrement doré, et les yeux, de pierre dure, sont entourés de paupières d'or massif.

» M. M***, qui fut prévenu de la découverte, envoya à M. Mariette une copie de l'inscription qui décore le cercueil, assez lisible pour que nous ayons pu reconnaître que c'était la momie d'une reine nommée *Aah-Hotep*. M. Mariette ordonna de la faire venir à Boulaq par un vapeur spécial et sans aucun retard; mais, par malheur, le gouverneur de la province, avant que la lettre arrivât, fit ouvrir la momie par curiosité ou par zèle malentendu, on ne sait trop. Quoi qu'il en soit, je ne voudrais pas me trouver à la place dudit gouverneur, la première fois que M. Mariette le rencontrera! Après l'ouverture du cercueil, on jeta comme de coutume la toile et les os au tas d'ordures, en ne conservant que les objets qu'on y trouva renfermés. Un surveillant

---

[1] L'exode se place vers 1300. — (Entre 1327 et 1321, selon M. Brugsch, *Histoire d'Égypte*, p. 157.)

arabe au service de M. Mariette lui envoya un inventaire de ces objets. Le gouverneur de la province en adressa un autre au vice-roi et écrivit à Son Altesse qu'il les lui envoyait directement. Ce voyage était la perte inévitable de beaucoup d'objets, sinon de la totalité. Les deux listes comparées se trouvaient assez d'accord, mais elles nous parurent singulièrement exagérées pour le nombre et le poids des objets d'or dont elles font mention. Malgré tout, la découverte était certainement intéressante. M. Mariette eut l'heureuse idée de se faire donner un ordre ministériel qui lui conférait le droit d'arrêter tous les bateaux portant des antiquités et de les prendre à bord de son vapeur. Aussitôt l'ordre délivré, c'est-à-dire hier matin, nous partîmes pour nous mettre en croisière aussi haut sur le Nil que le manque d'eau nous permettrait d'aller. A peine étions-nous arrivés à un point où nous ne pouvions plus avancer, que nous avons aperçu la fumée du bateau qui portait les restes de la momie pharaonique.

» Une demi-heure après, les deux vapeurs s'abordaient. Il y eut alors force pourparlers ; voyant qu'il n'arrivait à rien, et poussé à bout par une résistance opiniâtre, M. Mariette en vint au seul moyen reconnu par tous ici comme efficace, — à l'*ultima ratio regum*... : il distribua force coups de poing, proposa à l'un de le jeter à l'eau, à un autre de lui brûler la cervelle, à un troisième de l'envoyer aux galères, à un quatrième de le faire pendre, et ainsi des autres. Enfin, et grâce à cela, on se décida à remettre lesdites antiquités à notre bord, contre reçu.

» Dix minutes après cette scène, nous repartions pour Boulaq, emmenant prisonnier le surveillant fautif qui avait livré la momie au gouverneur. Il était fort meurtri, mais fumait philosophiquement son chibouq. Nous sommes arrivés à Boulaq un peu avant dîner, et là seulement nous avons pu ouvrir la fameuse boîte en dépit des cachets qui la fermaient. Notre surprise a été grande en y trouvant une quantité de bijoux et d'insignes royaux qui portent presque tous les noms du premier roi de la XVIIIe dynastie (Aahmès ou Amosis), tandis que le nom de la reine inscrit sur le cercueil ne s'y trouve pas une seule fois. Leur finesse d'exécution est plus remarquable que le peu que l'on connaissait du même genre, et, si je ne me trompe, il y a près de deux kilos pesant d'or ainsi merveilleusement travaillé avec des incrustations de pierres dures et d'émaux de couleur.

» Outre la valeur intrinsèque de ces divers objets, ils ont une très-grande importance historique... Leur antiquité est environ de seize siècles avant notre ère. M. Mariette est parti ce matin pour faire voir tout cela au vice-roi Saïd-pacha. »

Parmi les autres objets précieux que renferme encore le musée, il est un grand nombre de bijoux d'époques et de provenances diverses, dont plusieurs sont exécutés avec une finesse remarquable : anneaux, scarabées, pendants d'oreilles, etc.; mais tous ont pour motif principal l'un de ces symboles religieux qui se répètent indéfiniment sous la même forme dans toutes les branches de l'art égyptien : aussi, pour fermer cette série, nous ne parlerons plus que d'une collection, unique en son genre, de cinq belles patères d'argent qui faisaient partie du matériel sacré d'un temple antique de Thmuïs, dans la basse Égypte. Toutes ont la forme de la fleur symbolique du lotus épanoui, dont les pétales dessinent, à partir du fond central de la tasse, des rayons marqués par des côtes saillantes. « Les bas-reliefs et les inscriptions nous apprennent, dit le *Catalogue*, que les rois et même les particuliers tenaient à honneur d'enrichir de vases d'or et d'argent, de tables de bois précieux, d'ouvrages divers finement travaillés, les trésors des temples. » Malheureusement ces objets ont disparu les premiers, lors de l'abandon et de la destruction des temples égyptiens, et leur extrême rareté donne un intérêt et une valeur exceptionnels à ces vases sacrés du musée de Boulaq, qui appartiennent certainement à une époque où les dynasties nationales régnaient encore [1].

---

[1] Dans une stèle éthiopienne inédite dont M. Pierret vient de publier le texte et la traduction dans ses *Études égyptologiques* (Paris, Franck, 1873), le roi d'Éthiopie *Aspurta* présente sa femme au dieu Ammon pour être prêtresse de son temple,

Au sujet des métaux précieux, mentionnons une particularité intéressante : l'argent, à cause de sa rareté relative en Égypte, y était plus précieux que l'or ; on possède en effet très-peu d'objets antiques d'argent, tandis que ceux d'or sont communs. Le témoignage des inscriptions est là, du reste, pour montrer son abondance : l'or est littéralement prodigué pour les récompenses honorifiques, pour les statues des rois et des dieux et le matériel du culte [1].

Nous terminerons cette revue sommaire du beau musée de Boulaq, un peu longue peut-être pour un simple récit de voyage, en parlant de deux monuments dont l'intérêt historique est du premier ordre : l'un est la fameuse *stèle* ou inscription de *Gebel-Barkâl ;* l'autre est la statue de la reine *Améniritis*, dont la vie fut mêlée aux grands événements qui firent suite à ceux que mentionne ladite inscription.

A l'époque de la xxie dynastie (vers 1100 av. J. C.), l'Égypte entrait déjà dans une période de décadence, qui, bien que suspendue de temps à autre sous des règnes réparateurs, n'en continuait pas moins son œuvre de décomposition lente sur l'autonomie et la civilisation du pays. Son étoile pâlissait : tous ces vieux ennemis jadis refoulés au loin par les Touthmès, et surtout par les Ramsès ; puis celles mêmes des tribus voisines aux-

---

et l'on place un vase d'argent dans chaque main du dieu « afin de se concilier son cœur », dit le texte égyptien.

[1] « De tout temps, dit M. Chabas, les régions du haut Nil ont passé pour être riches en minerais d'or ; toutefois les recherches modernes n'ont pas répondu à l'opinion qu'on s'en était faite. L'or était probablement beaucoup plus abondant dans l'antiquité. » D'après les renseignements les plus sérieux et les évaluations les plus modérées fournis par les annales de Touthmès III, « on aurait, dit M. Chabas, 600 kilogrammes comme maximum de la récolte annuelle de l'or, sous la xviiie dynastie, dans les régions du haut Nil » (*Étude sur l'antiquité historique*). Il faut ajouter à cela les masses considérables de métaux précieux que les pharaons conquérants des xviiie et xixe dynasties faisaient entrer en Égypte, sous forme de butin et de tributs, et dont témoignent les inscriptions des temples et des palais de Thèbes. Ces inscriptions mentionnent toujours dans l'ordre suivant les matières précieuses conquises ou récoltées : argent, or, lapis-lazuli, mafek (bronze d'Asie), etc. On voit que l'argent y tient constamment la première place.

quelles les anciens pharaons ouvraient impunément leurs États, tous l'envahissaient maintenant en conquérants, par la Libye, par l'Éthiopie, par le nord-est, et lui imposaient des dynasties étrangères. « L'Égypte à ce moment, dit l'*Aperçu*, a perdu toute sa prépondérance en Asie. A certains symptômes, on commence à voir qu'au contraire l'influence de l'Asie grandit de plus en plus sur les bords du Nil. »

Sous la XXIIe dynastie (980 à 800), celle du fameux *Sésac* dont parle la Bible, qui prit Jérusalem et pilla le temple au temps de Roboam, les noms des rois sont même presque tous assyriens, *Nimrod*, *Tiglath*, *Sargon*, et leur garde militaire se recrute parmi les *Maschouasch*, ces Libyens que Ramsès III avait exterminés ou repoussés tant de fois.

Alors l'Égypte se divisa : au nord, de petits gouvernements de chefs libyens, vrais janissaires toujours en lutte les uns contre les autres et opprimant les populations; au midi, l'Éthiopie, province soumise à l'Égypte, se rend indépendante et la domine à son tour. « *La vile race de Kousch* », ainsi que l'appellent les inscriptions, règne maintenant en ces mêmes palais de Thèbes, dont les murs retracent ses anciennes et humiliantes défaites par les Égyptiens.

La stèle trouvée en 1863 au mont Barkâl, en Éthiopie[1], et sur le site de *Napata*, son ancienne capitale, vient jeter sur cette « très-obscure période de l'histoire égyptienne la clarté la plus inattendue[2] ».

Cette stèle, qui contient jusqu'à cent soixante-dix-huit lignes de texte officiel, enrichi de scènes représentatives, rapporte avec les plus grands détails, et en nous initiant à des traits de mœurs

---

[1] Le mont Barkâl, ou *montagne sainte*, est situé à environ 400 lieues au sud du Kaire et à 200 des frontières extrêmes de l'Égypte, en suivant les sinuosités du Nil; mais les difficultés extrêmes du voyage sont un obstacle fatal aux recherches de la science.

[2] Voy. Mariette-bey, *Lettre de M. de Rougé sur une stèle trouvée à Gebel-Barkâl* (*Revue archéologique*, 1863, 1er semestre, p. 413); et l'interprétation de ce texte par M. de Rougé : *Inscription historique du roi Piankhi Mériamoun* (*ibid.*, 2e semestre, p. 94).

fort curieux, comment le roi éthiopien *Piankhi* fit la conquête entière de l'Égypte, presque sans coup férir, tant ce pays était affaibli par ses discordes intestines. Le secret de ce facile et étonnant coup de main, sur le grand empire des Ramsès, par un peuple soumis à lui depuis mille ans, réside aussi dans les alliances de famille qui unissaient anciennement la race royale d'Éthiopie à celle des grands prêtres d'Ammon, autrefois souverains de Thèbes. C'était, comme le dit M. de Rougé, « la descendance d'un rameau thébain détaché du tronc à la suite de quelque révolution que nous ne pouvons pas encore préciser, et qui avait implanté au fond de la Nubie la langue, les mœurs et la religion de la mère patrie [1]. »

Chose fréquente en Orient et bien caractéristique pour ces temps malheureux, l'inscription nous apprend que l'expédition de Piankhi fut plutôt une *razzia* qu'une conquête définitive : elle l'enrichit des dépouilles et des tributs de la haute et de la basse Égypte, sans qu'il paraisse avoir songé à occuper leur territoire. Aussi voit-on l'Égypte s'insurger fort peu de temps après, avec *Bocchoris*, fils de l'un des chefs égyptiens vaincus dont parle l'inscription. Mais alors le successeur de Piankhi, *Shabaka* ou *Sabacon*, revient avec une armée plus nombreuse, s'empare une seconde fois, et avec la même facilité, de l'Égypte, qui reste désormais soumise pour un demi-siècle à cette xxve dynastie dite *éthiopienne*. Quant à la royauté nationale, ou du moins à celle qui la représentait, refoulée comme au temps des Hyksos, mais cette fois à *Saïs*, dans les marais du Delta, elle continua de végéter et de protester jusqu'au moment où, enfin délivrée, elle devait donner naissance à la xxvie dynastie, dite *saïtique* [2].

---

[1] *Étude sur quelques monuments du règne de Tahraka*, par M. E. de Rougé, dans les *Mélanges d'archéologie égyptienne et assyrienne*, novembre 1872 et suiv. Ce travail donne les dernières vues du maître sur cette époque difficile.

[2] Voyez l'*Essai sur la stèle du songe*, par M. G. Maspero (*Revue arch.*, 1868, 1er semestre, p. 329). Cette stèle, apportée aussi du mont Barkal en 1863, à M. Mariette, contient quarante-huit lignes de texte et relate tous les incidents de la dernière invasion éthiopienne. — Voyez aussi (année 1865, 2e semestre), *Quatre*

Cependant, à peine rétablis à Thèbes, les rois éthiopiens s'engagèrent dans des luttes sanglantes et continuelles en Syrie avec les Assyriens, et finirent par attirer sur l'Égypte entière le fléau de l'invasion étrangère et de la dévastation. Ainsi le roi *Tahraka*, le plus illustre de la dynastie éthiopienne, et en quelque sorte son Sésostris légendaire, remporte d'abord contre les Assyriens des succès éclatants et enrichit de leurs dépouilles les temples de Napata et de Thèbes; mais attaqué à son tour, la vingt-troisième année de son règne, il perd et reprend jusqu'à trois fois l'Égypte et l'Éthiopie, qui restent enfin aux mains des Assyriens. Le musée de Boulaq possède une statuette de Tahraka dont la base porte les noms des peuples vaincus par lui aux époques glorieuses de son règne, et qui témoigne de la puissance que le pays avait reprise sous le sceptre éthiopien : on y voit figurer les Arabes, les Syriens du nord, les Phéniciens, les peuples de la Mésopotamie, les Libyens, etc.

Ce fut après toutes ces époques confuses, pleines de trouble et de désolation, que dans la basse Égypte s'organisa enfin contre l'anarchie cette forte et pacifique dodécarchie qui subsista quinze ans, mais fut elle-même renversée par l'un de ses douze rois, le fameux *Psammitichus*, qui dut, comme on le sait, sa fortune aux oracles, fonda la XXVI⁰ dynastie (665 à 535), ouvrit le premier l'Égypte aux Grecs, qui l'avaient secondé, et par son génie et son activité évoqua en elle une troisième renaissance, connue sous le nom de *renaissance saïtique*, du nom de Saïs, sa capitale.

L'art reçut alors une nouvelle impulsion, et il entra dans une voie de rénovation qui lui donna une physionomie assez particu-

---

pages des archives officielles de l'Éthiopie, par M. Mariette. C'est la description et l'analyse des cinq stèles qui furent trouvées par lui à Gebel-Barkâl et portées au musée de Boulaq. On y trouve les détails les plus curieux sur les coutumes particulières de l'Éthiopie, sur l'élection des rois dans les temples et par les oracles, sur la puissance énorme de la caste sacerdotale, qui faisait et défaisait les rois, etc. Les deux premières sont les plus importantes au point de vue historique, les autres n'ayant trait qu'à des affaires intérieures de l'Éthiopie.

lière pour constituer dans la statuaire une quatrième et dernière période bien marquée.

La gravure des hiéroglyphes devient admirable de finesse. Les statues, taillées dans les matériaux les plus fins et les plus durs, prennent une élégance extrême, sans atteindre cependant la grandeur et la hardiesse d'autrefois : il semble qu'une influence du génie grec à l'état naissant s'y fasse sentir à son insu, par la vie, la grâce innée qui se répandent tout à coup dans ces membres toujours rigides. On pourrait croire que le jour tant promis de la résurrection des corps est arrivé ; qu'une chaleur intime les pénètre, soulève déjà leurs muscles momifiés et va les faire palpiter[1]. Mais la résurrection ne devait et ne pouvait pas se faire, et l'on doit plutôt se dire, en voyant cette infusion d'un art étranger : « *Ceci tuera cela.* » En effet, dès que l'art grec, désormais dans sa maturité, entrera de nouveau en maître avec les Ptolémées, le joli art saïte, qui a résisté aux invasions des Mèdes et des Perses, mourra en donnant naissance à un art hybride où l'union de qualités contraires ne pourra plus produire que des défauts : le modelé, dans la statuaire, aura acquis une souplesse molle et ronde avec laquelle la rigidité traditionnelle des membres n'aura plus aucune raison d'être. Si deux principes d'égale force et radicalement opposés sont ainsi jetés dans le même moule, leur énergie individuelle commence par se perdre, et l'œuvre qui en résulte demeure inerte, incertaine et nulle [2].

---

[1] Le musée égyptien du Louvre possède plusieurs morceaux remarquables de l'art saïte. Nous citerons, entre autres, une belle statue agenouillée d'un prêtre d'un ordre élevé, nommé *Nekht-hor-heb* (*salle du rez-de-chaussée*, n° A 94) ; une autre de basalte, d'un roi inconnu (A 28) ; une statuette de granit noir (A 86). Pour la beauté de la gravure et le fini des hiéroglyphes, on doit citer la stèle du Sérapéum, de l'an XXIII du roi Amasis (S 2259), et le sarcophage de basalte rapporté par Champollion (D 9).

[2] On peut facilement s'en rendre compte en feuilletant l'*Album du musée de Boulaq*, dont un exemplaire a été donné par M. Mariette à la bibliothèque de l'Institut. L'auteur a eu l'heureuse idée de faire photographier côte à côte, et dans la même planche, deux statues royales identiques par la pose, mais d'âges très-différents. L'une est le portrait de Touthmès III (XVIII° dynastie, XVII° siècle av. J. C.) ; l'autre, qui représente un Ptolémée, est d'une époque voisine de l'ère chrétienne.

Le même phénomène put s'observer alors dans les idées; le mouvement, le scepticisme, le doute, se glissèrent sous les formes millénaires de la religion officielle, et l'on vit s'accroître et dominer ce genre particulier de dévotion puérile, intolérante, superstitieuse et superficielle, qui apparaît toujours aux époques de transition, et semble oublier complétement les vérités pratiques et sublimes qui se trouvent au fond de toute religion.

Aux débuts de cette dynastie saïte, qui par la suite donna cent trente-huit années de paix à toute l'Égypte, régnait encore en Thébaïde le triste et faible héritier des rois éthiopiens, un simple parvenu qui avait pris le nom de Piankhi II, et, pour devenir roi légitime en l'absence des rejetons directs, avait épousé la princesse royale *Améniritis*, fille ou sœur des rois précédents. Psammitik détrôna et refoula en Éthiopie ces restes d'une dynastie si fatale à l'Égypte, bien qu'elle semble avoir été douée d'intelligence et de douceur; puis, pour consacrer à son tour sa royauté sur la haute Égypte, où restaient encore beaucoup d'Éthiopiens attachés à leurs rois, il prit pour femme la princesse *Schap-en-Ap*, fille et héritière de Piankhi II et d'Améniritis.

C'est de cette reine Améniritis, femme d'une intelligence supérieure, qui fut régente sous trois règnes et laissa de grands souvenirs dans la mémoire des peuples de la Thébaïde, que nous parlerons en finissant[1].

Autant le caractère du Touthmès est vigoureux, franc, bien assis, original et fin, autant celui du Ptolémée est mou, indécis, insupportable de nullité; qu'on nous le passe, mais c'est du style grec décomposé, abêti, désorienté. Le goût des pastiches égyptiens fut à la mode à Rome, surtout au temps d'Hadrien, et il s'en trouve au musée du Vatican qui ne font pas grand honneur à la finesse du goût romain. Il existe au Louvre (palier de l'escalier du sud) une statue qui peut en donner l'idée : c'est un *Ramsès II*, dont la partie supérieure est relativement moderne.

[1] « On sait que les Égyptiens et les Éthiopiens conservèrent toujours les plus grands égards pour les droits héréditaires des princesses du sang royal. Les rois éthiopiens se montrent ordinairement, sur les monuments les plus solennels, escortés de leurs mères et de leurs sœurs, qui sont souvent leurs épouses, et auxquelles ils attribuent les titres de régentes de l'Égypte et de l'Éthiopie. C'est ainsi que *Sabacon* lui-même semble partager les honneurs de la souveraineté avec sa sœur *Améniritis*. » (Vte de Rougé, *Quelques monuments du règne de Tahraka*.)

Le fantôme blanc de sa statue d'albâtre apparaît à la place

LA REINE AMÉNIRITIS.
(XXVᵉ dynastie).

d'honneur, tout au fond de la grande salle du musée. Elle fut trouvée à Karnak, la face contre terre, devant une des chapelles qui décorent l'enceinte du temple. C'est une figure de grandeur naturelle, svelte et gracieuse, malgré la roideur de pose dont elle est frappée, comme toute statue égyptienne. La tête porte la grande perruque des déesses, surmontée d'une couronne qui devait être ornée autrefois de deux longues plumes d'or. La main gauche tient le fouet symbolique d'Osiris [1].

Le corps est pris dans un pagne collant qui dessine ses formes élégantes et souples, sans pour ainsi dire les voiler ni cependant les exposer. C'est bien sous cette apparence qu'on aimerait à se figurer la reine d'un peuple jeune et primitif, une « *reine du matin* », un peu déesse et un peu fée. Mais Améniritis, alors régente de l'Égypte ou « *rectrice du Nord et du Sud* », comme dit l'inscription de sa statue, ne régnait déjà plus que sur une nation déchue, où elle n'était elle-même qu'une étrangère ; et à cette image qui devait la représenter, l'artiste d'alors pouvait

---

[1] Disons en passant que le fouet ⋀ étant l'un des deux insignes particuliers d'Osiris, le *dieu bon* qui ne punit jamais, il devenait dans la main des rois, toujours assimilés à Osiris, un emblème de gouvernement et de *protection*, et non de *punition*, comme on l'a cru. « Son nom égyptien est *nekhekh*, de *nekh*, protéger. » (P. Pierret, *Cat. salle historique*.)

Le second insigne d'Osiris est le sceptre en forme de crosse ⌐, qui porte le nom de *haq* ou *hyq*, et « désigne le gouvernement en général. Il est probablement emprunté à la vie pastorale » (de Rougé). — Ce signe, réuni à celui de l'éternité, se lit : *roi de l'éternité*, qui est un des titres d'Osiris.

Les autres sceptres divins sont le *djam* ou *uas* ⌐, emblème spécial du *nome* ou province de Thèbes. « C'est lui qu'a entendu indiquer *Horapollon* par le *koukouphat* qu'il attribue aux sceptres divins. » (*Grammaire hiéroglyphique* de M. de Rougé). D'après l'opinion émise par ce savant à l'une de ses leçons du Collège de France, la tête de quadrupède qui termine ce sceptre serait celle du lévrier, dont les oreilles couchées symboliseraient la *quiétude éternelle*.

Le sceptre des déesses est la colonnette | ou *uez* (prononcez *ouedj*), nom qui « s'emploie pour la couleur verte, pour un feldspath vert de mer dans lequel on taillait l'amulette sacré », qui « figure tout à la fois et une tige de lotus, et une colonne qui en copie la forme ». « C'était un symbole de largesse et de vie heureuse », ajoute M. de Rougé. D'après M. Pierret, c'était aussi un symbole de *reverdissement*, de *rajeunissement*, d'où la colonnette de feldspath vert suspendue au cou des momies (voyez page 110).

encore donner l'élégance, mais il n'aurait plus désormais su y déployer cette science réaliste si étonnante des plus anciennes époques, ou cette grandeur à la fois nerveuse et idéale des œuvres des xii°, xviii° et xix° dynasties.

« Merveilleusement douée pour la durée et l'immobilité, dit M. Mariette, l'Égypte ne pouvait que perdre au contact direct de cette civilisation qu'on appelle le progrès. Les Grecs avaient à peine un pied en Égypte, que déjà on devait prévoir qu'ils n'en sortiraient plus, et qu'une fois les deux principes en présence, l'un finirait tôt ou tard par effacer et absorber l'autre. » Mais alors l'Égypte avait accompli sa mission, elle avait trouvé les premiers éléments de la civilisation, et, pendant que les ténèbres de la barbarie couvraient le reste du globe, elle avait conservé le feu sacré.

Désormais le génie d'Israël avait recueilli d'elle, pour le monde à venir, l'héritage de l'idée religieuse et nationale, simplifiée, dégagée de la mythologie qui vieillit.

Le génie grec était né et grandissait pour le bonheur des hommes, qu'il allait éclairer d'une philosophie féconde, d'un goût exquis et puissant, affranchis enfin d'entraves et d'infirmités.

Mais ni l'un ni l'autre, malgré l'originalité, la précision et la clarté de leurs idées, ne méprisèrent ces vieilles images naturalistes et mystiques de l'Égypte, formes nécessaires de la pensée qui s'éveille et cherche à se fixer dans des symboles. La Judée sans doute y trouva les premiers éléments de cette loi morale si juste et si pure qui fit sa gloire dans le monde, et l'idée première de ce culte qui devint comme le ressort de la vivace et puissante nationalité d'où devait sortir un jour l'élément nouveau destiné à remuer le monde.

« L'Égypte, selon la belle expression de M. Ernest Renan [1], sera bientôt comme un phare au milieu de la nuit profonde de la très-

---

[1] *Rapport sur les travaux du conseil de la Société asiatique pendant l'année* 1872-1873 (*Journal Asiatique*, juillet 1873).

haute antiquité. » Qui nous dit, en effet, que ce monde égyptien dont les racines plongent dans les âges antéhistoriques, ne contient pas en lui, conservé sous ses symboles immuables, quelque chose des idées et des croyances de ces époques primitives de l'humanité, dont la science recherche aujourd'hui les moindres traces avec ardeur ?

S'il est une chose certaine, c'est que plus la civilisation est intelligente et complète, plus l'homme éprouve le besoin de sonder tout ce qui tient à sa nature, à son histoire et à ses origines, plus il aime à conserver aussi les objets qui les lui indiquent et les lui rappellent. Le mépris systématique et la destruction radicale de tout souvenir, de toute tradition, constituent un acte d'ignorance comparable à celui d'un homme qui jetterait au feu ses archives de famille; c'est trancher les racines de la vie, c'est se condamner à des labeurs inutiles et à de nouvelles incertitudes qui, pour une nation, peuvent entraîner l'infériorité : car tout est solidaire dans la vie d'un peuple, et quand le progrès moral et intellectuel y fait défaut, on peut prévoir que le progrès matériel n'aura ni solidité ni avenir.

Ce sera donc certainement une des gloires de notre siècle que d'avoir éclairé tant de points obscurs de l'histoire du passé ; et si les peuples les plus voués à l'activité matérielle, si l'Amérique entre autres, regrettant de n'avoir pas d'histoire, fait des sacrifices considérables pour fonder des collections, des bibliothèques et des musées, l'Égypte, qui est le berceau de la civilisation et de l'histoire, fera-t-elle moins qu'une autre nation, quand tout lui est si facile? Refusera-t-elle jamais de consacrer une minime parcelle de ses immenses ressources à la recherche et à la conservation des restes de cette antiquité merveilleuse sur laquelle le monde civilisé a de plus en plus les yeux fixés?

La dynastie de Méhémet-Ali, nous le croyons tous, est trop avancée dans les voies modernes, par l'initiative et l'intelligence, pour cesser d'y veiller, et « l'Égypte, s'écrie Mariette-bey avec espoir, est trop en progrès pour qu'elle continue à prendre ses ruines comme des carrières ! »

LES DERVICHES TOURNEURS

> « Anéantis-toi, telle est la perfection, et voilà tout. Renonce à toi-même, c'est le gage de ton union avec Dieu, et voilà tout. Perds-toi en lui pour pénétrer ce mystère ; toute autre chose est superflue... »
>
> (*Doctrine fondamentale des derviches*, dans le poëme mystique du *Mantic uttaïr*, par le derviche ou soufi FARID-EDDIN-ATTAR. — 1119 de J. C.)

30 décembre.

Comment ne pas être dominé par le souvenir de Beethoven et de l'ouverture des *Ruines d'Athènes*, en allant au couvent des derviches tourneurs! En quelques traits de flamme, l'immortel artiste a su peindre et idéaliser, dans le célèbre *chœur des derviches*, cet âpre fanatisme du sectaire musulman qui tourne comme un vent brûlant dans un cercle étroit, et tend, avec une effrayante fixité, vers son Dieu abstrait, immuable, éternellement caché dans les profondeurs d'un ciel dévorant qui toujours pèse sur une terre toujours altérée. Mais devant les vrais derviches on éprouve d'abord une déception, car on ne trouve en eux rien du caractère grandiose et sauvage auquel on rêvait : ce qu'on a sous les yeux n'est qu'une scène de mysticisme doux et concentré, une ronde de sylphes toujours prêts à se fondre dans un clair de lune, comme les génies d'Oberon; et l'impression qu'ils vous laissent s'évanouirait peut-être avec leurs derniers pas, si l'on ne pénétrait le sens intime, si l'on ne saisissait le côté poétique et profond de ces rites singuliers.

L'extase religieuse, le *ravissement* en esprit, sont le but désiré et cherché par les adeptes; les rondes de derviches sont une des mille formes de la contemplation : c'est un des actes par lesquels, dans tous les temps et à travers toutes les religions, l'homme a tenté d'échapper momentanément aux obscurités de l'existence terrestre pour se perdre dans l'ivresse et l'éblouissement d'un infini qui l'attire.

Ce que tous les mystiques et les contemplatifs du monde, bouddhistes, cénobites de la Thébaïde, gnostiques, ascètes de l'*Imitation*, quiétistes, etc., ont défini par *s'absorber*, *s'anéantir* dans la Divinité, *mourir en Dieu*, forme aussi le fond des doctrines et le but des pratiques des *soufis* ou derviches. Cet état d'extase, d'illuminisme que les plus élevés dans l'ordre du mysticisme obtiennent à l'aide des macérations, des veilles, de l'abstinence, des exaltations spirituelles, — les derviches et les simples dévots de l'Orient l'atteignent, à des degrés différents, par les *zikr*, exercices corporels assez violents, auxquels se joignent l'idée fixe d'*Allah* et l'invocation incessante de son nom.

Les *zikr*, les rondes de derviches, sont donc de véritables scènes de *hachich*, dans lesquelles l'adepte, ou *mewlewi*, croit, en tournant selon le mode déterminé par le fondateur, être attiré par degrés vers la Divinité et entrer en communication directe avec l'esprit du Créateur, dans lequel il cherche à s'absorber, à s'anéantir complétement. Ce but est donc pour lui le dernier terme de l'épuration de l'âme et de la perfection, en même temps qu'un avant-goût de la félicité éternelle dont il se croit assuré.

Au milieu d'une salle immense, délabrée, poussiéreuse, où des rayons de jour tombant du haut de fenêtres perdues dans les combles, viennent ramper çà et là sur des murs lézardés aux couleurs indécises, on trouve une enceinte de forme arrondie dont le sol est revêtu d'un parquet. Cette aire est délimitée par une balustrade de bois d'où s'élève un cercle de piliers qui vont s'épanouir en arceaux découpés, pour porter un cordon de galeries aériennes. Dans la partie centrale, s'accomplissent les rites sacrés; en dehors de la balustrade, dans les ténèbres extérieures du couloir, se tient la foule des croyants et des *jâhils*, les *gentils* ou ignorants comme nous, auxquels ce spectacle pieux fut offert de tout temps comme excitation à la foi ou conversion à la doctrine panthéiste des *soufis*.

Le *scheikh* ou *murschid*, chef ou guide spirituel des derviches, paraît le premier, suivi d'un seul acolyte; et dans sa démarche lente et grave il semble porter tout le poids du mystère qui va s'accomplir, et auquel son influence supérieure ou magnétique sur l'état passif des adeptes semble concourir avec tant de force. Lorsqu'il a pris place sur un tapis, au bord de l'enceinte et en face de la porte d'entrée, les plus vieux derviches, puis les jeunes, les novices, dont les moindres n'ont peut-être pas quinze ans, arrivent successivement au nombre de dix-huit, baisent le bord de la robe du scheikh et s'accroupissent autour de sa personne. Ils portent tous de hauts bonnets de feutre jaunâtre, cylindriques et bombés au sommet; sur leurs épaules flottent de grands manteaux noirs : ils ont de la majesté.

Bientôt les sons d'une musique étrange descendent du haut des galeries supérieures : on y distingue une note invariable, tenue par un instrument à cordes; sur cette basse, une flûte et une voix s'amusent à lancer des broderies folles, insaisissables, prodigieusement vagues, et qui, procédant par tiers de tons, présentent à l'esprit l'image d'une fumée s'élevant en tourbillons légers et revenant toujours en spirales sur elle-même; le tambourin, qui bat comme les pulsations de la fièvre, en accélère ou en ralentit le rhythme.

Les derviches se lèvent, et, sous la conduite du chef, font en procession trois tours de la salle; toutes les fois qu'ils passent devant la place vide de leur supérieur, ils la saluent profondément, et lui-même la salue pour symboliser le respect dû au principe d'autorité. Puis ils se rasseyent, psalmodient longuement, dépouillent insensiblement leurs manteaux, se relèvent, et alternativement saluent leur scheikh. Ils ne sont plus vêtus alors que d'une veste courte et d'une jupe très-ample et très-souple, leur tenue de sacrifice. On s'aperçoit bientôt qu'ils entrent en un mou-

LA HALTE DES DERVICHES TOURNEURS.
(Dessin de M. Ch. Goutzwiller, d'après une photographie instantanée.)

vement gyratoire, imperceptiblement, irrésistiblement, comme des corps légers qu'entraîne un faible tourbillon. Ce sont des ombres qu'un souffle fait pivoter sans bruit, sans secousses et sans efforts sur elles-mêmes. Ils tournent doucement, les deux bras étendus, la paume d'une main dirigée vers le ciel, l'autre vers la terre ; les yeux sont fermés, la tête penchée en avant ou couchée sur une épaule comme sur un oreiller de nuage. Ils s'abîment en eux-mêmes, voguant sur un océan d'extase dont le tournoiement dans l'obscurité leur donne graduellement la sensation. Ils s'y enfoncent de plus en plus et arrivent à des distances incommensurables du monde terrestre, par le moyen de ce mouvement corporel qui les pousse et les maintient sans les absorber, puis de cette musique de plus en plus pressante, qui paraît n'avoir été créée que pour charmer des serpents, faire danser des femmes ou tourner des extatiques. Toute la salle est remplie de ces grandes auréoles de jupes ondoyantes qui jamais ne se touchent ; pas d'autres bruits que leur frôlement, qui semble peut-être aux tourneurs le vent du tourbillon qui les enlève. Leurs physionomies sans regards annoncent une ineffable et transcendante extase, et en voyant tout cela, on songe aux chants fugués de la chapelle Sixtine, dont les parties, montant toujours les unes au-dessus des autres, finissent par vous enlever dans un océan d'éther sans fond, comme les ciels de Raphaël. Ici tout n'est donc pas superstition : il y a quelque chose de cette poursuite de l'infini, de l'idéal religieux ou surhumain, qui seul peut donner un caractère profond, puissant, éternel, aux œuvres les plus élevées du génie comme aux manifestations de la croyance populaire la plus humble et la plus naïve.

A un signal donné, tous les derviches s'arrêtent brusquement avec un merveilleux ensemble, les mains croisées sur la poitrine, le corps affaissé au-dessous de leur âme, qui seule continue à voler ; les longues jupes tournent encore, s'enroulent autour des corps immobiles, puis se détendent et retombent comme à regret ; leur murmure s'éteint comme une brise qui s'assoupit, et les tourneurs, redescendus sur terre, reprennent avec chagrin sans doute les psalmodies monotones et les interminables processions. Ainsi est la vie !

Du reste, dans toutes les parties de la cérémonie qui précèdent et suivent le rite du tournoiement, on croit sentir une décadence avancée, irrémédiable : « *Les dieux s'en vont.* » Ces chants, ces litanies, qui, par leur âpre et poignante activité, devaient préparer à l'extase de la valse mystique, tout cela se traîne, languit et paraît vide de sens aujourd'hui pour les adeptes, que ranime seule l'irrésistible impulsion du mouvement gyratoire. Par trois fois il reprend, et le mystère se répète, toujours muet, profond, concentré. Seul, le scheikh veille : il passe et repasse entre toutes ces ombres qui ne le voient pas et fuient comme les astres emportés dans leurs orbites éternelles. Mais, à son approche, on les croirait illuminés par le soleil et pénétrés de sa chaleur : une nouvelle impulsion magnétique leur est communiquée, et c'est alors sans doute que, franchissant les derniers espaces qui les séparent de la béatitude, ils entrent dans le *Nirwana*, dans « *l'état du suprême bonheur* ».

Cet effet, du reste, ne laisse pas que d'être parfaitement en rapport avec l'ascendant et le prestige que les personnages les plus avancés dans la perfection mystique ont toujours exercé sur les adeptes et les fidèles. Ainsi, comme au temps des prophètes bibliques, d'Élie et d'Élisée, les plus vénérés des *soufis* et des docteurs continuent à léguer leurs manteaux à leurs disciples favoris, qui se les transmettent pieusement, croyant ainsi se revêtir de *l'esprit* et de la sainteté du maître.

De toutes les pratiques matérielles mises en œuvre pour amener à l'ivresse de l'extase, les plus gracieuses, les plus pures sont certainement celles de nos derviches tourneurs ou *mewlewis*, qui, en valsant, doivent lancer continuellement l'oraison jaculatoire de : « *Hou!... Hou!...* » c'est-à-dire, « *Lui!... Lui!...* » (Allah) ; mais ils le font si doucement ou tellement en eux-mêmes, qu'on peut fort bien ne pas s'en apercevoir. Les plus effrayants, les plus féroces de ces *zikr* (littéralement *mentions pieuses*) sont ceux des *derviches hurleurs*, qui, avec des contorsions affreuses exécutées en cadence, hurlent le nom d'Allah pendant des heures, et arrivent à un tel paroxysme d'exaltation, qu'ils finissent quelquefois par s'enfoncer des pointes de fer dans les chairs, ou par tomber en catalepsie[1].

Les derviches ont tous des professions dont ils vivent, dit-on, honnêtement, et ils ne sont condamnés à aucun des trois grands vœux monastiques d'usage. Ce beau *prince* à cheval que nous rencontrâmes le premier jour, dans le bazar de Mousky, est le fils du chef des derviches d'Égypte, dignitaire qui passe pour avoir été fort enrichi par les *bakhchich* des visiteurs et des fidèles, puis par des spéculations heureuses; les simples membres de la confrérie sont pauvres, il est vrai, mais en revanche ce sont eux qui conservent le mieux cet antique fonds de fanatisme encore capable de tout.

En revenant, nous rencontrons un vieux derviche connu pour son exaltation : il marche comme un possédé, avec une longue barbe hérissée, un bonnet de feutre pointé en avant, des yeux roulants qui brillent comme des charbons et une bouche toujours entr'ouverte par ce rictus sauvage d'où semble près de s'échapper sans cesse l'effrayant cri de : « *Allah!... Allah!... Yâ Allah!...* » (O Dieu !) Celui-là enfin est le vrai derviche du chœur des *Ruines d'Athènes !*

Les différents ordres monastiques de derviches ou de *soufis*[2]

---

[1] Les derviches hurleurs de *Scutari*, sur la rive d'Asie faisant face à Constantinople, sont les plus célèbres. Nous vîmes là, à notre retour d'Orient, un *zikr* qui effaçait en excentricité, en horreur et en longueur tous ceux de l'Égypte. Des enfants de huit à dix ans en suivaient tous les exercices avec plus de frénésie peut-être que les adultes. Aux murs blanchis de la salle étaient appendus différents instruments de supplice à l'usage des plus enflammés: sous chacune de leurs pointes de fer se dessinait sur la muraille un long ruisseau de sang desséché.

[2] L'opinion la mieux fondée, est que le nom de *soufis* vient de *souf*, laine; c'est-à-dire *hommes vêtus de laine*, l'habit de laine ou de la pauvreté étant la marque distinctive des derviches. — L'ordre des *mewlewi* fut fondé au xiiie siècle par *molla* ou maître *Djelal-eddin-Roumi*, né à *Balkh* en Perse, l'an 604 de l'hégire. Dès l'enfance, sa vie fut entourée de prodiges que l'on croirait tirés de la *Vie des saints*; il est l'auteur du *Mesnévi*, recueil célèbre de poésies mystiques persanes. Le nom de *mewlewi*, qui désigne les derviches tourneurs, n'est qu'un dérivé du mot *molla*, maître ou docteur, titre donné au fondateur : c'est à peu près comme si l'on disait les *mollavistes*.

sont très-nombreux en Orient. Les plus anciens naquirent et se développèrent rapidement au sein de l'islamisme dès le second siècle de l'hégire, malgré l'anathème fulminé, dit-on, par Mahomet contre les moines et conservé dans les *hadits*, ou paroles de *tradition* : « Point de vie monacale dans l'Islam ! » aurait dit le Prophète [1]. Aussi les sectes que forma ce panthéisme abstrait des *soufis*, qui a pour base la doctrine de l'*identification de l'homme avec Dieu*, furent-elles d'abord détestées des vrais musulmans, qui les trouvaient contraires à l'esprit de l'islamisme dirigé plutôt vers l'*anthropomorphisme*, c'est-à-dire le système où domine l'idée des choses matérielles et sensibles [2]. D'ailleurs l'abus des pratiques de l'*anéantissement en Dieu* amenait chez les derviches une indifférence pour toute religion positive, pour tout

---

[1] C'est l'aphorisme si souvent répété par les Musulmans : « *La rohbaniyyeta fil-islami.* » Il suffit de lire les passages IX, 31 et 34, et LVII, 27, du Koran, pour voir que Mahomet n'aime pas les moines et les prêtres, trouvant qu'ils se substituent à la Divinité et qu'ils « *consument les biens des autres* » en vendant des dispenses et des indulgences. (Voyez la traduction du Koran par M. Kasimirski.)

[2] Le Koran abonde en images charmantes et en paraboles prises dans le domaine des choses de la nature. « Dieu ne rougit pas, dit ce livre, d'offrir en paraboles, soit un moucheron, soit quelque autre objet plus relevé. » (II, 24.) Comme exemple de ce besoin pour l'islamisme des images matérielles et sensibles, il suffit de rappeler quelques-uns des nombreux versets qui décrivent le paradis (*Firdous*) promis aux justes ; on jugera mieux de la distance qu'il y a entre les promesses de Mahomet et l'idéal abstrait des *soufis*.

« Ceux qui croiront et feront le bien, dit le Koran, seront introduits dans des jardins arrosés de courants d'eau ; ils y demeureront éternellement ; ils y trouveront des femmes exemptes de toute souillure, et des ombrages délicieux. » (IV, 60.) — « Ils y entreront et s'y pareront de bracelets d'or et de perles ; leurs vêtements y seront de soie. » (XXXV, 30.) — « Ils y auront des fruits, ils y auront tout ce qu'ils demanderont. » (XXXVI, 57.) — « On fera circuler à la ronde la coupe remplie d'une eau limpide, vraies délices pour ceux qui la boiront ; elle n'offusquera point leur raison et ne les enivrera pas. » (XXXVII, 44.) — « On leur présentera à la ronde des écuelles d'or et des gobelets remplis de choses que les sens désirent tant, et qui font les délices des yeux. » (XLIV, 71.) — « Ils seront servis à la ronde par des enfants d'une éternelle jeunesse ; en les voyant, tu les prendrais pour des perles défilées. » (LXXVII, 19.)

S'adressant à des peuples à demi sauvages et de nature sceptique, Mahomet plaça des images sensuelles dans ses promesses, afin de se les attacher. On conçoit que plus tard les esprits doués d'un idéalisme élevé n'aient pas pu s'en contenter, et qu'ils se soient alors jetés dans la réaction du *soufisme*.

devoir social ou privé, qui les fit souvent traiter d'impies, d'apostats, de jongleurs affiliés au démon ; leur quiétisme et leur panthéisme passaient pour un voile à couvrir la corruption. Il est certain qu'au temps du voyageur Chardin, à la fin du XVIIe siècle, il y avait encore en Perse vingt mille *faquirs*, ou derviches d'un ordre inférieur, ayant fait vœu d'anéantissement complet et de renoncement à tout, et que les *mécréants* n'y voyaient que vingt mille fainéants, mendiants et bandits, se vengeant du mépris général par la rapine.

Toutefois il s'éleva, dans les rangs des soufis, des hommes éminents par leurs vertus et leurs talents ; plusieurs d'entre eux furent de grands poëtes dont les ouvrages sont restés comme des codes de morale remplis des vérités les plus saines et les plus élevées. Aux musulmans ennemis de leurs doctrines, les soufis opposaient ce mot d'ardente extase attribué à Mahomet et transmis de génération en génération dans les *hadits* : « J'ai des moments, aurait dit le Prophète, où il n'est ni chérubin ni prophète qui puisse m'atteindre. » Parole peu authentique, il est vrai, mais qui paraît assez vraisemblable, si l'on songe combien ce besoin d'illuminisme, ce penchant vers l'extase, furent toujours impérieux, irrésistibles pour les Orientaux : tout chez eux ne respire-t-il pas le rêve, la féerie et l'ivresse ? Et d'abord leur *kief*, ce demi-sommeil extatique qui suit le bain et revient sans cesse[1] ; puis leur musique, leur poésie, dont le rhythme et l'harmonie cadencés, faits pour bercer, dominent souvent la force et l'étendue des idées ; enfin, ces édifices à l'aspect toujours féerique, dont les voûtes et les arceaux s'épanouissent dans les airs tels que des gerbes de pierres précieuses et retombent en stalactites d'or aux mille facettes, où le regard enivré monte comme entraîné sur des escaliers enchantés, dont les ombres recèlent tout le petit peuple chuchotant des génies familiers et des fées bienfaisantes.

[1] C'est cet état qui tient le milieu entre la veille et le sommeil, et qui leur paraît si délicieux et si nécessaire, qu'en s'abordant, ils se saluent par ces mots : « Comment va votre *kief* ? » Ce qui peut se traduire par : « Comment allez-vous ? — Êtes-vous heureux ? »

Sous ces profondeurs bleues du ciel d'Orient que jamais nuage ne cache, où la vie est si douce et le temps si peu compté, il n'est pas étonnant que le regard de l'homme s'élève, cherche et se perde; plus son âme s'enivre, plus elle demande de merveilles. Parvenir directement et sans recherches à l'infini dont l'image la saisit, en posséder le secret, et, ne pouvant l'absorber en elle, s'y noyer tout entière, deviennent alors sa pente, son vertige, sa folie : « Dieu, dit le soufi, est le seul être réel, l'océan où les gouttes de l'existence vont se perdre. » Elle s'y perd en effet, se consume dans cette contemplation passionnée que les mystiques définissent par : « L'anéantissement de notre propre existence dans l'existence de Dieu, comme la neige se fond dans la mer, comme l'atome se perd dans la lumière du soleil. » L'homme alors croit marcher vivant dans l'infini, que déjà la destruction et le néant s'emparent de lui, que le besoin même de la mort devient son tourment : « Pour celui qui est mort en Dieu, dit un poëte musulman de l'Inde, le nom même de l'existence devient un déshonneur. » — « C'est un crime, dit le livre du *Pend-Namèh*, d'attacher son cœur aux biens de ce monde abject. Si tu t'éloignes de lui, tu agis avec sagesse. » De l'excès d'un spiritualisme qui, dans de justes limites, doit élever l'esprit de l'homme en le ramenant au principe le plus noble de son être, sont nées les doctrines les plus fausses, les sentiments les plus funestes. Le spiritualisme des soufis, peut-être le plus exagéré qu'on ait vu jamais, les conduisit souvent à l'indifférence, à l'égoïsme, à un état d'apathie et d'insensibilité voisin de l'imbécillité, enfin au *quiétisme*, qui amène à nier la réalité de toute existence, de tout principe, de toute responsabilité : « *Il n'existe réellement pas de différence entre le bien et le mal*, arrivent à dire les soufis, — puisque tout se réduit à l'unité, et qu'ainsi Dieu est en réalité l'auteur des actions de l'homme. »

C'est précisément là qu'en arrive aussi l'école matérialiste la plus avancée. Tout n'est que force et matière, dit-elle; nos pensées, nos actions, quelles qu'elles soient, ne sont que les effets mécaniques d'organes diversement équilibrés, et le principe de conservation ou d'intérêt personnel en est l'unique ressort; il n'y a donc ni bien ni mal.

Singulière rencontre de deux écoles absolument opposées, dont chacune s'est proclamée la seule vraie, la seule salutaire, et qui, en poussant leurs principes à l'extrême, en viennent à se confondre dans une sorte de fatalisme et à se manifester par des effets également destructifs !

Sur ces curieuses doctrines des soufis, qui se rattachent au mysticisme et au panthéisme de tous les temps, sur la nature de leurs extases et les procédés qu'ils emploient pour y arriver, il faut consulter l'ouvrage de Tholuck, de Berlin : *Sufismus, sive Theosophia Persarum pantheistica*, et l'excellent extrait qu'en a donné Silv. de Sacy dans le *Journal des savants*, 1821 et 1822. — Du même, dans les *Notices et extraits des manuscrits*, t. XII, 1831 : *Les haleines de la familiarité*, par *Abder-Rahman-Djami*, ou Recueil des paroles remarquables attribuées aux plus vénérés des mystiques musulmans. — John Brown, *The Dervishes, or oriental Spiritualism*. London, Trübner, 1868. — Garcin de Tassy, *La poésie philosophique et religieuse chez les Persans*, d'après le *Mantic uttaïr*, ou le *Langage des oiseaux*, poëme mystique de *Farid-Eddin-Attar*. Paris, B. Duprat, 1860, br. in-8°. — L'un des plus beaux livres de l'Orient est le *Pend-Namèh*, ou le *Livre des conseils*, du même soufi, traduit et annoté par S. de Sacy (Paris, 1819, in-8°). C'est un livre évangélique qui rappelle l'*Imitation* par son esprit d'ascétisme, en même temps que par sa pureté, son élévation et sa connaissance profonde du cœur humain, qu'il aime et cherche à faire aimer. — (Note de M. E. FAGNAN, attaché au département des manuscrits orientaux de la Bibliothèque nationale, auquel nous devons la plupart des éclaircissements qui précèdent.)

COURSE AUX BAZARS

ET AU HASARD

« A la disposicion de usted.... »

31 décembre 1864.

Revenons à la vie, courons aux bazars, ces lieux de délices où l'on finit toujours par se rendre et souvent à ses dépens !

Aujourd'hui, du moins, nous sommes sous bonne garde : M. H. C***, Européen fixé depuis longtemps au Kaire, veut bien nous accompagner et opposer généreusement sa vieille expérience aux ruses des marchands, toujours habiles à égarer l'engouement des novices. Chemin faisant, il nous conte mille choses bonnes à retenir, auxquelles, si vous le voulez bien, nous joindrons le peu que nous avons déjà glané auprès des gens bien informés qui nous entourent. On ne laisse pas échapper une aussi belle occasion de faire des digressions et de toucher à tout !

Les grands bazars du Kaire ne sont composés que de petits bazars, tout comme la ville, qui, peuplée de 400 000 habitants, n'est qu'une réunion de petits quartiers de trois ou quatre rues fermées par des portes : ce sont ces jolies arcades à découpures de pierre fleuronnées, qui font un tableau de chaque entrée de ruelle, et que les malheureux chiens errants n'osent pas franchir, dit-on, sous peine d'être dévorés par leurs concitoyens du quartier voisin.

Pour en revenir aux bazars, il y en a autant que de natures d'objets. Sur les côtés du passage principal, s'ouvrent des cours grandes et petites entourées de boutiques ; il y a de ces marchés spéciaux pour les tapis, les bijoux, les babouches, les cuivres, les vêtements, et pour toutes choses ainsi. Il en est de même en dehors des bazars : certaines rues ou *souk* sont affectées en entier ou en partie à telle branche de commerce ou d'industrie, ce qui donne aux différents quartiers cette physionomie variée que nos villes d'Europe avaient autrefois au moyen âge. Le travail y est très-divisé : ainsi, celui qui vend le tarbouch ne vend pas le gland, vérité incontestable, qu'en se retournant, le drogman Hassan nous énonce gravement comme une sentence orientale, l'index levé vers le ciel...

Toutes les boutiques, ne manquons pas de le répéter, se louent à l'année; et dans les périodes d'abondance et de cherté, comme celles qu'ont amenées les énormes profits réalisés, pendant la guerre civile d'Amérique, sur la culture du coton égyptien, les loyers ont augmenté parfois dans la proportion effrayante de 700 à 5000 francs. D'après cela, que l'on juge du reste! Cette production abondante du coton d'Égypte, appelé à remplacer momentanément celui d'Amérique, a attiré beaucoup d'argent dans le pays; mais l'affluence du numéraire est néanmoins restée au-dessous de l'accroissement des prix.

« M'adressant un jour, au Kaire, à un gamin, loueur d'ânes, nous disait M. C. E***, je lui demande le prix d'une course d'une demi-heure.

» — Un *talari* (5 francs), me répond-il.

» — Un talari? Comment! jadis je payais semblable course dix sous, et j'étais considéré comme un grand seigneur!

» — Ah! fit le petit fellah, c'est que depuis l'ancien temps tout est devenu cher en Égypte, excepté l'argent!

» C'était la situation économique dessinée d'un trait par un loueur de baudets. »

Les marchands nous attirent et nous tentent; mais, malgré l'expérience de M. C***, nous essuyons plus d'un échec, rebutés par leurs demandes exorbitantes, et notamment pour ces beaux cuivres fascinateurs dont regorgent certaines boutiques. Les ferait-on venir de Paris? La vérité est qu'il en est ici de la valeur des objets comme de l'opinion : l'une et l'autre sont essentiellement variables, et ne tiennent qu'à l'intérêt du moment, comme aux ressources qu'on suppose à l'acquéreur. L'étranger novice, ou ne peut rien acheter, ou ne peut rien garder de son argent. Désigne-t-il une marchandise qui lui plaise : « *Prenez-la comme présent* », lui dira le marchand avec une expression de générosité captivante. « Mais, combien? » Alors gronde à ses oreilles un prix formidable; si l'acheteur ne cède pas, il se met en colère, dispute et se perd. Le marchand qui a déballé tout ce qu'il a, reste impassible, vous regarde avec un hochement de tête plein de commisération, lève un doigt, ouvre des yeux démesurés, fait claquer sa langue en proférant un « *Lah!... lah!...* » si doux, si doux, qu'il semble dire : « N'insistez pas, cela me perce le cœur de ne pouvoir vous être agréable; ne me faites pas souffrir, soyez humain. D'ailleurs ce que vous demandez *non è digno d'un cavaliere tanto gentile, tanto galante* », comme disent les *facchini* de Naples. Et l'on s'en va consterné d'avoir osé marchander une chose si rare, si exceptionnelle, par-devant un homme si supérieur à soi en tact et en dignité!

Le vrai moyen, dit-on, pour obtenir des objets de quelque importance (objets que le marchand cache avec idolâtrie), est de commencer par apprendre l'arabe. Cela fait, on engage une conversation générale avec le marchand, on monte sur son estrade ou *mastabah*, on fume son chibouk, on accepte son café. On revient un peu chaque jour; s'il fait sa prière sur le *mastabah*, on attend qu'il ait fini pour y monter, car les prosternements et les *proscinèmes* musulmanes ou *soudjoud* demandent beaucoup de place. On s'intéresse à ses petites affaires de famille, et un jour... dans un moment d'expansion mutuelle, on touche un mot de l'affaire; on y touche de plus en plus souvent, on rompt parfois la piste, et le marchand lui-même se dérobe fréquemment. D'expansion en expansion, de feinte en feinte, et de jour en jour, les parties arrivent à s'entendre à demi mot : le marchand a rabattu moitié de ses prétentions, l'acquéreur de ses défenses, et il se hâte de faire emporter, séance tenante, l'objet si longtemps convoité.

Les véritables et belles étoffes d'Orient se font à la main; l'or y entre souvent mélangé à la soie, ce qui leur donne une consistance superbe et des reflets chatoyants. De ce mode de fabrication il résulte que toutes les pièces d'étoffes sont dissemblables, et qu'il est impossible d'en assortir deux ensemble : les dessins peuvent être faits dans le même goût, dans la même ordonnance, mais, en y regardant de près, on aperçoit de grandes différences dans l'espacement des lignes, des palmes et autres ornements courants. Ces irrégularités, dues au travail de la main, font que les étoffes riches n'ont pas cet aspect sec, monotone de nos plus beaux dessins faits à la mécanique, à l'instar de nos papiers-tentures, dont on ne peut regarder longtemps les fleurettes, toutes scrupuleusement identiques, sans tomber dans le *spleen* ou l'irritation de nerfs.

Les Orientaux nous sont surtout très-supérieurs pour la mise en harmonie des couleurs : dans leurs tapis et leurs tissus, les nuances sont si fondues, qu'on y voit les tons réputés les plus ennemis produire des effets aussi charmants que ceux des fleurs naturelles, dont pas une ne nuit à l'autre lorsqu'on les assemble en bouquets. Ce sont de véritables improvisations, toujours heureuses et toujours diverses, même dans la composition d'une même pièce. Nos étoffes, nos tapis, semblent criards, dissonants à côté des leurs; on en a la vive et pénible impression lorsqu'on pénètre dans un endroit turc où le luxe européen envahit tout et coudoie insolemment quelque noble reste de cet art primitif et intelligent qui va s'effaçant de jour en jour, car palais et maisons se dépouillent de leurs beaux produits indigènes pour prendre nos banalités courantes, nos verroteries d'échange. Si l'on n'y prend garde, la fumée des usines ternira le monde, puis elle le desséchera!

La majeure partie des vêtements orientaux, ceux de l'ordinaire, ont leur étoffe fabriquée à Lyon d'après le goût du Levant, qui bientôt, n'en doutons pas, adoptera celui de Lyon. La plupart des burnous et autres choses seyantes exposées au Mousky en proviennent. On sait aussi que tous les tarbouchs rouges, y compris les deux de M. X***, l'un démesuré, l'autre imperceptible, sont fabriqués à Orléans et ailleurs [1]. Les fabriques françaises de tarbouchs en font de toutes formes et de toutes grandeurs pour les différentes échelles du Levant, qui, dans cette grave dissidence, trouveront certainement un motif de guerre générale, si jamais les souverains s'en mêlent! En attendant, ces maisons ont soin de stipuler que les payements se feront en trois fois : le premier, d'avance; le second, à la livraison; quant au troisième, qu'elles tâchent de maintenir le plus petit possible, il passe ordinairement sur leurs livres à l'article *profits et pertes*.

La passion des bijoux est générale chez les femmes en Orient, comme ailleurs : bien heureuses ici, elles ne quittent jamais leurs parures, et les moins riches y mettent ce qu'elles possèdent. Mme Tastu nous disait avoir connu à Bagdad une femme d'une condition très-humble qui portait sur elle pour 6000 francs de

[1] Le vice-roi venait de mettre à la mode l'usage des tarbouchs très-petits, et cette coiffure nouvelle faisait fureur. Or en ce temps-là, M. X*** se trouvait en disgrâce, état qui lui coûtait beaucoup et qu'il ne pouvait souffrir longtemps. Un jour enfin, il comparaît hardiment devant son souverain, la tête couverte d'un tarbouch démesuré qui semblait vouloir le braver effrontément; mais au premier froncement de sourcil, M. X*** arrache son tarbouch, le foule aux pieds, en prend un autre ridiculement petit, et dit : « Le premier était le tarbouch de la disgrâce, j'arbore celui de la grâce ! » Le prince rit : c'en était assez, tout était oublié. Bouffonnerie un peu lourde, devant un homme d'esprit tel que Saïd-pacha; mais ce prince, assez blasé, aimait à rire quand même, et ne résistait pas à une surprise de ce genre. En voici une autre, entre mille peut-être. Saïd sortait de chez les Franciscains; il n'aimait pas à être seul : « Reconduis-moi jusqu'au palais, dit-il au supérieur; en chemin, tu me flatteras et cela me distraira. » Le révérend père s'excuse sur la dignité de son ordre et de son caractère. Heureusement M. X*** se trouvait là; il offre au vice-roi de monter dans sa voiture et de le flatter. « — Eh bien, va donc ! » lui dit Saïd après quelques instants de silence. « — Permettez, Altesse, répond M. X***, vous savez bien que tout flatteur vit aux dépens de celui qui l'écoute ?... » Le prince rit, et X*** obtint en ce moment tout ce qu'il voulut. Ce sont là de ces anecdotes qui se racontaient journellement au Kaire; nous les donnons sous toutes réserves, bien qu'elles nous paraissent très-vraisemblables et du même ordre que bien d'autres parfaitement avérées.

bijoux d'or massif, somme qui en représentait là près de 25 000 : il s'y trouvait des anneaux de jambes d'or, pesant une livre ; une énorme plaque de ceinture d'orfévrerie ; des colliers d'or descendant jusqu'à la taille, etc. Les femmes ne se dessaisissent de leurs trésors qu'à la dernière extrémité, et encore ! Elles supportent sans se plaindre les meurtrissures que leur font souvent ces masses de métal précieux qui alourdissent leur pas et contribuent à leur donner cette allure traînante si estimée, qu'elle constitue une chose de mode et de bon goût. Au reste, la babouche, qui ne tient au pied que par la pointe, est là pour les habituer de bonne heure à traîner la jambe, car il faut qu'on puisse admirer d'abord en elles cette démarche languissante et voluptueuse qui, convenons-en, rappelle beaucoup celle de l'oie [1].

Entre autres choses intéressantes, quoique désagréables à entendre, on nous dit que les fellahs ont plus de confiance dans les Anglais que dans les autres Européens, parce qu'ils sont plus honnêtes en affaires : donner « *sa parole anglaise* », c'est comme jurer par le Styx ou Mahomet. Le fellah la demande, et si on la lui donne, il se croit mieux assuré que par aucune autre parole. Outre cela, l'Anglais a le tact de respecter la dignité de l'Oriental, de ménager sa susceptibilité, et de le traiter en égal ; il sait entre-

---

[1] Cet attachement des femmes pour un *trésor portatif* se retrouve partout où les mœurs primitives subsistent encore. Dans les Frises, où les femmes du peuple portent, sous les dentelles de leurs coiffes, une sorte de casque d'or ou d'argent, nous avons vu de pauvres servantes d'auberge ayant sur la tête des coiffures qui ne valaient pas moins de 500 à 600 francs. Les paysannes de Suède et de Norvége sont aussi couvertes de bijoux d'or et d'argent de grandes dimensions et d'un goût délicat. Mais, comme celles de la Normandie, elles vendent maintenant avec empressement ces vieux souvenirs de famille, et l'on peut prévoir le temps où cet art national se perdra pour faire place peut-être aux *articles de Paris !*

Nous ne saurions trop recommander le charmant ouvrage de M. Lane, le savant et consciencieux traducteur des *Mille et une Nuits* : An Account of the Manners and Customs of the modern Egyptians (London, J. Murray, 2 vol. in-8°, enrichis de nombreuses vignettes). C'est, au dire des orientalistes, l'un des ouvrages les plus exacts et les plus complets. Puis, *The English woman in Egypt*, par Mistriss Poole, sœur de M. Lane (Londres, Knight, 1844, 2 vol. in-18). L'auteur y donne d'intéressants détails sur l'intérieur des harems et des familles dans lesquelles les hommes ne peuvent pénétrer.

tenir avec lui de cordiales et honorables relations, et de là naît en grande partie pour l'Angleterre l'influence prépondérante dont elle jouit en Orient.

Les Français au contraire, et même les plus distingués par leur éducation, auraient le tort, dit-on, de dédaigner généralement les Orientaux, quels que soient leur rang et leur valeur personnelle. Ils les regardent volontiers comme des barbares dont on a le droit d'exiger les services, et qu'on peut traiter en esclaves révoltés, quand ces services sont refusés ou mal rendus. « Attaché pendant la guerre au quartier général de l'armée turque, nous disait M. C. E***, j'ai vu de fréquents et tristes exemples de pareils procédés. Des sous-lieutenants français, dépêchés auprès d'Omer-pacha, daignaient à peine le traiter comme un chef de bachi-bouzouks... La manière française se rattache peut-être, ajoutait-il, à la tradition romaine. Un *civis romanus* se croyait volontiers le droit de tirer par la barbe un roi thrace ou syrien. Mais aujourd'hui qu'un autre peuple donne d'autres exemples, ces procédés portent des fruits amers. »

En dehors de quelques maisons honnêtes et sérieuses, il se passe en Égypte des choses horribles en affaires, et même dans les hautes sphères commerciales un âpre désir de gain et de prompte fortune corrompt trop souvent les transactions. Pour le commerce inférieur, l'Égypte est une terre conquise où des aventuriers de tous pays viennent accomplir au grand jour leurs manœuvres criminelles, presque toujours empreintes d'une sorte de bouffonnerie féroce. Ainsi, il arrive assez souvent que des Européens suscitent à l'*Effendinah* (administration vice-royale) des procès ridicules ou scandaleux, où, bien entendu, tous les torts sont de leur côté. Mais ils font si bien, et l'Effendinah est parfois si mal éclairé, si mal secondé, qu'on lui fait perdre la tête et se compromettre : l'Européen finit par avoir raison et par extorquer de grosses sommes. Ainsi, qu'un aventurier ait obtenu la permission de fonder un établissement public qui ne réussit pas, il intentera un procès au gouvernement, qui parviendra à le perdre et à payer une forte indemnité au plaignant. Il faut dire que l'Effendinah recourt souvent, pour sa défense, à des avocats européens que la partie adverse a bien soin d'acheter d'avance en les payant sur le gain probable de son entreprise.

Voici une anecdote qui peint bien l'état de défiance où un prince oriental en est réduit; nous la donnons comme authentique, car elle nous a été rapportée par des personnes dignes de foi et très-bien informées. Saïd-pacha reçoit un jour la visite d'un individu qu'il connaissait, apparemment : « Mettez donc votre chapeau », lui dit le vice-roi, en le voyant entrer. L'autre, étonné, se confond en excuses. « Mettez votre chapeau, vous dis-je ! » répète Saïd. Et, comme le visiteur stupéfait balbutiait, dissimulait son chapeau : « Je vous ordonne de vous couvrir ! lui crie le prince en marchant vers lui avec emportement, — car si, par malheur, vous vous enrhumiez en ma présence, vous ne manqueriez pas de me demander une indemnité ! » — Le prince avait flairé juste, et l'audience ne dura guère.

Les choses ont si peu changé depuis Saïd-pacha, que le vice-roi actuel a coutume de dire : « Sur dix personnes auxquelles j'ai affaire, je doute de la première et je ne crois pas aux neuf autres. » — Et malheureusement on ne peut pas nier, nous disait-on, qu'il n'ait un peu raison !

C'est ainsi, par le déplorable contact de ce que l'Occident même rejetterait de son sein, que la confiance et la bonne foi proverbiales des simples Turcs ont presque disparu en Égypte : n'est-il pas au moins quelque recoin ignoré de la Turquie où elles se trouveraient encore ? — Autrefois on pouvait prêter ou emprunter à un Turc des sommes considérables sur simple parole, sans écrit et surtout *sans intérêts*, sa religion lui défendant de « *faire l'usure* ». Loi vénérable qui ne peut plus être aujourd'hui qu'une aimable et antique naïveté, mais qui fait regretter que tous les peuples orientaux ne soient pas devenus ou restés d'excellents musulmans [1] !

---

[1] « O croyants, dit le Koran, craignez Dieu et abandonnez ce qui vous reste encore de l'*usure*, si vous êtes fidèles » — c'est-à-dire, faites remise entière de ce que vos

Toutefois, « si faible que soit devenu le sens moral chez les Turcs, nous disait-on, il est constaté, il est avéré que, sur une injustice commise par un Turc, il y en a dix à la charge des chrétiens. »

La partie la plus intéressante de la population est l'Égyptien de vieille race, ou *fellah*[1], qui a supporté toutes les oppressions et les exactions connues, depuis des temps immémoriaux, et les supporterait longtemps encore s'il le fallait, car il manque totalement de caractère politique : c'est un peuple d'enfants, affaibli et déprimé par l'ignorance et l'état précaire dans lequel il a toujours été tenu. Sous une main paternelle, ferme et juste avant tout, les fellahs pourront devenir le premier peuple agricole du monde, et partant le plus heureux, le plus utile. Ce sont des êtres doux, gais, laborieux, résignés, et, à bien des égards, moins routiniers que certains de nos paysans des environs de Paris; mais l'oppression les a rendus méfiants, craintifs, fourbes, insupportables quand on ne les tient pas en respect. Tout cela vit de peu, insouciant en apparence et tourbillonnant au soleil, mais, au fond, atteint de vice, de misère et d'anémie ; sans foi ni loi que celles de Mahomet, fort amoindries par le temps et par l'ignorance, mais suppléées par le bon naturel des gens et l'influence du beau ciel, qui adoucit tout. Point de crimes, de fanatisme encore moins; volant seulement avec souplesse et facilité ; enfin cherchant par-dessus tout à esquiver la main du Turc, qui toujours les rattrape.

Pendant la guerre civile d'Amérique, la hausse dans les prix du coton et l'extension énorme de sa culture en Égypte ont placé des richesses inusitées entre les mains du pauvre fellah couvert de guenilles et de limon; plusieurs ont réalisé

---

débiteurs vous devront à titre d'intérêt. (Trad. Kasimirski, II, 278.) — « Ceux qui avalent le produit de l'usure se lèveront au jour de la résurrection comme celui que Satan a souillé de son contact. Et cela parce qu'ils disent : L'usure est la même chose que la vente. Dieu a permis la vente, il a interdit l'usure, etc. » (*Ibid.*, 276.) — « Ne lésez personne, et vous ne serez point lésés. » (*Ibid.*, 279.)

[1] *Fellah*, mot arabe qui signifie *laboureur*.

10, 20, 30 000 francs et plus encore, dans leur année. Mais, que faisaient-ils de tant d'argent ? Ils le gaspillaient en acquisitions de nouvelles femmes, en parures et en réjouissances de noces, quitte à s'endetter et à emprunter ensuite à gros intérêts; ou bien ils cachaient leur trésor, l'enfouissant on ne sait où et l'y oubliant souvent au moment de mourir : il est si dangereux de passer pour riche! Puis ils continuaient à vivre de misères, à s'exténuer au soleil, à demander l'aumône, voire même à emprunter à 7 et 8 pour 100 par mois pour solder l'impôt et paraître pauvres. On en vit qui se laissaient rouer de coups pour ne pas le payer ou sembler hors d'état de le faire : il est si avantageux de ne céder qu'aux dernières sommations! Qui sait? on pourrait peut-être sauver quelque chose! Il y en eut même qui, bien battus jusqu'au bout, ouvraient pour la première fois la bouche après l'exécution, en tiraient la pièce d'or qui pouvait les sauver, et sautaient de joie d'en avoir fait ainsi l'économie.

Si l'on en croit les récits d'autrefois, les gouverneurs de province, ou *moudirs*, usaient d'un pouvoir illimité pour pressurer le paysan et répartir comme bon leur semblait les tailles ordinaires et extraordinaires; le système exploité par l'invasion étrangère y était en vigueur d'une façon permanente : c'étaient les villages qu'on frappait d'une contribution en masse dont tous les habitants étaient responsables; si bien que ceux qui parvenaient à amasser quelque chose de plus que les autres, se le voyant enlever pour combler les déficits, en étaient réduits à s'enfuir et à tout abandonner. Enfin il fallait avant tout que le trésor eût intégralement ce qu'il lui avait plu d'exiger, dût la gent taillable et corvéable en abandonner dix fois la valeur aux mains des divers fonctionnaires qui s'échelonnaient au-dessus d'eux.

Quant à la façon d'appliquer ces lois sauvages et arbitraires, elle pouvait suivre les caprices de l'invention la plus féroce ou la plus folle : témoin ce système de répartition d'impôt imaginé, dit-on, par quelque pacha expéditif et consciencieux. Il faisait apporter sur la place du village un cercle de fer, pas trop large, et tous les individus qui pouvaient y passer la tête, les plus jeunes, par conséquent, étaient dispensés de l'impôt. Aussi les parents forçaient-ils tous leurs enfants à coiffer cette terrible couronne de fer qui devenait un instrument de torture pour les plus âgés : avec bien de la peine, ils arrivaient à la passer; mais, pour l'ôter, il fallait y laisser force nez et force oreilles. Les pères et les mères, tout hurlants, ne regardaient pas à cette dépense; mais les enfants résistaient, criaient. Le Turc, impassible, fumait son chibouk, et l'impôt personnel se répartissait tout seul [1].

Dans l'état actuel, le fellah paraît incapable de se gouverner lui-même; il abuse de l'autorité. De nombreux essais ont été faits par Méhémet-Ali et par Saïd-pacha pour relever le fellah: on en nomma gouverneurs de province, avec des appointements prudents, c'est-à-dire réduits de 20 000 ou 40 000 francs à 3000 ou 4000. Mais il arriva que ces fellahs élevés subitement devinrent les bourreaux de leurs compagnons; connaissant mieux que personne les plus faibles ou les plus riches, puis étant eux-mêmes à la merci du gouvernement, ils assouvirent des vengeances personnelles, et commirent plus d'exactions que les gouverneurs turcs renvoyés. Aussi les mauvaises langues ne manquèrent pas de dire qu'on avait nommé des fellahs gouverneurs parce qu'on voulait faire des économies, et que les Turcs ne pouvaient plus rien tirer des provinces. « Notre race est maudite, disait un vieillard chagrin à M. Hamont, directeur des écoles vétérinaires sous Méhémet-Ali; nous ne nous aimons pas: l'Égyptien n'a pas de plus grand ennemi que l'Égyptien lui-même. Nous ne savons pas commander, et pour nous gouverner, des étrangers sont nécessaires. » Mais lesquels? Cela importerait peu à cette race si laborieuse, si intelligente et si

---

[1] Cet épisode, qui nous a été raconté par un témoin oculaire, n'est que bouffon ; il y en eut d'horribles que nous ne pouvons rapporter, mais tous avaient plus ou moins pour fond la bastonnade appliquée à tort et à travers. Pour se faire une idée de ce qu'était l'Égypte et de l'état où elle peut retomber, lire *L'Égypte sous Méhémet-Ali*, par Hamont, 2 vol. in-8°, 1843, et *L'Égypte en* 1845, par M. V. Schœlcher.

douce qui peuple la vallée du Nil, pourvu que ses maîtres comprissent que leur devoir, comme leur intérêt le plus pressant, est de protéger le fellah contre les concussions des fonctionnaires, de ne pas le réduire au désespoir par l'énormité des impôts, de lui permettre enfin de posséder avec sécurité; autrement ce serait tuer la poule aux œufs d'or, c'est-à-dire anéantir la richesse publique et le crédit, sans lesquels un gouvernement ne vit lui-même que d'expédients et en arrive fatalement à la banqueroute.

Le beau rôle de l'expédition d'Égypte avait été de rétablir la justice et de protéger la liberté. Bonaparte avait admirablement compris le sens de cette réorganisation; et, si l'occupation avait pu durer, le pays se transformait rapidement. Ce qui le montre bien, ce sont les regrets que les Français laissèrent en partant chez les simples fellahs, qui crurent à leur retour et le désirèrent longtemps.

M. Hamont, déjà cité, et regardé par ses contemporains comme exact et bien informé, causait un jour avec un vieil Égyptien qui avait vu Bonaparte, se plaignait beaucoup des Turcs et désirait de les voir remplacés par d'autres étrangers.

« — Mais, lui dit notre compatriote, vous avez eu les Français, vous les détestiez, vous les assassiniez. Cependant quel mal vous ont-ils fait? Les fellahs ne sont jamais contents, et votre caractère léger, inconstant, fait votre malheur!

» — Les Français! me répondit le vieillard avec énergie et en me regardant avec des yeux pleins de feu, ah! que ne reviennent-ils en Égypte, ils verraient combien nous les aimons! Tous les jours nous prions le Tout-Puissant de nous les rendre; eux seuls savent gouverner les hommes... Nous vivions très-bien avec les Français! Le blé, le riz, étaient pour rien. Lorsqu'un soldat voulait une poule, de la viande, des légumes, il les payait d'avance et toujours plus qu'ils ne valaient... J'ai vu *Banaborte* (Bonaparte), le *guénéral Gleber* (le général Kléber); on pouvait leur parler sans crainte à eux, ils ne nous chassaient pas comme font les Turcs!

» — Cependant ce sont des chrétiens, et comment vous, musulmans, pouvez-vous souhaiter la venue des Français?

» — Nous sommes tous enfants de Dieu; les malheurs nous ont instruits. Nous sommes mahométans comme les Turcs, et cependant nous mourons de faim ! »

Ce document est intéressant, parce qu'en rappelant des souvenirs déjà oubliés, il nous montre le *vœu du paysan* pris sur le fait, et nous révèle sa misère.

Depuis lors les choses se sont-elles beaucoup améliorées pour le fellah? Voici ce que nous trouvons dans les notes inédites d'une personne digne de foi, qui a passé de longues années en Égypte, et par sa position a pu y voir les choses de très-près :

« Après plus de vingt ans d'intervalle, j'ai retrouvé le Kaire singulièrement assombri. De mon temps on célébrait autrement le *Ramadhân*. Toutes les nuits ce n'étaient que chants, musique, improvisations à tous les carrefours de la ville. Les femmes fellahs portaient des bijoux, des bracelets aux mains et aux pieds. Aujourd'hui tout a changé, la population indigène est comparativement sombre, triste et silencieuse. Le souverain ne s'est pas rendu populaire; il a augmenté les impôts, et rien n'est plus naturel, puisque aucune considération d'avenir ne lui commande de ménager le présent [1].

» Avant lui, l'Égypte ne payait que 70 millions d'impôts fonciers, elle en supporte aujourd'hui 110 millions, et l'on annonce que, dans le courant de l'année, cette charge sera portée à 124 millions. De plus, des calamités publiques ont empiré les fatalités de la situation : la sécheresse, l'inondation, deux terribles épizooties, le choléra, ont inauguré tristement le règne actuel; et, comme il arrive sous les régimes despotiques et dans les pays superstitieux, la population est instinctivement portée

---

[1] Ceci fut écrit en 1866, époque à laquelle le vice-roi n'avait pas encore obtenu du sultan le droit d'hérédité pour sa famille. Tous ces détails, quoique d'ancienne date, auront néanmoins leur intérêt comme étude rétrospective et comparative. On sait que depuis lors la condition des fellahs s'est améliorée; malheureusement ici, moins qu'ailleurs, le présent ne répond pas de l'avenir.

à rendre le gouvernement responsable des fléaux dont elle ne peut s'expliquer l'irruption subite.

» Le revenu public de l'Égypte s'élève à 150 millions de francs. Le revenu personnel du vice-roi, y compris la liste civile, est actuellement de 25 millions, mais pourrait s'élever à 60 le jour où l'arriéré dont il est grevé sera liquidé. Les revenus de l'État sont absorbés, et au delà, par une armée de 40 000 hommes, par 5000 marins, par l'intérêt de la dette publique, par l'administration et par des travaux publics bien ou mal entendus, tels que chemins de fer, port d'Alexandrie, embellissement de deux capitales, etc., etc. Le gaspillage aidant, le déficit est l'état normal. La situation économique toutefois n'est pas alarmante, car l'Égypte a des ressources infinies, et même sous le régime actuel le progrès économique est amplement assuré : l'industrie, le commerce et surtout l'agriculture ont déjà réalisé de très-beaux résultats et semblent assurés d'un avenir magnifique... Tout serait donc pour le mieux, si les machines pouvaient suffire à tout et s'il n'y avait au monde que le progrès matériel. Malheureusement le progrès moral est loin de marcher du même pas, et quand le progrès moral fait défaut, on peut être assuré que le progrès matériel est compromis; et réciproquement, il n'y a pas de progrès moral sans de bonnes conditions matérielles. Tous deux se manifestent en dernière analyse par un signe commun, qui est l'accroissement normal de la population; or ce signe n'est malheureusement pas observé en Égypte : le pays manque de bras. »

Pour quelles raisons alors le territoire de l'Ouady, acquis par la Compagnie du canal maritime de Suez et exploité par elle, regorgeait-il au même moment de travailleurs qui s'y rendaient spontanément de toutes parts, à ce point qu'en trois ans la population y était devenue trois fois plus nombreuse, bien que l'on eût doublé le prix des fermages?

UNE AUDIENCE DE MÉHÉMET-ALI AU KIOSQUE DE CHOUBRAH
(D'après le *Voyage* de M. Horeau, 1840.)

CHOUBRAH

> In marble-pav'd pavilion, where a spring
> Of living water from the centre rose,
> Whose bubbling did a genial freshness fling,
> And soft voluptuous couches breath'd repose,
> Ali reclin'd, a man of war and woes [1].
> (Lord BYRON, *Childe Harold*, II, 62.)

Choubrah, palais d'été jadis élevé à grands frais pour Méhémet-Ali, par un de ces architectes turcs, grecs ou italiens qui infestent l'Orient de leurs constructions dépourvues de goût et d'ordonnance; Choubrah, qui appartenait naguère à son dernier fils, le prince Halim, ne nous parut remarquable que par le chemin qui y conduit.

C'est une avenue extrêmement large, bordée de vieux sycomores d'apparence séculaire, dont les branches robustes, capricieuses, partent à une faible distance du sol et vont former à une grande hauteur une voûte impénétrable aux rayons du soleil. C'est à peine si quelques filets de lumière glissent à travers les branches et viennent danser sur le sol; si quelques gerbes de rayons roses, qu'on pourrait croire échappés à une apparition céleste, descendent de place en place du couchant, pour mourir sur l'allée, dont la perspective féerique se déroule en un long ruban moiré de soie et d'or. On ne perd pas un instant la vue du Nil, qui coule à gauche du chemin, devant les grandes

---

[1] « Sous un kiosque dallé de marbre au milieu duquel une fontaine jaillissante répandait en bouillonnant une fraîcheur délicieuse, où des couches molles et voluptueuses invitaient au repos, était accoudé ALI, homme de guerre et de terreur. »

pyramides aux nuances délicates et changeantes. L'allée est déserte, silencieuse, et c'est tout au plus si de loin en loin nous rencontrons quelque fellah psalmodiant à mi-voix et traînant sous son bras un tronçon de canne à sucre qu'il savoure en marchant.

A Choubrah, on nous fait voir avec orgueil ce fameux lac de marbre blanc, délices de Méhémet-Ali, dont l'imagination se formait une idée digne des sérails rêvés par lord Byron. Quelle déception! Ce que le mauvais goût italien a de plus puéril et de plus tourmenté, est entassé là : c'est d'une laideur et d'un luxe criants, et pour en supporter la vue quelque temps, il faut appeler à son secours un peu des souvenirs du passé : sous ces portiques étiolés, sous ces toits d'angles qui surplombent si lourdement le morne bassin, semons des odalisques; groupons-les sous ce kiosque abandonné, sur cet îlot de marbre, d'où l'eau vive s'épanchait en cascades; lançons-les dans ces belles eaux pour qu'elles remorquent avec des cris joyeux, le long des estuaires de marbre, la nacelle d'or qui porte le vieux Mohammed pensif et caressant sa longue barbe blanche.

Que vîmes-nous encore là? Des colonnades modernes de style arabe, qui s'enfoncent dans les bosquets et qu'il ne faut pas voir de trop près; des forêts d'arbustes précieux, arrosés par des canaux de marbre avec tout l'art des Arabes d'Espagne; des pluies d'oranges sur la terre noire, et les battements d'ailes des faucons de chasse sur le poing des *kawas* du prince...

Nous voici revenant par la sombre avenue, pleins de bonheur au dernier soir de l'année; mille voix de fées nous parlaient tout bas sous les branches endormies; chacune, en s'éloignant, sur la longue route, chantait un souvenir de l'année qui s'enfuit... Il faut que demain nos familles entendent aussi quelque voix du pays d'Égypte qui leur parle de nous!

En hâte nous allons donc au télégraphe, notre unique ressource. Mais, en vérité, quelle espérance, quelle confiance avoir en des employés qui interrompent le service pour se donner des congés, qui perdent la tête au premier mot d'une dépêche, et qui, faute de meubles, entassent leurs papiers dans des sacs à fèves pendus au plancher[1]?

[1] Lors de notre séjour au Kaire, le télégraphe, entreprise assez récente, était devenu un jouet des plus dispendieux. On se faisait un amusement d'envoyer des dépêches à Constantinople sans objet sérieux, simplement pour converser et s'étonner de recevoir une réponse le même jour. Souvent ces dépêches n'étaient que de simples politesses; souvent on en envoyait qui remplissaient deux pages chiffrées pour une affaire qui aurait pu tenir en quatre lignes. On avait soin d'y insérer tous les compliments interminables du cérémonial turc, les invocations usitées à Dieu et à son prophète et jusqu'à des versets entiers du Koran : « Je voudrais, disait le secrétaire-rédacteur de ces dépêches, avoir pour tout revenu les sommes folles qu'Allah et Mahomet rapportent annuellement au télégraphe ! »

ORNEMENT TIRÉ D'UN MANUSCRIT ARABE.

LA FOIRE DE TANTAH

> « ..... Et puis le diable faisait comme si toute la forêt eût été remplie de diables qui apparaissaient, au milieu et autour du cercle à l'environ, comme un grand charriage menant bruit, qui allaient et venaient çà et là..... redonnant dans le cercle comme des élans et foudres, comme des coups de gros canon dont il semblait que l'enfer fût entr'ouvert ; et encore y avait-il toute sorte d'instruments de musique amiables, qui s'entendaient chanter fort doucement, et encore quelques danses..... »
> (*Légende de Faust*, trad. de G. de NERVAL.)

1ᵉʳ janvier 1865.

Le bourg de Tantah n'aurait pas l'honneur d'être ville capitale de la fertile province de Garbiah, au centre du Delta, qu'il ne mériterait pas moins celui d'être visité trois fois l'an, pour la foire célèbre qui s'y tient et qu'enrichit le grand pèlerinage au tombeau du *santon* Ahmed-Bedawi. Veut-on savoir en quoi peut consister un saint populaire du premier ordre ? Voici le portrait qu'en trace pieusement l'historien arabe Soïouty : « Ahmed-Bedawi (c'est-à-dire le Bédouin), né à Fez en 596 de l'hégire (1200), fit en 609 le pèlerinage de la Mecque, où il séjourna jusqu'en 619... Il refusa de se marier, pour se consacrer au service de Dieu. Il savait le Koran par cœur et quelque chose du droit selon le rite schaféite. Il était grand et basané. On l'appelait *Atab* (le colérique), à cause des coups fréquents qu'il distribuait à ceux qui lui faisaient du mal. Puis il se voua au silence, ne parla plus que par signes et se sépara de tous. Son cerveau se dérangea. En 633, il eut un songe qui lui prédisait une haute position... Ahmed resta alors quarante jours sans boire, manger ni dormir ; ses yeux étaient fixes et semblables à des charbons ardents... Puis il entra en Égypte en 634 et se fixa à Tantah. Il ne bougea pas du toit d'une maison, d'où il poussait des cris continuels quand il était en extase. Il fit nombre de miracles. »

Tant de mérites ont valu à la tombe du Bédouin d'être visitée depuis six cents ans par les croyants, qui s'y rendent chaque année par centaines de mille, mais ne s'en retournent qu'après s'être enrichis à la foire, ou endettés à des réjouissances qui rappellent les orgies canopiques de l'antiquité.

A six heures, départ pour Tantah, où l'on nous promet des choses extraordinaires à voir : marchés d'esclaves, danses d'almées, dévotions antiques, et physionomies mahométanes.

Dans les longs corridors de l'hôtel, nous rencontrons comme d'habitude M. de Lesseps, qui, levé avant tout le monde, va et vient en tarbouch et longue *abayèh*, une plume à la main, ayant déjà expédié la meilleure partie de son courrier quotidien. On l'entoure, on le fête avec mille souhaits, puis on s'envole.

Le chemin de fer nous emporte d'abord jusqu'à *Kufr-Zayad*, à mi-chemin d'Alexandrie, où il nous faut, bon gré, mal gré, déjeuner, car à Tantah on ne mange qu'avec les doigts, si toutefois on peut manger... Délivrés de ce soin, nous revenons sur nos pas jusqu'à Tantah, situé plus près du Kaire. Cette bourgade est, comme les autres, un monticule d'antiques décombres sur lesquels s'entassent depuis des siècles d'éphémères masures et des fellahs tous pareils de père en fils. Mais un mouvement extraordinaire y règne aujourd'hui, avec cet entrain juvénile de l'âge d'or, que protége un beau ciel. On ne voit partout que des marchands de petites choses où l'orange tient le premier rang, des chanteurs, des faiseurs de tours riches de verve et pauvres d'engins; rien heureusement qui rappelle nos foires d'Occident.

Avec une grâce et une élégance innées dont il ne se doute pas lui-même, chaque virtuose ici semble tout tirer de soi; mais il n'en faut pas davantage pour amuser ces bons fellahs, toujours disposés à se réjouir et *faire fantasia* de rien. C'est à ce point qu'en temps ordinaire il suffirait à la première créature venue de s'en aller par les ruelles avec un tambourin, et criant : « l'an-

tasia! fantasia! » pour qu'aussitôt toutes les autres la suivissent confiantes et répétant ce mot magique, sans demander où on les mène ni ce qu'on leur prépare.

Bientôt nous tombons en une place cahoteuse et irrégulière de tout point, où la foule est grande et recueillie : évidemment il s'y passe quelque chose de sacré... En effet, tout au fond, dans une cour entourée de grands portiques à jour qui, avec l'aide du temps et d'Allah, deviendront peut-être une mosquée, une immense ronde d'énergumènes procède à un *zikr* gigantesque. C'est une fête étrange et effrayante qu'ils donnent à la dévotion et aux sens mélangés, car l'ivresse de Bedawi est ce qu'ils cherchent.

Cette chaîne de quatre à cinq cents croyants qui avancent et reculent, se tordent, baissent et relèvent la tête en même temps avec des convulsions délirantes, ressemble à quelque monstre énorme aux mille pattes, vomi par l'enfer. Tous ces démons poussent ensemble le cri d'*Allah!* qui résonne comme un roulement de canon sourd et caverneux. Au centre du cercle infernal, un être fantastique et bestial, un *fakir* à face de bouc, les excite et les dirige avec une autorité redoutable; il se tourne en délire vers tous les points du cercle, varie incessamment les gestes et les exercices en les compliquant, et chaque fois les poitrines épuisées rendent un son plus sourd, plus rauque, plus machinal; les yeux s'injectent et ressortent, les gestes tournent à l'épilepsie : le fanatisme s'exalte, ainsi que la volupté, de toutes les fureurs de l'ivresse qui saisit les convulsionnaires.

Il faut les voir surtout, lorsqu'un des leurs, plus emporté que les autres, jette à travers la saturnale le nom d'*Allah!* sur un long cri aigu, plaintif, caressant comme une ardente prière mêlée de souffrance! Une commotion électrique les saisit tous comme si l'Être invisible qu'ils fatiguent de leurs cris venait enfin de se manifester à l'un d'eux pour faire pressentir son approche. Mais s'il pouvait venir ou au moins leur envoyer son Prophète, ce serait pour leur dire avec le Koran: « Pense à Dieu dans l'intérieur de toi-même, avec humilité et avec crainte, ou prononce son nom tout haut, mais sans élever la voix. » Ou avec l'Évangile : « Le royaume des cieux n'est pas pour celui qui crie : Seigneur ! Seigneur ! » Et comme bien des fakirs d'Occident, ils lapideraient leur prophète ; mais lui, ne dirait plus qu'une chose : « *O sancta simplicitas !* » Ce fut le mot sublime de Jean Huss, en voyant venir une vieille femme qui portait dévotement un fagot à ce bûcher où il souffrait.

Malheureusement la patience manque pour attendre l'issue de ce sacrifice de cervelles humaines, qui présente une certaine grandeur terrible au premier aspect, mais se perpétue pendant des heures avec une implacable monotonie.

Cependant les gens sérieux parmi nous demandent à voir ou à acheter des esclaves, puisqu'il y en a marché. A force de chercher, on nous indique une certaine masure où un marchand vient d'enfermer, dit-on, des esclaves circassiennes de grande beauté, première vertu et très-haut prix. On ne peut point passer là indifférent, et les gens les plus désintéressés d'entre nous sont d'avis qu'il faut monter ce vieil escalier de mauvaise mine, au haut duquel ils parviennent tout à coup les premiers.

Mais dans l'ombre d'une porte close, une grande forme diabolique s'est subitement dressée : c'est le marchand ou *jellâb*, sorte de Bédouin à profil de vautour et œil de faucon, qui veille sur son trésor, car il sait bien que son commerce, qui convient à tant de gens ici, n'est avoué de personne, ni toléré officiellement : l'Orient se range en vérité et la rougeur le prend ! Le *kâdi*, qui est peut-être la meilleure pratique du marchand, se verrait forcé, à son corps défendant, de le mettre en prison et de confisquer sa marchandise au profit de l'État. Ceci, du reste, n'est qu'une supposition motivée par l'attitude du Bédouin, qui nous reçoit très-mal et refuse absolument de nous laisser entrer, en dépit des petits doigts roses et des yeux brillants de curiosité qui s'agitent derrière lui dans l'entre-bâillement de la porte et ne demanderaient pas mieux que de voir et de se montrer. L'intraitable marchand comprend que des Européens ne sont pas des acheteurs, mais des curieux qui pourront le dénoncer et le perdre ; et pour toute réponse à nos négociations amiables, il fait trois pas sur nous, la main crispée sur le formidable arsenal de yatagans passés à sa ceinture. Nous reculons, faute de mieux ; mais il nous foudroie et nous poursuit encore de ses yeux flamboyants, de ses imprécations violentes et saccadées qui ressemblaient déjà fort à des coups de poignard...

Nous prenons le sage et regrettable parti de laisser ce magnifique bandit à ses affaires, satisfaits du moins de n'emporter aucune déception sur le mérite des Circassiennes, qui, après tout, ne sont probablement pas ce qu'elles devraient être, ce qu'avait rêvé Mahomet pour les houris du Koran, c'est-à-dire « *des vierges au regard modeste, aux grands yeux noirs, et semblables par leur teint aux œufs d'autruche cachés avec soin* [1] ! »

Il ne faut pas trop s'apitoyer sur le sort de ces pauvres âmes enlevées à leur patrie et vendues au premier venu : l'esclavage est généralement fort doux en Orient, on pourrait même dire qu'il n'existe pas, tant l'esclave peut aimer son maître, en être aimé et s'incorporer à sa famille. Aussi a-t-il le plus grand désir d'être acheté, car il est à peu près assuré d'être plus doucement traité par son seigneur et maître que par tel père ou telle mère capables de l'avoir vendu de leur plein gré au marchand, et de l'oublier dès qu'il sera parti pour jamais. L'esclave, qui est toujours étranger, ou le domestique fellah, peuvent être bâtonnés pour une faute, mais, à part cela, on a souvent pour eux des égards touchants. M. C. E***, qui pendant longtemps et à différentes reprises a reçu l'hospitalité dans des maisons riches du Kaire, nous racontait que lorsque les domestiques prenaient leurs repas, le maître préférait se passer des choses qui lui étaient nécessaires ou même se les procurer lui-même, plutôt que de déranger ses gens. Par un juste retour, on a vu des esclaves qui, ayant amassé un petit pécule, s'en servaient pour soutenir leurs

---

[1] Le Koran, XXXVII, 47. — « Le teint de ces beautés est comparé par Mahomet aux œufs d'autruche, à cause de la blancheur mêlée d'une teinte paille, mélange qui constitue la plus belle carnation, et qui, comme les œufs d'autruche cachés avec soin dans le sable, n'est ternie ni par l'air ni par la poussière. » — (*Le Koran*, traduit par M. Kasimirski. Note du traducteur.)

maîtres devenus malheureux ou même le leur abandonnaient. Un domestique ne salue jamais son maître le premier, quand il le rencontre dans la rue ; le respect le lui interdit, car il ne sait pas s'il convient au maître d'être reconnu ; mais si ce dernier fait un signe, alors seulement le domestique s'arrête et lui fait avec tout le cérémonial de l'Orient un salut discret, plein de démonstrations soumises et affectueuses.

Que de larmes cependant et quel désespoir si l'esclave est une jeune fille enlevée, volée à ses parents, bien loin d'Égypte, par le bandit jellab, qui la livrera à un harem, où la jalousie des premières favorites l'attend, implacable et féroce [1] !

Nous rencontrâmes encore d'autres sortes de marchands ; mais ceux-là ne se cachaient pas, ils étaient sur le pas de leur bouge, et nous priaient d'entrer. L'un d'eux tira d'un galetas et poussa dehors deux malheureuses créatures à moitié idiotes et tremblant la fièvre, qu'il forçait à rire pour qu'elles eussent meilleur visage. Ce rire abruti, cette misère et cette déchéance étaient chose hideuse. Nous tournâmes le dos avec un sentiment de tristesse et de dégoût indicibles.

Notre ami Henry en était tout chancelant, quand heureusement il eut, à deux pas de là, une tentation qui fit diversion. Un marchand voulait absolument lui vendre deux négrillons du plus beau noir : laine frisée, lèvres épaisses, museau écrasé, yeux vifs de faïence à prunelles jaunes, tout était en règle. On demandait 1800 fr. de chacun d'eux ; c'était tentant assurément, mais un peu cher et très-embarrassant. L'un des négrillons, qui venait de Khartoum, regardait notre ami d'un air suppliant et mourait d'envie d'avoir un si bon et si beau maître. Henry hésita longtemps, et peu s'en fallut qu'il ne soit aujourd'hui le père adoptif d'une petite âme noire qui, avec lui, fût devenue certainement toute claire.

Il nous restait encore à voir ces almées tant vantées et tant promises, et à savoir ce que sont en définitive ces danses qui charmaient autrefois les pachas et les font rougir aujourd'hui en

---

[1] Lire dans les *Nuits du Kaire*, par Ch. Didier, les histoires d'*Ipsa* et de *Menour*.

public, puisqu'ils les expulsent le plus loin possible, vers les frontières de Nubie, au risque d'en éteindre les traditions. Aussi se cachent-elles, comme les marchands d'esclaves, et, quand elles existent encore, est-il assez difficile de les trouver.

A force de chercher cependant, nous en découvrons un nid, et avec assez de répugnance nous montons un autre escalier de brigands conduisant à une petite pièce entourée de divans de mauvaise mine, sur lesquels il faut bien consentir à s'asseoir.

Une grande femme d'une quarantaine d'années, à l'aspect bohémien et toute chamarrée de chaînes et de sequins, vient s'informer de ce que nous désirons : « *Ghawâzy* », demandons-nous. C'est le nom qu'on donne aux danseuses, celui d'*almehs* n'appartenant en réalité qu'aux chanteuses de profession. L'Égyptienne réfléchit, nous examine, fait quelques difficultés, prend ses précautions avec des arrhes, et enfin, au bout de peu d'instants, nous envoie trois tristes *ghawâzy*, courtes, décharnées et toussant comme les chiens errants d'Alexandrie; couvertes d'oripeaux dont le fond est un large pantalon formant jupe, elles entrent frissonnantes, honteuses, pour se blottir dans un coin sous nos regards peu encourageants, et sans avoir l'air de songer qu'il faut plaire et danser. Mais notre drogman, qui a une grande expérience de ces choses, puisqu'il a fait danser toute la haute Égypte, se met à leur parler familièrement en arabe, à les encourager, à leur promettre de bons bakhchîch. On fait apporter de l'eau-de-vie blanche, qu'elles boivent à pleins verres et qui délie leurs langues et leurs mouvements.

Enfin la danse commence. On étend un petit tapis sur le plancher; un vieux nègre aveugle entre avec son tambourin ou *tarabouch*; la danseuse ôte sa ceinture faite d'une écharpe, et n'a plus sous sa veste, très-courte et très-ouverte, qu'une chemise de gaze fort transparente.

Au son du tarabouch soutenu par une psalmodie nasillarde, elle avance et recule à petits pas sur le tapis, en balançant le haut du corps et les bras armés de crotales de cuivre qui pressent le rhythme. Bientôt les hanches ont des frémissements, la ceinture entre en trépidation et exécute des bonds et des mouvements prodigieux que la danseuse dirige avec précision en les accélérant au fur et à mesure qu'elle s'anime. Tout ce que la nature enfin a formé pour être immobile dans le corps humain se meut ici avec une aisance qui constitue tout l'art de la danse et tout son mérite, quand elle est poussée au plus haut point. Mais que ne faudrait-il pas de grâce et d'élégance pour rendre supportables ces singuliers exercices, qui ne sont autre chose qu'une tradition de l'antiquité parvenue jusqu'à nous. Malheureusement les sujets vulgaires que nous avons sous les yeux se succèdent sans pouvoir atteindre ces régions élevées de leur art, et nos applaudissements ne partent pas du cœur. Ce que voyant, la matrone vient nous révéler, avec le plus grand mystère, qu'elle possède un trésor, une fille de dix-huit ans, instruite par elle-même, qui fut une célébrité dans son jeune âge. Elle propose de nous la faire habiller pour la danse, si nous voulons bien donner un bakhchîch en plus. On lui promit tout ce qu'elle voulut, et elle s'en fut chercher sa fille ou son trésor.

En attendant, et jugeant sans doute qu'elles allaient être effacées, les autres *ghawâzy* devenaient de plus en plus expansives et charmantes à leur façon : elles buvaient et voulaient nous faire goûter à leur breuvage antimusulman avec des agaceries qui consistaient à répéter les gestes de la danse en offrant un affreux verre plein !... Puis, au moment où l'on était sans défiance, elles se jetaient à notre cou avec des airs de tendresse filiale et une odeur alcoolique insupportables.

Par chevalerie française, en cette dure extrémité, les gens de sang-froid se bornaient à chasser ces mouches impures d'un geste amical, en disant doucement : « *Lâh ! Lâh !* » Mais quelques-uns, manquant tout à fait de présence d'esprit, ne surent pas cacher leurs franches nausées à l'approche de ces masques flétris et empestés ; pris de panique, ils s'enfuyaient de sofa en sofa, poursuivis par les danseuses étonnées... On crut qu'ils allaient s'évader, quand heureusement la belle *Habibèh*, fille de l'hôtesse, fit son entrée comme une reine, au milieu des cris d'admiration de ses compagnes, que peut-être elle bat superbement tous les jours.

Habibèh est une petite jeune fille de taille médiocre, assez maigre, peu jolie, et dont le teint a quelque chose de hâlé ou de malpropre ; mais elle est extrêmement gracieuse, a de la dignité et un air virginal non emprunté qui rassied l'âme après les petits dégoûts de tout à l'heure. Son grand œil noir avivé par le *kohl* est bien celui d'une odalisque ou d'une gazelle. Son vêtement mérite attention. Elle porte un long et large pantalon d'un jaune tigré de rouge, formant collerette au-dessus d'un pied mignon qui lutine une babouche brodée toujours près de fuir ; une veste de soie bleu de ciel, galonnée d'argent et s'ouvrant par devant sur une chemise de gaze transparente ; autour de la taille, une ceinture de soie rayée ; au cou, des colliers de poissons d'or et autres pendeloques bruyantes. Enfin, au sommet de la tête et fort en arrière, une calotte d'orfévrerie cousue sur un tarbouch d'où s'échappe à longs flots la chevelure noire étoilée de sequins d'or ; le tour de la tête, le haut du visage jusqu'aux sourcils, en portent qui bruissent comme des écailles au front d'une chimère et battent les tempes au moindre mouvement, donnant ainsi à la physionomie une haute et piquante saveur orientale et judaïque, demi-fée, demi-serpent.

On lui fait mille compliments qu'elle accepte sans gaucherie ni orgueil ; elle s'approche de nous et vient causer familièrement, avec gentillesses et manières d'enfant. Puis la danse commence. Elle dénoue sa ceinture et dégage sa taille élancée. Le vieux nègre a rajeuni ; il tourmente son tambourin, dont les coups plus vifs et plus coquets viennent toujours couper à syncopes ce petit flottement de voix insaisissable comme le chant de la bouilloire, et qui provoque chez la danseuse quelques tremolo de hanches rapides comme le frisson. Les jambes fléchissent en mesure et se redressent gracieusement, pendant que les pieds, incertains, semblent chercher et caresser le sol.

Le torse ondoie et se balance ; les bras s'enguirlandent autour de la tête, qui, renversée en arrière, agite ses sequins d'or sous les crotales de cuivre au timbre excitateur. La danseuse avance et recule à petits pas, tourne sur elle-même, et dans chacune de ces figures trouve une grâce nouvelle. Les mouvements s'accélèrent ; la région demi-nue des hanches et du ventre exécute des mouvements d'une précision et d'une force qui seraient horribles à voir, sans cette harmonie, cette aisance, cette convenance parfaites de tous les gestes que n'avaient pas les autres *ghawâzy*. On peut l'affirmer, de même que les *Vénus antiques* sont pudiques et que bien des portraits de grandes dames mises à la dernière mode le sont moins, de même les pas d'Habibèh, quoique *sans fard*, sont plus décents que bien des figures de danses qui se tolèrent chez nous publiquement.

En un mot, c'est de l'art véritable, et, pour qui le comprend, l'art voile, relève ou ennoblit les choses dont la nature ne s'oppose pas absolument à la sienne. La naïveté, la bonne foi, sont les éléments qui lui conviennent ; aussi les coutumes populaires et primitives sont-elles pleines de poésie et d'un art qui s'ignore lui-même, tandis que les civilisations raffinées le mettent en fuite en le cherchant souvent.

Nous ne pouvons décrire tous les tours de force et de grâce qu'accomplit la jeune fille dans les différentes pantomimes qu'elle exécute ; ce sont toujours des variations du même thème.

Sentant qu'elle a conquis son public, Habibèh veut se surpasser dans une danse plus savante. Plus irrésistible encore que Salomé la danseuse, à qui le roi Hérode ne sut rien refuser, elle aperçoit, hélas! dans les mains de M. de C***, notre doyen, une canne vénérable qu'il affectionne particulièrement et ne quitte jamais ; elle la lui demande, la lui ravit, et de son air virginal exécute à l'aide de cette canne, qui lui sert de support, une danse si échevelée, si étonnante et si passionnée, qu'à la fin M. de C*** détourne les yeux et répudie son bâton de vieillesse, qui lui paraît déchu de son caractère et restera peut-être ensorcelé au point de se mettre à danser devant lui comme Habibèh. Ce joli démon s'en saisit aussitôt... Et voilà comme, dit-on à Rome, petit moment d'oubli peut bailler grosse damnation !

Il nous restait à demander discrètement un dernier exercice, non moins hasardeux, mais bien plus célèbre : c'est la fameuse *danse de l'abeille*. La danseuse se suppose piquée par une abeille, et, tout en dansant, la poursuit dans ses vêtements, qu'elle est bien obligée d'enlever depuis le premier jusqu'au dernier inclusivement, toujours cherchant ; quand elle l'a trouvée, elle les remet, dit-on, consciencieusement et en cadence. Tout ceci, bien entendu, n'est qu'un motif à pantomimes très-gracieuses, à gestes très-naïfs et très-chastes, puisque la danseuse est forcée, pour bien faire, d'ignorer qu'on la regarde.

Au mot d'*abeille*, la dame du lieu enlève Habibèh en criant qu'elle ne dansera plus, « même pour son pesant d'or ». Nous l'approuvons ; mais, avec des promesses, on décide la meilleure des autres danseuses à se sacrifier et à nous montrer ce que c'est que l'*abeille* tant vantée. Par pudeur, elle renvoie ses compagnes et le vieux nègre aveugle, lequel paraît ne s'en aller qu'à regret.

Plus embarrassée que confuse, elle exécute on ne sait quelle sauterie absurde en hurlant un refrain ridicule. Les vêtements disparaissent, mais l'art et la grâce ne viennent pas ; évidemment elle ne sait pas danser l'*abeille*, elle ne connaît que le *bakhchîch* et ne nous offre qu'un spectacle fait pour des barbares. Plus mal à l'aise qu'elle-même, et bien avant qu'elle eût trouvé son abeille, nous la priâmes de ne plus la chercher et tournâmes le dos, pleins de commisération.

Il paraît au reste que cette danse, la plus gracieuse de toutes, est en voie de disparaître ; ses traditions se perdent, remplacées par celles d'opéra : l'*abeille* s'est envolée devant les nuées de *sauterelles !*...[1]

---

[1] Puisque nous ne pouvons décrire l'*abeille*, prenons au moins le récit très-saisissant d'un voyageur et d'un artiste mieux partagé que nous : « C'était la nuit, dit-il, au fond d'un bouge ; une veilleuse suspendue au plafond, quelques bougies dans des

On nous assure que les *ghawdzy* finissent souvent très-bien ; elles amassent un pécule honnête, se marient confortablement, commandent à leurs maris et ne sont plus déconsidérées. Cela se comprend assez dans un pays où la femme n'est souvent qu'un objet de caprice et de propriété ; aucun état ne la déshonore : c'est le bon revers d'une chose triste.

Aux bazars, grande animation, puis grandes richesses pour nous : bracelets et colliers d'orfèvrerie ancienne, torsades de poil de chameau garnies de fils d'argent, délicieuses abbayèh blanches brodées d'arabesques sur les bords, et que l'on offrira à ses nièces, à ses sœurs, ou même à ses fiancées peut-être !..

Drapés nous-mêmes de la longue abbayèh fauve et rayée des patriarches, nous nous mêlons encore à la foule circoncise qui se porte au-devant de la procession du Prophète.

C'est une effrayante cohue de fanatiques et d'énergumènes qui se ruent par les ruelles tortueuses, à la poursuite des étendards verts brodés d'or que l'on conserve à Tantah depuis Amrou et que l'on y promène deux fois l'an à l'occasion des fêtes ; c'est à qui approchera le plus près de la hampe des bannières, aux pointes desquelles flamboie le monogramme de Mahomet découpé dans le fer doré. Tout cela hurle « *Allah !* » en cadence, et passe comme

bouteilles, éclairaient seules la scène. Sur un divan, la matrone jouait du *tarabouch*. Au fond, un musicien septuagénaire raclait le violon monocorde ; un jeune garçon, les yeux à moitié fermés par l'ophthalmie, tirait d'une flûte double des sons aigus. *Saloûm* et *Saffièh* dansèrent tour à tour les pieds nus, et tour à tour celle qui se reposait, battait la mesure avec les mains et se rafraîchissait de quelques gorgées d'*araki*, c'est-à-dire d'eau-de-vie blanche. Elles dansèrent vêtues, elles dansèrent le torse dénudé, elles dansèrent le *sabre*, et enfin l'*abeille*, jetant pièce à pièce leurs vêtements pour saisir l'insecte dont elles feignent d'être poursuivies. Quand l'*abeille* commença, les musiciens se retournèrent, la face contre le mur. Au dernier acte, lorsque le beau corps des danseuses se montra sans voiles, ce ne fut qu'un éclair, mais c'en fut assez pour illuminer la mesure. *Saffièh*, presque aussitôt, cacha son visage avec les mains, et *Saloûm* se jeta, tête baissée, dans les coussins du divan. Elles étaient femmes, et l'infamie du métier n'avait pu, chez elles, étouffer la pudeur. Mais surtout elles étaient d'admirables statues, l'une de la blancheur colorée du marbre antique, l'autre fauve et dorée comme un bronze florentin. » (L. Lagrange, *Gaz. des Beaux-Arts*, 1864.)

un tourbillon, comme un rêve fantastique, comme le vol des sorcières du Brocken. Et l'on a entrevu des choses disparues qui font fermer les yeux : d'horribles serpents ruisselant sur le cou terreux de *psylles* ou charmeurs ; des bouches humaines mâchant du verre ensanglanté et montrant les dents ; des enfants livides, nus et ventrus comme des gnomes, hurlant à cheval sur des têtes humaines à turbans verts ; des spectres jaunes et maigres qui se flagellent... Le flot débouche en courant dans la ruelle, roule comme un torrent qui écume en battant ses rives, et disparaît avec des mugissements.

Ces cérémonies étranges sont de la plus haute antiquité, et Mahomet, loin de les faire disparaître, en a hérité : « Dieu est Dieu, disent judicieusement nos soldats d'Afrique, et Mahomet en profite... » C'est ainsi qu'ils se permettent de traduire le sacramentel : « Dieu est Dieu, et Mahomet est son prophète. »

Le dernier objet bizarre que nous voyons en laissant Tantah est une femme *santon*, c'est-à-dire une folle (ou soi-disant) réputée *sainte*, par compensation ; car, selon la croyance populaire, les fous et surtout les idiots sont des créatures d'élection dont l'âme et l'esprit ont été d'avance retirés de ce bas monde, pour aller vivre dans le sein d'Allah, qui leur accorde une grande influence sur le sort des mortels toujours prêts à les invoquer au ciel, et, sur terre, à leur octroyer toutes les libertés imaginables. Couverte d'habits étranges, cette sainte gambade sur la place en chantant à tue-tête et en distribuant à tous venants, selon le rite de Bedawi, de grands coups de *courbache* qu'ils reçoivent avec onction ; évitant ses bénédictions, nous regagnons l'embarcadère. Devant la porte se tient un autre saint qui ne cesse de gémir sur le nom d'Allah et fait avec sa tête un moulinet d'une violence à en faire sauter la cervelle et la raison, s'il en reste. On lui jette un *bakhchîch* : le mouvement s'arrête, l'homme ramasse, empoche, et remercie fort sensément avec des yeux très-calmes et nullement égarés ; puis, après une courte pause, il reprend son délectable exercice. Quel arrimage merveilleux il faut qu'Allah établisse sous le turban de ses fidèles !

Nous allons de nouveau chercher notre vie à Kafr-Zayad, et, revenus vers minuit au Kaire, nous pensons avec délices à la journée du lendemain qui sera consacrée au repos, aux flâneries, aux impressions de voyage à fixer pour aujourd'hui et les jours passés; enfin, on songe à la journée du surlendemain 3 janvier, où nous devons, avec M. Mariette, explorer Memphis et le Sérapéum de Saqqarah, lieu saint où dorment les soixante-quatre *Apis*, perdus pendant 1500 ans et retrouvés depuis quelque temps.

A cette pensée, chacun court avec transport s'engloutir et disparaître dans les flots transparents de sa moustiquaire, à travers lesquels le petit bourdonnement strident des *zanzari* semble vouloir nous bercer, en murmurant toujours quelques sons de ce nom magique : « Memphis !... Memphis !... »

MUSICIENS ÉGYPTIENS.

MEMPHIS

ET SAQQARAH

« Memphis élève à peine un murmure confus... »
(V. Hugo, *Odes*, IV, 3.)

3 janvier 1865.

La longue chevauchée déserte que l'on doit accomplir pour aller de l'Esbekièh à Boulaq se fait aux étoiles, sous les cris des oiseaux de nuit et au milieu des fantômes de chiens errants qui se pourchassent et s'évanouissent dans les collines de décombres dont la campagne est sillonnée.

Il est près de sept heures du matin quand nous faisons notre entrée dans la cour du musée; la nuit règne encore, mais elle est si brillante, qu'on distingue parfaitement la rive opposée du Nil, sur celle-ci le bateau qui chauffe, et sous les arbres la grande ombre de M. Mariette qui s'agite en nous attendant. Il nous serre impétueusement les mains et nous précipite aussitôt, par le petit escalier du quai, sur le pont de son navire, couvert heureusement de divans excellents qui en font, comme les terrasses des palais égyptiens, un véritable salon à la belle étoile.

Nous voici donc lancés pour la première fois sur le Nil et à cette heure délicieuse où tout s'éveille, change et s'illumine de minute en minute. Rien ne peut donner une idée du charme divin répandu sur ces paysages de l'Égypte renaissante : le cours du Nil, dès qu'on y entre, prend une majesté, une ampleur qu'augmentent au crépuscule les obscures et mystérieuses profondeurs de ses courbes. L'eau est sombre encore sous nos pieds, mais au loin elle va se couvrant de reflets clairs et moirés qui révèlent les approches du jour.

Bientôt les rives grisâtres se précisent, s'imprègnent de lueurs roses qui, çà et là, font briller leurs sables humides, comme de la poussière d'or. Les palmiers, en dessinant plus nettement leurs ravissantes silhouettes, semblent s'avancer sur un fond tout de rose, de nacre et d'un mélange de nuances indéfinissables qui se fondent graduellement, puis s'évaporent à l'apparition du soleil, dans le sein d'une atmosphère limpide et fraîche. C'est naïf, pur, calme et grandiose comme le génie de l'Égypte; on y sent l'éternité radieuse et le réveil jamais maussade. La température est délicieuse, et nos minces abbayèh sur nos vêtements de printemps nous suffisent contre la brise et la rosée.

Çà et là s'éparpillent, comme des flocons de duvet posés sur l'eau, les voilures des djermes égyptiennes qui s'inclinent et s'enflent au vent sur leurs antennes obliques à courbures gracieuses. Nous côtoyons le Kaire, qui se mire dans le fleuve en s'éveillant; son murmure, qui grandit, nous arrive porté sur les eaux, du milieu de ses dômes, de ses minarets aux cimes toutes réjouies de lumière, et de ses bosquets qui percent entre les édifices ou viennent se pencher sur le fleuve, tout perlés de rosée. A droite, derrière les villages qui bourdonnent déjà comme des ruches, derrière les oasis de dattiers, surgissent à l'horizon les pyramides de Gizèh, dont les masses roses et violettes étincellent de lumière au-dessus des rideaux de sombre verdure. Longtemps après avoir dépassé le Kaire, on aperçoit encore les cimes rocheuses du Mokattam rougissant aux feux du soleil levant qui les piquent de points brillants, tandis que de fines marbrures d'un bleu pâle dessinent leurs ombres naissantes.

Au fur et à mesure que le soleil nous échauffe, la conversation s'anime; le bey petille de verve et d'originalité à soubresauts, et il s'établit entre nous un feu roulant d'idées vives qu'alimente brillamment M. Sciama, ingénieur de l'isthme, dont le charmant esprit sait rendre ineffaçables les moindres incidents d'un voyage en commun. Un excellent déjeuner de campagne venait d'être tiré de grands paniers de famille que l'on ne soupçonnait pas d'exister, quand le bateau s'arrêta tout à coup comme foudroyé : il a heurté le fond du fleuve, et nous voici du même coup jetés à la renverse et *engravés*. Mais personne ne s'émeut : Arabes ou fellahs courent aux gaffes, poussent en cadence, chantant sur un mode plaintif ces vieilles mélopées qui ont bercé à leur naissance tous les monuments et les métropoles de l'ancienne Égypte, et leur survivent toujours. L'Égyptien ne fait pas un effort manuel sans pousser son cri doux et triste, comme celui de certains animaux qui se cachent et n'élèvent l'unique note de leur voix que le soir dans le silence. Ne sont-ils que deux, ils se répondent en modulant sur le nom d'Allah, auquel ils semblent offrir leurs efforts en litanies.

Revenus à la vie et au mouvement, nous pouvons bientôt mettre pied à terre sur le rivage de *Bedreichyn*, qui fut autrefois le quai de Memphis, et nous entrons sous un immense bois de palmiers où de grands oiseaux de proie s'élèvent en tournoyant vers la fraîche lumière qui se joue dans les hautes branches.

En avançant, quelle surprise ! les digues sont rompues, l'inondation du Nil s'étend à perte de vue, le fleuve sacré règne sur la plaine. On ne voit de tous côtés qu'îlots de palmiers jetés sur des lacs sinueux, dont les méandres s'arrondissent en formant des golfes charmants et des promontoires où le dernier palmier du groupe vient pencher sa tête au-dessus des eaux.

Ici la nappe de ces eaux fécondes s'étale, s'élargit et s'endort sur cette vieille terre qu'elle enrichit en regardant le soleil. Là elle se resserre et fuit entre deux pointes boisées qui se contemplent, pour aller s'épanouir plus loin. Par cette échappée on aperçoit encore des lagunes sans nombre, la plaine brune et fertile qui envahit les tertres croulants de Memphis, puis le désert, puis les pyramides, comme lui éternelles et muettes.

Ainsi, quelques monticules de terre, quelques pans de briques retournant en poussière, des huttes de fellahs sous les dattiers, quelques statues royales gisant sous la vase, puis, bien loin dans les sables éternels, un cordon de pyramides grandes et petites enserrant la plaine déserte, voilà tout ce qu'il reste de Memphis, de cette cité géante, la plus ancienne capitale de l'Égypte et du monde peut-être! Là, où le bruit de la fourmilière humaine ne s'est pas arrêté pendant des milliers d'années, tandis que tout dormait ailleurs, règne aujourd'hui le silence d'un monde primitif.

En effet, sauf ces tertres de briques crues presque méconnaissables, aucun débris n'apparaît au dehors, et l'on pourrait traverser Memphis sans se douter que ce lieu fut jadis autre chose qu'une solitude. Champollion le jeune dit cependant que de son temps on reconnaissait ici l'emplacement d'une grande cité aux blocs de granit qui déchiraient çà et là sa surface; mais il prévoyait déjà leur disparition prochaine, car les alluvions du Nil montent comme une marée qui finit par tout engloutir[1]. Il est de fait que M. Mariette, dans ses fouilles de 1853, a trouvé sous terre d'énormes soubassements, des architraves colossales, des colonnes monolithes de quarante pieds, qui montrent que Memphis n'a pas été complétement absorbée par les constructions arabes du Kaire. La disparition s'est faite petit à petit, au fur et à mesure que cette ville nouvelle s'embellissait : dans ses édifices, on retrouve en effet les matériaux de Memphis reconnaissables aux cartouches des pharaons qui les firent extraire et aux marques de carrière qui en désignent la destination; quelques-uns, restés longtemps en chantier, portent les cartouches de trois règnes successifs.

Au XIIIe siècle, les ruines de Memphis étaient encore splendides; on le sait par une relation fort savante d'un célèbre médecin arabe de Bagdad, nommé *Abd-Allatif*, et qu'a traduite

---

[1] *Lettres écrites d'Égypte et de Nubie en 1828 et 1829*, par Champollion le jeune. Nouv. édit. Paris, Didier, 1868, in-8°.

Sylvestre de Sacy. En ce temps-là il fallait encore, dit le voyageur, une demi-journée de chemin en tout sens pour traverser les ruines apparentes de Memphis. Selon son expression, « c'est une réunion de merveilles qui confond l'intelligence et que l'homme le plus éloquent entreprendrait inutilement de décrire. Plus on la considère, dit-il, plus on sent augmenter l'admiration qu'elle inspire, et chaque nouveau coup d'œil qu'on donne à ses ruines est une nouvelle cause de ravissement. A peine a-t-elle fait naître une idée dans l'âme du spectateur, qu'elle lui suggère une idée encore plus admirable ; et quand on croit en avoir acquis une connaissance parfaite, elle vous convainc au même instant que ce que vous aviez conçu est encore bien au-dessous de la vérité. »

Abd-Allatif rapporte qu'entre autres merveilles, on voyait dans un temple magnifique la fameuse *chambre verte*, bloc de granit rose de neuf coudées de hauteur, de huit de long sur sept de large, et creusé en forme de niche dont les parois avaient deux coudées d'épaisseur. C'était un de ces *naos*, ou tabernacles monolithes, que l'on plaçait au fond des sanctuaires pour y garder quelque statue de dieu, et dont Hérodote vit à Saïs un exemplaire plus colossal encore, car, selon les mesures modernes, il n'avait pas moins de 11 mètres dans un sens et devait peser près de 500 000 kilogrammes [1].

[1] La coudée arabe est une mesure variable, mais on peut lui attribuer en moyenne une longueur d'un peu plus de $0^m,50$. — Les voyageurs ou historiens arabes du moyen âge, et notamment *Abd-Allatif* et *Aboul-Faradj* (xive siècle), parlent avec admiration du *naos* ou *chambre verte* de Memphis ; ils disent qu'elle *est verte comme le myrte*, et que les autres monuments de la ville sont couverts « d'une huile verte ou d'une autre couleur qui s'est conservée intacte sans avoir été altérée pendant un si long intervalle de temps, ni par le soleil, ni par les intempéries de l'air ». Ils confirment par là un détail intéressant, assez difficile à reconnaître aujourd'hui : la gravure en creux des hiéroglyphes étant peu visible sur le granit rose, les Égyptiens la couvraient d'une peinture qui en faisait ressortir le dessin. On en reconnaît des traces très-sensibles sur les hiéroglyphes du sarcophage de granit rose de Ramsès III, au musée égyptien du Louvre ; on y verra encore un beau spécimen de *naos* monolithe de dimensions ordinaires (D, 29), qui est à peu près contemporain de celui du roi Amasis dont parle Hérodote, et que le voyageur grec a pu voir aussi en visitant Saïs. (Hérodote, II, 175.)

Il y avait « nombre de piédestaux établis sur des bases énormes », de grands pans de murailles encore debout, une immense porte monumentale dont les murs latéraux étaient faits d'une seule pierre, et dont l'architrave, également monstrueuse, était tombée devant le seuil; puis des figures de toutes sortes, parmi lesquelles on remarquait deux lions colossaux se faisant face; enfin, un colosse humain haut de plus de trente coudées, sans compter le piédestal, et d'une largeur de dix coudées. Aussi les habitants de ces ruines contaient à Abd-Allatif, et il les excusait de le croire, que ceux qui avaient élevé toutes ces choses étaient des géants, qu'ils vivaient des siècles et usaient de pouvoirs magiques sans limites. Ainsi le prestige dont les pharaons avaient voulu frapper l'imagination du peuple leur survivait encore [1].

Le colosse dont parle Abd-Allatif pourrait bien être celui qu'on voit encore ici, lorsque l'immersion des terres a cessé. Par les inscriptions qui l'accompagnent, on sait que ce colosse représente Ramsès II le Grand, le contemporain de la jeunesse de Moïse, et celui dont la mémoire a le plus contribué à former la figure composite du Sésostris légendaire de la tradition [2]. Nous

---

[1] Il est intéressant de comparer les récits naïfs, et au demeurant pleins de charme, de Villehardouin, de Robert de Clary et de Joinville, à la relation si judicieuse, si savante, et l'on pourrait dire si moderne, de leur contemporain lettré Abd-Allatif : on croit reconnaître, sur l'esprit de celui-ci, l'influence de la littérature et de la méthode des Grecs anciens, dont les Arabes avaient recueilli l'héritage avec passion et profit. Point de superstition ni de crédulité chez le médecin de Bagdad ; il décrit les hiéroglyphes, et ne croit pas, comme le vulgaire, que ce sont des dessins de fantaisie ou des signes cabalistiques ; il y devine la présence de textes d'une haute importance et d'un sens profond, sur lequel il n'élève point de théorie, ni ne répète de fables. Il juge la statuaire égyptienne en savant anatomiste et en saisit tout de suite le côté fort, c'est-à-dire la justesse de proportions et la vérité dues à une étude intelligente de la nature. Toutes ses observations enfin le conduisent à faire de la civilisation égyptienne un tableau qui est resté vrai.

Ce qui indigne Abd-Allatif, c'est le vandalisme, et il ne tarit pas en malédictions contre les *chercheurs de trésors* qui minent les fondations de tous les monuments et provoquent ainsi leur chute. Il attribue même en partie la destruction de Memphis à la cupidité infatigable des Arabes, qui croyaient que les monuments, et surtout les colosses, recélaient des trésors dont ils étaient les gardiens, et qu'en les mutilant, ils les privaient du pouvoir de se venger.

[2] Voyez page 74, note 3.

n'avons pu le voir à cause de l'inondation, mais nous en possédions heureusement une reproduction photographique excellente, faite par Devéria lors de son précédent voyage : c'est une admirable figure d'une expression fine, douce, majestueuse et forte à la fois. Cette belle statue du roi le plus constructeur, le plus guerroyeur et le plus puissant de l'Égypte ancienne, est couchée dans un endroit perdu, face contre terre, et passant obscurément la moitié de l'année sous l'eau qui la ronge.

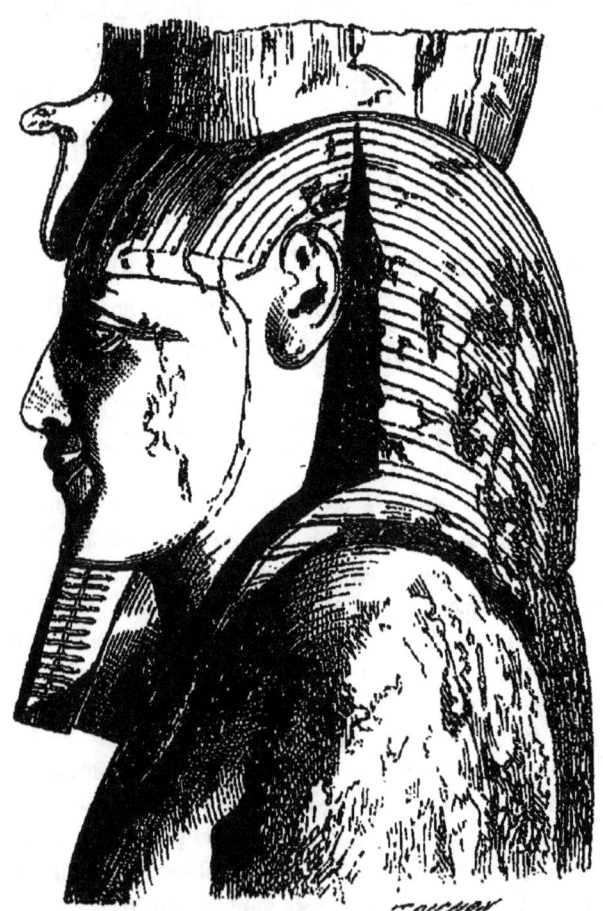

Colosse de Ramsès II, dit Sésostris, a Memphis.
(D'après une photographie de Th. Devéria, de la collection inédite de M. Henry Pereire.)

En résumé, il y aurait six mille ans au moins, un roi rénovateur et réorganisateur, Ménès (que la postérité accusait d'avoir déjà corrompu le peuple par l'amour du luxe!), détourna le Nil, qui coulait à l'occident près des monts Libyques, pour le rejeter à une lieue au delà vers l'est ; et sur cette plaine conquise et assainie où nous sommes, il fonda cette ville immense de *Men-nefer, le bon port*, ou *la bonne place*, qui fut Memphis, et pendant plus de quatre mille ans vit passer sur son sol tous les peuples connus de l'Afrique, de l'Asie et de l'Europe. Rome, la ville éternelle, n'aura trois mille ans que dans près de quatre siècles, et elle n'en avait pas mille quand celle-ci cessait déjà d'exister. Qui nous dit même qu'au Xe siècle de notre ère, Rome n'était pas plus misérable d'aspect et plus ruinée que Memphis? Mais Rome se survivait, car elle avait su faire passer son souffle puissant de la tête des Césars sur celle des Papes. Memphis, enfermée dans son vieil esprit hiératique, ainsi que Rome le fut plus tard, avait pâli et disparu devant Alexandrie, la cité du mouvement et du renouvellement incessants [1].

Or, tandis que nous écoutions M. Mariette tout en côtoyant les rives et en franchissant les isthmes des lagunes, des porteurs de mauvaises nouvelles, parlant tout bas, se succédaient auprès de lui. On nous annonce à la fin une chose sinistre : les eaux ont emporté les digues, et avec elles le chemin qui relie la plaine de Memphis à la nécropole de Saqqarah et au Sérapéum ! « — En ce cas, dit le bey faisant volte-face, retournons au Kaire ! » Et le voilà qui se dirige à grands pas vers le Nil... Moment d'angoisse, de silence et d'immobilité. Mais M. Sciama, toujours irrésistible, et

[1] D'après la relation de Diodore corroborée par l'inspection des lieux, Memphis devait avoir près de 28 kilomètres de circuit ; la ville occupait toute la plaine entre le Nil et la chaîne libyque qui courent parallèlement du N. au S., et elle avait ainsi une largeur d'environ 5 kilomètres de l'O. à l'E. Du N. au S., elle pouvait se développer davantage et son noyau devait avoir un diamètre de 10 kilomètres. L'aspect du Nil semble donner raison à la tradition du détournement de son cours par Ménès : Hérodote, qui en parle, place le point de cette déviation artificielle à 100 stades au S. de Memphis (18 kilomètres et demi). Or, à cette distance à peu près, au village de *Kafr-el-Ayàt*, le fleuve fait un coude considérable vers l'E. et s'éloigne des collines rocheuses de la chaîne libyque. — Le nom de Memphis se retrouve dans celui de *Tel-Monf* porté par un des hameaux construits sur le site de la ville antique, dont la distance au Kairé (Boulaq) est d'environ 26 kilomètres par le Nil.

Devéria persuasif, entourent le bey, le conjurent de tenter au moins le passage; nous nous joignons à eux, nous entraînons ce groupe qui porte notre sort en sa triade... Bref, un instant après, nous chevauchions allègrement sur nos ânes derrière le cheval blanc de M. Mariette, en suivant la crête d'une de ces digues qui se détachent de la rive du Nil et courent en serpentant au milieu des eaux, vers les plateaux rocheux du désert de Saqqarah.

Nous voyons, en passant près du village de *Mit-Rahinèh*, les restes de l'immense enceinte de briques cuites au soleil qui renfermait les édifices sacrés, et probablement aussi la demeure du taureau Apis, ce célèbre temple de Phtah, élevé par Ménès, embelli par toutes les dynasties de l'Égypte, et à l'entrée duquel devait se dresser le colosse de Ramsès II, gisant aujourd'hui au milieu de ses décombres.

Des huttes de terre battue se sont blotties à l'abri de l'inondation sur ces restes informes, que les habitants rongent comme des rats pour en tirer le *sebakh*, cet engrais puissant que fournissent les briques décomposées, mêlées de paille et de détritus de toutes sortes accumulés depuis des siècles par des générations d'hommes et d'animaux.

Au pied de la digue où nous marchons, la terre, encore ruisselante de l'eau du Nil, reluit au soleil; des fellahs, demi-nus, et brunis comme le limon dont ils semblent pétris, puisent des semences dans des *couffes* ou corbeilles de palmier, tandis que des buffles, attelés comme aux âges pastoraux, se meuvent péniblement sur le sol détrempé pour y enfouir le grain.

Plus loin nous traversons le Bahr-Yousef, canal de dérivation naturel qui se relie à d'autres canaux du même genre dont le système fertilise toute la rive gauche depuis la haute Égypte. C'est au pied des escarpements rocheux de Saqqarah, c'est-à-dire aux confins de l'Égypte habitable, que nous attendait l'épreuve de la journée, l'obstacle qui avait pu et pouvait encore l'abréger et la perdre. En cet endroit, la chaussée qui nous conduit est coupée, anéantie sur une longueur de plus de cinq cents pas, et par cette brèche se précipitent joyeux un torrent d'eau et une trombe de vent.

Mariette-bey triomphait et semblait dire : « Vous voyez bien ! » Et en effet on voyait la violence de l'eau enlever à chaque instant de gros fragments au tronçon de digue sur lequel nous étions comme à l'extrémité d'une jetée. Mais notre doyen M. S***, qui connaît à fond les torrents, puisqu'il en a écrit l'histoire, déclare qu'il ne reculera pas devant celui-ci.

Un signe rapide du bey fait sortir de terre des fellahs, vrais colosses de bronze florentin, ses génies familiers, qui en un instant nous improvisent un radeau. M. S*** s'y précipite le premier; Henry et Rhoné s'y jettent après lui. C*** nous rejoint, et nos fellahs, nageant comme des dauphins, nous remorquent en soufflant. Le radeau, heurté par la vague, tremble sous nos pieds, mais il tient bon. On lui fait suivre un long détour pour éviter la force du courant, et l'on gagne une anse écartée où le flot qui dort nous porte doucement sous les palmiers de la rive. Les fellahs nous prennent alors sur leurs épaules avec une délicatesse féminine, et déposent avec soin ces légers fardeaux sur le sable sec, comme s'ils craignaient de les briser.

Le radeau repart, et M. Sciama, Devéria et le bey s'aventurent à leur tour. On voit la silhouette imposante de ce dernier raser l'eau, grandir, écraser un fellah ou deux, et retomber sur le rivage où nous attendons. Puis nous gravissons, derrière nos égyptologues, les rampes de ces hautes collines de sables et de rochers qui mettent fin à la plaine cultivée, et où se retranchèrent jadis, à l'abri de l'inondation, les *demeures éternelles* des plus anciens de la terre de *Misraïm*[1].

Tout en montant, la vue se découvre : le Nil s'épanche au milieu de son lit verdoyant qu'encadre le rideau vaporeux et brillant de ces monts arabiques d'où jadis furent tirés les matériaux

---

[1] La nécropole de Memphis est aujourd'hui désignée par le nom du village de Saqqarah, le plus considérable de la plaine que nous venons de traverser et aussi le plus voisin du plateau sur lequel sont les tombeaux. (Voyez le plan n° 1, p. 216.)

géants de la métropole. A nos pieds, dort l'immense plaine de Memphis couverte d'eau où se mirent les oasis immobiles à la sombre verdure. Dans les airs, un silence infini et des torrents de lumière où flotte un monde de souvenirs.

Parvenus au sommet de la montagne, nous tournons le dos à la plaine pour nous enfoncer dans ce chaos de la mort où tout, au premier aspect, n'est qu'incertitude et confusion : on heurte à chaque pas quelque débris méconnaissable, quelque vestige incompréhensible que le sable a recouvert comme d'un suaire. Le sol est jonché de tessons, de bandelettes, et l'on fait rouler en passant plus d'un vieux crâne qui a possédé les secrets tant cherchés des âges fabuleux.

LA GRANDE PYRAMIDE A DEGRÉS,
de Saqqarah.

Derrière une des cimes désolées, nous apparaît la grande *pyramide à degrés* (plan n° I, *a*, page 216), la reine funèbre de Saqqarah et le plus ancien monument connu de l'Égypte, puisque remontant à la 1re dynastie, il a précédé les pyramides de

Gizèh et doit compter aujourd'hui de six à sept mille ans. La construction en est fruste, primitive, faite de matériaux qui ne sont pas de dimensions colossales encore, et forment six ou sept immenses gradins où le sable s'amoncelle et se repose quelques siècles peut-être, avant de reprendre son vol éternel vers le Sahara ou vers le Sinaï.

Qu'est-ce donc que cette primitive ébauche de pyramide ? Quel est son secret ?

« — Ce n'est pas une tombe royale comme les autres, nous dit M. Mariette : c'est plus que cela, c'est la tombe d'un dieu ! » — Et comme si notre initiation préalable ne leur paraissait pas suffisante pour comprendre encore ce grand mystère, lui et Devéria s'abstinrent pour le moment de nous donner d'autres explications.

Tout en se dirigeant vers le Sérapéum ou cimetière souterrain réservé aux taureaux Apis, M. Mariette nous fait parcourir le dédale des ruines, des excavations et des édicules à demi noyés dans le sable qui sont les restes de la nécropole de Memphis. Aucun lieu en Égypte ne contient un plus grand nombre de tombes de l'Ancien-Empire, ni de plus intéressantes ; or, c'est par ces monuments seuls que nous pouvons arriver à nous faire une idée de ces époques reculées, puisqu'elles ne nous ont laissé ni manuscrits, ni inscriptions officielles.

Sur l'ordre du bey, des Arabes grattent, fouillent, remuent le sable, et en un instant déblayent quelques entrées de mausolées qui paraissaient enfouies et obstruées pour jamais. A notre grande surprise, nous nous trouvons, en descendant quelques marches, au milieu de jolies salles assez spacieuses et décorées de peintures encore fraîches retraçant tous les incidents de la vie privée de ceux qui vivaient sous les premières dynasties, c'est-à-dire il y a six mille ans. Dès le premier abord, on reconnaît que tout y est conçu avec un soin, une solidité et un luxe qui semblent faits pour défier le temps et l'ennui, et que ces tombeaux méritent bien le nom de *bonnes demeures* qu'on leur donnait.

« Ceci, nous dit M. Mariette, est l'effet d'un principe dominant qui resta le même à toutes les époques : les Égyptiens croyaient à la résurrection de la chair, et pour eux la vie ne cessait pas à ce passage qu'on appelle la mort. Au jour donné, l'individu devait renaître dans l'autre monde (l'Amenti) en esprit et en chair, comme il avait vécu dans celui-ci. Seulement il ne devait plus craindre la douleur, ni connaître le mal. De là cette pratique de la momification des corps; de là aussi ces constructions massives des nécropoles : il faut que le défunt soit à jamais à l'abri des mains sacriléges qui viendraient briser et disperser ses membres. Les grandes pyramides ne sont en ce sens que des précautions gigantesques. Vous voyez par là, ajoutait-il, que chez les Égyptiens tout est mis en œuvre pour conserver la momie, et je ne mets pas en doute qu'il n'y ait encore aujourd'hui, en Égypte, des momies qui sont si bien cachées, que *jamais* elles ne reverront le jour [1]. »

Ce principe fondamental étant bien connu, il devient intéressant d'examiner en détail ces curieux monuments. Tout en observant comment les constructeurs égyptiens satisfaisaient au programme donné, nous serons initiés au caractère intime de ces époques reculées qui, dans l'état actuel de nos connaissances,

---

[1] Cf. P. Pierret, *Le dogme de la résurrection*, etc., p. 10 : « ... Il faut, dit-il, qu'aucun membre, aucune substance ne manque à l'appel ; la renaissance est à ce prix : « *Tu comptes tes chairs qui sont au complet, — intactes* » (Texte funéraire égyptien). » — « *Ressuscite dans To-deser* (la terre sainte ou de préparation, région où se prépare le renouvellement), *momie auguste qui es dans le cercueil. Sont tes substances et tes os réunis à leurs chairs et tes chairs réunies à leur place; ta tête est à toi, rétablie sur ton cou, ton cœur est à toi...* » (Stat. funér. osirienne du Louvre). Aussi le mort a-t-il bien soin de demander aux dieux : « *Que ne me morde pas la terre, que ne me mange pas le sol.* » (Mariette, *Fouilles d'Abydos*.)

L'influence infinie attribuée à l'acte des funérailles sur la destinée future se retrouve pour des raisons analogues chez tous les peuples de l'antiquité; il suffit de rappeler entre autres les Juifs, les Grecs, les Romains, chez qui la privation de sépulture passait pour un malheur irréparable, réservé comme dernier châtiment aux plus grands coupables. Les premiers chrétiens eux-mêmes avaient la terreur des genres de mort qui détruisent le corps. Aussi était-ce par raffinement de cruauté ou pour ébranler la constance des martyrs, que leurs persécuteurs les condamnaient au bûcher ou aux bêtes féroces. C'est en vain que des esprits supérieurs, tels que Sénèque le philosophe ou saint Augustin, s'élevèrent contre ces terreurs et ces superstitions toutes païennes. — Voyez, dans la *Revue archéologique* de septembre 1874, *Les martyrs chrétiens et les supplices destructeurs du corps*, par M. Ed. le Blant.

représentent les débuts les plus lointains et les plus palpables des temps historiques de l'humanité.

La partie extérieure du tombeau est le *mastabah*, ou chapelle funéraire, construction élevée sur plan rectangulaire, aux murs massifs formés d'assises en retraite, et dont la hauteur peut atteindre 8 à 9 mètres et la longueur varier de 8 mètres à 50. Ces édicules sont jetés sans ordre dans le désert, mais leur façade est, à moins de quelque empêchement particulier, toujours orientée vers l'est, c'est-à-dire vers la région d'Horus, qui est le soleil levant et symbolise la résurrection, coutume qui fut observée dans l'antiquité chrétienne et le moyen âge. Le sommet du mastabah est une plate-forme unie, habituellement parsemée de vases de poterie grossière ayant contenu de l'eau du Nil et réunis par groupes d'une douzaine environ, au-dessus du vide des chambres intérieures, qu'ils aident ainsi à faire reconnaître avant même que l'on ait ouvert le monument.

L'intérieur d'un tombeau de l'Ancien-Empire se compose invariablement de trois parties, ou pour mieux dire de trois régions distinctes qui forment ce que l'on pourrait appeler une trilogie : on y trouve la *chambre* consacrée à la mémoire du défunt, le *serdab* ou corridor secret, et le *puits* invisible avec le caveau souterrain de la momie.

La chambre s'ouvre à l'est par la grande porte de la façade, et dans les tombeaux les plus luxueux elle est précédée d'une sorte de péristyle à colonnes. Toujours elle est surmontée d'une invocation à *Anubis*, dieu des nécropoles, pour lui demander d'accorder une bonne sépulture « après une vieillesse heureuse et longue », puis de faciliter au défunt le voyage des régions d'outre-tombe, et enfin d'assurer l'apport des *dons funéraires*, véritable service religieux fondé à perpétuité et auquel on semble avoir attaché une importance majeure[1].

---

[1] Le dieu Anubis (en égyptien *Anepou*), qui, selon la légende, avait présidé avec Horus aux soins de l'embaumement d'Osiris assassiné, était devenu le gardien, le protecteur-né des momies et des tombeaux ; son emblème était le chacal, animal qui hante les cimetières, et sa couleur était souvent le noir, celle du deuil. Cette

La chambre du tombeau restait accessible aux vivants, et les grandes pyramides mêmes ne faisaient point exception à cette règle : la pyramide était close et inviolable, mais à sa base s'élevait une chapelle ouverte au public, desservie par des prêtres et spécialement consacrée au pharaon défunt. On ne voit les tombeaux devenir des hypogées, c'est-à-dire des cryptes inaccessibles dont l'entrée même était *perdue* avec soin, que sous le Nouvel-Empire, plus de deux mille cinq cents ans après.

Au fond de la chambre d'entrée on trouve, invariablement dressée contre la paroi et recevant les rayons du soleil levant, une stèle souvent colossale et toujours couverte d'inscriptions, même quand les murs de la salle sont nus : elle en est donc l'objet principal, l'âme pour ainsi dire ; et cela se conçoit, puisque cette stèle a pour objet de perpétuer les noms et les qualités du défunt. Il est intéressant d'y observer les modifications que la langue et l'écriture subissent pendant cette seule période de quinze cents ans qui s'étend de la IVe à la VIe dynastie, et après laquelle s'ouvre le vide d'une première décadence. Les plus anciens hiéroglyphes sont grands, un peu gauches, sculptés en relief et parsemés de formes inusitées ou inconnues plus tard, qui témoignent d'une langue déjà formée, mais d'une idéographie encore archaïque ; la phraséologie est brève et les renseignements généalogiques font défaut. A la fin de la période, au contraire, les hiéroglyphes ne sont plus que gravés en creux, les formules se compliquent et s'alourdissent ; mais le langage a perdu une partie de son archaïsme : il y a progrès pour la langue, décadence pour tout le reste.

Sur les parois de la salle et à l'entour de la stèle qui forme centre, on voit se dérouler de véritables archives de famille sous la forme de bas-reliefs finement modelés et rehaussés de

---

figure de chacal couché, à la tête droite et attentive, que l'on voit sculptée sur le couvercle des coffrets funéraires ou gravée sur la cuve des sarcophages, représente donc le dieu Anubis dans son poste de vigilance et de protection . Aussi est-il habituellement armé du fouet symbolique. (Voyez page 187, note.)

vives couleurs : c'est le récit en image de l'existence toute pastorale du défunt, que ces sculptures semblent avoir pour mission de reconstituer à son intention. Pour nous, c'est une page de chronique nous initiant à la vie patriarcale et biblique de ces époques reculées où le monde sacerdotal et le monde militaire, la guerre spirituelle et la guerre sociale, semblent n'exister pas. Sous leur admirable climat, avec leurs mœurs naturellement douces et pacifiques, les habitants de cette pure et saine Égypte primitive vivaient bien et aimaient la vie ; aussi dans leurs tombeaux point d'idées lugubres, ni de terreurs religieuses encore ; point de représentations de dieux jaloux et vengeurs que l'on apaise à grand'peine, à grands frais, et que l'on flatte de son mieux. C'est l'âge d'or de la paix morale s'écoulant à l'ombre d'une foi très-simple et très-élevée : il semble que l'homme d'alors se sente pour toujours « *en de bonnes mains* », comme le dit sensément et spirituellement un noble esprit de notre temps, et, sans chercher autre chose, il s'y livre avec amour et confiance avant comme après la mort.

Aussi, dans son tombeau où sa personnalité est seule en jeu, dans sa chapelle dont il est le seul dieu, l'Égyptien n'est-il entouré que d'idées riantes et de tous les souvenirs chéris de sa vie terrestre. Son nom et son image, représentés à chaque pas, nous le montrent toujours dans l'exercice de ses occupations et de ses plaisirs habituels. Ainsi, dans les tombeaux les plus complets (comme ceux de *Ti* et de *Phtah-Hotep*, hauts fonctionnaires et grands seigneurs, pl. I, *c*, *d*), nous voyons le défunt assistant, au milieu de sa famille et de ses amis, à des scènes intimes très-variées et très-animées : il cultive ses fleurs ; il assiste à des danses accompagnées de chants et de musique, puis à des joutes sur l'eau et à des jeux de force et d'adresse de toutes sortes ; plus loin, il pêche, il chasse dans les roseaux des marais ; il surveille ses constructions et les ateliers où se fabriquent les objets mobiliers de sa maison ; il préside aux travaux de ses terres, et ses serviteurs lui en présentent les produits, que de grandes barques aux voiles carrées, gréées avec soin et montées par de nombreux rameurs, emportent sur le Nil pour en faire à son profit l'objet d'un commerce étendu et actif. Enfin, il se complaît à énumérer ses richesses et nous fait connaître avec détail l'étendue de ses terres et le chiffre de ses innombrables bestiaux de tous genres[1].

Il y a beaucoup de grâce, de finesse et de vérité dans l'exécution de ces sculptures à relief net et très-peu saillant, et le dessin en est souvent d'une correction remarquable. Les groupes d'animaux surtout, bœufs, bouquetins, oies, demoiselles de Numidie, sont de petits chefs-d'œuvre d'imitation réaliste et agréable, où les formes et les allures sont rendues avec bonheur. Toutes les têtes humaines sont évidemment des portraits, et le scrupule de l'exactitude est poussé à ce point que les infirmités corporelles de certains serviteurs de Phtah-Hotep, par exemple, sont reproduites minutieusement : on sent que la préoccupation du souvenir s'attache aux moindres choses comme à des points d'appui pour la mémoire, comme à des épaves jetées dans cet océan de l'inconnu où l'existence se sent entraînée et où elle espère surnager.

Une série fort intéressante de ces tableaux et très-pittoresque

---

[1] Les animaux domestiques qui paraissent avoir été les plus communs à cette époque sont le bœuf, la chèvre et l'antilope ; le porc est très-rare dans les représentations figuratives ; le mouton à laine souple, le chat, le coq et la poule ne s'y trouvent pas, et cependant le poussin figure déjà parmi les signes hiéroglyphiques. On ne peut donc pas conclure de là que les Égyptiens ne connaissaient pas ces animaux, d'autant plus qu'à tout moment une découverte nouvelle peut affirmer ce que l'on aurait nié.

À aucune époque on ne trouve la représentation du chameau parmi les bas-reliefs, les statuettes ou les bijoux, et cependant on sait par les papyrus qu'il existait en Égypte au moins sous le Nouvel-Empire, au delà duquel ne remonte pas la plus ancienne mention qui soit faite du cheval. « Tout ce qu'il est prudent d'en conclure, dit M. Chabas, c'est que ces animaux n'étaient ni l'un ni l'autre abondants en Égypte du temps de l'Ancien-Empire et qu'ils n'étaient point encore comptés au nombre des animaux domestiques. » La bête de somme par excellence était alors l'âne. Quand les grands personnages ne se faisaient pas porter à bras d'hommes dans un palanquin, ils se plaçaient sur un siége posé sur les dos réunis d'une couple de ces animaux. (Voyez les *Études sur l'antiquité historique*, etc., par M. Chabas.)

Le Louvre possède un certain nombre de moulages des bas-reliefs des tombeaux de Ti et de Phtah-Hotep. (Escalier du sud, dit de Henri IV.)

est celle qui a trait aux dons funéraires destinés à être servis au défunt dans son tombeau ; il y attachait tant d'importance, que de son vivant il désignait celle de ses propriétés qui devait les fournir, et qu'il se faisait représenter dirigeant lui-même toutes les opérations du labourage, des semailles et de la moisson de ces terres consacrées à perpétuité sous le nom de *demeures perpétuelles*. Là encore on voit les serviteurs qui défilent, conduisant des bœufs, des antilopes, des bouquetins, des gazelles, des oies, des canards, des tourterelles et même des cygnes. On voit des troupeaux passant à gué les canaux, puis des vaches que l'on trait, tandis que leurs petits folâtrent autour d'elles. On assiste même à la chasse au filet des oiseaux aquatiques, que l'on met en cage pour les porter en offrande au tombeau. Il semble ainsi que le seigneur ne puisse se détacher de ses biens, qu'il tienne à faire acte de propriété jusques après la mort et à en recevoir indéfiniment l'hommage et le tribut.

En effet, on voit le défilé des porteurs de récoltes et des conducteurs de bestiaux, arriver au tombeau devant le maître lui-même représenté vivant, assis près d'une table d'offrande et ayant son nom soigneusement inscrit au-dessus de sa tête. Les bouviers, accroupis devant leurs animaux couchés, attendent en les maintenant par les naseaux ; puis, tandis que des serviteurs déposent sur la table des fruits, des légumes, des volailles, d'autres immolent des bœufs, des bouquetins, les dépècent et lui en présentent aussi les membres. Ces dons, qui à l'origine étaient des plus modestes et consistaient simplement en eau, huile, linges, collyres, se compliquèrent tellement avec le temps, qu'outre les victuailles, on finit même par apporter en hommage des meubles, des outils, des vases et des boissons de toutes sortes.

Parfois déjà c'étaient des prêtres qui parcouraient la nécropole, accomplissant des rites que les tableaux nous font connaître dans les moindres détails, avec leur assortiment, peu compliqué encore, de cassolettes, de libations, de gestes et d'oraisons.

La nécropole, aujourd'hui silencieuse et dévastée, devait donc présenter jadis un spectacle des plus animés, lorsque ces nombreux cortéges de serviteurs et de troupeaux, de prêtres, de psalmistes et de pleureuses, de défunts et de parents, la traversaient sans cesse et dans toutes les directions. Mais le silence devait se faire pourtant autour de bien des morts, dont le temps avait éteint la race et détourné les legs. Que devenaient alors leurs tombes abandonnées sans protection au milieu de ce flux sans cesse renaissant de la mort?

« — Il semble, nous disait M. Mariette, qu'elles se soient assez bien conservées jusque sous le Nouvel-Empire; mais il est certain qu'à partir des Ramsès, les tombes de l'Ancien-Empire ont été très-souvent occupées par des gens qui s'y installaient sans façon, et à l'époque des Ptolémées les cas d'usurpation devinrent extrêmement fréquents[1]. » C'est avec étonnement que l'on doit se demander alors comment les riches tombeaux de *Ti*, de *Phtah-Hotep*, et bien d'autres des plus anciens, ont pu traverser toute la durée des trois empires égyptiens et parvenir absolument intacts jusqu'à nous.

Quant aux offrandes abondantes que l'on déposait avec constance ou faisait déposer dans les salles funèbres aux fêtes et aux anniversaires, les morts se bornaient-ils à les contempler, ou daignaient-ils les faire disparaître? Les prêtres seuls auraient pu le dire, évidemment, puisqu'ils gouvernaient déjà la nécropole et y vivaient.

Pénétrons maintenant dans les régions inviolables de la sépulture, car le fouet d'Anubis ne s'y lève plus contre les profanateurs. Au cœur de l'édifice funèbre et dans l'épaisseur de ses murs, nous trouverons un réduit secret, muré pour l'éternité, au fond duquel apparaîtra la figure souriante et quasi vivante du

---

[1] Le papyrus *Abbott* du Musée Britannique nous fait connaître les violations qui s'exerçaient sur les tombeaux à la XIXe dynastie: « Ce manuscrit, dit M. Chabas, contient le rapport de certains fonctionnaires sur l'état des tombes royales dans la nécropole de Thèbes. Même à ces époques reculées, l'œuvre de spoliation des sépultures était commencée, car les tombes offraient un riche butin à l'avidité des voleurs qui infestaient la capitale des pharaons. De là vint la nécessité d'inspections périodiques. » (F. Chabas, *Les papyrus hiératiques*, *Revue archéologique*, octobre 1860.)

mort. Cette cachette est le *serdab* ou corridor étroit, qui a pour fonction de recéler ces statues de bois ou de pierre, portraits dont on admire de si remarquables spécimens aux musées de Boulaq et du Louvre[1] : elles représentent pour le tombeau, ce temple en miniature, ce que sont les effigies des dieux gardées dans les *naos* des temples divins. Dans son mastabah, le défunt est une petite divinité. On lui offre des sacrifices, on l'appelle, on l'in-

LE SCRIBE ACCROUPI.
(Dessin de M. C. Chazal d'après l'original du Louvre, trouvé par M. Mariette à Saqqarah.)

voque, on encense sa statue par l'orifice d'un conduit étroit qui souvent fait communiquer la chambre avec le *serdab*; mais jamais on ne l'approche : sa statue est invisible, et sa dépouille mortelle, en travail d'éternité, se cache sous terre, on ne sait où, par delà un puits profond, et défendue souvent par un système de détours, de feintes et d'interruptions qui désespèrent et dépistent quelquefois les plus sagaces des savants ou des Arabes pillards.

Si l'on visite l'extérieur du monument, si l'on interroge son sol et ses parois intérieures, on n'aperçoit aucun indice qui révèle l'entrée de ce puits mystérieux par où le mort descendait pour prendre possession de sa demeure transitoire, par où son âme devait revenir sous la forme de l'épervier à tête humaine, et

---

[1] Voyez pages 81 et 74, note 1.

son corps rajeuni s'élancer dans l'éternité bienheureuse au jour promis de la résurrection [1].

C'est sous le dallage de la terrasse supérieure que s'ouvre l'orifice du puits, qui, ainsi rendu inaccessible, traverse le massif de la construction au point le plus compacte, et s'enfonce verticalement pour aller chercher le roc à 12, 20 ou même 25 mètres au-dessous du niveau de la surface des sables extérieurs. Ce puits, toujours carré, toujours construit en beaux matériaux et plus soigné que le reste de l'édifice, aboutit à des chambres creusées dans le roc, au fond desquelles s'ouvre un corridor horizontal qui conduit au caveau funèbre. Dans un coin de ce caveau, placé au-dessous de la chambre extérieure et sous les pieds des vivants, se dresse le sarcophage de pierre au couvercle cylindrique scellé avec soin. A ces époques reculées, l'art des embaumements était encore dans l'enfance, sans doute, car, en ouvrant les cercueils, on ne trouve que des squelettes dépourvus de linges, mais exhalant l'odeur du bitume. Les ossements de bœufs immolés pour les funérailles jonchent le sol; de grands vases à eau, des chevets de bois ou d'albâtre, composent seuls le mobilier

[1] « Pour que la résurrection soit complète, dit M. Pierret dans son exposé du dogme égyptien de la résurrection (page 12), il faut que l'âme se réunisse au corps : c'est l'objet du chapitre LXXXIX du *Livre des morts*, illustré par l'image d'une âme

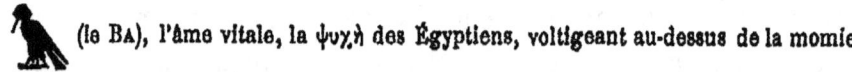 (le BA), l'âme vitale, la ψυχή des Égyptiens, voltigeant au-dessus de la momie

et lui apportant la *vie* (représentée par la *croix ansée*, voy. page 111) : « *Que vienne à moi mon âme, en quelque lieu qu'elle soit... que me soit apportée mon âme et que mon* KHOU (*mon intelligence*, νόος) *soit avec moi.* » (Texte du *Rituel*.)

» Ainsi (page 3), tandis que le corps repose dans son cercueil, le *Khou*, partie la plus subtile de l'être immatériel, rentre en possession de sa liberté, et l'âme, qui est moins dégagée de la matière, va subir, agent responsable des fautes du défunt, les diverses épreuves énumérées par le *Livre des morts*, au bout desquelles elle sera admise dans la grande salle du jugement. Dans ce livre, c'est l'âme qui agit, et c'est le *Khou* qui parle sous le nom du défunt. — « L'âme, dit M. Devéria (*Journ. d'arch. et de philolog.* de M. Lepsius, 1870, p. 66), ne s'élève que difficilement des régions inférieures, elle a besoin d'aide, de protection, de sustentation même; elle est d'une nature beaucoup moins subtile, plus assimilable à la matière. Le *Khou* intercède pour elle et l'assiste..... » C'est donc seulement après cette réunion de l'âme au corps que le défunt « *prévaut contre ses bandelettes* ». — Le *Ba* égyptien est donc le *principe vital* qui fait et refait cette jonction. »

funéraire, et sur les murs on peut lire parfois de courts fragments du *Rituel funéraire*. Le mort une fois déposé dans son sarcophage, on murait l'entrée du caveau et l'on comblait le puits [1].

Sous l'Ancien-Empire, ces fragments liturgiques du rituel sont donc les seules traces existantes de symboles purement religieux, symboles qui plus tard, sous le Nouvel-Empire, se compliquent au point de tout envahir et d'absorber les vivants et les morts, tombés désormais sous la domination sacerdotale, laquelle ne dispose à son gré de l'autre monde que pour mieux s'assurer

---

[1] « Le *Livre des morts*, appelé par Champollion RITUEL FUNÉRAIRE, est un recueil de prières divisé en 165 chapitres, destiné à sauvegarder l'âme dans ses épreuves d'outre-tombe et à la purifier en vue du jugement final qui décidera de sa destinée. » (P. Pierret, *Catalogue de la salle historique de la galerie égyptienne du Louvre*, p. 189.) — Voyez aussi le grand travail de M. E. de Rougé, *Étude sur le Rituel funéraire des anciens Égyptiens* (Revue archéologique, 1860, 1er vol.); et le *Catalogue des manuscrits égyptiens du Louvre*, l'un des meilleurs travaux de Devéria.

Ces papyrus se rencontrent assez souvent dans les momies à partir de la XVIIIe dynastie : ce sont des transcriptions plus ou moins complètes d'un livre dont la composition remonte à l'antiquité la plus reculée ; avant le Nouvel-Empire elles n'apparaissent jusqu'à présent que gravées sur les murs des caveaux funèbres ou sur les cuves des sarcophages. Ces recueils ne contenant que des préceptes et des prières, c'est improprement que le nom de *Rituel* leur a été donné ; aussi celui de LIVRE DES MORTS (*Todtenbuch*), proposé par M. Lepsius, lui est-il préférable.

Ce livre, dont le texte est très-obscur, porte le titre égyptien de *Per-m-hrou*, mot que M. E. Lefébure, disciple de M. Chabas, traduit avec justesse par *Livre de sortir au jour*; expression indiquant que l'Égyptien, une fois descendu dans l'enfer ou région inférieure, comme Osiris mort ou le soleil couché, — a l'espoir d'en sortir au matin, comme le soleil levant ou Horus, vengeur d'Osiris et vainqueur de la mort. C'était pendant cette *sortie au jour* que les âmes des élus devaient avoir la faculté de passer à leur guise dans toutes les formes vivantes, depuis celle d'une fleur de lotus jusqu'à celle d'un dieu ou d'un astre. C'est ce que les Grecs ont désigné sous le nom de *métempsycose* et fort mal compris. (Voyez *Le Per-m-hrou, étude sur la vie future chez les Égyptiens*, par M. E. Lefébure, dans les *Mélanges égyptologiques de F. Chabas*, série III, 1873.) — Ce système de transformations volontaires attribuées aux élus ne contient-il pas un magnifique symbole ? Ne serait-ce pas que le défunt qui est divinisé, assimilé au soleil sans cesse renaissant et jugé par là éternel, suit l'astre dans sa course, participe à la plénitude de sa vie puissante et bienfaisante, en s'incarnant comme lui dans toutes les formes vivantes de la nature qu'il crée, anime et renouvelle sans cesse ? — *Sur le dogme du renouvellement*, voyez page 109, note.

l'empire de celui-ci. A l'origine, ce n'est donc pas le *Livre des morts* qui domine, c'est celui des vivants : le rituel paraît purement terrestre et se lit au grand jour en scènes animées sur les murs de la salle extérieure. Cette partie du tombeau est en quelque sorte la racine par laquelle il semble que le mort tienne toujours à la vie de la terre, pour aller de là s'enfoncer dans les sphères inconnues sur lesquelles sa théogonie naissante s'abstient de prononcer : il n'existe guère alors qu'un espoir pour l'avenir et des regrets pour le passé; rien encore qui ne soit simple, naturel et grand, comme tout ce que l'homme a senti et sentira toujours au début des ères nouvelles de sa destinée.

C'était du vivant même du destinataire, et probablement sous sa direction, que le tombeau s'élevait, et s'il mourait prématurément, l'édifice restait inachevé : nous en vîmes ainsi dont les peintures n'ont jamais été terminées et sont restées à l'état d'esquisses mises au carreau. Elles représentent des figures de taureaux dessinées au trait noir sur le mur blanc, et le tracé, qui en est très-fin, a été corrigé et repris sans doute par une main plus habile, d'après quelque modèle consacré. Ainsi, cet art primitif, qui paraît si libre, si plein de vie et si précoce, porte déjà en lui le germe de la routine. Dès le principe son école se montrait d'une habileté surprenante; mais dans les innombrables travaux qu'elle produisit durant la très-longue période de sa première vigueur, on n'entrevoit aucune de ces tentatives nouvelles, aucun de ces élans de génie individuel capables d'affranchir l'art de ses entraves et de le faire sortir de l'enfance [1].

La précaution que l'on prend aujourd'hui de combler les entrées des mastabah ne les garantit pas toujours de l'imperti-

---

[1] Voyez comme résumé des observations de M. Mariette sur les tombeaux de la nécropole, son article sur *Les tombes de l'Ancien-Empire*, dans la *Revue archéologique* de janvier et février 1869. — Voyez aussi DUEMICHEN, *Résultats de sa mission archéologique et photographique en Égypte*, 1869, in-4°, texte allemand, avec planches dessinées au trait. — LEPSIUS, *Denkmäler*, premiers volumes.

nence des visiteurs, qui ne se lassent pas d'y afficher leurs noms obscurs et leurs prétentions ridicules à l'immortalité. Si encore on y rencontrait le nom de Champollion ! A l'entrée de l'un des plus beaux monuments, M. Mariette nous montre avec une indignation et un étonnement qui ne faiblissent pas en lui, une société de noms français assez connus qui ont jugé intéressant de s'inscrire au plus bel endroit, en grands caractères lapidaires profondément gravés. On ne sait quelle main vengeresse les a voués de son mieux au ridicule en écrivant au-dessus, en plus beaux caractères encore et pour l'éternité : LISTE DES IMBÉCILES. Notre bey, qui veille avec amour à la conservation de cette inscription, nous disait que rien ne peut arrêter la sottise dévastatrice de nos compatriotes à l'endroit des noms et des dates infestant les murailles antiques et gâtant les inscriptions hiéroglyphiques. Les Anglais s'en abstiennent assez depuis que certains avis publiés dans les revues, les guides et les catalogues ont fait appel à leur *honorability;* l'un d'eux, dans son zèle, a même demandé à M. Mariette la permission de laver à ses frais les grandes pyramides de Gizèh... Pour les Yankees, rien ne peut s'opposer à leur brutalité : il en est qui brisent les objets, battent les gardiens, et mettent le feu aux portes quand on les leur tient fermées de par le bey, de par le roi. Quant aux Prussiens, ils font mieux que personne : la commission scientifique dirigée par M. Lepsius pour la composition des *Denkmäler,* ouvrage, du reste, immense et admirable, a pris depuis longtemps possession de la grande pyramide de Gizèh en inscrivant au-dessus de son entrée le nom du roi de Prusse en beaux caractères hiéroglyphiques, dont la rédaction empêchera heureusement, dit-on, qu'on ne le confonde jamais avec aucun pharaon.

Tout en allant de tombeau en tombeau, nous nous étions avancés jusque dans les parages du Sérapéum. C'est alors qu'avant de nous laisser descendre dans les cryptes funèbres des taureaux Apis, MM. Mariette et Devéria voulurent nous donner quelques nouveaux renseignements très-précis et fort nécessaires sur la nature et le culte de ce dieu célèbre. Nous les résumerons maintenant, car ils nous semblent indispensables, tant pour faire juger de l'importante découverte qui s'accomplit en ces lieux, que pour détruire les préjugés vulgaires qui altèrent souvent encore la physionomie vraie de cette divinité en lui ôtant sa valeur historique.

Avant que par un prodige du génie, Champollion eût trouvé la clef des hiéroglyphes, le peu que l'on savait sur les croyances de l'ancienne Égypte nous venait principalement des voyageurs grecs de l'antiquité, qui, dépourvus, comme on l'était alors, de véritable sens critique, ne connurent guère que l'apparence des choses. Invinciblement portés à rattacher tous les cultes étrangers à ceux de leur patrie, les Grecs ne virent, dans les dieux de l'Égypte si différents des leurs, que leurs divinités accoutumées de Vulcain, Minerve, Vénus, Mercure, Bacchus, etc. De là tant d'idées fausses ou incomplètes accréditées jusqu'à nos jours, et notamment sur le compte du taureau Apis[1].

Le principe fondamental du culte d'Apis était cette croyance, si ancienne dans le monde, en une médiation ou incarnation divine entre le Dieu suprême et l'homme, en un rapprochement immédiat et palpable de l'infini inconnu, qui reste toujours muet, et de l'homme, dont la conscience active en cherche sans cesse le secret.

« Ce n'était donc pas un vulgaire animal, dit M. Mariette en parlant du taureau Apis, que venait adorer l'Égyptien au temple de Phtah; sous ce symbole grossier il adorait le sacrifice d'Osiris consentant à vivre dans un corps infime et à mourir ensuite de

---

[1] « Il n'y a entre les dieux grecs et égyptiens, dit M. Maury, que les ressemblances générales fondées sur l'adoration des forces et des phénomènes de la nature. » Et ces ressemblances vagues ont existé entre toutes les religions.
L'esprit léger et charmant des Grecs, incapable de s'astreindre à sonder les abstractions de la vieille théologie égyptienne, en transforma spontanément les symboles : « C'est ainsi, par exemple, qu'observant l'image égyptienne d'*Horus enfant* (en égyptien *Har-pe-khrat*), qui le représentait le doigt dans la bouche, signe caractéristique de l'enfance en Égypte, ils y virent un dieu du silence, auquel ils imposèrent le nom d'Harpocrate. » (Al. Maury, *Histoire des religions de la Grèce antique*, III.)

mort violente. » Osiris, l'une des personnifications détachées du Dieu suprême et dont l'attribut était la douceur et la souveraine bonté ; Osiris, qui était jadis venu parmi les hommes pour les civiliser, revenait encore parmi eux en s'incarnant sous l'humble forme d'un taureau. Mis à mort autrefois par Typhon, l'esprit du mal, il consentait même à périr de nouveau sous sa forme animale, quand celle-ci avait atteint le nombre d'années qu'avait duré sa mission humaine sur la terre.

Ainsi donc, pour les Égyptiens, Apis était la divinité toujours présente sur la terre. « C'était l'âme d'Osiris et son image, dit M. Mariette, mais il n'en était pas fils : s'il tenait de lui sa vie, il tenait sa chair de Phtah; aussi l'appelait-on *la seconde vie de Phtah*[1]. »

Phtah, autre forme de l'Être suprême adorée à Memphis, était le dieu primordial qui accomplit toutes choses *avec art et vérité*, le *Seigneur de la justice et de la vérité*; il descendait sur la génisse prédestinée sous la forme d'un feu céleste et déposait en son sein l'âme d'Osiris. « Apis était ainsi une incarnation d'Osiris par la vertu de Phtah. »

En conséquence, la mère d'Apis était révérée comme vierge, puisque le dieu avait pour père Phtah ou la sagesse divine personnifiée. La vache ne pouvait plus être mère ; on la nourrissait auprès d'Apis, et si elle n'était pas adorée au même degré que lui, du moins était-elle vénérée comme sainte.

Dès que les funérailles d'un Apis mort étaient accomplies et après les délais voulus, les prêtres se mettaient à l'œuvre, cherchant de tous côtés où Osiris avait pu se manifester de nouveau. Mais ce n'était sans doute pas chose facile à reconnaître, s'ils étaient consciencieux, car le veau prédestiné devait satisfaire à un examen minutieux et compliqué, présenter les vingt-huit signes secrets considérés comme les marques de la divinité pour les taureaux et que les prêtres seuls savaient distinguer. Parmi ces signes, les uns tenaient à la couleur de la robe, comme on peut

---

[1] Voyez le *Mémoire sur la mère d'Apis*, par Mariette-bey, les catalogues des musées déjà cités, et le nouveau *Dictionnaire d'archéologie égyptienne* de M. P. Pierret.

le reconnaître sur les statuettes et les stèles d'Apis conservées dans les musées : le flanc de l'animal y porte toujours des taches noires régulières et symétriques, et le poitrail parfois un croissant blanc ; il fallait que sa tête fût noire et portât au front une tache blanche triangulaire ; qu'il eût sous la langue un nœud de chair capable de représenter un scarabée, etc. D'autres marques consistaient en épis de poils disposés de manière à composer certaines figures : sur le garrot, un scarabée ou un globe ailé, et

LE TAUREAU APIS.
(D'après les peintures des stèles votives du Sérapéum.)

sur la croupe un vautour aux ailes éployées, ainsi qu'on peut le reconnaître sur les bronzes d'Apis. Une housse brodée au dos, le disque solaire et l'uræus au front, puis le collier royal au cou, composaient la toilette officielle du dieu. « Il est probable, dit à ce sujet M. Mariette, que les Égyptiens des anciens temps attachaient aux épis les propriétés heureuses ou néfastes que les Arabes leur attribuent aujourd'hui, et que, de même que ceux-ci voient sur le poitrail ou la cuisse de leurs chevaux certaines combinaisons d'épis qui leur paraissent former une *lance*, une *tente* ou tout autre objet matériel, de même les Égyptiens des pharaons devaient distinguer sur le dos d'Apis les contours d'un *aigle* ou d'un *scarabée*. Le scarabée, le vautour et toutes celles des autres marques qui tenaient à la présence et à la disposition relative des épis n'existaient donc pas réellement. Les prêtres initiés aux mystères d'Apis les connaissaient sans doute seuls et savaient y voir les symboles exigés de l'animal divin, à peu près comme les astronomes reconnaissent dans certaines dispositions d'étoiles les linéaments d'un dragon, d'une lyre ou d'une ourse[1]. » Ces différentes catégories de signes, séparés forcément dans les diverses représentations figuratives, devaient se trouver réunies sur l'individu, mais d'une façon évidemment tout idéale.

BRONZE ANTIQUE D'APIS.
(D'après l'un des spécimens du Louvre.)

A peine le nouvel Apis était-il préconisé, que l'Égypte entrait en allégresse, car tout retard dans l'accomplissement du mystère de l'incarnation d'Osiris était considéré comme un signe de la colère céleste, et l'on frémit en songeant que plus d'une fois il survint dans l'étable de Memphis des interrègnes de près d'un siècle. Le jeune taureau était conduit en grande pompe à Héliopolis, puis à Memphis, où l'on célébrait des fêtes qui duraient sept jours. On l'installait enfin dans le temple du dieu Phtah, son père, où il demeurait sa vie durant, servi par des femmes, entouré des honneurs divins et recevant les sacrifices et les adorations des prêtres, des rois, des grands et du peuple, et répandant libéralement son haleine sur ceux qui voulaient obtenir le don de prophétie.

Quand Apis mourait, il devenait *Sérapis*, c'est-à-dire qu'étant assimilé à Osiris comme tout défunt et plus encore qu'aucun

---

[1] Bulletin de l'*Athenæum*, 1855, p. 54.

autre, puisqu'il était le dieu lui-même, il prenait le nom d'Osiris-Apis, en égyptien *Osor-Hapi*. C'est de ce nom que les Grecs firent celui de *Sorapis* ou *Sérapis*, à l'époque du règne des Ptolémées, qui, en habiles dominateurs, donnèrent une extension et une magnificence nouvelles au culte de ce dieu national de l'Égypte, et l'adoptèrent pour eux-mêmes en y apportant des modifications qui en firent un culte mixte pour les deux peuples.

Apis mort, l'Égypte prenait le deuil, et il était inhumé dans les souterrains du Sérapéum ou temple de Sérapis, que nous allons visiter. Mais si le dieu tardait à mourir naturellement, s'il parvenait à l'âge de vingt-huit ans, celui même d'Osiris quand il succomba par la trahison de Typhon, Apis devait se résigner à périr aussi de mort violente : les prêtres en deuil le conduisaient vers les eaux sacrées du Nil, l'y noyaient avec égards et cérémonies, puis on se lamentait.

Alors commençaient les funérailles, qui duraient soixante-dix jours et se célébraient avec une telle magnificence, rapporte Diodore de Sicile, que de simples particuliers allèrent parfois, dans leur dévotion, jusqu'à dépenser pour Sérapis des sommes équivalentes à 500 000 francs de notre monnaie. C'était pendant ces soixante-dix jours seulement que la foule des adorateurs pouvait pénétrer dans les souterrains du Sérapéum ; tous à l'envi accouraient de toutes parts et y consacraient le souvenir de leur visite par de petites stèles couvertes de leurs *proscynèmes* ou actes d'adoration, que l'on appliquait sur la fermeture ou les parois voisines du tombeau, et que l'on y a retrouvées [1]. Puis, du deuil on passait aux réjouissances publiques dès qu'un nouvel Apis avait été reconnu.

Ce fut à Memphis, au milieu de fêtes pareilles, que Cambyse, revenant d'une expédition malheureuse en Éthiopie, vint à tomber, le 1er juin 525 avant J. C. En tyran irascible, il crut ou feignit de croire que l'on insultait à ses désastres, fit tuer les magistrats qui s'efforçaient de lui faire entendre la vérité,

---

Voyez ci-après la vignette de la page 246.

ordonna de fustiger les prêtres et les fidèles, poignarda de sa propre main le jeune Apis, dont on croit avoir retrouvé l'épitaphe prouvant qu'il n'en mourut point, et ne cessa plus de dévaster les temples de Memphis, d'ouvrir les tombeaux et de bouleverser les vivants et les morts. On dit qu'il en frémit lui-même à sa dernière heure [1]. Quelle heureuse fortune si son retour à Memphis était arrivé un peu plus tôt, au milieu des funérailles !

On pourrait reconnaître en tous les détails de ce cérémonial l'habileté des prêtres, qui savaient tenir en éveil la crédulité publique par un appareil imposant de solennités, de mystères et de restrictions bien ménagées, comme celle de la visite au tombeau permise pendant les funérailles seulement. Mais, enfin, si l'on considère que cette doctrine naquit sous la IIe dynastie (plus de 4000 ans avant J. C.) et n'eut point de défaillance ; qu'elle se répandit même dans toutes les parties du monde ancien ; qu'aux premiers siècles de notre ère, elle fit encore des prosélytes à Rome, où se trouvait un temple de Sérapis, il faudra bien admettre que tout entachée de superstition qu'elle est pour nous, elle contenait un principe de vie morale, une idée féconde et consolante à la portée des hommes de ce temps. Sans quoi elle n'eût pas duré cinq mille ans, elle n'eût pas été l'un des soutiens de la grandeur égyptienne, ni vécu à côté de cette sagesse à laquelle la Bible elle-même rend hommage.

Nous ferons maintenant connaissance avec ce que notre ami Devéria appelait pompeusement *la villa Mariette*, lieu célèbre dans l'histoire quasi romanesque de cette découverte du Sérapéum, qui pourrait se comparer à celle de Pompéi, pour les révélations et les surprises de tous genres qu'elle offrit à chaque pas (plan I, *e*).

La villa Mariette est un composé de huttes de terre battue et de ruines antiques dans lesquelles le bey s'est formé tant bien que mal un campement pour les années que durèrent les fouilles. C'est un gîte seulement. Que l'on se représente une suite de

---

[1] Voy. Hérodote, liv. III, 27, 37.

chambres nues, obscures et délabrées, si même on peut appeler cela des chambres. Une verandah improvisée plutôt que construite, et peuplée de petits singes turbulents, vient seule ajouter un peu de gaieté à ce sombre dédale où s'ouvrent, dit-on, des puits de momies béants ; véritables oubliettes qui recelèrent longtemps des munitions de guerre défensive, et qui, fort heureusement, n'ont englouti aucun des nombreux enfants du bey. Sa famille en effet l'y suivit souvent, mais souvent aussi il y vécut presque seul au milieu des privations, des menaces et des attaques des Arabes, puis des persécutions du gouvernement égyptien d'alors. En revanche on y vivait en liberté, sous le plus beau ciel du monde, en face de ces horizons majestueux du désert et de ce mystère toujours reculant d'une découverte unique, destinée à élargir le champ de l'histoire et à la faire entrer jusqu'à l'âme du vieux monde égyptien.

Elle arriva enfin, cette prise de possession : ce fut le 12 novembre 1851 que Mariette pénétra pour la première fois dans ces souterrains où tous les pharaons et les conquérants de l'Égypte s'étaient prosternés depuis l'époque de Moïse, et dont la trace était tellement perdue et l'existence si oubliée depuis 1500 ans, qu'il a fallu, on peut le dire, un éclair du feu divin de Phtah pour en révéler le chemin à notre intrépide explorateur [1] !

---

[1] Les limites de notre relation ne nous permettant pas d'entrer dans tous les détails de cette entreprise mémorable, nous indiquerons ici les écrits où l'on pourra les trouver en entier et dont nous nous sommes aidé nous-même pour compléter nos souvenirs.

M. DE SAULCY a publié dans le *Constitutionnel* des 9 et 10 décembre 1854 une relation des *Fouilles du Sérapéum* écrite sur les lieux mêmes et pour ainsi dire sous la dictée de M. Mariette; pour la précision des moindres faits, c'est un véritable procès-verbal auquel l'auteur a su donner tout l'intérêt d'un récit animé; il en est aussi question dans le 1er volume de son *Voyage en Terre sainte*. — Voyez encore le grand ouvrage, malheureusement inachevé, de M. MARIETTE sur le *Sérapéum de Memphis*, et son *Choix de monuments du Sérapéum*, recueil de dix charmantes planches gravées, donnant les plans et les vues pittoresques des travaux en cours d'exécution et des monuments les plus intéressants.— BEULÉ, *Fouilles et découvertes* (Paris, Didier, 1873), 2e vol. — BRUGSCH, *Reiseberichte aus Ægypten*, 1855.

Enfin, les études si pleines d'intérêt que M. E. DESJARDINS a données dans la *Revue générale de l'architecture* de M. C. Daly (année 1860), et dans la *Revue des*

Ce fut le 12 octobre 1850 que M. Mariette, alors âgé de vingt-neuf ans, arrivait seul en Égypte, chargé par les ministres de l'instruction publique et de l'intérieur, sur la demande de l'Académie des inscriptions, d'une simple mission scientifique. Il s'agissait d'acquérir de ces anciens manuscrits coptes que certains couvents détiennent encore en les cachant parfois au fond de citernes abandonnées, et dont le Musée Britannique ainsi que d'autres avaient déjà fait faire d'amples récoltes.

On sait que les Coptes sont des descendants directs de l'ancienne race égyptienne, dont les ancêtres ont été convertis au christianisme dès les premiers siècles de notre ère ; ne s'étant pas mêlés aux envahisseurs Arabes, ils sont restés à peu près ce qu'ils étaient dans l'antiquité, et, s'ils ne parlent plus le copte, idiome dans lequel survivait l'ancienne langue des pharaons, du moins l'ont-ils conservé dans leurs livres liturgiques, comme il en est du latin pour le rituel catholique. Aussi l'importance du copte a-t-elle été considérable au début des études égyptologiques, alors qu'il s'agissait de reconstituer la langue primitive des hiéroglyphes, dont il n'est qu'une dégénérescence. Quant aux

deux mondes du 15 mars 1874 : *Les découvertes de l'égyptologie française, les missions et les travaux de M. Mariette*. L'auteur, qui a fait un long voyage en Égypte avec le directeur des fouilles, en a reçu de précieuses communications jusque-là inédites : on lui doit, entre autres, de mieux connaître les débuts pénibles d'une carrière illustrée bientôt par de si éclatants succès. Bien jeune encore et tandis qu'il professait au collège de Boulogne-sur-mer, sa ville natale, M. Mariette sentit sa vocation s'éveiller à la vue d'une caisse de momie conservée dans le musée de la ville : seul et sans conseils, il parvint, à l'aide de quelques livres, à en déchiffrer les hiéroglyphes, et bientôt il se trouva égyptologue : « Sans cette momie, nous écrivait-il lui-même, et sans les facilités que m'a procurées M. Gérard, conservateur de la bibliothèque, je ne serais certainement pas aujourd'hui un égyptologue. » Fort heureusement pour la science, les travaux qui le passionnaient lui nuisirent pour le moment ; il dut renoncer à sa position et venir à Paris, où M. Jeanron, son compatriote, alors directeur des musées du Louvre, l'attacha provisoirement au musée égyptien pour seconder M. de Longpérier chargé de sa reconstitution, dans l'arrangement des salles nouvelles que l'on se proposait de livrer au public. Deux ans après, en 1850, plusieurs savants illustres, qui avaient pu juger de la valeur du jeune égyptologue, lui firent obtenir une mission scientifique en Égypte, qui eut, comme on le verra, des résultats tout différents et bien autrement fructueux que ceux qu'on avait pu prévoir.

textes manuscrits des anciens moines coptes, ce sont pour la plupart des traductions des Écritures, ou des lettres relatives aux affaires des couvents.

Dès son arrivée au Kaire et tout en sollicitant auprès du clergé copte les autorisations nécessaires pour pénétrer dans les couvents de l'Égypte et du mont Sinaï, M. Mariette se concerta avec l'homme qui, par un zèle éclairé pour la science, par sa profonde connaissance du pays, pouvait le mieux diriger les recherches d'un antiquaire. M. LINANT-bey, le savant ingénieur français auquel on doit les magnifiques cartes hydrographiques de l'Égypte, s'offrit à l'accompagner aux couvents des lacs de Natron, où lord Prudhoe et Tattam, chargés de missions semblables par le Musée Britannique, avaient déjà pu, grâce à lui, recueillir plus de quatre cents manuscrits coptes.

Ce fut pendant les préparatifs de cette expédition que M. Mariette alla explorer la région des Pyramides et de Saqqarah, déjà poussé par une idée qui le dominait et devait le conduire aux magnifiques découvertes dont nous allons parler.

Il avait vu dans plusieurs jardins d'Alexandrie un assez grand nombre de sphinx antiques sculptés selon un type et des dimensions uniformes, et qu'on lui disait provenir de Saqqarah. Au Kaire, il en avait retrouvé d'autres exemplaires, tout pareils et provenant du même endroit ; tous portaient au socle ou sur le flanc des *graffiti* en caractères grecs, inscriptions courantes tracées à la pointe comme par des voyageurs et des pèlerins, et toujours il y avait lu les noms d'Osiris, d'Apis, de Sérapis.

M. Mariette comprit que tous ces sphinx devaient faire partie d'une de ces avenues monumentales que les Égyptiens avaient coutume de dresser sur le chemin des temples. Mais comment pouvait-il se faire que cette avenue fût à Saqqarah, c'est-à-dire sur la montagne, et au milieu des sables du désert, où d'habitude aucun temple ne se trouve situé ?

Sa mémoire alors lui rappela ce passage de Strabon :

« On trouve à Memphis un temple de Sérapis, dans un endroit
» tellement sablonneux, que les vents y entassent des amas de

» sable, dans lesquels nous vîmes des sphinx enterrés, les uns
» à moitié, les autres jusqu'à la tête : d'où l'on peut conjecturer
» que la route vers ce temple ne serait point sans danger, si
» l'on était surpris par un coup de vent. » Le jour se fit subitement dans son esprit, et il ne douta plus que les sphinx de Saqqarah ne fussent ceux dont parlait Strabon.

« Frappé du travail uniforme qui les distingue, a dit lui-même M. Mariette [1], frappé également des inscriptions grecques dont ils sont couverts, et apprenant en outre qu'ils provenaient tous de la plaine de Saqqarah, j'avais, dès mon arrivée au Kaire et avant d'avoir vu encore une seule fois Memphis, annoncé à M. Fresnel [2] que les sphinx provenaient du Sérapéum. C'est un fait que M. Fresnel se plaisait à raconter et qu'il a communiqué entre autres à M. Oppert sur les ruines de Babylone. Voilà comment le passage de Strabon a produit la découverte du Sérapéum [3]. »

[1] Lettre écrite le 21 mai 1856 par M. MARIETTE à M. EGGER, membre de l'Institut, à l'obligeance de qui nous devons la communication de cet intéressant document.

[2] Chargé par le gouvernement français de la mission archéologique en Mésopotamie.

[3] « Je ne suis pas le premier, dit M. Mariette (*même lettre inédite à M. Egger*), qui ait vu les sphinx décrits par Strabon.

» En 1832, dans une fouille faite au hasard par le Dr Marucchi (pour le compte de M. Mimaut, consul général de France), deux de ces sphinx furent découverts. M. Marucchi les fit tirer du sable; mais comme il les trouva très-mauvais, il les abandonna au milieu de la plaine d'Abousyr, où ils sont encore et où, depuis ce moment, tous les voyageurs ont pu les voir. Quelques années plus tard, un habitant du Kaire, continuant la tranchée ouverte par le Dr Marucchi, découvrit une trentaine de nouveaux sphinx. De ces trente sphinx, douze ont été déposés à Alexandrie dans les jardins de M. Zizinia (consul général de Belgique), deux ont été vendus à Clot-bey, deux autres à Varin-bey, deux autres encore à Linant-bey; enfin les douze autres ont été vendus à un Anglais, qui, vers 1842, les a emportés à Calcutta.

» Vers ce même temps, le gouvernement égyptien fit lui-même tirer du sable quelques-uns de nos monuments et enrichit de six d'entre eux la collection de l'École polytechnique du Kaire. C'est là qu'ils ont été vus par M. Ampère en 1844. »

« Je m'explique difficilement, dit M. Mariette dans son *Choix de monuments du Sérapéum*, comment aucun des voyageurs instruits qui parcoururent alors l'Égypte n'eut l'idée de mettre un nom propre au temple dont l'avenue fournissait tant de nombreux témoins de son antique splendeur. » — (Voyez, à l'*Appendice*, le passage de la lettre à M. Egger, qui énumère les tentatives infructueuses que l'on a faites depuis l'expédition française pour retrouver le Sérapéum.)

« Cet endroit sablonneux où Strabon suivait l'allée des sphinx qui mène au Sérapéum, dit M. Mariette [1], était évidemment celui où se retrouvaient les sphinx de Saqqarah. Là, par conséquent, était le Sérapéum ; et quand, quelques jours plus tard, parcourant cette même plaine sablonneuse le crayon en main, il m'arriva de rencontrer un sphinx encore debout sur son piédestal, je n'eus plus dès lors aucun doute. Le Sérapéum était découvert. »

Le fait de cette découverte mettait M. Mariette dans une position embarrassante : pour remplir strictement sa mission, il lui fallait oublier le Sérapéum et ne songer qu'aux manuscrits coptes ; mais, d'un autre côté, pouvait-il laisser échapper pour son pays l'honneur d'une découverte unique dont son esprit embrassait déjà l'immense portée scientifique ?

Avec une hardiesse que lui donnait la conviction, mais qui pouvait le perdre en cas d'insuccès, M. Mariette n'hésita point : à peine eut-il vu le premier sphinx dégagé en entier par la main des fellahs accourus à son ordre, qu'il résolut de suivre jusqu'au bout, et au prix de tous les sacrifices, cette avenue qui s'offrait à lui comme un fil conducteur vers les mystères de Sérapis, cachés quelque part dans les profondeurs de cet océan de sables à la surface immobile et muette [2].

Pour y parvenir, la marche la plus lente était la plus sûre : il fallait s'avancer patiemment de sphinx en sphinx, et suivre la direction de l'ouest, puisque celle de l'est eût conduit aux escarpements rocheux qui terminent la nécropole et dominent la plaine de Memphis ; d'ailleurs, l'entrée de la tombe d'Apis ne devait-elle pas être orientée de façon à regarder l'est, selon la règle invariable ? Les sphinx apparurent les uns après les autres et se montrèrent d'abord assez rapidement, car ils n'étaient encore enfouis que sous quatre ou cinq mètres de sable. On voyait déjà l'avenue se dessiner ; mais comme elle avait été frayée

---

[1] *Choix de monuments du Sérapéum*, p. 7.
[2] Voyez sur le plan n° I la lettre *f*, point où commencèrent les fouilles.

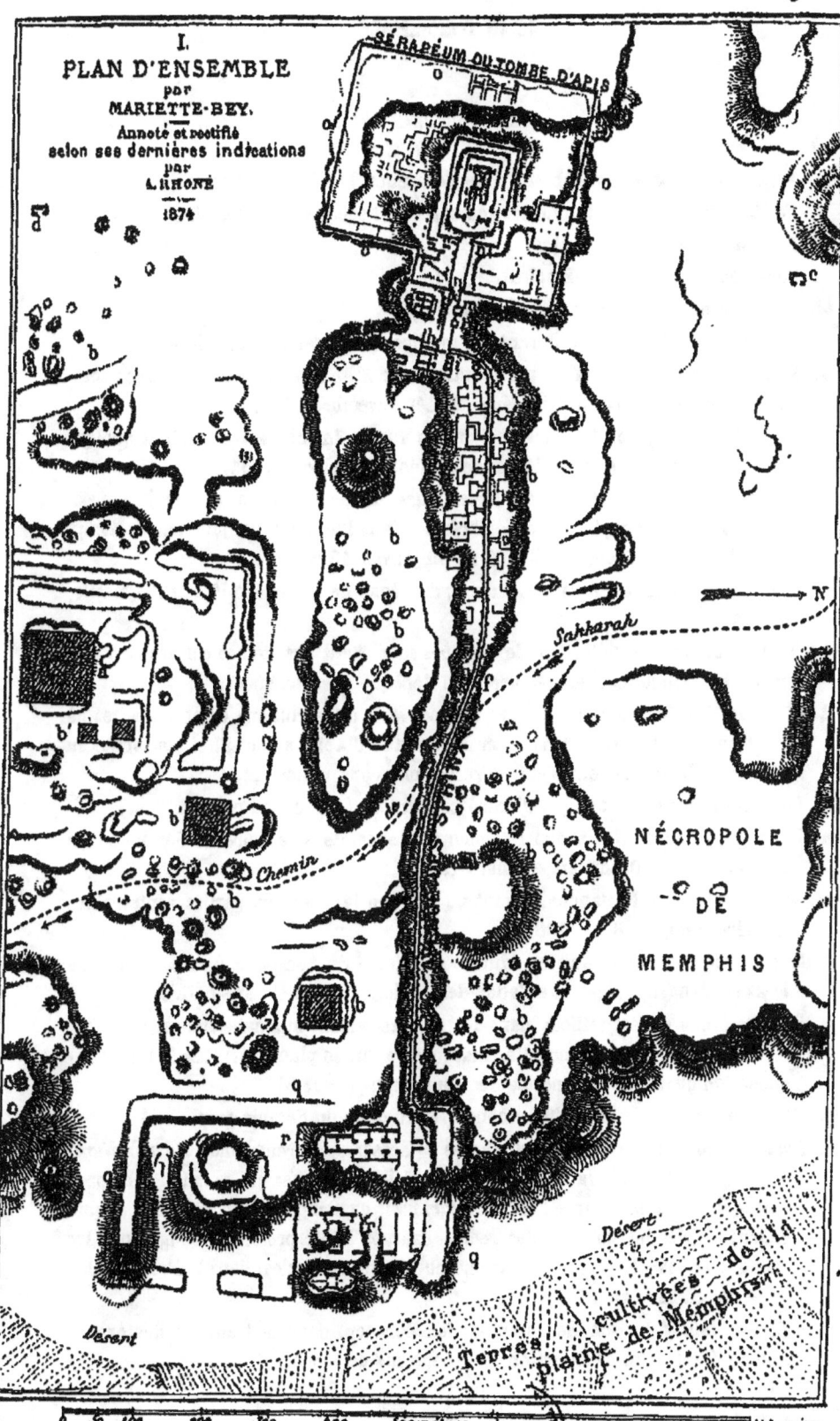

Légende du Plan n° I.

a. Pyramide à degrés, probablement le Sérapéum de l'Ancien-Empire.
b. Tombes privées, dont la plupart remontent à l'époque la plus ancienne.
b'. Pyramides ou tombes royales.
c. Tombeau de *Ti* (Ancien-Empire).
d. Tombeau de *Phtah-Hotep* (Ancien Empire).
e. Habitation de M. Mariette durant les fouilles. (La verandah regarde le nord.)
f. Premier sphinx trouvé à sa place antique par M. Mariette, point où furent commencées les fouilles du Sérapéum, le 1er novembre 1850.
g. Le 135e sphinx, point où les recherches furent infructueuses pendant quelque temps, par suite de la déviation de l'allée. (1er janvier 1851.)
h. Hémicycle orné des statues de législateurs, de poëtes et de philosophes grecs qui visitèrent l'Égypte ou la célébrèrent dans l'antiquité (adjonction du temps des Ptolémées). Découvert du 26 au 30 janvier 1851.
i. Chapelle égyptienne d'Apis ou *Apieum*, du règne de Nectanébo Ier (xxxe dynastie, 378 av. J. C.).
k. Dromos, ou avenue dallée bordée de murs supportant des statues colossales d'animaux symboliques, ouvrages grecs de l'époque des Ptolémées.
l. Chapelle égyptienne dont les murs sont couverts d'inscriptions démotiques, et où fut trouvée, en mars 1851, la grande statue d'Apis, aujourd'hui conservée au Musée du Louvre. (Temps des derniers pharaons nationaux.)
m. Chapelle grecque à péristyle d'ordre corinthien. (Adjonction ptolémaïque.)
n. Premier pylône de Nectanébo Ier, ouvrant l'enceinte extérieure du Sérapéum du Nouvel-Empire. Découvert en mars 1851.
n'. Second pylône de Nectanébo. (Point où reprend le plan des parties souterraines du Sérapéum, n° II, p. 228.)
o. Mur d'enceinte renfermant les édifices extérieurs du Sérapéum (probablement de la xxvie dynastie, ainsi que l'allée des sphinx; viie siècle av. J. C.).
p. Rampes à ciel ouvert taillées dans le roc, descendant aux catacombes, et enfermées dans une double enceinte (marquées A sur le plan n° II). Les barres détachées indiquent les cinq portes des souterrains (*ibid.* B).
q. Enceinte renfermant les édifices consacrés au culte du Sérapis grec.
r. *Pastophorium*, quartier des pastophores ou desservants, renfermant l'*Anubidium*, ou temple d'Anubis, dans lequel logeaient les personnes qui venaient des provinces voisines pour sacrifier; l'*Astarteum*, ou temple d'Astarté, près duquel étaient placées les cellules des reclus chargés d'interpréter les songes que les malades et les pèlerins venaient chercher comme oracles, dans l'*Æsculapium*, ou temple d'Esculape.
s. L'*Essign-Joucef* (prison de Joseph), lieu consacré dans la tradition des Arabes comme étant celui de la prison de Joseph fils de Jacob.

à une époque relativement assez moderne au milieu des tombes qu'on avait voulu respecter (I, *b*), elle ne s'avançait pas en ligne droite, mais fléchissait parfois comme si elle eût voulu échapper à la main des fouilleurs, qui se trouvèrent plusieurs fois mis en défaut. Ce qui était plus grave, c'est que l'allée s'enfonçait rapidement sous les sables, et qu'il fallait désormais aller chercher les sphinx à une profondeur de 20 mètres ; bientôt même on dut se contenter de faire des sondages à intervalles réguliers, afin de constater seulement la présence de ces sentinelles de pierre, guides infaillibles de cette poursuite souterraine.

M. Mariette en était arrivé au 134ᵉ sphinx; deux mois s'étaient écoulés, et près de 500 mètres avaient été parcourus pas à pas, quand les sondages cessèrent brusquement de répondre à son attente : le 135ᵉ sphinx ne se retrouvait pas, l'avenue s'interrompait ! On comprend son anxiété : peut-être le Sérapéum avait-il été détruit de fond en comble et n'en restait-il que ce tronçon d'avenue noyée sous les sables, qui ne conduisait plus à rien ! Tant de travaux pénibles, d'argent déjà dépensé sur le budget de la mission, devaient-ils donc rester inutiles ?

On prit un grand parti : on ouvrit une profonde et large tranchée en travers de l'avenue, et l'on fouilla dans un rayon de 20 mètres de surface. Ce moyen eut un plein succès, et le 135ᵉ sphinx tant désiré apparut enfin, amorçant un nouveau tronçon qui tournait presque à angle droit sur le premier (*g*). Tout s'expliquait, et l'on continua de creuser à ciel ouvert au milieu de difficultés inouïes. La dureté des sables accumulés et tassés depuis des siècles était telle, que l'on pouvait donner à la tranchée des parois presque verticales sur lesquelles rampaient d'étroits sentiers en lacet, par où les fellahs sortaient lentement, emportant sur leur tête une couffe pleine, ou, pour mieux dire, un grain de sable. Il arrivait souvent qu'à l'heure où le soleil séchait la rosée déposée par la nuit, de lourdes masses de sable se détachaient des bords de la tranchée, hauts de soixante à quatre-vingts pieds en certains endroits, et roulaient au fond du précipice, entraînant et blessant les travailleurs dans leur chute : un jour il y en eut onze d'enfouis sous une de ces avalanches et l'on eut grand'peine à les en tirer vivants. « On aura, dit M. Mariette, une idée des lenteurs que l'inexpérience des ouvriers, l'absence d'outils et la nature du sable opposaient à nos travaux, quand on saura que, dans cette partie de la tranchée ouverte à travers l'allée des sphinx, nous n'avancions pas d'un mètre par semaine[1]. »

Cette nouvelle voie ne devait pas être longue heureusement : on était arrivé au 141° sphinx et l'on s'attendait à voir le 142°, quand, à la grande surprise de M. Mariette, ce fut une statue grecque de Pindare qui se dressa devant lui sur son socle antique ! Que venait faire là ce poëte ? Aussitôt après, ce fut le tour de Lycurgue, de Solon, d'Euripide, de Pythagore, de Platon, d'Eschyle, de Sophocle, d'Homère, d'Aristote, dont les statues sortirent de terre et apparurent rangées sur un mur bas formant hémicycle et barrant complètement l'avenue (*h*). M. Mariette marchait de surprise en surprise et put se croire un instant bien loin du Sérapéum tant rêvé, si toutefois il existait encore. Il reconnut bientôt qu'en cet endroit le sol de l'avenue était dallé de grandes pierres plates bien appareillées, et que ce dallage semblait s'enfoncer sous les sables à droite et à gauche de l'hémicycle : il y avait donc là un nouveau tronçon d'une rue transversale à l'avenue des sphinx, dont elle formait la continuation.

M. Mariette explore d'abord la branche gauche. Là encore le chemin est barré : c'est une chapelle (*i*), portant le cartouche royal de Nectanébo Ier (XXX° dynastie, 378 ans avant J. C.), qui précéda l'avant-dernier des pharaons indigènes, exclus à jamais par la conquête d'Alexandre le Grand. L'image bien connue d'Apis s'y montre enfin pour la première fois et avertit notre explorateur qu'il est dans la vraie voie, qu'il approche du but. Bien que les 8000 francs de la mission touchent à leur fin, on attaque avec confiance la branche de droite, celle de l'ouest :

---

[1] *Choix de monuments et de dessins du Sérapéum*, p. 7.

ici la voie est ouverte, et à chaque pas de nouvelles surprises s'offrent comme des énigmes insolubles.

A 30 mètres environ de l'hémicycle, sur le côté droit de cette rue dallée ou *dromos* (k), large de 15 mètres, s'ouvrent deux chapelles contigües, la première de style égyptien (l), la seconde du style grec le plus pur, avec péristyle de colonnes corinthiennes (m). Celle-ci était vide; mais dans la chapelle égyptienne se dressait une statue d'Apis, de pierre, ouvrage des derniers temps de l'indépendance, portant le disque solaire entre les cornes, et sur les flancs quelques traces peintes des signes sacrés. Cette statue, qui vit Alexandre le Grand, Cléopâtre, César, et fut témoin des dernières grandes solennités des funérailles d'Apis, est aujourd'hui conservée dans le musée égyptien du Louvre [1].

En enlevant les sables sur toute la largeur de la chaussée dallée, M. Mariette rencontra de nouveaux objets singuliers dont aucune inscription ne venait lui donner l'explication. A droite et à gauche courait un mur construit en gros blocs, destiné sans doute à retenir les sables, et sur ce mur, haut de 2 mètres, se dressaient comme sur un piédestal, des statues colossales d'animaux fantastiques : un paon haut de six pieds, portant sur son dos un petit génie qui le conduit à la bride; un coq géant, une lionne, une panthère à queue de serpent, un Cerbère, tous également conduits par des enfants; puis un phénix à tête de femme, des sphinx, des lions à figures singulières, etc. : quelque chose enfin du symbolisme mystique de l'Égypte, conçu par l'esprit grec, mais, il faut le dire, exécuté par un ciseau peu délicat.

Cet étrange parvis, où le génie grec semble aller à la rencontre du vieil esprit égyptien, se prolongeait de cent mètres environ, et après des difficultés inouïes de terrassements qui

---

[1] Petite salle du rez-de-chaussée, dite d'*Apis*. C'est aussi là que sont conservés les spécimens de sphinx tirés de l'allée, les lions, vases canopes, stèles et épitaphes d'Apis, montants de porte, etc., tirés du Sérapéum et envoyés au Louvre par M. Mariette.

g, allée des sphinx; *h*, hémicycle grec; *i*, temple d'Apis; *k*, dromos, orné de statues symboliques ; *l*, chapelle égyptienne, au moment où l'on en retire la statue d'Apis; *m*, chapelle grecque. — (Vue prise de l'entrée *n* des hypogées. — Repère du plan n° I.)

coûtèrent plus de deux mois d'efforts surhumains, on se trouva enfin, dans le courant de mars, devant la première enceinte du Sérapéum, marquée par un *pylône* ou porte monumentale du temps de Nectanébo (*n*), qui en formait l'entrée et se trouvait précédée de deux lions de pierre, aujourd'hui au Louvre [1].

Maître de cette première enceinte, M. Mariette voulut en suivre le contour afin de reconnaître d'abord l'emplacement du Sérapéum. Ce n'étaient là évidemment que les préliminaires des fouilles bien autrement sérieuses et intéressantes que notre explorateur devait ardemment désirer de faire dans l'intérieur même du monument dont il tenait la clef. Mais de fâcheux symptômes lui annonçaient déjà qu'il entrait dans la période la plus pénible de son entreprise : jusqu'alors il n'avait eu à surmonter que des obstacles matériels ; désormais il allait avoir à lutter contre des hommes, et il fallait à tout prix ne pas laisser l'ennemi entrer avant lui dans la place. Plus de huit mois de labeurs imprévus et de tribulations sans nombre devaient le séparer encore du jour où il entrerait enfin dans le sanctuaire funèbre d'Osor-Apis.

On se mit donc à explorer le mur d'enceinte du Sérapéum (*o*), qui, en maint endroit, émergeait sous la forme de chaînes sablonneuses ; on reconnut que le faîte de cette muraille était couvert d'une innombrable quantité de pierres à libations, objets de dévotion parfois fort anciens, et dont un grand nombre ont dû être utilisées comme matériaux de construction, car le mur d'enceinte paraît ne remonter qu'à la XXVIe dynastie (VIIe siècle av. J. C.) [2]. Ses flancs fournirent bientôt des découvertes plus intéressantes encore : certaines cavités contenaient des amas de figurines de bronze représentant les divinités les plus révérées

---

[1] Les lions de fonte qui ornent la façade du palais de l'Institut sont les moulages de deux lions de basalte déposés au Vatican, tirés autrefois du Sérapéum dans des fouilles entreprises au hasard, et semblables à ceux du Louvre. (Voyez la relation de M. de Saulcy.)

[2] Une de ces dalles et l'un des sphinx de l'allée, conservés au Louvre, portent des inscriptions phéniciennes, et montrent peut-être à quel point le culte de Sérapis s'était déjà étendu au loin.

dans toute l'Égypte, Osiris et Isis, puis celles de Memphis, Apis et Phtah.

Un jour, entre autres, le 21 mai, on en découvrit plus de quinze cents près du pylône ; en soulevant les dalles du parvis, on en avait également trouvé des quantités : cinq cent vingt-quatre en une seule journée. On sait que les Égyptiens et la plupart des peuples orientaux de l'antiquité considéraient le sable comme impur : car le sable du désert, agent de destruction envahissante et de stérilité, était voué, ainsi que les eaux de la mer, à Seth ou Typhon, le dieu du mal ; c'était donc pour sanctifier les monuments sacrés qu'on semait ainsi des images divines sous leurs fondations.

Ces heureuses trouvailles firent éclater les orages qui s'amoncelaient déjà sourdement contre M. Mariette : le bruit courut qu'il trouvait des trésors ! Il n'en fallait pas davantage pour émouvoir le vice-roi Abbas-pacha et son gouvernement de Turcs à l'ancienne mode, gens toujours enfermés dans un fanatisme exclusif ou dominés par ce principe des utilitaires ignorants, qui se traduit par : « A quoi cela sert-il ? » En même temps une de ces convoitises, de ces jalousies mesquines qu'il est si regrettable de voir s'éveiller en Europe chez quelques grandes nations, toutes les fois qu'une noble entreprise réussit au loin sans elles, vint exploiter habilement ce bruit absurde, dans l'espoir, sans doute, de supplanter M. Mariette au bon moment.

Toujours est-il que les *scheikh el beled*, ou chefs des villages environnants, petits despotes dans leurs bourgades et grands esclaves devant le gouvernement, empêchèrent d'abord les travailleurs de venir aux chantiers du Sérapéum ; il fallut aller soi-même les recruter de force et leur donner une haute paye pour les retenir. Puis l'eau et les vivres furent interceptés, et, faute de bras pour relever et réparer les tentes de campement enlevées par le vent, on dut se résigner à coucher à la belle étoile par les nuits fraîches et perfides du désert.

Cette guerre occulte allait enfin devenir plus loyale ; d'ailleurs contre un homme que rien ne décourageait, ne fallait-il pas user des grands moyens? Bientôt M. Mariette recevait du vice-roi l'ordre brutal de cesser les travaux, et pour comble de malheur une ophthalmie terrible, surtout due à l'alternative du froid et de la chaleur, le força d'obéir et de se réfugier au Kaire pour soigner sa vue mise en danger.

Ses ennemis le crurent abattu pour toujours et l'oublièrent; mais lui guérit sans bruit, et, à peine rétabli, retourna au désert pour reprendre ses fouilles. Ce fut alors un enchaînement de persécutions et de luttes dont la trame devient très-difficile à suivre. Sans défense contre les mauvais traitements du gouvernement égyptien qui lui intime l'ordre de quitter l'Égypte, de livrer les objets déjà trouvés, et en vient à faire piller ses tentes par des kawas; sans recours contre les lenteurs administratives qui ne lui laissent encore parvenir aucun soutien officiel de son gouvernement, M. Mariette cherche avant tout à gagner du temps, car il comprend que céder d'un pas, qu'abandonner ce qu'il a si péniblement conquis, ce serait tout perdre. En Orient il en est ainsi, et les ingénieurs de l'isthme de Suez, eux-mêmes, ont eu plus d'une fois à se féliciter de leur résistance ouverte à des ordres arbitraires émanant de l'*Effendinah* et venant de plus loin.

« La pensée du vice-roi, dit M. de Saulcy dans son récit animé, était de s'emparer de tous les produits des fouilles déjà exécutées, et ce haut personnage n'hésita pas à employer des moyens tortueux afin d'arriver à la connaissance du nombre exact des morceaux recueillis, dont il se fit donner un catalogue dicté par M. Mariette lui-même, sous prétexte de parer ainsi à des difficultés douanières, lors du départ de ces antiquités, qu'il se prétendait prêt à offrir à la France. Avec l'ordre de partir, M. Mariette reçut celui de livrer immédiatement tous les objets inscrits sur ce malheureux catalogue.

» Qu'on juge de l'inquiétude de M. Mariette, qui avait déjà réuni 524 objets destinés au Louvre ! Avec tout autre, c'eût été fait des fouilles du Sérapéum; mais lui n'était pas homme à se laisser intimider.— Je suis citoyen français, répondit-il à cet ordre brutal; c'est le gouvernement français qui m'a envoyé ici, et je n'en partirai et ne livrerai rien que sur son ordre formel. Pour comble d'embarras, M. Lemoine, notre consul général, que le gouvernement de la République laissait absolument sans instructions, se vit, bien malgré lui, obligé d'envoyer presque en même temps à M. Mariette l'ordre de remettre aux agents du pacha toute la collection qu'il avait déjà formée. C'était arracher à notre antiquaire des enfants chéris; aussi n'hésita-t-il pas à les défendre par tous les moyens en son pouvoir. Il répondit qu'il était prêt à obéir, mais à un ordre écrit et qui lui serait présenté, avec toutes les formalités voulues, par des gens qu'il pût reconnaître pour d'honorables agents du gouvernement égyptien. Cette exigence, en compliquant l'affaire, pouvait encore tout sauver, et M. Mariette s'y était cramponné comme l'homme qui se noie se cramponne à un fétu; d'ailleurs elle faisait gagner un sursis, et les instructions demandées par notre consul général pouvaient encore arriver à temps pour changer la face des choses.

» On était alors en octobre 1851. Un beau matin arrive un personnage muni du firman exigé et accompagné d'une nuée de kawas, d'Arnautes et de chameaux pour le faire exécuter immédiatement. Le danger est pressant; mais le firman est rédigé en turc, et M. Mariette, qui sait fort bien à l'avance que pas un des membres de cette honorable ambassade ne doit savoir lire, a pris ses précautions. Il déclare qu'il ne comprend pas le firman, et que par conséquent il est nul pour lui. Un écrivain copte réside à Saqqarah, et le porteur du firman se décide, sur la demande de M. Mariette lui-même, à l'envoyer chercher pour faire traduire sa pièce diplomatique. M. Mariette a prévu et a déjà paré le coup. Il a en effet, dès l'arrivée du firman, envoyé son cuisinier vers l'écrivain, avec ordre de remettre immédiatement à celui-ci une cinquantaine de francs, s'il consent à décamper au plus vite. Cinquante francs, c'est une fortune; l'écrivain les a palpés avec enthousiasme et s'est enfui dans le désert, où il est prêt à rester un mois pour pareille somme : il est donc tout naturellement introuvable. Notre porteur de firman serait bien tenté de se fâcher, mais M. Mariette le retient à dîner, le grise tant soit peu ; de sorte que notre homme est enchanté d'avoir manqué son affaire et de prévoir pour une autre occasion un second festin aussi agréable. Il annonce donc à son ami, car son amphitryon est maintenant son ami, qu'il reviendra plus tard : et voilà quinze jours de gagnés.

» Au bout de ces quinze jours, le même émissaire reparaît avec sa bande, et cette fois il a eu la bonne idée de mettre, avant de paraître, la main sur l'écrivain copte de Saqqarah. Mais celui-ci a encore été stylé à l'avance à grands renforts de piastres, et, quand il faut se mettre à l'œuvre, il déclare humblement ne pas savoir lire le turc. Notre porteur de firman fait encore semblant de ne pas s'apercevoir qu'on se moque de lui : il a trop envie de dîner avec M. Mariette. Encore quelques jours de gagnés, vu que, chez les Turcs, les affaires ne marchent qu'avec maturité. Au bout de ce temps, firman et commissaire reparaissent, l'un portant l'autre ; mais celui-ci, cette fois, est traduit en italien. Tout eût été perdu, si les instructions du gouvernement français ne fussent parvenues en même temps à M. Lemoine. Ces instructions portaient qu'il eût à se pourvoir auprès du vice-roi pour que les fouilles fussent immédiatement reprises, et les monuments déjà trouvés, conservés à la France. »

Ces objets furent enlevés, mais ne dépassèrent point Saqqarah ; ils y seraient encore sans M. Mariette, qui les en tira secrètement la nuit, au péril de sa vie, et vengea ainsi son gouvernement, vaincu en promptitude diplomatique par celui d'Abbas-pacha ! Dès le commencement du printemps déjà, le monde savant s'était ému en France des surprenantes découvertes du Sérapéum ; par un heureux hasard, M. de Saulcy, revenant alors de Syrie, avait fait route avec M. Bâtissier, consul de Suez, qui soutint les travaux de ses propres deniers après l'épuisement des fonds de la mission, et avec un artiste de grand talent, M. Barbot, qui rapportait en France de magnifiques dessins des fouilles. Frappé de ce qu'il voyait et de ce qu'il apprenait, M. de Saulcy, dès son arrivée à Paris, en avait saisi l'Académie, qui, sur la motion de M. Ch. Lenormant, avait sollicité la protection du gouvernement, et le 16 août, sur la proposition de M. Léon Faucher, ministre de l'intérieur, l'Assemblée nationale avait voté un crédit de 30 000 francs pour la continuation des fouilles du Sérapéum. Mais ce vote ne fut officiel en Égypte qu'en octobre, au moment même où nous voyons M. Mariette peut-être à bout d'expédients. On sent combien ses temporisations étaient sages, et combien il eut raison de ne pas abandonner son chantier, malgré les tentatives d'empoisonnement et de meurtre dont il faillit être victime : un étranger eût pris sans doute sa place, et les bonnes nouvelles de France fussent arrivées trop tard pour nous en assurer la possession, ou même pour sauver les fouilles des déprédations des Arabes.

La reprise des travaux fut donc autorisée, mais avec des restrictions aussi onéreuses que dérisoires pour nous : à la vérité, les cinq cents et quelques objets déjà trouvés seraient conservés au Musée du Louvre, mais tous ceux que l'on découvrirait dorénavant devraient être livrés au gouvernement égyptien, qui, incapable d'en comprendre l'intérêt, s'empresserait bien évidemment de les envoyer au Musée Britannique. Or, puisque les gouvernements prussien et anglais avaient fait exécuter, depuis peu, des fouilles considérables en Égypte, et que leurs agents en avaient emporté ce que bon leur semblait sans être inquiétés, pourquoi la France seule serait-elle condamnée à mettre ses travaux et ses capitaux au service d'un musée étranger ?

Pour surcroît de précaution, on avait envoyé du Kaire au désert des officiers d'état-major égyptiens qui devaient surveiller continuellement les fouilles et en expédier au fur et à mesure les produits à la citadelle. Mais en même temps un message du ministre de l'intérieur venait d'enjoindre à notre consul général de faire expédier pour Paris tous les objets que l'on découvrirait au Sérapéum.

Entre ces ordres contradictoires, M. Mariette, on le conçoit, n'hésita point, et il chercha le moyen de faire son devoir sans se brouiller avec l'autorité, ce qui était un point fort important.

En effet, l'autorité (c'est-à-dire le vice-roi) avait été froissée de cet ordre péremptoire, ainsi que du rapport par lequel notre Corps législatif, en votant un crédit de 30 000 francs pour la continuation des fouilles, annonçait l'intention de disposer des objets trouvés, sans songer qu'en Égypte et à défaut de firman de concession, tout revient de droit au souverain.

Abbas-pacha, qui tenait plus au respect de ses prérogatives qu'à une possession sans valeur pour lui, perdit alors les bonnes dispositions où l'avait mis l'esprit habile et conciliant de notre consul général; et aussitôt les 500 objets, toujours en litige, furent de nouveau réclamés. Appelé au Kaire, en lieu officiel, M. Mariette apprit qu'il y était accusé « de nuire aux intérêts du vice-roi et de la science en détournant ou mutilant les monuments, puis en manquant de moyens suffisamment actifs de surveillance ». Et voilà pourquoi cinq officiers, plus ou moins bachi-bozouks, allaient présider aux fouilles du Sérapéum, prendre bonne note des trouvailles et les expédier au Kaire.

Voici donc, au nom de la science, notre savant et infatigable explorateur surveillé de près par quelques soudards à demi sauvages, qui ne savent ni lire ni écrire; mais comme il comprend que veiller aux intérêts de la science et s'en remettre pour cela à l'intelligence des bachi-bozouks sont deux choses incompatibles, il cherchera à les concilier. On se maintiendra donc en d'excellents rapports avec les surveillants : on les régalera, on leur livrera tous les objets ou inscriptions sans intérêt que l'on pourra découvrir; mais on disséminera le plus possible les chantiers de manière à rendre la surveillance moins facile pour eux, moins gênante pour les travailleurs. C'est ainsi que, dans le même temps, on finissait d'explorer le mur méridional de la grande enceinte (*o*) où de précieux bronzes restèrent enfouis, de déblayer à l'est le *dromos* dallé (*k*), et à l'ouest le temple d'Apis (*i*), dont plusieurs chambres avaient conservé leurs plafonds antiques formés de troncs de palmiers et de roseaux.

Au moment même où, après deux mois de recherches dans l'enceinte (*o*), M. Mariette venait enfin de mettre la main sur l'entrée des rampes qui descendent à l'hypogée des Apis, le vice-roi, toujours irrité, lui fit enjoindre, par notre consul, de suspendre les fouilles; en revanche, on permettrait l'emballage de 500 objets pour le Louvre, mais on continuait de réclamer tous les autres. Serrés de plus près par les surveillants, les travailleurs employèrent alors leurs journées à transporter les plus lourds des monuments, à faire d'interminables emballages ou à dormir. Mais, quand les Turcs étaient partis et que la nuit venait, M. Mariette, qui ne pouvait se résigner à abandonner ses fouilles au moment suprême d'en atteindre le but, gardait avec lui quelques ouvriers dévoués; alors jusqu'au matin on poussait activement le travail de déblayement, et l'on descendait au fond d'un puits à momie les objets les plus importants à conserver. Dans ce puits était installé l'atelier d'emballage pour le Louvre, et là, dans le retrait invisible d'un vaste caveau funéraire, on pouvait à toute heure empaqueter éternellement les 500 objets, en grossir indéfiniment le nombre et les expédier de nuit pour le consulat d'Alexandrie. Exaspéré par une année de privations, de souffrances, de luttes contre les caprices administratifs, M. Mariette aurait rendu au désert ses trésors scientifiques plutôt que de les voir disparaître pour toujours entre les mains des agents turcs.

Un jour, l'un d'eux ayant demandé à être descendu au fond du puits, on s'empressa de le satisfaire; mais à l'insu du maître, les ouvriers remontèrent aussitôt, et, ayant retiré les cordes, laissèrent le malheureux officier y passer la nuit dans l'abandon, le jeûne et la colère. Un autre surveillant s'étant laissé choir dans un de ces gouffres en voulant y regarder de plus près, ses collègues furent pris d'une terreur à l'endroit des puits, qui délivra les travailleurs de toute « indiscrétion ». Plus tard, en un moment de « crise aiguë », ordre avait été envoyé aux fellahs de ne plus se rendre aux travaux du Sérapéum et de refuser des vivres aux travailleurs. Qu'imagina M. Mariette? Il détruisit en une nuit sa *villa*, qui sauta, dit-on, comme par mégarde. Le matin, quand les surveillants revinrent à leur poste, ils ne trouvèrent plus d'abri contre le soleil brûlant, et l'on dut se résigner à lui prêter vingt ou-

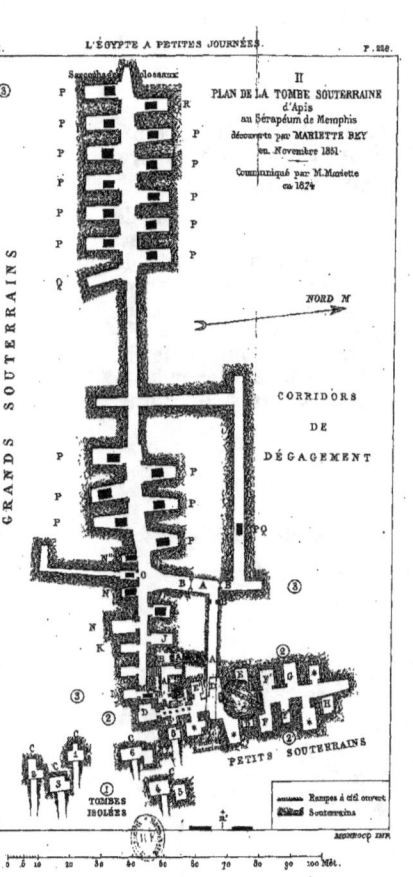

LÉGENDE DU PLAN DES SOUTERRAINS.

n'. Emplacement du second pylône, porte de l'enceinte extérieure des hypogées.

A. Rampes et escaliers taillés à ciel ouvert dans le roc et descendant à plus de 12 mètres aux portes des souterrains. Découverts le 6 novembre 1851.

B,B'. Les cinq entrées de la tombe d'Apis. B', porte par laquelle M. Mariette a pénétré pour la première fois dans les souterrains, le 12 novembre 1851, à cinq heures du matin, et qui reçut alors un conduit secret affleurant à 0^m,50 au-dessous de la surface des sables extérieurs.

B^d. Porte extérieure dont les montants de pierre, appliqués contre les parois de la tranchée, sont couverts d'inscriptions *démotiques*. Transportée au Louvre.

1. Tombes isolées (partie la plus ancienne). — Découvertes le 24 février 1852.

XVIIIe *dynastie*, 5 Apis. — C^1. Caveau de l'Apis le plus ancien trouvé dans le Sérapéum du Nouvel-Empire. Règne d'AMÉNOPHIS III (XVIe siècle env. av. J. C.).

C^2. Caveau attribué au règne de RATHOTIS.

C^3. Caveau attribué au règne de TOUT-ANKH-AMEN.

C^{4,5}. Double caveau du règne d'HORUS ou HARMHABI, contenant deux Apis. Le caveau 5 était inviolé et montra une sépulture d'Apis intacte, mais très-pauvre.

XIXe *dynastie*, 9 Apis. — C^6. Caveau du règne de SÉTI Ier (XVe siècle av. J. C.).

C^{7,8}. Dernières *tombes isolées*, découvertes du 15 au 19 mars 1852. Règne de RAMSÈS II. Le caveau 7 avait été forcé, mais le caveau 8 était intact. M. Mariette y trouva les cercueils inviolés de deux Apis morts en 16 et en 26 de Ramsès II. Cette chambre, où des pas humains antiques se voyaient encore marqués sur le sable, était jonchée et tapissée d'épaisses feuilles d'or: 4 kilogrammes d'or brut y furent recueillis, et, avec l'autorisation du consul de France, vendus au profit des fouilles, dont les ressources étaient alors épuisées. Les deux cercueils contenaient les bijoux funéraires aujourd'hui conservés au Louvre, et dont les plus beaux sont esquissés ci-dessus.

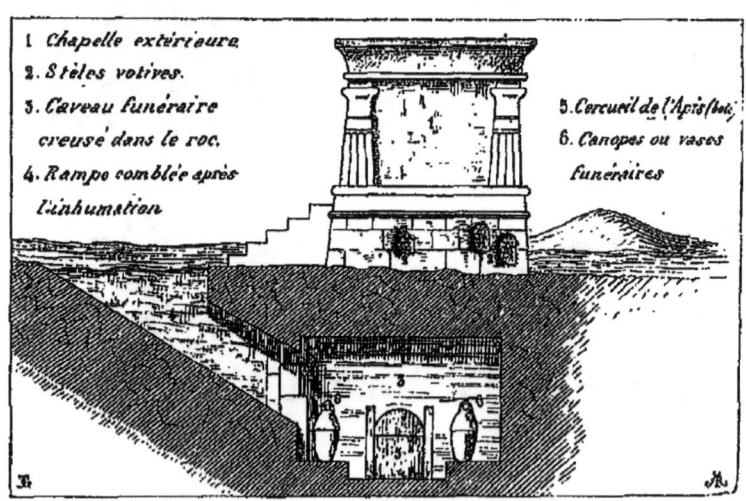

PROFIL ET COUPE D'UNE TOMBE ISOLÉE.

2. Petits souterrains. — Découverts le 10 février 1852.

D, D'. Chambres des cinq autres Apis du règne de RAMSÈS II. Dans l'une de ces chambres, en partie comblées par un grand ÉBOULEMENT, M. Mariette trouva, inhumée à côté d'un Apis, la momie à masque d'or du prince royal KHA-EM-UAS, mort l'an 55 du règne de son père, Ramsès II (bijoux, statuettes et masque déposés au Louvre). D', chambre dont la paroi Est, en rendant au choc un son caverneux, avertit du voisinage d'un caveau inviolé, C^9.

XXe *dynastie*, 0 Apis. — E. Tombe du règne de RAMSÈS III (XIIIe siècle av. J. C.).

SÉRAPÉUM DE MEMPHIS.

E'. Tombe du règne de Ramsès IX Si-Phtah, roi jusque-là inconnu à l'histoire.

E". Tombe du règne de Ramsès XII. La plupart de ces chambres, déjà bouleversées dans l'antiquité, avaient servi à de nouvelles sépultures, et plusieurs (marquées *) n'ont pu être identifiées. On y a retrouvé quelques traces de Ramsès VI, Ramsès VIII, Ramsès XI.

XXI° *dynastie.* — X. Chambre creusée sous la précédente. Vestiges de trois Apis inconnus.

XXII° *dynastie.* — F. Tombe du règne de Sheshonk III (x°, ix° siècles). Deux Apis d'Osorkon II, de Takellothis II.

F'. Cette tombe a révélé pour la première fois le règne d'un Sheshonk IV, qui régna au moins trente-sept ans. Les stèles ont fait connaître encore l'existence de son prédécesseur Pimaÿ. La série de ces stèles a ainsi fourni les moyens d'établir, dans l'histoire de cette époque troublée, quelques points fixes autour desquels les règnes de la XXII° dynastie viennent se grouper avec une certitude plus grande.

F". Tombe de l'an 37 de Sheshonk IV, dernier de cette dynastie.

XXIII° *dynastie.* — Lacune de quatre-vingt-neuf ans dans la série des Apis.

XXIV° *dynastie.* — G. Tombe de l'an 6 de Bocchoris (715) dont la stèle a montré pour la première fois le cartouche hiéroglyphique, écrit *Bok-en-Ranw*.

XXV° *dynastie.* — Les stèles mentionnent les deux Apis de Sabacon et de Tahraka (VIII° s.).

XXVI° *dynastie*, 5 Apis. — H. Tombe de l'an 21 de Psammitik Ier (645), dernière des *Petits souterrains*, qui furent abandonnés à la suite de l'éboulement. Cette chambre avait conservé sa clôture antique avec toutes les stèles votives d'Osor-Apis (voy. p. 246).

3. Grands souterrains. — Partie la moins ancienne découverte la première le 12 novembre 1851.

I. Tombe de l'an 52 de Psammitik Ier (611). Stèle officielle constatant une restauration motivée par le mauvais état de l'ancien lieu de sépulture.

J. Tombe de l'an 16 de Nechao II (595). Stèle officielle.

K. Tombe de l'an 12 d'Apriès (578). Stèle officielle.

L. Tombe de l'an 23 d'Amasis (549). La première pourvue d'un sarcophage colossal de granit portant le cartouche du roi; jusque-là les Apis étaient ensevelis dans des sarcophages de bois dont il n'est rien resté. Stèle officielle.

XXVII° *dynastie*, Perse, 5 Apis. — M. Tombe de l'an 6 de Cambyse (524). Petit sarcophage non poli de granit gris, portant le cartouche hiéroglyphique de Cambyse, et placé devant la porte B', dans le vestibule de l'Apis de Psammitik. Stèle officielle.

N. Tombe de l'an 34 de Darius Ier (489). Stèle officielle.

O. Tombe de l'an 2 de Khibasch (484), nom inconnu avant les fouilles, et qui paraît être celui d'un prince légitime de la descendance de Psammitik, mis à la tête d'une révolte des Égyptiens contre Darius Ier.

N'. Tombe de l'an 4 de Darius II (419).

N". Tombe de l'an 11 de Darius II (412). Les stèles mentionnent quelques-uns des derniers pharaons nationaux, Néphéritès, Achoris, Nectanébo Ier, et le dernier de tous, Nectanébo II.

P. Sarcophages colossaux de granit noir poli, du poids moyen de 65 000 kilogrammes. Ils sont ornés des rainures verticales traditionnelles, mais dépourvus de légendes et de cartouches royaux. Probablement de l'époque des Ptolémées, dont plusieurs sont mentionnés par les stèles éparses: Philadelphe, Évergète Ier, Philopator, Épiphane, Philomètor, Évergète II, Soter II.

PQ. Sarcophage inachevé, laissé en route dans le corridor de dégagement. Peut-être destiné à la chambre Q.

R. Sarcophage pourvu de légendes, mais dont les cartouches royaux sont vides. Probablement du règne de l'un des derniers Ptolémées.

Parmi les stèles, la dernière en date est de Cléopatre et mentionne la naissance de Césarion, fils de la dernière reine d'Égypte et de Jules César. La collection des stèles de la tombe d'Apis est conservée au Louvre.

vriers pour reconstruire son pavillon et sauver ainsi l'*autorité*. Bien dirigés et bien payés, grâce aux 30 000 francs de crédit supplémentaire qui venaient d'arriver de France, les fellahs reconstruisaient la *villa* le plus lentement possible, ce qui était au reste dans les habitudes du pays et n'étonna personne ; mais la nuit ils travaillaient sans relâche au déblaiement du Sérapéum.

On était ainsi arrivé aux premiers jours de novembre 1851, et, malgré tous les obstacles, les travaux n'avaient jamais été interrompus : on avait reconnu toute l'enceinte du Sérapéum, puis l'aire immense qui contient les vestiges singulièrement bouleversés des édifices extérieurs, et maintenant on cherchait à pénétrer dans les parties souterraines. On approchait du but, car une rampe en pente rapide creusée dans le roc (plan I, *p*, et II, A), et tapissée de stèles votives, venait d'apparaître au delà d'un second pylône en ruine (plans n°ˢ I et II, *n'*).

Dans la nuit du 12 novembre, l'un des ouvriers dévoués à M. Mariette vint le réveiller en sursaut : « Levez-vous, lui dit-il, nous venons de trouver une belle porte ! »

Effectivement, sous le linteau d'une porte pratiquée dans la paroi sud de la rampe (plan n° II, B'), apparaissait la gueule toute noire d'un immense souterrain : la tombe d'Apis était ouverte !

Dans son impatience, M. Mariette aurait voulu s'y aventurer tout de suite ; mais l'atmosphère, qui ne s'y était pas renouvelée depuis plus de mille ans, sans doute, était devenue mortelle : une bougie allumée attachée à une perche s'y éteignit. Il fallut donc attendre de longues heures avant que l'air du dehors eût pénétré dans toutes les galeries souterraines. Mais le temps pressait, car l'aube approchait, et avec elle le retour des surveillants turcs, auxquels il fallait à tout prix cacher la découverte de ces catacombes, où les plus précieux des monuments devaient encore se trouver à leur place antique.

M. Mariette n'eut que le temps de parcourir rapidement ce monde souterrain qu'il avait conquis au péril de sa vie, et d'en entrevoir seulement les énigmes, les surprises, et aussi, hélas !

l'effroyable ruine ! Au premier coup d'œil, il y avait reconnu le désordre inouï d'une dévastation furieuse et systématique : caveaux violés, stèles brisées et dispersées, sarcophages ouverts et vides ! Mais le signal d'alarme retentit au dehors, car le soleil se levait et le galop des chevaux turcs se rapprochait d'instant en instant. M. Mariette eut à peine le temps de sortir des souterrains et d'en faire obstruer l'entrée avec du sable : elle ne devait se rouvrir que plus de trois mois après, en février 1852, lorsque des mesures plus tolérantes permirent d'opérer plus à l'aise. En attendant, tous les efforts furent dirigés vers l'intérieur du Sérapéum, dont il était urgent de sauver les stèles et les objets les plus précieux qu'on y rencontrerait. Un conduit vertical de bois, muni d'échelons intérieurs, fut appliqué contre la paroi de rocher où s'ouvrait la porte obstruée ; l'orifice de ce puits, caché sous le sable pendant le jour, se rouvrait à la nuit pour y laisser descendre les travailleurs, qui en ressortaient chargés des stèles gravées d'inscriptions, qui forment aujourd'hui au Louvre un trésor archéologique et historique sans précédents.

Pénétrons à notre tour dans le dédale de ces longues et silencieuses galeries qui représentent les dix-sept ou dix-huit derniers siècles de la foi religieuse, du lien moral et social, et partant de la grandeur de l'ancienne Égypte : elles sont restées telles à peu près que les virent Moïse et Platon, ces adeptes de la science égyptienne qui entrèrent ici non en critiques dédaigneux, mais en sages qui s'inspirent des choses respectées, pour concevoir davantage et s'élever plus haut.

La seule partie des souterrains que l'on visite aujourd'hui sans danger n'est toutefois que la moins ancienne, mais c'est aussi la plus grandiose et la plus belle, car le luxe alla toujours croissant dans les rites religieux de Sérapis. La partie des catacombes appelée les *Petits souterrains*, inaugurée à l'époque de Moïse, sous le règne fastueux de Ramsès II, tombait en ruine près de cent ans déjà avant la fondation de la république ro-

VUE INTÉRIEURE DE LA TOMBE D'APIS *(Grands Souterrains)*

maine, sous le règne de Psammitik Ier, et c'est alors qu'on dut l'abandonner pour commencer l'excavation des *Grands souterrains*, où nous allons pénétrer d'abord.

CHAMBRE SÉPULCRALE D'UN APIS
dans les grands souterrains du Sérapéum.

(D'après le *Choix de monuments* de M. Mariette, et l'aquarelle originale exécutée sous ses yeux par M. Barbot.)

Au premier aspect, les traces de destruction ne frappent pas beaucoup les yeux : cette austère perspective de piliers de roc qui, des deux côtés du large souterrain, fuient et s'enfoncent dans l'obscurité avec la voûte qu'ils supportent, ce point lumineux qui les termine au loin, on ne sait où, et brille dans la nuit comme une lueur de vérité immuable ; tout enfin paraît conservé dans l'ordre éternel des choses qui ne peuvent périr. Mais on s'aperçoit bientôt qu'il n'y a plus là qu'un squelette immense : entre chacun de ces piliers décharnés, un mur épais voilait pour toujours les tombes des Apis. Derrière la base de ces cloisons aujourd'hui déchirées ou renversées, s'ouvrent de profonds caveaux dont chacun a son entrée sur la galerie et renferme un sarcophage colossal de granit où reposait la dépouille divine : le moins grand pèserait encore 65 000 kilogrammes. Ils sont vides aujourd'hui, et les couvercles déplacés en laissent voir la béante nudité, où quarante personnes debout pourraient trouver place ensemble.

Sur chacun de ces couvercles énormes, le fanatisme ennemi des anciens âges a élevé, en signe de mépris, un pan de mur grossièrement construit, qui se tient là pour toujours, accroupi sur le sépulcre profané. Il faut se rappeler en effet que la terre funèbre était sacrée et devait appartenir sans partage au mort qui s'y confiait. Autrefois, chez toutes les nations de l'Orient, et encore aujourd'hui chez quelques-unes, construire sur un *tombeau* était le dernier outrage : « Que l'on n'enlève pas le couvercle de ce cercueil, dit le roi assyrien Ashmonnazar dans son inscription funéraire [1] ; que l'on ne construise pas sur le couronnement de ce lit funèbre. » Et plus loin : « Qu'ils n'ouvrent pas et qu'ils ne renversent pas le couronnement de mon tombeau ; qu'ils ne construisent pas sur l'édifice qui couvre ce lit funèbre. » Ce ne furent donc pas de vulgaires maraudeurs qui dévastèrent ainsi le Sérapéum et prirent la peine d'amasser un tel fardeau d'injures sur le front de vingt-quatre colosses, puis de marteler le nom d'Apis sur les inscriptions des stèles ; c'étaient

---

[1] Traduite par le duc de Luynes et citée par M. Mariette à cette occasion, dans le *Choix de monuments et de dessins du Sérapéum*.

évidemment des religionnaires, des rivaux victorieux dont l'animosité vivace s'était accumulée depuis longtemps contre le dieu de Memphis. Or, ce n'étaient certes pas les conquérants arabes du VIIe siècle de notre ère qui pouvaient avoir cette haine patiente contre une religion morte et oubliée depuis trois cents ans, ni connaître le secret, perdu alors, des signes hiéroglyphiques du nom d'Apis. La dévastation ne vient pas des rois grecs successeurs d'Alexandre le Grand, puisqu'on trouve ici des preuves matérielles de l'extension qu'ils donnèrent au culte d'Apis et de Sérapis; elle ne vient pas non plus des Romains, qui étaient tolérants par politique, et dont les empereurs laissaient placer leurs noms dans les temples ou s'y faisaient représenter sous l'image consacrée des anciens pharaons. Enfin, la ruine du Sérapéum ne provient point des conquérants perses du VIe siècle avant J. C., puisqu'on y voit la série des sarcophages se continuer sous leur domination et s'étendre après eux jusqu'à Cléopâtre.

Tout porte donc à croire que la première destruction du Sérapéum remonte à l'édit de l'empereur Théodose, qui, au IVe siècle, abolit la religion égyptienne; nous aurions ainsi sous les yeux un exemple de la malheureuse dévastation que les chrétiens firent subir aux monuments d'un culte ennemi dont la décadence et la corruption étaient au reste arrivées à leur terme, mais dont ils auraient pu respecter les précieuses archives. La vieille Égypte subit alors les effets de cette loi éternelle de renouvellement et d'évolution qui frappe les institutions anciennes avec une brutalité d'autant plus désastreuse, qu'elles se sont déclarées immuables, et en arrivent à oublier qu'on les a faites pour l'humanité et que ce n'est pas l'humanité qui est faite pour elles.

Au milieu de cette grande dévastation qui ne fit que s'accroître de siècle en siècle jusqu'au moment où la partie souterraine du Sérapéum se perdit sous les sables, quatre tombes d'Apis furent seules trouvées intactes parmi les soixante-quatre que M. Mariette a pu y reconnaître; presque toutes les cloisons qui fermaient les caveaux funèbres ayant été renversées, les stèles qui les couvraient, et donnaient un enchaînement continu de dates, sont tombées en même temps sur le sol, où elles ont été dispersées.

On comprendra quel travail ce fut que de se diriger au milieu d'un désordre tel, dit M. Mariette, qu'à première vue il lui parut impossible de s'y reconnaître jamais. « Il a fallu, ajoutait-il, recueillir avec un soin minutieux les indices que le temps avait respectés, s'inspirer de la vue des lieux, reconnaître les modes divers de constructions, interroger les inscriptions qui étaient encore en place, rapprocher de celles-ci les monuments de même style trouvés sur le sol, compter les chambres et les sarcophages, et de tout ceci reconstituer la tombe comme elle avait existé au temps de sa splendeur [1]. » C'est grâce à ce travail persistant qu'il a été possible de recueillir plus de sept mille monuments divers, dont trois mille relatifs à Apis, et consistant, pour la plupart, en stèles et en inscriptions plus précieuses encore que les objets de prix jadis pillés par les dévastateurs : ces inscriptions, donnant les dates de la naissance, de l'intronisation, de la mort et des funérailles des Apis par années, mois et jours, et cela relativement à l'ère du roi régnant, aident merveilleusement à souder les règnes les uns aux autres, à combler des lacunes, et partant à rétablir l'enchaînement de plusieurs points de la chronologie égyptienne.

C'est grâce encore à ce triage des inscriptions qui permit de replacer les soixante-quatre Apis dans leur ordre chronologique, qu'il devint possible de reconnaître les différentes périodes de développement du Sérapéum et l'extension toujours progressive du culte d'Osiris-Apis.

La plus ancienne tombe d'Apis trouvée jusqu'à ce jour dans l'enceinte du Sérapéum remonte au règne d'Aménophis III (C[1]), le fondateur du temple de Louksor et des colosses dits de *Memnon* (XVIe siècle av. J. C., XVIIIe dynastie). A cette époque,

---

[1] Renseignements sur les soixante-quatre Apis trouvés dans le Sérapéum de Memphis, dans le *Bulletin de l'Athenæum français*, 1855, p 55.

les longs souterrains n'étaient pas encore commencés ; on ensevelissait les taureaux sacrés dans des TOMBES ISOLÉES, composées d'une chapelle extérieure où s'encastraient les stèles votives des adorateurs, puis d'un caveau souterrain dans lequel on introduisait le sarcophage par une rampe taillée dans le roc, dont on murait la porte et que l'on comblait ensuite. Deux de ces tombes furent seules trouvées intactes.

Un assez beau caveau du règne d'Horus (XVIe siècle av. J. C.) venait d'y être découvert (C⁴) ; le mobilier funéraire en était détruit, mais les parois, encore revêtues de stuc et de peintures bien conservées, présentaient un grand intérêt. Tout en les examinant, M. Mariette eut l'heureuse idée d'interroger les murs en les frappant, pour voir s'ils ne recèleraient pas quelque cachette murée que l'enduit de stuc masquerait. Effectivement, la paroi nord rendit un bruit caverneux très-différent du son mat produit par le roc plein ; il réconnut que c'était une cloison de maçonnerie, et en ayant fait desceller quelques pierres, y trouva un second caveau plus petit que le premier (C⁵), où il était facile de reconnaître que personne n'avait encore pénétré depuis l'époque de la consécration, près de trente-quatre siècles auparavant. Mais à cette époque le culte d'Apis mort était fort simple évidemment, car cette sépulture était aussi pauvre que possible : il n'y avait au centre du réduit qu'une construction en pierre blanche renfermant un cercueil de bois dépourvu de peintures et orné seulement, sur chacune de ses faces, de panneaux rectangulaires et verticaux, au milieu desquels apparaissait plusieurs fois la légende consacrée : « *Apis-Osiris, dieu grand qui réside dans l'Amenti, vivant à toujours.* » Cependant, à sa grande surprise, M. Mariette ne trouva point la momie de bœuf qu'il s'attendait à y voir, et, au premier abord même, on aurait pu croire que la tombe était vide. Mais en regardant de plus près, il aperçut au fond du sarcophage le crâne décharné du taureau posé sur une masse noirâtre de forme ovale, ayant 1 mètre de long sur 0ᵐ,30 de hauteur et autant de largeur, qui lui servait comme de support : c'était un amas confus de bitume et de gros ossements de bœuf brisés, amoncelés sans ordre sous une enveloppe de toile fine; du reste, pas un amulette ni une statuette. Ce mode d'inhumation, si différent de ce que l'on avait toujours vu en Égypte, était-il un cas exceptionnel ou constituait-il une règle au Sérapéum? La suite des découvertes semble en avoir décidé.

Transportons-nous maintenant par anticipation dans une région moins ancienne du cimetière, c'est-à-dire dans les Petits souterrains, qui en forment comme la seconde partie. C'est en l'an XXX du règne de Ramsès II (environ 1380 av. J. C.), qui fut, comme nous l'avons déjà dit, une ère de luxe et de puissance, que le culte du taureau Apis venant à prendre une nouvelle extension, on renonça aux tombes isolées pour creuser dans le roc ce premier corridor souterrain, bordé de chambres que l'on murait au fur et à mesure des inhumations, et qui servirent pendant plus de sept cents ans.

Le 15 mars 1852, M. Mariette, ayant pénétré dans la chambre n° 2 des Petits souterrains (D'), reconnut qu'elle était dévastée; mais ayant heurté ses murs avec une masse de fer, la paroi de l'est rendit un son caverneux qui l'avertit encore qu'il y avait là quelque espace vide où vraisemblablement personne n'avait dû pénétrer depuis l'origine. En examinant ce point de l'extérieur, il y découvrit, le 19 mars, une rampe taillée dans le roc à ciel ouvert; dans la paroi gauche s'ouvrait un caveau déjà dévasté, mais au bout de la tranchée, sous les sables, se dressait une autre porte encore murée, que n'avaient point aperçue les spoliateurs de l'antiquité. Comme on était encore surveillé de très-près par les agents du gouvernement d'Abbas-pacha, M. Mariette attendit, avec une impatience facile à se représenter, que la nuit fût arrivée. Le parti était sage, car c'était la plus belle découverte du Sérapéum qui allait s'effectuer.

Le moment venu, M. Mariette fit ouvrir la porte, et la tombe d'Apis lui apparut telle qu'elle avait été laissée 3230 ans auparavant, l'an XXVI du règne de Ramsès II (C³) : « Les doigts de l'Égyptien, dit-il, qui avait fermé la dernière pierre du mur bâti

en travers de la porte étaient encore marqués sur le ciment. »
Le caveau, assez vaste, contenait deux sarcophages encore intacts, dont l'un était entouré par quatre de ces grandes urnes d'albâtre veiné à couvercles en forme de têtes humaines, et que l'on a nommées des *canopes*. La base des cercueils et le pied des murs, revêtus de feuilles d'or sur tout leur pourtour, scintillaient à la lueur des bougies ; le sol en était jonché. Mais au milieu de cette profusion, une chose tout ordinaire et d'un merveilleux tel cependant, que l'Égypte seule peut en produire de pareilles, apparut tout à coup à M. Mariette et lui arracha des larmes : « Quand j'y entrai pour la première fois, dit-il, je trouvai marquée sur la couche mince de sable dont le sol était couvert l'empreinte des pieds nus des ouvriers qui, 3200 ans auparavant, avaient couché le dieu dans sa tombe ! »

En cet instant il put se croire reporté à l'époque où Moïse exilé retournait à la vie pastorale de ses ancêtres, au pays de Madian, et où les enfants d'Israël, courbés sous le joug égyptien, soupiraient vaguement peut-être après quelque libérateur inconnu.

En ce temps-là Jérusalem, Athènes et Rome étaient encore à naître, et cependant leur génie, leur foi et leur puissance, qu'elles croyaient éternels, se sont évanouis plus vite que ces empreintes légères nées avant elles ! On croit rêver devant pareils exemples de conservation, dont l'Égypte est cependant prodigue ; et M. Mariette nous disait que dans ce premier moment d'une émotion qui ne s'effacera jamais, il ne croyait pas l'avoir trop chèrement achetée par la longue année d'attente et de tourments qui venait de s'écouler.

Le contenu de cette tombe qui renfermait deux Apis morts à dix ans d'intervalle, l'an XVI et l'an XXVI de Ramsès, répondait d'ailleurs aux espérances qu'elle avait fait naître au premier aspect : sa richesse était bien en rapport avec l'époque de gloire et d'opulence de Ramsès II, celui même dont le colosse est gisant à Memphis, près des ruines du temple de Phtah et d'Apis vivant[1]. Sur les murs du caveau se déployaient les peintures du roi Ramsès et du quatrième de ses cent soixante-dix enfants, le prince *Kha-em-Uas*, gouverneur de Memphis, qui, s'il eût vécu, devenait probablement le pharaon de l'exode... Dans des niches, dans des trous du sol, étaient entassées près de 250 statuettes funéraires de pierre dure, calcaire et terre cuite émaillée, portant les noms des principaux personnages de Memphis avec leurs titres officiels : c'était toute l'aristocratie de la métropole, parmi laquelle un assez grand nombre de femmes, qui était venue là, escortant le prince royal, vice-roi de Memphis, dont deux statuettes, aujourd'hui au Louvre, y avaient été apportées. Ce prince, dont le nom se retrouve ailleurs et souvent à côté de ceux du pharaon son père et de ses frères, qui exerçaient les fonctions de chefs militaires, paraît avoir joui d'une grande célébrité dans son temps ; il gouvernait Memphis et était voué au culte spécial de Phtah et d'Apis, pour lequel il institua de nouveaux rites et fit creuser cette nouvelle partie des hypogées où nous sommes, sur un plan plus grandiose qu'auparavant.

Le premier sarcophage, de bois peint en noir, portait des inscriptions en lettres blanches aux noms du prince Kha-em-Uas et d'Apis ; au-dessous il y en avait deux autres, de bois uni et soigneusement ajusté, sans peintures ni légendes. Sous ces trois premières enveloppes, on vit apparaître une grande boîte de momie au visage doré, sans *uræus* ou insigne de royauté [2], mais pourvu de la légende sacramentelle d'Apis mort. Ce cercueil n'était point complet : ce n'était qu'une sorte de couvercle posant directement sur le roc, et évidé par dessous en une cavité de quatre pieds de long sur deux de large. En levant ce couvercle, on ne trouva point de momie, mais il resta sur le sol du rocher un monceau tout noir ayant la forme de la cavité du bois dans laquelle il s'était moulé : c'était encore une matière bitu-

---

[1] Voyez la vignette de la page 187.

[2] C'est la figure du serpent *naja*, symbole de divinité, que les rois portaient sur le front (voy. page 108, note).

mineuse très-odorante, tombant en poussière au toucher, et remplie de petits ossements déjà brisés avant la sépulture. Dans la masse se trouvaient éparses, avec beaucoup de paillettes d'or, une quinzaine de statuettes funéraires à têtes de taureau et légendes d'Apis; d'autres du prince et de quelques-uns des membres de la famille royale; enfin une dizaine de bijoux d'or aux noms de Kha-em-Uas et d'autres personnages d'un rang élevé dans Memphis. Parmi ces bijoux, tous d'une grande richesse et d'une ampleur remarquable de composition [1], nous mentionnerons une belle colonnette symbolique de feldspath vert, pourvue d'une base et d'un chapiteau d'or ciselé, selon le modèle des colonnes de temples qui figuraient la tige épanouie du lotus; elle porte le nom d'un gouverneur de province ou de *nome*, appelé Psar [2]. Le plus remarquable de ces bijoux est un épervier d'or à tête de bélier, aux ailes éployées. La tête de bélier symbolise le soleil nocturne, c'est-à-dire Osiris ou les régions d'outre-tombe; l'épervier, c'est Horus, son fils, ou le soleil levant, le soleil diurne, c'est-à-dire la résurrection, la *sortie au jour* [3]. Les ailes sont couvertes d'émaux cloisonnés formant une riche mosaïque de couleur; le corps de l'épervier est conçu selon le modèle sacré de convention, maintenu par ces lois sacerdotales et restrictives dont l'effet immanquable est d'amener tôt ou tard l'appauvrissement de l'art et de la pensée [4]. Quant à la petite tête de bélier, qui en elle-même échappait aux minuties du rite, elle a pu être modelée d'après nature avec une vérité, une finesse qu'aucun orfèvre ne saurait sans doute surpasser: on sent que sur ce point l'artiste a eu la main libre. A part sa beauté, cette pièce est donc des plus intéressantes en ce qu'elle nous montre-

---

[1] Tous les bijoux trouvés dans les premières fouilles du Sérapéum, alors que M. Mariette était au service de la France, ont été portés au Louvre, où l'on peut les voir dans la vitrine centrale de la *Salle historique* du musée égyptien.

[2] Voyez, sur le sens symbolique de la *colonnette*, page 137, note, et page 110.

[3] Sur le sens de cette expression, voyez page 202, note sur le *Rituel funéraire*.

[4] L'en-tête de ce chapitre (page 181), copié sur une peinture murale d'un tombeau de Saqqarah, avec les teintes conventionnelles du blason, est un bon spécimen du style de ces bijoux. Le vautour et les éventails sont des symboles de protection.

rait la faculté de progrès et de perfection limitée par l'entrave réglementaire [1].

Le second sarcophage, qui était semblable au premier, et pas plus que lui ne contenait le crâne du taureau sacré, renfermait, posé sur l'amas de bitume, un grand et beau pectoral [2] d'or massif, couronné d'une épaisse corniche évidée en gorge comme celle des temples; le champ, découpé à jour d'après la figure des signes et des animaux qui symbolisent la royauté, la résurrection, l'éternité, est couvert d'une mosaïque de plaquettes de verre coloré, et porte le nom de Ramsès II. Ce magnifique bijou, dont le dessin est grandiose, on peut le dire, constituait donc l'offrande funéraire du souverain lui-même, et rien ne prouve qu'il n'ait pas brillé longtemps sur sa poitrine parmi les ornements de son costume pharaonique.

L'inspection de ces tombes inviolées fournit donc trois exemples qui permettent peut-être d'affirmer un fait que l'on n'aurait jamais supposé : tandis que les corps humains étaient momifiés avec un soin et une habileté tels, qu'on arrivait parfois à leur conserver presque indéfiniment leur couleur et leur élasticité, les corps des taureaux divins étaient mis en pièces, et, ce qu'il en restait, enfoui sommairement. Étaient-ils partagés en quatorze morceaux que l'on envoyait dans les provinces, ainsi qu'il en était arrivé, disait la légende, pour le corps d'Osiris après sa mort violente? On ne peut rien affirmer; mais ce qui paraît probable, c'est que tous ces grands sarcophages du Sérapéum ne devaient contenir que quelques débris du squelette et des chairs: c'étaient donc plutôt des monuments commémoratifs que des tombeaux véritables; des cénotaphes élevés surtout pour éterniser le passage du dieu sur la terre. En somme, il n'y aurait

---

[1] Voyez les excellentes réflexions que fait à ce sujet M. Desjardins dans son article de la *Revue des deux mondes* du 15 janvier 1874, page 321.

Que l'on se rappelle à ce propos l'effet analogue d'alanguissement et d'émaciation qui se produisit dans les figures de l'art byzantin, à la suite des lois sacerdotales qui le frappèrent d'une immobilité tout orientale, vers le VIIe siècle de notre ère.

[2] Ce genre de bijoux est décrit page 123.

là rien de contraire à la logique des croyances égyptiennes : puisque le dieu se réincarnait successivement et indéfiniment, sa dépouille n'avait pas besoin, sans doute, d'être conservée pour la résurrection, comme celle des hommes, qui ne mouraient et ne devaient renaître qu'une fois. D'ailleurs, c'était un article de foi qu'Osiris, dont Apis était une émanation, avait accompli définitivement sa résurrection dans l'Amenti ou région bienheureuse.

Cependant toutes ces belles découvertes d'objets précieux avaient eu du retentissement au désert, et elles occasionnèrent à M. Mariette des désagréments qui eussent pu devenir sérieux, mais qui, grâce à son énergie, se terminèrent en une sorte d'aventure de brigands fort pittoresque, dont il sortit sain et sauf. Les Bédouins des alentours, incapables de comprendre qu'il pût chercher autre chose que des trésors, se tenaient aux aguets, et dès qu'ils surent qu'on avait trouvé de l'or, la tentation devint trop forte pour eux : ils l'assiégèrent à main armée dans sa petite maison. Prévenu à temps, M. Mariette s'était armé jusqu'aux dents ; et comme les officiers d'état-major turcs chargés de le surveiller avaient fui sans doute pour ne pas se mêler de ce qui ne les regardait pas, il soutint seul le siége avec son aide, M. Bonnefoi, et, après un feu bien nourri, eut le plaisir de mettre en fuite toute la horde en burnous, qui ne reparut pas.

Le long règne de Ramsès II était destiné à donner ici des surprises de plus en plus étranges : en poussant ses investigations dans la partie nord-est des Petits souterrains creusés dans une roche friable, M. Mariette reconnut les traces d'un grand éboulement (E), à la suite duquel quatre chambres s'étaient trouvées en partie comblées ; il était facile de reconnaître qu'on n'avait jamais tenté de remédier à cet accident, et dès lors il devenait probable que les restes du mobilier funéraire s'y retrouveraient bien ou mal conservés. L'année suivante, en 1853, M. Mariette déblaya ces caveaux en faisant sauter à la mine les quartiers de roches éboulées qui les encombraient. Il y trouva un sarcophage dont une moitié avait été écrasée par la chute des voûtes, et dont l'autre moitié était, par un hasard heureux, restée intacte dans le vide d'un espace préservé ; mais, chose singulière, ce n'était pas un cercueil de taureau : « Qu'on se figure, dit M. Mariette [1], une momie de forme humaine, détruite dans toute sa partie inférieure à partir de la poitrine. Un épais masque d'or couvrait le visage. Au cou étaient passées deux chaînes également d'or, à l'une desquelles trois amulettes étaient suspendus. Quant à l'intérieur, il ne présentait plus qu'une masse de bitume odorant mêlée d'ossements sans forme, au milieu desquels furent trouvés deux ou trois bijoux à cloisons d'or emplies de plaquettes de verre, etc., etc. [2]... Voilà notre Apis, et l'on aura la mesure de l'embarras dans lequel cette découverte doit nous mettre, quand on saura que tandis que tous les monuments trouvés sur la momie ne portent rien autre chose que le titre et le nom du prince Kha-em-Uas, tous ceux au contraire trouvés dans les environs mentionnent le nom et les qualifications habituelles d'Osor-Apis (ou Apis mort). Est-ce là un Apis? Est-ce là la momie de Kha-em-Uas, qui, mort en l'an LV du règne de son père (comme le marque la date tracée sur le mur), aura tenu à être enterré dans la plus belle des tombes qui ornaient le cimetière de la ville dont il était le gouverneur, à l'exemple des autres grands de l'Égypte qui se faisaient ensevelir à Abydos, près de la tombe d'Osiris? » Cette hypothèse, qui concorde avec le fait reconnu des fonctions et de la dévotion de ce prince envers le dieu Apis, a été accueillie comme la plus vraisemblable.

Cette hypothèse, qui semble en outre justifiée par le sentiment d'extrême dévotion qui se manifeste dans quelques stèles de cette époque, prend de l'intérêt en ce qu'elle expliquerait mieux le motif pour lequel les Israélites, aux premiers temps de l'exode, retournaient si volontiers au culte du *veau d'or*, c'est-

---

[1] *Bulletin de l'Athenæum*, 1855, p. 86.
[2] Tous ces objets sont au Louvre, à côté des précédents.

à-dire du taureau Apis : découragés, se croyant abandonnés et n'ayant point encore de lois ni de culte fixés, ils revenaient invinciblement à la divinité qu'ils avaient vue toute leur vie, adorée, au milieu de pompes extraordinaires, par le Pharaon et les grands, dans cette province de Memphis et de la basse Égypte où ils restaient confondus avec les Égyptiens. Illettrés comme des esclaves et des artisans qu'ils étaient, le sens élevé de ces symboles leur était inconnu, et ils vivaient probablement dans la nuit de l'idolâtrie et de la superstition qui pesait sur la plèbe égyptienne et abaissait son caractère. De là les colères de Moïse et les lois radicales par lesquelles il proscrivit toute image taillée, afin de retremper l'esprit de son peuple dans la foi élevée, vigoureuse, d'un monothéisme qui fut son soutien et sa force. Pendant les cinq cents ans de son époque militante, le peuple d'Israël, comme les Grecs primitifs, les Gaulois et les Germains, n'eut pas de temples construits et fermés : il fallut l'établissement de la monarchie définitive, le luxe qu'elle apporta, l'influence assurée qu'elle laissa à la caste sacerdotale, pour que la nation juive construisît un temple à son Dieu selon l'exemple et les modèles de l'Égypte; encore n'en eut-elle jamais qu'un seul [1].

D'après l'inspection des autres caveaux de cette région, il semblerait que la ferveur ne se conserva pas au même degré sous toutes les dynasties suivantes, car la plupart de leurs sépultures portent la marque d'assez grandes négligences : les taureaux n'y sont pas toujours inhumés dans des sarcophages, mais parfois seulement dans des cavités du rocher que l'on recouvrait d'une dalle. Le grand intérêt de ces tombes, qui paraissent d'ailleurs avoir été complètement bouleversées pendant les guerres civiles et religieuses de l'antiquité, réside dans les inscriptions de leurs stèles qui ont révélé des noms de rois encore inconnus,

---

[1] Voyez l'*Histoire de l'art judaïque*, par M. de Saulcy. Rien ne peut mieux donner idée de ce que devait être le fameux *veau d'or* des Hébreux, que les statuettes d'Apis, toutes modelées d'après un type uniforme, et dont l'une est reproduite page 208.

et ont ainsi donné les moyens de combler quelques lacunes de la chronologie [1].

La dernière chambre des Petits souterrains (H) offre un grand intérêt, car le mur élevé selon l'usage en avant de la sépulture fut trouvé presque intact avec toutes les stèles qui le couvraient. Quelques pierres arrachées à cette cloison avaient suffi aux dévastateurs pour se glisser dans l'intérieur de la chambre sépul-

Dernière chambre des Petits souterrains
avec sa cloison et ses stèles antiques.
(D'après un dessin de M. Mariette, au Louvre.)

crale et en retirer les restes du taureau. Puis, pour consommer leur outrage envers le dieu égyptien, ils avaient martelé sur toutes ces stèles le nom et jusqu'aux têtes de la figure d'Apis; ce qu'ils n'ont pas fait là où la chute des cloisons devait entraîner leur destruction ou leur dispersion.

Au milieu de la surface du mur on voyait encore, à sa place antique, la grande stèle aujourd'hui conservée au Louvre, qui

---

[1] Voyez, au plan n° II, les chambres des *Petits souterrains* marquées d'un *, et leur légende explicative.

porte l'épitaphe officielle de l'Apis né l'an XXVI du conquérant éthiopien Tahraka et inhumé l'an XXI de Psammitik Ier (vers 645 av. J. C.). C'est le roi qui, nous le savons déjà, délivra l'Égypte des dominations étrangères, l'ouvrit pour la première fois aux peuples de la Grèce, et inaugura la dernière renaissance et la dernière époque florissante de l'indépendance nationale[1]. La période de tranquillité qui succédait alors aux époques troublées des guerres éthiopiennes et assyriennes explique bien le luxe, le soin dont on eut le temps et la liberté d'entourer cette sépulture, puis la recrudescence de dévotion dont elle fut l'objet. Cent soixante-huit stèles aux noms des principaux habitants de Memphis, dont aucun n'est plus étranger, entouraient l'épitaphe officielle. Les dates de la mort et de l'inhumation que fournissent plusieurs d'entre elles, et qui, réduites en dates modernes, se traduisent par le 16 janvier et le 26 mars, nous montrent que la durée des funérailles était bien de soixante-dix jours ; aucun des *proscynèmes*, ou actes d'adoration, ne porte une date qui ne soit celle de l'un de ces soixante-dix jours : ce qui prouve, comme le dit Pausanias, que la tombe était fermée avant et après ce délai.

Une chose intéressante à noter, c'est que cette dernière chambre des *Petits souterrains* reproduit le fait que nous avons observé pour la dernière des *tombes isolées* (C[5], et page 238) : par son faste, qui tranche avec l'état des précédentes, elle indique une époque de luxe et de paix intérieure dont la religion du Sérapéum bénéficie tout de suite et de plus en plus. A huit cents ans de distance, les règnes de Ramsès II et de Psammitik Ier sont deux époques également remarquables entre toutes ; et de même que la première chambre de Ramsès avait immédiatement précédé l'innovation des *Petits souterrains*, de même ceux-ci furent remplacés, après le premier Apis de Psammitik, par les *Grands souterrains*.

Effectivement, la plus ancienne chambre de ces Grands sou-

---

[1] Voyez page 133 et suiv.

terrains (I) date de l'an LII de ce même règne de Psammitik Ier : il faut dire que dans l'intervalle avait eu lieu très-probablement le grand éboulement (E) qui préserva miraculeusement la momie du prince royal Kha-em-Uas. Mais on en profita pour abandonner les *Petits souterrains*, devenus trop étroits, et en creuser d'autres plus vastes, où le luxe monumental pût se développer à l'aise : une grande stèle admirablement gravée, et conservée au Louvre, mentionne le rapport qui fut fait au Pharaon sur le mauvais état de la tombe d'Apis, l'ordre qu'il donna de lui rendre sa splendeur, et enfin tout le détail de l'inhumation du dieu.

Quel que fût alors l'accroissement du luxe dans les funérailles d'Apis, les premiers rois de la dynastie Saïtique n'avaient encore rien changé au mode d'ensevelissement consacré. Les restes du dieu, renfermés dans plusieurs cercueils de bois précieux, étaient déposés au fond d'une cavité creusée au milieu de la chambre sépulcrale et recouverte d'un sarcophage de maçonnerie : telles sont les chambres de Psammitik Ier (I); de Néchao II (J) et d'Apriès (K).

Il appartenait à Amasis, roi dont le faste et la prodigalité en matière de construction sont restés célèbres [1], de doter pour la première fois Sérapis d'un gigantesque sarcophage de granit rose, le plus beau qui soit au Sérapéum (L) ; et depuis lors tous les rois qui se succédèrent en Égypte, même les conquérants étrangers, se crurent obligés de ne pas faire moins que leurs prédécesseurs pour le dieu de prédilection des Égyptiens, qu'ils avaient au reste intérêt à contenter et à flatter.

Le sarcophage suivant (M) vient justement appuyer cette hypothèse en confirmant un fait historique depuis quelque temps reconnu : c'est que Cambyse, fils de Cyrus, ne fut pas toujours pour l'Égypte ce tyran farouche qui, au dire d'Hérodote, profanait à plaisir les temples et les tombeaux. Il commença au contraire par restaurer la religion égyptienne, par se faire initier à ses mystères et à observer tous les rites religieux de la consécration des

---

[1] Voy. Hérodote, liv. II, 175.

anciens Pharaons, auxquels il se substitua ainsi très-habilement. Tout ceci est raconté avec détail dans les inscriptions qui couvrent une statuette funéraire égyptienne du temps de Cambyse, conservée au Vatican. Le nom du conquérant perse y est mentionné sous sa forme égyptienne de *Kambatt* ou *Kambousa*. « On lui donna, dit entre autres l'inscription, un titre égyptien en le nommant roi de la haute et de la basse Égypte, *Ramesout* (fils du Soleil) [1]. » Or, ce sont justement ces deux noms de Cambyse et de Ramesout que l'on trouve juxtaposés sur la stèle votive qui accompagnait le sarcophage en question (M) placé dans le vestibule de celui de Psammitik Ier; on y voyait même le vainqueur agenouillé devant le dieu égyptien. Nous avons donc par là une preuve nouvelle que Cambyse suivit d'abord la politique humaine des derniers conquérants de l'Égypte; ce ne fut qu'après l'issue malheureuse de trois expéditions mal conduites que, furieux contre des dieux qui avaient si mal récompensé son zèle royal; que, mécontent de tout le monde et de lui-même, il se livra à tous les excès dont parle Hérodote [2]. Mais si, dans un moment de fureur, il blessa de sa main le successeur de l'Apis qu'il avait fait inhumer avec tant de respect, la victime n'en mourut pas, quoi qu'en dise l'historien grec : elle vécut encore huit ans, jusqu'à l'an IV du règne de Darius, successeur de Cambyse, qui le fit ensevelir avec honneur, comme l'a montré l'épitaphe, aujourd'hui au Louvre, du sarcophage suivant (N), où quelques ossements ont été retrouvés. Un troisième sarcophage du temps de la domination des Perses est placé à côté du précédent (O) : il porte le nom inconnu jusqu'alors de *Khibasch*, qui devait être celui de quelque satrape gouvernant l'Égypte au nom du roi Xerxès, ou peut-être révolté contre lui.

---

[1] M. de Rougé, le premier, a donné la traduction complète de cette inscription : *Mémoire sur la statue naophore du musée Grégorien au Vatican* (Rev. arch., 1851). Voyez aussi l'*Histoire d'Égypte* de M. Brugsch, p. 226.

[2] Voyez page 209. L'inscription du Vatican, composée par un fonctionnaire égyptien dévoué au roi de Perse, mentionne à mots couverts cette ère de malheur, qu'elle appelle à plusieurs reprises : « La très-grande calamité qui eut lieu dans le pays entier. »

La partie ouest des Grands souterrains contient une suite non interrompue de sarcophages colossaux dont le plus grand nombre, malheureusement dépourvus d'inscriptions, se succèdent de règne en règne, de conquérant en conquérant, jusqu'au temps de Cléopâtre VI. Une stèle trouvée dans le sable, entre la porte B^d et le commencement du corridor 3', a fourni une belle inscription datant de ce règne, et offrant cette particularité intéressante de mentionner la naissance de Césarion, fils de Jules César et de la dernière reine d'Égypte [1].

Les Ptolémées avaient donc soutenu magnifiquement ce culte national de Memphis, et embelli les abords du Sérapéum; mais après eux les Romains, dominateurs puissants par la force et indifférents en matière de religion, ne jugèrent sans doute pas utile de continuer l'œuvre mi-politique, mi-superstitieuse des successeurs d'Alexandre, autour de laquelle, du reste, se rassemblaient peut-être les derniers ferments d'un vieux fanatisme encore prompt à la révolte. La tiédeur croissante de la masse du peuple égyptien et la prépondérance rapide d'Alexandrie sur Memphis aidant, Apis cessa d'obtenir une aussi royale sépulture, mais il continua sans doute de se renouveler. Ammien-Marcellin (liv. XXII, 6) parle d'un Apis qui se manifesta encore sous le règne de l'empereur Julien, moins de trente ans avant l'édit de Théodose; mais ce fut peut-être le dernier, car bientôt l'action du christianisme vint balayer cet antique centre d'une foi surannée.

Pourquoi faut-il malheureusement que toujours les idées nouvelles et généreuses prennent une forme radicale, et s'abaissent à provoquer la destruction d'objets matériels dont la conservation n'entraverait pas leur marche irrésistible, mais constituerait un véritable trésor devant l'impartialité intelligente des générations futures? Ce sont les mêmes hommes, on peut le dire, qui, dans l'antiquité, ont dévasté les souterrains du Séra-

---

[1] La description des stèles les plus intéressantes du Sérapéum se trouve dans le catalogue du musée égyptien, par M. de Rougé, p. 59 et suiv., et dans celui de la *Salle historique*, par M. Pierret, p. 58 et suiv.

péum, ont au moyen âge incendié les bibliothèques d'Alexandrie, et de nos jours violé les tombes royales de Saint-Denis !

Si le vieux sanctuaire funèbre de Memphis est redevable à M. Mariette d'être à jamais sauvé de l'oubli, il lui doit encore d'avoir revu quelques-unes de ses splendeurs passées : de nos jours le Sérapéum a ses fêtes, et retrouve, de temps à autre, quelque chose de ses pompes éclatantes d'autrefois. Nous n'avons pas été assez heureux pour jouir de ces surprises que M. Mariette a l'art de préparer et de ménager ; mais, selon notre coutume, nous ne résisterons pas au plaisir de citer une page de la correspondance de notre ami Devéria, qui, en 1859, assista à l'une des grandes illuminations des souterrains.

« M. Mariette, dit-il, nous conduisit au Sérapéum, qu'il avait fait préparer pour notre visite. En entrant, il nous retint quelques instants dans un endroit obscur, puis il nous introduisit tout à coup dans la galerie principale qui était éclairée par des centaines d'enfants assis à l'égyptienne, immobiles comme des statues et tenant chacun une bougie allumée. On ne peut se figurer l'impression produite par l'aspect de cet immense souterrain dont l'éclairage ainsi disposé semble avoir quelque chose de fantastique. Ce qui ajoute encore à l'effet général, c'est que dans toute la largeur de cette galerie, qui paraît avoir au moins un demi-quart de lieue, s'ouvrent des chambres latérales dans lesquelles sont, parfois à demi brisés, parfois tout entiers, les immenses sarcophages des Apis. Chacune de ces salles était éclairée comme le reste, et des enfants avec leurs bougies avaient été postés jusqu'au sommet de ces tombes gigantesques.

» Après avoir parcouru une partie de cette galerie principale, on en rencontre une autre qui la croise à angle droit. Là, de quelque côté que l'on se tourne, l'effet est véritablement magique, car l'œil se perd dans la profondeur des voûtes illuminées sans pouvoir en trouver l'extrémité.

» Nous avons ensuite visité en détail un des tombeaux des taureaux sacrés : c'est un sarcophage d'environ 3 mètres de haut,

2 mètres de large et 4 de long, admirablement taillé dans un seul bloc de granit orné d'hiéroglyphes à l'extérieur, et poli partout comme une glace. Nous y sommes entrés huit, et nous aurions pu facilement nous y asseoir autour d'une table. »

Le dernier mot de ce récit trouvera son développement dans la relation de M. de Saulcy, qui vit aussi les surprises du Sérapéum : « Arrivés devant celui de ces sarcophages monstres qui a servi à l'Apis mort sous Cléopâtre (R?), nous trouvons une échelle appliquée contre sa partie antérieure, et Mariette m'invite à y monter. Je ne me le fais pas dire deux fois, et quand je suis au sommet, je vois dans l'intérieur une table recouverte d'un riche plateau d'argent, supportant des verres d'argent ciselé, appartenant au service du vice-roi, et quelques bouteilles de champagne. Des candélabres sont établis aux coins postérieurs du sarcophage qu'ils éclairent parfaitement, et dix pliants ouverts autour de la table n'attendent plus que les convives de cet étrange banquet funèbre [1]... »

Si les sables envahisseurs, voués à Typhon, l'ennemi d'Osiris, n'avaient pas achevé l'œuvre du temps et des hommes, nous sortirions à peine des souterrains où le vieil esprit égyptien s'était concentré pur de tout mélange, que nous verrions apparaître les vestiges du monde grec mêlés à ceux de l'Égypte.

Mais que sont devenus le parvis dallé avec ses animaux fantastiques, les deux chapelles d'Apis, l'hémicycle des philosophes grecs et l'allée des sphinx de Strabon? Le désert, jadis contenu ou refoulé par les soins incessants de la population sacerdotale et un instant écarté par M. Mariette, s'est rué de nouveau sur ces restes déjà très-mutilés, et les a engloutis sous des masses colossales que l'on ne remuera plus.

Quant aux édifices qui terminaient, à l'est, l'autre extrémité de l'allée des sphinx et où ce monde grec des Ptolémées avait encore juxtaposé ses sanctuaires à ceux de l'Égypte, pour y adorer Sérapis à sa manière, ils n'ont laissé que des vestiges très-effacés et

---

[1] *Voyage en Terre sainte*, t. I.

très-confus. Fort heureusement, le sable nous a conservé une foule de documents, inscriptions et manuscrits, qui viennent jeter quelque lumière sur l'organisation intérieure du Sérapéum à l'époque ptolémaïque et sur la nature du Sérapis grec, si différent de celui des Égyptiens[1].

Ce qui paraît probable, quant aux origines de ce culte mixte, c'est que les prêtres égyptiens, thaumaturges, prophètes et devins par nature, exercèrent de tout temps avec avantage une sorte de médecine empirique, accompagnée de magie et d'actes superstitieux qui leur donnaient une importance redoutable. On les appelait même de fort loin pour rendre la santé aux rois étrangers, qui s'inclinaient alors devant les dieux de l'Égypte et ne leur ménageaient point les libéralités[2]. On conçoit que de la sorte certains cultes, tels que celui d'Isis, divinité médicale par excellence, que l'on ne séparait pas d'Osiris et d'Osiris-Apis ou Sérapis, aient pu se répandre au loin et se populariser en Grèce et dans l'Asie occidentale[3].

Selon l'opinion de M. Brunet de Presle, le culte du Sérapis médical des Égyptiens aurait été ainsi porté jusqu'en Babylonie, d'où les Ptolémées, successeurs d'Alexandre le Grand, ont pu le

---

[1] Sur l'étymologie du nom de Sérapis, voyez pages 208, 209.

[2] Voyez, à ce sujet : *Étude sur une stèle égyptienne appartenant à la Bibliothèque impériale*, par M. E. de Rougé (*Journal asiatique*, 1856-58). — Le roi Ramsès XII (celui de la chambre F des *Petits souterrains*) a adressé à un roi de la Mésopotamie, son allié, un médecin égyptien pour guérir une personne de sa famille, atteinte d'un mal nerveux, ou, selon la croyance du temps, possédée d'un démon. Le médecin ne réussissant pas, on fait demander au pharaon d'envoyer le dieu *Chons* en personne, la divinité alors la plus révérée à Thèbes. Le dieu Chons part avec ses prêtres, et guérit si bien le malade, que le roi de Mésopotamie ne veut plus le laisser retourner en Égypte. Il le garde trois ans dans son palais ; mais, à la fin, un songe, puis un mal subit, lui font craindre la colère du dieu, qu'il s'empresse de faire reconduire à Thèbes avec grand honneur.

[3] « Ce qui popularisa surtout chez les Hellènes la dévotion pour Isis, dit M. Maury, ce fut son caractère de divinité médicale. » Pour eux, elle représentait la pureté, la modération en tout et la santé ; aussi les sanctuaires de la *grande déesse* étaient-ils des lieux de guérisons miraculeuses. Elle apparaît dans Plutarque (*Traité d'Isis et d'Osiris*), « comme une des conceptions les plus élevées que nous offre le polythéisme antique, et l'on est frappé de la ressemblance que son type présente avec celui de la Vierge Marie ». (A. MAURY, *Histoire des religions de la Grèce antique*.)

ramener en Égypte, mais dépouillé désormais de son caractère primitif d'incarnation renouvelable d'Osiris. Que cette divinité soit revenue de Babylone, où, au dire d'Arrien, elle avait un temple médical du vivant même d'Alexandre; ou bien qu'on l'ait prise à la ville de Sinope, selon le récit un peu fabuleux de Tacite, toujours est-il que dès le règne des premiers Ptolémées, Alexandrie, leur capitale, voyait s'élever le plus beau des Sérapéums grecs, et que le nouveau Sérapis revenait de là vers Memphis, son point de départ, pour se juxtaposer au plus ancien, avec lequel il n'avait plus qu'une ressemblance douteuse et ne pouvait se confondre; il en avait bien plus avec le dieu grec Esculape auquel on l'assimilait, et même avec Bacchus ou Dionysos, qui, comme lui, était un dieu taurocéphale et avait le taureau pour symbole [1].

Les restes du Sérapéum font voir clairement cette ligne de démarcation tranchée qui, dans le fond, subsista toujours entre les deux cultes mixtes, malgré leur voisinage immédiat. Au dehors, la statuaire, l'architecture et l'écriture des Grecs se mêlent à chaque pas aux créations antérieures de l'Égypte, et souvent comme si elles avaient pour mission de les compléter et d'embellir leur ensemble.

A l'intérieur, au contraire, dans les souterrains, qui sont le lieu primitif et saint par excellence, rien de grec n'a pénétré; tout reste purement égyptien, et les conquérants étrangers eux-mêmes n'inscrivent officiellement leurs noms sur les stèles des sarcophages que sous la forme et selon les rites prescrits par la tradition indigène.

Ce voisinage, sans doute antipathique au fanatisme du vieux parti égyptien, était cependant très-profitable aux intérêts de leur religion, à qui la politique conservatrice des Ptolémées servait de sauvegarde et d'encouragement: « Loin d'imposer aux

---

[1] Voyez le *Mémoire sur le Sérapéum de Memphis*, par M. BRUNET DE PRESLE, de l'Académie des Inscriptions, qui lui-même cite les sources originales antiques et certains travaux importants sur Sérapis, tels que ceux de M. Guigniaut (Mémoires présentés à l'Académie, 1852).

vaincus, dit M. Mariette, des usages étrangers qui n'auraient fait qu'entretenir chez eux des germes de rébellion, les Ptolémées, au contraire, maintinrent les antiques coutumes, et, sans cesser d'être Grecs, se firent Égyptiens en s'honorant de l'être [1]. » La consécration officielle qu'ils donnèrent aux cultes d'Apis et de Sérapis fut-elle, comme on l'a dit ailleurs, un véritable coup d'État religieux exécuté rapidement dans le but d'accomplir une fusion, de maintenir la paix intérieure et d'asseoir leur puissance en Égypte? Ce que l'on peut du moins affirmer, c'est que le vaste système d'embellissements, d'adjonctions, d'agrandissements dont la tombe d'Apis devint l'objet dès le commencement de la domination grecque, demeure comme un témoignage évident de cette politique pleine de tact et de sagesse, si digne encore de servir d'exemple.

Toutefois, si impartiale et si efficace que pût être la justice des rois grecs d'Alexandrie à l'égard des vainqueurs et des vaincus, il ressort des documents authentiques recueillis au Sérapéum, que ce lieu n'était point un séjour de paix : on y voyait des rixes fréquentes, et souvent les fonctionnaires grecs du temple avaient à souffrir des vexations, des violences et des détournements commis à leur préjudice par les agents subalternes ou supérieurs des Égyptiens, contre lesquels ils demandaient justice parfois au roi lui-même, toujours fort dévot à Sérapis ; on s'aperçoit enfin que, malgré les efforts du gouvernement et d'assez fréquentes alliances entre les individus des deux races, celles-ci ne peuvent arriver à se fondre [2].

Les manuscrits du Sérapéum ont fait connaître encore quelques points curieux de l'organisation intérieure du temple et de la dévotion superstitieuse des pèlerins grecs pour leur Sérapis. La vaste enceinte de l'est (plan n° I, *q*) contenait divers sanctuaires très-voisins ou même réunis (*r*). C'étaient, entre autres,

---

[1] *Aperçu de l'histoire d'Égypte.*
[2] Voyez le *Rapport sur les inscriptions grecques de l'Égypte*, de M. Carle WESCHER, adjoint à la Mission scientifique dirigée par M. le Vte E. DE ROUGÉ, en 1863 (*Moniteur* du 17 juillet 1864).

l'*Anubidium*, ou temple d'Anubis, « divinité, dit M. Maury, qui ne fut jamais séparée, à Rome et dans les contrées helléniques, de l'adoration des trois divinités, Osiris, Sérapis et Isis, qui finirent par personnifier pour les Occidentaux la théogonie égyptienne. » Il s'y trouvait encore un temple d'Astarté, ou *Astarteum*; puis un temple d'Esculape où les malades, selon l'usage répandu en Grèce, venaient dormir et chercher leur guérison dans des songes qui devaient leur transmettre les oracles ou les conseils de la divinité sur le traitement à suivre. On sait que, dans l'antiquité, la croyance en la valeur surnaturelle des songes était générale : la plupart des philosophes, et même les plus illustres, partageaient avec le vulgaire cette idée fausse que, durant le sommeil, l'âme est plus dégagée des liens du corps et qu'elle peut se trouver alors dans une relation plus immédiate avec la divinité. Mais comme, malgré tout, les songes restaient souvent d'une obscurité désespérante, on se les faisait expliquer, moyennant redevance, par de certains fonctionnaires qui avaient fait vœu de réclusion et ne communiquaient avec le public que par le soupirail de cellules dont ils ne pouvaient jamais sortir. Tous ces édifices étaient compris dans le *Pastophorium*, c'est-à-dire le quartier des *pastophores* ou desservants, dont une des fonctions paraît avoir été d'accomplir chaque jour un grand nombre de libations d'eau du Nil.

Ceux qui se trouvaient soulagés ou distraits de leurs maux par une hygiène et des remèdes faciles à adapter aux prétendus oracles, le célébraient ordinairement dans une inscription. Lorsque la guérison ne suivait pas l'oracle rendu, le malade supposait naturellement que les immortels étaient irrités contre lui : alors une offrande expiatoire, souvent accompagnée d'une inscription votive, venait au moins soulager sa conscience, et le prestige du dieu n'en souffrait point [1].

---

[1] Voyez les *Mémoires d'histoire ancienne et de philologie*, par M. EGGER, 1863; et le *Dictionnaire des antiquités grecques et romaines*, de M. E. SAGLIO, à l'article *Asclepeion*, qui donne la description des temples d'Esculape et du genre de traitement que les malades y suivaient, puis à l'article *Sérapis*.

Tels sont, en résumé, les principaux renseignements fournis par les papyrus de Saqqarah sur le culte du Sérapis grec de Memphis et sur ses rapports avec celui de l'Égypte ; il nous reste toutefois à mentionner une dernière découverte d'un assez grand intérêt : c'est celle de l'existence d'une sorte de *caisse des pauvres* qui aurait été instituée dans un des temples du Sérapéum.

« On savait jusqu'ici, dit à ce propos M. Egger, que les Grecs et les Égyptiens réunis dans ce sanctuaire n'y vivaient pas toujours en bonne intelligence, et que la religion n'y rapprochait qu'imparfaitement les deux nations ; on savait que la médecine du dieu Sérapis s'y réduisait à un empirisme grossier et vénal ; on ne s'attendait pas à trouver tout près de ces misères une institution de bienfaisance... Mais on sent néanmoins tout ce qui reste encore à faire au christianisme pour vivifier, pour transformer, pour répandre le principe de charité déjà déposé dans le sein de la société païenne. »

Au printemps de 1853 la tombe d'Apis était complétement déblayée, grâce à un nouveau crédit de 50000 francs. « Lorsque les fouilles intérieures furent terminées, raconte M. de Saulcy, Mariette transporta ses ouvriers au commencement de l'allée de sphinx, et là il reconnut que l'endroit marqué par le docteur Lepsius comme présentant une pyramide ensablée contenait en réalité un temple grec que certains papyrus grecs de l'époque des Ptolémées désignent sous le nom de temple d'Esculape (*r*). Coïncidence curieuse, les mêmes papyrus désignent en avant de ce temple un bois d'acacias épineux, et ce bois y existe toujours.

» Lorsqu'il fallut mettre la main à l'œuvre, M. Mariette eut à combattre la répugnance la plus marquée de la part de ses ouvriers arabes. Ce lieu (*s*) était connu d'eux sous le nom de *Essign-Joucef* (la prison de Joseph), et ils lui expliquèrent qu'il ne leur était pas permis d'y fouiller pour la raison suivante : « Dans le
» temps passé, lui dirent-ils, un certain cheikh *Joucef-ibn-Yakoub*
» a été mis en prison à cet endroit pour certaines affaires qu'il avait
» eues à Memphis. Comme c'était un juste, sa prison a toujours été

17

» respectée depuis, et les chrétiens surtout l'avaient en grande
» vénération. Ils ont tracé des croix sur ses murs, croix que nos
» pères y ont vues souvent. Sous terre, tu trouveras le tombeau du
» cheikh Joucef au point où tu vois cet ouvaly que nous avons con-
» struit en son honneur ; il n'est pas permis de troubler le repos
» d'un homme de Dieu. »

» Cette histoire était bien faite encore pour piquer la curiosité de M. Mariette. Il assembla donc les cheikhs de Sakkarah et s'engagea devant eux à faire construire à ses frais un cénotaphe bien plus beau que celui qui était enterré, s'ils parvenaient à le découvrir. Malheureusement, il y avait, en ce point, de telles quantités de sable mouvant à écarter, que la fouille dut être abandonnée.

» M. Mariette n'hésite pas à croire que la tradition qui lui fut transmise a quelque fondement, et, à ce sujet, il nous apprend que parmi les Arabes de Sakkarah, la tradition des faits bibliques est pour ainsi dire vivante et aussi juste d'ordinaire que je l'ai trouvée moi-même parmi les Bédouins des déserts de la Judée et de l'Arabie Pétrée. Ainsi, dans les villages voisins du Kaire et placés sur les bords du fleuve, jeunes et vieux montrent le même point de la rive du Nil comme étant celui où Moïse enfant fut trouvé sur les eaux. Tous encore désignent unanimement le village moderne de Bessatîn comme étant le lieu de rendez-vous que choisirent les Juifs à leur sortie d'Égypte. Ce qui est certain, c'est qu'en ce point existe toujours un immense cimetière, lieu de rendez-vous des Juifs de nos temps [1]. »

Avant de redescendre vers Memphis, revenons pour un instant

---

[1] « Je suis allé, il y a quelques semaines, à la *Prison de Joseph*, nous écrit M. Mariette (août 1875), et j'ai été tout étonné de voir que les fellahs des environs y avaient spontanément élevé un marabout. Je crois qu'on devrait de nouveau fouiller ce lieu. Les murs anciens sont revêtus de stuc sur lequel des centaines de *graffiti* en langue arabe sont tracés, et la copie, qui n'en a jamais été faite, pourrait donner quelques résultats. Le roc n'est pas loin et peut-être existe-t-il là des grottes. La *Prison de Joseph* se trouvant dans le périmètre du *Pastophorium* des papyrus grecs, les cellules où étaient enfermés les κατόχοι, ou *reclus*, ont pu être prises par les Arabes pour des prisons. » — M. Mariette a traité ce sujet dans une lecture faite à l'Académie en 1855.

encore devant la *pyramide à degrés* (plan n° I, *a*, et p. 191). Maintenant que nous avons esquissé la figure et le caractère vrai d'Apis et d'Osor-Apis ou Sérapis, il sera aisé de comprendre les idées que M. Mariette a émises au sujet de cet antique édifice.

La pyramide à degrés offrirait le grand intérêt, nous disait-il, d'être le Sérapéum de l'Ancien-Empire égyptien : c'est là qu'auraient été inhumés les plus anciens Apis, trois ou quatre mille ans avant notre ère et bien avant que les *tombes isolées* et les souterrains du *Sérapéum nouveau*, que nous venons de visiter, aient été commencés. Voici quels sont les faits sur lesquels le sagace explorateur a établi cette hypothèse, qui paraît de mieux en mieux fondée.

La pyramide de Saqqarah ne ressemble en rien à aucune des soixante-dix et quelques autres qui couvrent la rive gauche depuis *Gizèh* jusqu'à *Meydoûn*, formant ainsi comme un immense cimetière long de douze lieues.

Ces nombreuses pyramides ont sans exception leurs faces rigoureusement orientées vers les quatre points cardinaux. Elles ont toutes, à la face nord, un seul passage qui, par une pente plus ou moins rapide, conduit à une chambre, souvent à deux, et quelquefois à trois. « Seule la pyramide de Sakkarah n'est pas orientée ; seule encore elle a quatre entrées et une série de passages intérieurs, de couloirs horizontaux, d'escaliers, de chambres, de caveaux, qui font ressembler à un labyrinthe l'ensemble de ses souterrains. Seule, enfin, elle présente, dans son axe et comme point central de tous les chemins qui y aboutissent à différents étages, une chambre de vingt pieds de largeur, de quatre-vingts pieds de hauteur, dans le dallage de laquelle un énorme bloc de granit taillé exactement en bouchon peut à volonté se déplacer et livrer passage pour descendre à un caveau inférieur, dont la destination est difficile à fixer, puisque ce caveau est trop petit pour avoir jamais contenu un sarcophage. La pyramide de Sakkarah n'est donc une pyramide que par sa forme extérieure. » Ce n'est pas tout : à ces particularités très-exceptionnelles pour qui sait observer l'ordre des faits habituels, vient s'ajouter une anomalie très-significative : au-dessus de la porte d'une des chambres, s'est trouvée une inscription funéraire qui présente toutes les attributions royales et, contre l'usage permanent, ne mentionne aucun nom de roi. Or, dans le *Sérapéum nouveau*, à l'entrée de la chambre G des *Petits souterrains*, une stèle a été trouvée qui porte aussi par exception une légende royale dépourvue de nom de roi, mais, chose singulière, liée à la figure du taureau Apis, auquel elle est destinée. C'était là, au milieu de rites invariables et sérieux, deux anomalies impossibles à expliquer. « Aujourd'hui il me semble, ajoute M. Mariette, que le mystère est peut-être éclairci. Du moment que les titres royaux inscrits sur la stèle du Sérapéum désignent suffisamment l'Apis qu'ils accompagnent, la légende de la pyramide de Sakkarah n'en avait pas besoin d'autres. Là reposait par conséquent un Apis, et la pyramide peut ainsi devenir la tombe de l'Apis des anciennes dynasties. Les taureaux qui, depuis le règne de *Cechous* (II° dynastie), habitaient le temple de Phtah, étaient donc, à leur mort, ensevelis comme les rois sous la masse d'une pyramide ; ou plutôt les rois, incarnations, comme Apis, du Verbe égyptien depuis le jour où ils se sont proclamés *fils du Soleil*, les rois, dis-je, à l'exemple du dieu, ont voulu reposer sous l'un de ces monuments dédiés à l'astre éclatant dans lequel la philosophie égyptienne voyait un révélateur de Dieu.

» Ainsi la pyramide de Sakkarah, continue M. Mariette, serait le Sérapéum primitif ; et comme on compte environ trente caveaux, rien n'empêche que cette pyramide, au pied de laquelle passe l'allée des sphinx du Sérapéum nouveau, n'ait l'origine que nous lui attribuons sur l'autorité de la légende gravée en tête de l'une des stèles aujourd'hui conservées au Louvre [1]. »

---

[1] *Renseignements sur les soixante-quatre Apis trouvés dans les souterrains du Sérapéum*, publ. dans le *Bulletin archéol. de l'Athenœum français*, août et sept. 1856.
Rappelons ici, comme conseil aux voyageurs, les réflexions pratiques si utiles que la découverte de ces deux inscriptions suggère à M. Mariette : « Rien de plus important et de plus imprévu, dit-il, que les conclusions auxquelles nous venons d'être amenés. Ainsi la cause la plus humble en apparence a produit en réalité l'effet le plus remarquable. Que ceci serve d'avis aux nombreux voyageurs

La masse de la pyramide est pleine : les trente caveaux sont creusés dans le roc où posent ses fondations, et leur entrée, placée assez loin en dehors de la pyramide, s'ouvre par un souterrain, au milieu des sables environnants.

« Lorsqu'on quitte le désert, où l'on ne voit partout que du sable et quelques pyramides éloignées, et que l'on arrive à revoir de loin ces charmants bois de palmiers séparés par des prairies encore inondées en partie, on croit avoir sous les yeux le paradis terrestre. Au soleil couchant surtout, cette belle nature se colore de teintes merveilleuses [1]. »

Elle était dans toute sa splendeur quand, vers la fin du jour, nous nous retrouvâmes aux bords des escarpements rocheux qui dominent l'oasis de Memphis. Derrière nous le soleil descendait sur la plaine funèbre, au milieu d'une arche de feu rouge dont l'auréole magnifique s'élevait jusqu'au zénith, et se fondait à l'azur violet du firmament par les nuances délicieuses de l'arc-en-ciel. A nos pieds, dans la plaine inondée, la grande forêt de palmiers resplendissait de reflets pourprés d'une teinte admirable, et les eaux qui la baignent, pareilles à un miroir d'or, semblaient rendre au ciel déjà voilé tous les feux qu'elles en avaient reçus pendant les ardeurs du jour. Plus loin, au delà de ces houles de panaches dorés où l'eau qui miroite dessine cent clairières, nos yeux pouvaient apercevoir quelques flots du Nil scintillant çà et là comme des serpents de flammes. A l'horizon, une nuit diaphane

---

qui, tous les ans, parcourent la vallée du Nil. Qu'ils se rappellent qu'un colosse qui ne nous apprend rien n'a pas, pour la science, la valeur d'un éclat de pierre qui nous livre un lambeau de ce passé que nous sommes si avides de connaître. Que surtout ils sauvent de l'avidité inintelligente des Arabes tout ce qui porte un mot d'écriture. En archéologie, rien n'est à négliger ; et il est certain que si, par impossible, les misérables fellahs qui vivent des ruines étaient des archéologues, nous verrions chaque jour nos richesses se décupler, et la vieille et mystérieuse Égypte, toujours plus explorée et toujours plus féconde, nous initier rapidement à la connaissance de ce monde ancien à la tête duquel les nations la virent pendant si longtemps marcher. »

[1] *Correspondance inédite de Th. Devéria*, 1858.

s'élevait lentement derrière les cimes encore vermeilles de la chaîne Arabique, et s'avançait sur tout le front de la voûte céleste, avec ce calme religieux, cette grandeur sereine dont le génie primitif de l'Égypte a été le reflet.

Une légère brise s'était levée; les voix profondes de la forêt murmuraient sur les lagunes, et des vols d'oiseaux aquatiques y sillonnaient l'air assombri, en laissant après eux comme le bruit d'un long soupir. Nous traversâmes encore une fois ce lac funèbre où peut-être Orphée pleura sa chère Eurydice enfermée pour jamais sous ses bandelettes dans quelque grotte souterraine de la nécropole : car il se pourrait, Diodore l'a dit, que l'admirable légende du chantre des Argonautes ne fût qu'un récit poétique de son malheur en face du cérémonial inflexible des prêtres de l'Égypte, où il était venu avec Eurydice pour se la voir enlever par la mort. Partout ici les grandes nécropoles sont séparées de la plaine et du monde des vivants par quelque cours d'eau dérivé du Nil; peut-être l'imagination déjà créatrice des Grecs primitifs, pour qui l'Égypte était la terre lointaine des merveilles à peine entrevues, y a-t-elle formé son mythe poétique de la traversée du fleuve des enfers que ne pouvaient franchir les morts indigents ou délaissés.

Nous reprîmes ensuite notre route sur les digues; des groupes de fellahs à la physionomie riante s'y rendaient de toutes parts et s'acheminaient vers leurs villages, dont les habitations, par leurs formes, rappellent de loin les monuments antiques. Parfois, sur le bord du chemin, se tenait arrêté quelque vieillard des tribus bédouines, hautain de figure et drapé dans ses longs vêtements noirs et blancs, comme les patriarches bibliques, dont il semblait une vivante image.

La dentelure noire des pyramides échelonnées dans les sables éternels se dessinait sur les derniers feux du couchant, et des caravanes de chameaux y profilaient encore leurs silhouettes bizarres, qui se meuvent d'un pas lent, monotone et cadencé comme les mélopées qui se chantent le soir en Orient.

Il faisait nuit quand nous atteignîmes la rive du Nil; mais

c'était une nuit resplendissante où la brise douce et tiède apportait par instants les aromes et les harmonies vagues du désert. Nous nous souvînmes, en quittant Memphis seulement, qu'on était alors au cœur de l'hiver, et que l'antique Égypte, tout à l'heure si vivante à notre esprit, n'est plus pour l'humanité qu'un lointain souvenir d'enfance. Que ce souvenir du moins lui soit cher; qu'il la console d'elle-même et lui donne espoir en sa propre nature, puisque ses aspirations premières l'ont poussée dès lors à placer, au-dessus de tous ses symboles déjà si profonds et si élevés, celui de « LUMIÈRE ET VÉRITÉ ! » Or sans doute, selon la parole de Jean Reynaud, « rien n'est vraiment bon sur la terre, qui ne soit immortel comme nous-mêmes ! »

Nous ne quitterons pas Memphis et Saqqarah sans faire part des dernières recherches que M. Mariette y a entreprises pour trouver la solution d'une question singulièrement intéressante : celle des origines et du développement de la civilisation égyptienne, qui, de tout temps, a attiré l'attention des historiens et des archéologues et les a passionnés peut-être plus encore que ne l'ont été les géographes par la recherche des sources du Nil. D'où est venue, comment s'est développée cette civilisation dont les restes les plus anciens que l'on ait trouvés sont aussi les plus parfaits ; qui, dès qu'elle se manifeste à nous, dans les profondeurs de sa prodigieuse antiquité, apparaît déjà formée, avec sa langue, son écriture et ses arts originaux, sans que l'on puisse rien saisir encore de sa naissance et de sa formation ?

« Ce sont, nous écrit M. Mariette, les découvertes dites *préhistoriques* qui me tiennent en éveil et attirent mon attention. Je voudrais trouver le point chronologique où l'Égypte a cessé d'être sauvage pour entrer dans l'état civilisé. Jusqu'ici les monuments de la IVe dynastie sont assez nombreux, et j'ai pu en découvrir, il y a quelque temps, qui sont certainement de la IIIe. Mais ne pourrait-on pas en trouver de plus anciens encore ? La IIe dynastie, voire même la Ire, ne nous ont-elles donc rien laissé ? Jusqu'à Ménès nous rencontrerons certainement des objets qui témoignent d'une certaine culture ; mais au delà ? A ce moment, serons-nous dans l'âge de pierre ? Vous voyez qu'en ce moment me voici perdu dans des contrées où, jusqu'à présent, on n'avait même jamais pensé qu'on pourrait un jour mettre le pied.

» Faut-il prendre à la lettre le fameux passage du *Timée*, où Platon dit que l'Égypte a pu conserver, grâce à la régularité de son climat et à la fixité de ses institutions, des souvenirs qui remontent à dix mille ans ?

» Le fait est que les pyramides, les tombes de Sakkarah, la *pyramide à degrés* elle-même, qui est de la Ire dynastie, prouvent une civilisation qui n'est plus dans l'enfance. Où sont les témoins de cette enfance ? Voilà le problème que je cherche à résoudre, et je pense que c'est la plaine de Sakkarah qui m'en fournira le moyen.

» Boulaq, 1er mai 1874. »

HÉLIOPOLIS

ET MATARIYEH.

> « Ils vinrent ensuite à un sycomore que l'on appelle aujourd'hui MATAREA, et le Seigneur Jésus fit paraître à cet endroit une fontaine où Marie lava sa tunique. Et le baume que produit ce pays vient de la sueur qui coula des membres de Jésus. »
>
> (*Évangile apocryphe de l'enfance*, XXIV.)

4 janvier.

Pour tout dire, il faut avouer que le climat du Kaire, malgré sa douceur, est sujet, en cette saison, à bien des petites variations capricieuses. On voit alors ses bienheureux habitants maudire leur ciel avec le sérieux qu'y mettent les infortunés riverains de la Seine, où le soleil, disent nos astronomes avec une certaine aigreur, ne comparaît pas toujours vingt fois en un hiver devant l'Observatoire de Paris!

Si bien qu'en définitive, pour tout Européen, le ciel d'hiver, en basse Égypte, est encore un paradis d'autant plus désirable, qu'on n'aura jamais à y redouter l'ennui de l'uniformité. Le soleil écrasant et solennel de l'été nous accablait hier à Memphis : aujourd'hui, c'est par une suave journée de printemps que, sous l'aile de M. de Lesseps, nous chevauchons gaiement et en nombreuse compagnie vers le site de la grande Héliopolis. Tel le docteur Faust, après le dénoûment de son drame surhumain, s'éveilla, dit-on, encore ému et fatigué, sur un gazon fleuri, à la lisière d'un bois que les elfes et les génies charmaient de chansons faites pour calmer.

La nature aujourd'hui paraît toute imprégnée de jeunesse et de joie ; du ciel doux et pâle souffle un vent léger qui fait ondoyer les cimes des grands blés verts et répand dans les airs les fraîches senteurs de la séve. Les arbres, peu nombreux, sont encore verdoyants, car, pour eux, l'hiver ne commencera qu'à la fin d'avril. Ils laisseront alors tomber leurs feuilles de l'année pour se couvrir, quelques jours après, d'une riche moisson de bourgeons ; aussi la végétation est-elle si rapide en Égypte, qu'il suffit de quelques années aux baliveaux bien arrosés pour former de grands arbres, et de quelques dizaines d'années pour devenir séculaires. C'est ainsi que l'on est tout étonné d'apprendre que l'admirable avenue de Choubrah a été plantée au commencement du siècle par les Français, et que beaucoup des vieux arbres de l'Esbekièh ne doivent leur existence qu'à Ibrahim-pacha, qui rendit l'âme en 1848, ayant beaucoup guerroyé, beaucoup planté.

Tout en suivant la lisière de cette zone cultivée qui forme pointe au Delta et s'étend de la rive orientale du Nil au *Khalig*, ou canal du Kaire, nous arrivâmes en un lieu où l'on entendait un formidable bourdonnement de voix mêlées de cantilènes et de sons aigus d'instruments, pareil à celui que ferait tout un peuple en activité ou en fuite, comme jadis les Hébreux devant les troupes du pharaon. Aussitôt se déroule à nos yeux une scène des plus pittoresques, vrai tableau des mœurs antiques de l'Égypte : sur de longues collines de déblais et au fond d'une large tranchée, dix mille fellahs se meuvent au son du fifre : ils creusent et transportent dans des corbeilles de palmier la terre de ce canal d'eau douce qui, se détachant du Nil au Kaire, doit aller rejoindre, dans l'Ouady, celui qui a sa prise d'eau à Zagazig, et alimente tous les chantiers du canal maritime de Suez.

La présence des *corvées* égyptiennes montre à première vue que nous ne sommes pas sur les terres de la Compagnie, et les hommes de l'isthme doivent éprouver quelque chagrin à la vue de ce spectacle qui nous charme ; car ces milliers d'hommes qui travaillent ici ne sont plus à eux, mais au vice-roi, qui, dans le courant de l'année 1864, a retiré le concours des corvées à la Compagnie de Suez, et les garde à son usage dans les travaux qu'il se trouve engagé à faire exécuter pour elle depuis les dernières conventions.

Il n'y avait pas cependant de véritables *corvées* au service de la Compagnie, car celle-ci nourrissait, payait et traitait humainement les fellahs de recrue, choses qui ne s'étaient jamais vues en Égypte. La vraie corvée, elle, demeure au service du gouvernement égyptien, puisqu'il ne donne point de salaire aux hommes qui travaillent ici sous nos yeux. Et pourtant les puissances européennes qui ont ameuté tant de philanthropes contre la Compagnie se déclarent satisfaites aujourd'hui et ne disent plus mot!

Bien des raisons cependant justifiaient le concours des contingents indigènes pour l'accomplissement de ces grands travaux d'utilité universelle. C'était d'abord l'impossibilité de trouver rapidement un nombre suffisant d'ouvriers européens; puis le danger, pour ces derniers, d'un climat aussi différent du leur et assez meurtrier lorsqu'on y séjourne en toutes saisons; l'inconvénient pour l'Égypte d'admettre sur son territoire une population étrangère aussi nombreuse que mélangée. Enfin, la Compagnie, sans racines encore dans le pays, et ne disposant que d'un personnel peu nombreux, pouvait-elle sans aide faire un appel suffisamment efficace à tous les travailleurs indigènes épars dans les provinces? Il fallait pour cela un intermédiaire, et le gouvernement égyptien pouvait seul lui en servir, en recourant aux moyens qu'il emploie lui-même pour les cas d'utilité publique et même d'intérêt privé. Saïd-pacha avait dès l'origine compris ces raisons, et l'acte de concession signé par lui en 1858 portait que les quatre cinquièmes des travailleurs de l'isthme seraient indigènes, que le gouvernement les ferait amener à la Compagnie, qui les payerait et les nourrirait selon un tarif fixé à l'avance, ce qui fut exécuté de point en point.

Si cependant l'Égypte manque de bras pour ses cultures, on peut concevoir aisément que la privation constante de vingt-cinq mille travailleurs ait pu lui causer un préjudice véritable ; toujours est-il que la suppression presque subite de ces utiles contingents devait mettre la Compagnie de Suez dans un grand péril. Une année de chômage et de retard pendant laquelle il a fallu servir les énormes intérêts de son capital, créer des engins nouveaux capables de remplacer le travail des bras, lutter contre la défaveur publique, faire appel à de nombreux travailleurs européens pour lesquels il fallait organiser des modes tout différents de subsistance, telles ont été, en résumé, les suites immédiates de cette fâcheuse affaire ; désavantages que n'a pu compenser, sans doute, l'indemnité de 84 millions que, d'après l'arbitrage de l'empereur des Français, du 6 juillet 1864, le gouvernement égyptien s'est engagé à payer à la Compagnie, pour la substitution de machines et d'ouvriers européens aux contingents fellahs, pour la cession du canal d'eau douce et l'abandon des droits de navigation à y percevoir ; enfin, pour la rétrocession de 60 000 hectares, dont la valeur, nulle à l'origine, avait été singulièrement élevée par l'importance des premiers travaux.

Entre ce canal, qui désormais ne verra peut-être jamais l'eau du Nil, et la fameuse Héliopolis, il n'y a qu'un pas, et nous voilà déjà cherchant au loin des temples et des colonnades. Mais, hélas ! seul, un obélisque dresse son aiguille rosée au-dessus d'un massif de sombre verdure isolé dans cette plaine célèbre où en 1517 le sultan Sélim vainquit l'Égypte des Mamlouks, et la rendit turque ; où, le 20 mars 1800, Kléber, avec 10 000 Français, défit 80 000 Osmanlis et consomma son propre arrêt de mort.

Ainsi qu'à Memphis, tout vestige a disparu de la surface du sol, et ce que les constructeurs arabes du Kaire ont pu laisser ici d'antiques matériaux est maintenant profondément enfoui sous les alluvions séculaires du Nil[1].

---

[1] HÉLIOPOLIS, chef-lieu, dans l'antiquité, de la province ou *nome* Héliopolite, portait, comme nom sacré en langue égyptienne, celui de *An*, qui se retrouve dans le copte *On* (Ον) et dans l'hébreu *On*. « Cette ville portait aussi le nom vulgaire de *Pa-Ra*, « la ville du Soleil », dont *Héliopolis* n'est que l'exacte traduction. Près du site d'Héliopolis se trouve une source célèbre, à laquelle les Arabes ont donné le

Comme Memphis, Héliopolis était une ville fort étendue, dont l'importance et l'ancienneté tenaient à cette situation favorable qui fait un centre naturel du point où le Nil se divise en plusieurs branches pour former le Delta, la partie la plus productive de l'Égypte. Elle avait, en outre, l'avantage de se trouver en tête des chemins conduisant en Syrie, c'est-à-dire vers les contrées qui, dans l'antiquité, donnaient le principal débouché au commerce et à l'esprit de conquête. Mais quand arriva le déclin de l'Égypte, Héliopolis vit tous ces avantages tourner contre elle, car l'une des premières parmi les grandes villes du territoire, elle reçut le choc répété des invasions asiatiques qui désolèrent l'empire des derniers pharaons. Cambyse surtout la frappa d'un coup dont elle ne put se relever, et elle acheva de tomber en décadence dès que le centre du gouvernement, devenu grec, se fut transporté à Alexandrie, ville qui créait à l'Égypte des débouchés plus en rapport avec l'état politique du monde, puisque alors l'Europe commençait à prédominer sur l'Asie.

Les lointaines conquêtes d'Alexandre le Grand furent donc en

---

nom d'*Aïn-Schams*, « source du Soleil ». Il y a là, sans aucun doute, un souvenir du nom et du culte de la ville antique. »

« Le dieu d'Héliopolis était le soleil sous ses deux formes principales : *Tum*, c'est-à-dire « le soleil caché »; le soleil dans la vie primordiale avant sa manifestation au monde, et *Ra*, le soleil après sa naissance. A côté de Ra, on vénérait la déesse *Jusas*, sa fille. Dans le temple d'Héliopolis, on rendait les honneurs à un taureau sacré appelé *Mnévis* par les auteurs grecs : c'était l'image vivante de *Ra*, « le soleil », comme *Apis* était l'incarnation de *Phtah* à Memphis (voy. page 206). Le taureau *Mnévis* était noir. » (*Monnaies des nomes de l'Égypte*, par M. Jacques de Rougé, Paris, 1873, p. 37.) — On ne sait presque rien encore sur cette divinité, car c'est vainement que M. Mariette a cherché la *tombe de Mnévis*, comme il avait cherché celle d'Apis. Malheureusement, les fouilles ne sont guère praticables en Égypte, là où le sol est cultivable; il faudrait pour cela que le gouvernement consentît à exproprier ou à indemniser les propriétaires fonciers et les colons. On retrouverait peut-être encore ici le tracé fondamental des temples de *Ra*. Cependant si les recherches faites autrefois à Memphis par M. Mariette ont été presque stériles, est-il à croire qu'Héliopolis, plus rapprochée de la ville du Kaire, qui a tant absorbé de monuments antiques, nous ait conservé beaucoup de vestiges intéressants? Une partie de la nécropole a été seule retrouvée à *Kafr-el-Gamoûs*, avec des constructions de la VIe dynastie.

réalité la première affirmation de cette prépondérance qui dure encore. La Grèce, sentinelle avancée de l'Occident, détermina la première ce grand mouvement en domptant à la fin l'Orient et ses multitudes esclaves menées par des despotes militaires, puis en initiant l'Europe aux éléments de la civilisation moderne et rationnelle. L'Égypte pharaonique, placée entre l'Orient et l'Occident, subit tour à tour leur domination sans en être visiblement modifiée; elle tomba tout entière après avoir beaucoup donné, et avec elle finit le véritable monde antique.

Au temps de Strabon, vers l'époque de l'ère chrétienne, on ne voyait guère plus à Héliopolis que son grand temple solitaire, environné de ruines et de masures, et dont les restes offrirent encore, dans le XIII° siècle, un spectacle si merveilleux au voyageur arabe Abd-Allatif de Bagdad. « On y trouve, dit-il, des figures effrayantes et colossales » de pierre de plus de trente coudées de haut. On y voyait aussi deux grands obélisques, l'un renversé, l'autre debout, et dont la pointe était encore revêtue d'un chaperon de cuivre qui descendait sur le fût d'environ trois coudées (1ᵐ,50). « Autour de ces obélisques, une multitude d'autres qu'on ne saurait compter », dit-il, n'ont que la moitié ou le tiers de la hauteur des deux principaux, mais la plupart sont renversés et brisés à côté de leurs bases encore en place. Les fouilles de M. Mariette ont fait apparaître, auprès de l'obélisque encore debout, la base de celui qu'Abd-Allatif vit renversé, ce qui a permis de fixer avec précision l'axe du grand temple[1].

---

[1] OBÉLISQUES. « L'érection des obélisques (du grec *obeliscos*, brochette, aiguille) était en relation avec le culte du Soleil. Ils étaient placés par couple à l'entrée des temples, en avant du premier pylône. On les couvrait d'hiéroglyphes sur leurs quatre faces; quelques-unes cependant ne fournissent que des légendes royales. Sur le pyramidion étaient sculptées des scènes d'offrandes de vin et de lait à la divinité par le pharaon consécrateur du monument... Le nom hiéroglyphique de l'obélisque est *tekhen*; mais, à partir de la XXII° dynastie, on trouve l'obélisque employé pour écrire la syllabe *men* qui exprime la stabilité, l'idée dont il est le symbole naturel: c'est à ce titre qu'il formait le nom d'*Ammon*. » (*Dictionnaire d'archéologie égyptienne* de

De toute cette forêt de monolithes consacrés au Soleil, que les dynasties égyptiennes avaient à l'envi dressés devant les façades des temples d'Héliopolis, il ne subsisterait plus rien au monde que l'obélisque isolé de Matariyeh, si autrefois les empereurs romains ne s'étaient emparés des plus beaux pour en orner la ville éternelle, qui en contenait alors près de cinquante. Depuis le XVIᵉ siècle, les papes en ont fait restaurer quatorze. L'Égypte tout entière n'en contient guère plus d'une vingtaine, dont plusieurs sont brisés. Le seul des obélisques de Rome qui soit resté intact et debout jusqu'au XVIᵉ siècle est celui de la basilique de Saint-Pierre, qui fut tiré d'Héliopolis par Caligula, et occupait l'emplacement de la sacristie actuelle, où il marquait autrefois l'extrémité de l'axe ou *spina* du cirque de Néron [1] : c'est dire qu'il fut témoin de toutes les horreurs qu'on y fit subir aux premiers chrétiens en l'an 64, et que les lueurs du grand incendie de Rome ont rougi sa cime dans ces nuits terribles qui suivirent les ides de juillet.

Puis il vit décliner les empereurs et grandir les papes, et, sous la main des Bramante, des Raphaël, des Michel-Ange, s'élever l'immense basilique où les humbles et les persécutés d'autrefois sont sanctifiés sur le lieu même de leur supplice. C'est lui enfin que Sixte-Quint fit redresser en sa présence par Fontana, avec menace de mort pour quiconque prononcerait un mot. L'obélisque de la place du Peuple, qui ornait le grand cirque, et celui de Monte-Citorio, qui servait de gnomon au Champ de Mars, et comptait les heures au peuple romain, maître du monde, ont été tirés aussi d'Héliopolis, sous le règne d'Auguste [2].

M. Paul Pierret. Voyez les développements très-curieux que l'auteur y donne sur le sens mystérieux de ces monuments.)

Quelques obélisques étaient revêtus du haut en bas d'un métal brillant qui paraît avoir été du cuivre, peut-être doré. On peut se figurer l'effet qu'ils devaient ainsi produire de loin, sous l'action des rayons ardents du soleil d'Égypte.

[1] Voyez *les Basiliques chrétiennes de Rome*, par Bunsen. Traduit de l'allemand par D. Ramée. Paris, Baer, in-fol.

[2] Voyez la *Notice historique sur les obélisques égyptiens*, par Nestor L'Hôte, 1836.

L'obélisque dit de Matariyeh, qui survit seul ici aux nombreux et célèbres monuments d'Héliopolis, est enfoui de près de 2 mètres à la base, et en a près de 31 de hauteur. Il marque à peu près le centre de cette vaste enceinte de briques qui entourait le temple de Ra, ou le Soleil, et dont les vestiges se reconnaissent aux alentours sous la forme de buttes et de levées de terre. C'est celui qu'Abd-Allatif vit encore chaperonné de cuivre, et c'est aussi le plus ancien que l'on connaisse, puisque l'inscription officielle répétée sur ses quatre faces fait connaître qu'il a été élevé par Ousertasen Ier, le roi le plus puissant de la XIIe dynastie (XXVIIIe siècle av. J. C.). Ce fut donc à l'une des époques les plus florissantes de l'Égypte du Moyen-Empire, et près de six cents ans avant la grande invasion des Hyksos, à laquelle si peu de monuments survécurent [1].

On peut donc l'affirmer, il est au monde peu de témoins qui aient vu autant d'événements et rappellent à la pensée de plus grands et de plus anciens souvenirs.

Que n'a-t-il pas vu ce monument! D'abord les humbles ancêtres d'Abraham et de Jacob venant demander un asile en cette Égypte du Moyen-Empire déjà si avancée et pourtant si peu connue [2]. Puis les Hyksos, leurs sauvages congénères ou descendants, s'y ruant en vainqueurs et s'y établissant en maîtres. Or sachez qu'ici la tradition place les épousailles de Joseph, fils de Jacob, avec la fille de Putiphar, grand prêtre d'Héliopolis, que lui aurait destinée le pharaon des Hyksos alors convertis à la civilisation et aux usages de l'Égypte [3].

Thoutmès III le Grand s'est arrêté là quand il ramenait captifs

---

[1] Voyez page 88 et suiv.
[2] Voyez page 103, note.
[3] Le nom de Putiphar était commun en Égypte et s'écrivait *Pa-ti-p-Ra*, c'est-à-dire *Don du Soleil*, nom synonymique d'*Héliodore*. L'*Histoire de Joseph* a attiré l'attention de la critique historique et amené mainte discussion que nous ne pouvons songer à exposer ici. On peut voir pour cela le résumé des travaux allemands donné par M. Jules Soury dans la *Revue des deux mondes* du 15 février 1875, et l'*Histoire littéraire de l'Ancien Testament* de Th. Nöldecke, trad. de l'allemand par H. Derenbourg et J. Soury.

les ancêtres de ceux que, trois cents ans plus tard, Josué devait combattre dans les champs de la terre promise. On y a vu les pompes triomphales du conculcateur des peuples, Ramsès II ou Sésostris, et celles de son fils Menephtah, le pharaon de l'Exode. Moïse, en passant pour la dernière fois près du temple, relut peut-être avec humeur, à la cime de l'obélisque, le nom glorieux d'Ousertasen, dont les signes hiéroglyphiques n'ont pas vieilli encore. Six cents ans plus tard, Sésac venait sans doute consacrer ici les dépouilles qu'il rapportait du temple de Salomon. Tahraka l'Éthiopien[1], Psammitik, Cambyse, y ont passé tour à tour en vainqueurs. Est-il besoin de rappeler ici le souvenir de Pythagore, d'Hérodote? Platon y séjourna longtemps, dit-on, interrogeant timidement sur leurs mystères ces vieux pontifes endurcis dans leur orthodoxie millénaire, et qui disaient avec une orgueilleuse emphase aux Grecs alors dans tout l'éclat du génie : « O Hellènes, vous n'êtes que des enfants! »

Alexandre, Cléopâtre, César, Germanicus, Hadrien, sont encore des figures dont on se souvient ici. Amrou y campa au milieu des soldats victorieux de Mahomet. Puis, vinrent les croisés du XII° siècle, qui, tout navrés de « meschief et menoison », aperçurent peut-être, du haut de leurs *chas-chastiaus* et autres grands engins de guerre, cette forêt d'aiguilles roses et toutes ces « ydoles » qui annonçaient *Babiloine*, la Babylone d'Égypte ou le Vieux-Kaire, but de tous leurs efforts.

Enfin, Bonaparte, Kléber, Méhémet-Ali, Champollion, ont là leur souvenir encore vivant, tandis qu'au lointain s'efface déjà le bruit de ces effrayantes mêlées de peuples qui viennent de nous apparaître, et depuis cinq mille ans ont tourné à l'entour de cet obélisque, « lui vivant à toujours! » Égyptiens des pharaons, Hyksos, Hébreux, Éthiopiens, Perses, Assyriens, Macédoniens, Grecs, Romains, chrétiens, Arabes, Turcs, Français et Anglais, tous l'ont respecté ; aucun n'a osé faire ce que ferait,

---

[1] Voyez page 133 et suiv.

s'il y pensait et si Mariette n'était plus là, quelque pacha de nos jours !

Tout ce que le monument de Matariyeh a vu passer de choses gracieuses ou terribles s'incline et s'efface peut-être devant le souvenir paisible et charmant que, depuis dix-huit siècles, la tradition populaire a fixé près de lui; image intime et simple autour de laquelle toutes les générations se sont agenouillées avec amour et que leur génie s'est essayé sans relâche à retracer par des légendes poétiques, des chants ou des peintures immortelles : c'est le « Repos de la sainte famille en Égypte ». Non loin de l'obélisque, un sycomore immense, placé dans le jardin d'un couvent copte et tombant de vétusté, reçoit journellement la visite des pèlerins de la chrétienté qui achètent aux moines des fragments de son écorce, y gravent leurs noms et suspendent aux branches leurs ex-voto. Ce n'est pas là bien certainement le sycomore qui a pu recevoir sous son ombre la famille fugitive de Joseph de Nazareth : l'arbre, s'il a existé, repose peut-être sous ce gazon, si toutefois il n'a pas servi aux bûchers des persécutions religieuses ou à l'incendie des bibliothèques de l'antiquité ! Mais pourquoi ce lieu n'aurait-il pas été visité par les saints voyageurs de la tradition évangélique ?

Héliopolis, déjà désertée pour Alexandrie, était sans doute un endroit paisible et l'une des premières villes que l'on trouvât près du Nil en arrivant de Syrie. Les chemins suivis de tous temps par les voyageurs et les marchands de la Palestine y conduisaient; d'autant mieux que, non loin d'Héliopolis, à cinq lieues vers le nord, il existait alors une ancienne et importante colonie juive dont l'emplacement, reconnaissable à un monticule de décombres, porte encore aujourd'hui le nom de *Tell-Yehoud*, le « tertre des Juifs ». C'est là qu'en l'an 173 avant Jésus-Christ, par une exception unique et avec la permission du roi Ptolémée Philométor, le grand prêtre Onias avait élevé un temple au Dieu d'Israël sur le modèle de celui de Jérusalem, qui venait d'être ruiné par Antiochus Épiphane, roi de Syrie; mais en l'an 73 après l'ère chrétienne, ce sanctuaire fut détruit à son tour par Vespasien, lors des préliminaires de la guerre de Judée.

Il faut en outre se rappeler que les coutumes sont impérissables en Orient : les lieux de souvenirs célébrés dans la tradition étaient ordinairement des oasis marquées par des puits ou des citernes qui subsistent encore et que l'on entretient toujours pour les mêmes étapes prévues à l'avance. Or ici, près du sycomore de la Vierge, un ruisseau abondant s'épanche d'une source qui fut peut-être le berceau d'Héliopolis et a pu alimenter les lacs sacrés de ses temples, mais dont les légendes chrétiennes s'emparèrent pour en faire l'objet d'un récent miracle du Sauveur : Joseph et Marie, s'étant arrêtés sous l'ombrage du sycomore, eurent soif. L'enfant Jésus fit alors jaillir une source, et l'eau, qui avait touché ses vêtements, devint aussitôt miraculeuse : elle reçut le don de faire croître l'arbuste qui produit ce baume devenu célèbre ici « plus qu'en aucun lieu du monde », affirment les pèlerins d'autrefois[1].

---

[1] L'endroit dont il est question, rapporte un voyageur florentin du XIV° siècle, « se trouve au commencement du désert, à cinq milles de distance du Kaire, et tout cet espace est rempli de jardins où l'on voit des citronniers, des dattiers, des cédrats, des orangers, des bananiers. »

« Cet endroit de Matarea est celui, dit-il, où Notre-Dame se reposa avant d'entrer au Kaire (sic)..... Il est entouré de murs..... Il est toujours fermé à clef, et il y demeure un intendant du Sultan (Sultan Barkouk), avec un certain nombre de jardiniers et de soldats, pour empêcher que le baume qu'on y récolte ne soit volé. Cet intendant est néanmoins plus voleur que les autres, et de ceci nous fîmes l'expérience par le moyen de notre drogman, qui avait nom Élie et devait nous conduire par le désert jusqu'en Terre-Sainte. L'intendant nous fit voir le jardin et comment on récolte le baume : on le retire des feuilles de l'arbuste qui sont alentour de la tige, comme celles du basilic, et dont il sort des gouttelettes blanches comme le suc du figuier; avec un peu de coton, on recueille cette liqueur, et, lorsque le coton en est imbibé, on le presse avec les doigts dans un flacon, et il faut travailler ainsi longtemps pour en récolter un peu. Nous restâmes là tout le jour, et grâce à la simonie, obtînmes tout le baume recueilli dans des flacons et dans d'autres encore, et ainsi en obtinrent quelques-uns de notre compagnie, mais en moindre quantité..... Or sachez que dans tout ce pays jusqu'au Kaire, il n'existe pas d'autre eau que celle-ci, et avec cette eau on arrose toute la contrée à l'aide de certains engins que l'on fait mouvoir par des bœufs. » (*Viaggio in Terra Santa* di Lionardo Frescobaldi. — *Id.*, di Giorgio Gucci, 1384. — Firenze, Barbera, 1862, in-32.)

Quoi qu'il en soit de l'authenticité de ce souvenir de la fuite en Égypte, dont la légende nous suffit, on peut dire qu'il n'a jamais trouvé d'inimitié dans ces parages; musulmans et chrétiens ont à l'envi toujours vénéré le symbole de paix et d'amour universel émanant de ce groupe charmant qui porte au front, sous l'auréole des persécutés, l'idéal des sentiments humains les plus purs et de ceux qui sont héroïques, simples et doux. Le site se prête bien, au reste, à ces souvenirs de paix qui résonnent comme le son des harpes : de tous côtés, des horizons larges et clairs; dans l'oasis, d'épais gazons sous de beaux arbres pleins d'ombre qui se tiennent réunis en masses compactes, puis s'échelonnent et se dispersent dans la plaine verdoyante, tels que ces chœurs d'anges et ces chaînes célestes dont les antiques et naïves légendes peuplèrent ici même l'étendue des cieux.

Entre l'arbre de Marie, berceau d'un monde encore vivant, et l'obélisque du pharaon Ousertasen, qui est là comme le dernier pic d'un continent submergé, nous faisons une halte. On s'assied en rond dans l'herbe drue, et M. de Lesseps, qui songe à tout, y fait placer un excellent repas de « vie nomade » où chacun vient puiser et retrouver l'élément de ces intarissables causeries qui, dans la compagnie des hommes de l'isthme, prennent ce tour si animé, si affable et si libre, qu'il semble une émanation du beau ciel qui illumine leur œuvre, et un effet de l'impulsion chaleureuse de leur président.

Nous reprenons trop tôt nos montures; mais l'affreux vent de *khamsîn* s'est levé, voilant la clarté des cieux et chassant des tourbillons de sable malfaisant, poussière peut-être des antiques ennemis de l'Égypte. On presse le pas, on ferme les yeux, les oreilles se closent : c'est ce qui fait que depuis lors nous n'avons rien vu ni rien entendu, et que nous n'avons plus rien à dire...

UNE FRISE DE LA MOSQUÉE DE THOULOUN.

LE KAIRE ANCIEN

« La page des *Mille et une Nuits* qu'on a sous les yeux est une page salie et déchirée ! »
(J. J. AMPÈRE, *Voyage en Égypte*.)

5 janvier.

Voici comme d'un guet-apens nous fîmes une journée charmante et vraiment bonne à noter. Fort imprudemment on s'était laissé entraîner aux courses qui se donnent en l'honneur du vice-roi, dans le triste désert de l'Abbassièh, où, pour parvenir, bêtes et gens en harnois de gala se mouraient sans avancer dans les sables mouvants.

Certains esprits naïfs et arriérés se flattaient, il est vrai, d'y trouver quelque fantasia de vieux style, quelque ardente mêlée de Mamlouks, où le *djerid* argenté vole et rebondit... Pour qui prend-on le siècle d'Ismaïl-pacha ? L'appareil du progrès y brille de toutes parts, et les idées sérieuses et pratiques y naissent d'elles-mêmes ! Du fond d'une étroite cage de planches nous ne vîmes donc qu'un turf à l'anglaise, parsemé de quelques habits noirs et de casaques d'hippodrome...

Alors quelques-uns d'entre nous se regardèrent et se comprirent, comme de coutume : descendant en tapinois ce chétif escalier de tribune, venu peut-être de Paris, ils rejoignent leurs montures. Avec mille peines ils sortent du désert, et mettent enfin pied à terre entre les deux grosses tours de la porte *Bab-el-Fotouh*, par où Kléber fit sa sortie d'Héliopolis, par où Bonaparte avait fait son entrée, « tambours battants », élevant déjà d'une main, pour l'Occident, les « lauriers d'Alexandre », et tenant de l'autre, pour l'Orient, sa soumission toute prête à Mahomet et au grand chérif de la Mecque.

Quant à nos pauvres soldats, ils ne partageaient certes pas l'enthousiasme de leur général, en entrant au Kaire. Bien que chargés des trésors des Mamlouks tués aux Pyramides, ils étaient encore irrités d'avoir eu à marcher si longtemps, pieds nus et sans vivres, sur les graviers et les sables brûlants d'une contrée dont ils s'étaient fait une tout autre idée; et l'aspect du Kaire n'était guère de nature à les consoler par ses côtés pittoresques et féeriques.

« Les malheurs que nous avons éprouvés sont innombrables, écrivait un commissaire des guerres, et c'est avec le dégoût dans l'âme que toute l'armée est arrivée ici. Elle avait placé toute son espérance dans cette ville : combien elle a été trompée !..... C'est le pays de la misère. Les habitants sont des sauvages qui ont, de toutes les manières, encouru la disgrâce de la nature ! »

« L'horrible villasse du Kaire, écrit alors le général Damas au général Kléber, est peuplée d'une canaille paresseuse accroupie tout le jour devant ses huttes infâmes, fumant, prenant du café en mangeant des pastèques et buvant de l'eau..... On peut se perdre très-aisément pendant tout un jour dans les rues puantes et étroites de cette fameuse capitale [1] ! »

Sans nous arrêter à ces boutades où la gaieté française perce au milieu des mécomptes, écoutons notre grand peintre Marilhat, celui de tous qui a le mieux compris l'Égypte et avait le don de mettre en ses descriptions la finesse et la puissance de son coloris.

« La ville se présente à vous, dit-il, comme les mille petites tourelles dentelées d'un édifice gothique au pied d'une montagne blanchâtre assez escarpée, et flanquée d'une citadelle à tours et à dômes blancs, dans le goût turc (le Mokattam ou *montagne coupée*). D'autre part, vers la montagne, le désert avec toute son aridité, sa désolation, et, pour y ajouter encore, la ville des tom-

---

[1] Correspondance interceptée de l'armée d'Égypte. Paris, 1799; rééditée en 1866.

beaux, espèce de cité qui a ses rues, ses maisons, ses quartiers, ses palais, et n'a d'habitants vivants que quelques reptiles, quelques oiseaux solitaires et d'immenses vautours placés sur les minarets comme les vedettes de cette triste population. De l'autre part, vers le Nil, des champs couverts d'une verdure brillante, et de temps en temps de charmantes pièces d'eau, restes de l'inondation, miroitant au sein de cette verdure ; des jardins couverts d'arbres épais et noirs, d'où s'élèvent, comme autant d'aigrettes, des milliers de palmiers avec leurs belles grappes rouges ou dorées. Au milieu de ce contraste se trouve la ville, tout à fait en harmonie avec ce paysage bizarre ; immense ramas d'édifices à toits plats sans tuiles, noircis par la fumée et couverts de poussière : de loin en loin un édifice neuf, blanc et scintillant, jaillit de ce tas de maisons grisâtres, de ces rues étroites et noires où se remue un peuple sale, quoique très-brillant et bariolé. De cette poussière, de cette fumée bleue, s'élancent vers l'air libre mille et mille minarets, comme le palmier des jardins ; minarets couverts d'ornements légers à l'arabe et cerclés de leurs trois galeries de dentelles superposées. C'est un admirable spectacle, fait pour enthousiasmer un peintre [1] ! »

Entrons donc hardiment dans ce labyrinthe inextricable, charmante et discrète patrie de l'ombre et de la lumière où l'on trouve à chaque pas de ces surprises, de ces tableaux pleins de contrastes et d'originalité native qui, à notre connaissance, n'existent plus guère en Europe qu'à Rome, à Venise et dans quelques villes d'Espagne, et en auront bientôt disparu. Pour qui comprend tout l'intérêt, toute la poésie du passé, en ce moment où le monde revêt une forme plus froide et plus sérieuse, pour qui sait entendre « cette voix qui sort des choses », comme dit notre grand poëte, l'aspect du Kaire est en quelque sorte une vision ou

---

[1] Fragment d'une lettre de Marilhat, dans une étude sur ce peintre par Th. Gautier, publiée dans la *Revue des deux mondes* du 1ᵉʳ juillet 1848, et dans le recueil de ses *Portraits contemporains*, 1874. On lira de ce dernier, avec intérêt, les premiers chapitres de son voyage en Égypte en 1869, où il n'est guère question que du Kaire, et qui malheureusement est resté inachevé. (*Journal officiel* du 17 février au 8 mai 1870.)

une révélation du vieux Paris aux XV° et XVI° siècles. Ce sont encore ces mêmes ruelles tournantes, irrégulières, si riches parfois en effets variés, et où le génie individuel des constructeurs a pu prendre un libre essor; puis ces vieux monuments vénérés du peuple, qu'on laisse paisiblement former des ruines pittoresques lui rappelant ses plus lointains souvenirs. On y retrouve ces maisons à étages qui surplombent, ces mêmes boutiques à devantures ouvertes où le chaland achète et cause en passant. A la place des toits en terrasse, puis des fontaines à grilles dorées, œuvres de pieuse libéralité, mettons en imagination des pignons aigus, des croix votives de carrefour, transformons les minarets en clochers, tenons compte enfin de la différence de mœurs et de climat, et nous verrons que le Kaire est une cité qui se survit et appartient corps et âme à un type complet de civilisation régnant autrefois dans le monde entier, et que le temps, moins destructeur que les Turcs, n'a guère épargné qu'ici.

Tout en montant la rue d'El-Gouriêh qui fait suite à la porte de la Victoire, nous voyons, à main gauche, les restes de la plus ancienne mosquée du Kaire, ville qui, on le sait, ne fut fondée qu'en 969 de J. C., trois cent vingt-neuf ans après Fostâtt, appelé depuis, le *Vieux-Kaire*. Cette mosquée fut élevée en l'an 1003 par le khalife fatimite El-Hakem, fondateur de la secte des Druses, tyran fou et cruel, qui avait hérité, disait-on, des trésors fabuleux d'Haroun-er-Reschid, se faisait adorer *comme Dieu*, et dont les actions, dit le chroniqueur Makrizy, ne semblaient jamais dirigées par la raison. Tantôt on le voyait traverser la ville en grande pompe; tantôt il courait les rues, seul et simplement vêtu, pour se livrer à des actes d'une cruauté inouïe. Il fit enfin mettre le feu au Kaire, et les chrétiens subirent de telles persécutions sous son règne, qu'on peut le considérer comme étant le premier qui suscita les croisades.

Le vieux minaret de sa mosquée a seul résisté à l'action des huit siècles et demi qui se sont écoulés depuis lors, et il dresse toujours sa coupole démantelée au-dessus des murailles de la ville.

Les voûtes des galeries jonchent le sol de leurs débris, et c'est à peine si quelques piliers soutiennent encore leurs jolies arcades

MOSQUÉE DU KHALIFE HAKEM (M III)
(D'après une photographie de M. Braun.)

en fer à cheval. Il en est une surtout qui, placée à l'extrémité des portiques, encadre merveilleusement leur perspective de ruines, terminée par la tour du minaret et entrecoupée de grandes ombres et de taches de lumière qui avancent ou reculent sur le sable : seul mouvement qui se manifeste encore dans cette enceinte autrefois si agitée au souffle de l'illuminisme [1].

Attirés par le souvenir de la vue splendide dont on jouit du haut des tours de la citadelle [2], nous continuons à monter la rue d'El-Gourièh qui nous y mènera presque directement, car la ligne droite n'est point connue au Kaire ; mais il est à craindre, hélas! qu'elle ne fasse bien plus vite irruption dans le caractère de ses constructions que dans celui de sa population, quelque peu prédisposée, comme tout l'Orient grec ou sémitique, aux subtilités mercantiles, à la ruse pharisaïque, à l'escobarderie emmiellée, à l'exploitation de l'homme par l'homme, ou par la femme !

---

[1] Malgré le vertige et la folie égoïste qui s'emparèrent de cet homme, ainsi qu'il en arrive souvent aux natures faibles que l'orgueil du succès, de la fortune ou d'une puissance illimitée saisit de bonne heure, il laissa une institution utile. Comme tous les princes de cette époque brillante et lettrée, il aimait les sciences et les arts, et fonda au Kaire, en 1004, une sorte d'académie appelée *Maison de la sagesse*, qui renfermait une bibliothèque publique de 100 000 volumes. Cette bibliothèque, qui devint l'une des plus belles du monde, atteignit le chiffre de plus de 1 600 000 volumes, et subsista jusqu'à l'extinction de la dynastie des Fatimites, en 1172, époque à laquelle Saladin, fondateur des Ayoubites, la fit vendre et disperser, comme étant devenue un foyer d'hérésie et de franc-maçonnerie. La bibliothèque privée des khalifes, qui contenait plus de 120 000 volumes rares et fut détruite pendant les troubles du règne de Mostanser (voy. p. 298, note), se releva sous celui de Saladin, et plusieurs de ses volumes font aujourd'hui partie de la bibliothèque de Leyde.

La ville de Tripoli de Syrie, qui était devenue alors le centre le plus brillant de la culture intellectuelle, possédait une bibliothèque de plus de 3 millions de volumes, dit l'historien Ibn-Abou-Taï, dont 50 000 exemplaires du Koran et 20 000 commentaires sur ce livre. A cette bibliothèque, qui formait le dépôt des littératures arabe, persane et grecque, étaient attachés cent copistes occupés sans cesse à transcrire les manuscrits, tandis que d'autres parcouraient tous les pays pour découvrir et acquérir les livres les plus rares ou les plus précieux. En 1109, à la suite de la première croisade, elle fut brûlée de fond en comble par les *soins pieux* des prêtres et des barbares conduits par le comte de Toulouse, Bertrand de Saint-Gilles.

[2] Voyez page 35.

Le parti le plus sage est, au Kaire, de s'en remettre à la miséricorde d'Allah, car l'itinéraire le mieux arrêté d'avance peut être soumis à chaque pas aux caprices de la fantaisie ou de la fatalité. Bientôt, en effet, nous tombons, à la hauteur du Mousky, en toutes sortes de *fantasias*, qui pour longtemps nous empêcheront de pousser plus avant : bon gré, mal gré, il faut refluer en arrière ou se précipiter en avant avec les courants de la foule, toujours curieuse de voir le cortége des épousées, les cadeaux de noces, et les amis des amis se prélasser en char par la ville, derrière des musiciens au rhythme ondoyant et berceur. En un instant la rue entière est en fête et en suspens, et de toutes les fenêtres, portes ou groupes d'individus, s'échappe le joyeux *zaghârît*, ce tremolo strident de l'allégresse auquel répondent à qui mieux mieux les gens de la noce.

La rue reprend enfin sa circulation normale, et nous passons; mais voici que derrière nous s'avance à grands pas un cortége de fellahs, psalmodiant gravement comme les capucins de Rome, et traînant à sa suite tout un chœur de pleureuses à gages qui nous promet un interminable défilé d'enterrement. Fatigués de tant de bruit et de tumulte, nous cherchons un refuge dans une ruelle adjacente. Ici plus de boutiques et une paix profonde : c'est un passage étroit qui chemine entre de hautes maisons dont les murs aveugles ne laissent rien passer du dedans. De distance en distance on rencontre seulement, à demi enfouie, ou détruite, ou murée, quelque élégante poterne dont l'ogive a peut-être précédé celles de la sainte Chapelle de Paris. De délicates arabesques en relief, témoignant d'un luxe et d'une grandeur passés, entourent et enjolivent ces entrées, que l'on faisait petites et discrètes, afin de ne pas attirer sur la maison les attentions ou convoitises d'une autorité toujours jalouse et avide. C'est par là qu'aux beaux jours des khalifes et des sultans, on voyait sortir, avec leur attirail d'esclaves ou d'eunuques, ces fiers et rusés cavaliers « sarrazinois », puis ces charmantes et ingénieuses dames voilées que les contes populaires des *Mille et une Nuits*, les poésies et les chroniques arabes du moyen âge nous per-

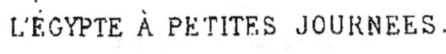

ANCIEN SALON ARABE
AU CAIRE
Croquis inédit de Dauzats
(Collection A. Rhoné)

mettent d'entrevoir et de regretter. Derrière ces issues oubliées, nous trouverions encore quelque cour pavée de marbre, avec ses arbustes et ses bassins; avec ses hautes salles lambrissées de stalactites d'or, et leurs estrades entourées de larges divans, où, dans le charme du silence, la rêverie peut suivre indéfiniment les nuages bleus du chibouk et le frais murmure des fontaines jaillissantes.

Nous arrivons à un carrefour : trois ou quatre ruelles se présentent, toutes aussi tortueuses, mystérieuses, engageantes que possible. Laquelle prendre? Cela importe peu : nous sommes déjà tellement égarés!

Celle que nous choisissons est déserte, silencieuse et si étroite, à certains passages, que l'on peut toucher en même temps ses deux parois. On y marche sans bruit dans une ombre douce qui remonte le long des murs et va se perdre en vives et capricieuses déchirures, dans les nappes de lumière que le ciel, d'un azur éblouissant, verse à flots sur le faîte des maisons. Suspendus entre ciel et terre, les moucharabi ou balcons, hermétiquement clos par des treillis de bois ouvragé, s'avancent au hasard, portés sur leurs opulentes consoles de pierre festonnées comme des machicoulis; souvent ils se font vis-à-vis ou s'entrecroisent même de si près, que l'on peut y converser à l'aise d'un bord à l'autre de la rue, en parlant tout bas. Est-ce par ces voies mystérieuses que se transmettent instantanément les nouvelles, d'un bout à l'autre de la ville? Est-ce par là que se trahissent les secrets d'État, que se font les élévations subites et se défont les existences? Parfois, dans le silence, le frémissement furtif de quelque tambourin de harem vient à s'échapper de l'une ou l'autre de ces cages aériennes, qui toujours semblent chuchoter entre elles et vous épier à la dérobée, de leurs cent yeux d'Argus; et toujours on croit saisir au passage quelque bruit étouffé : rire moqueur, bâillement ou soupir de la femme musulmane qui végète, oisive et curieuse, derrière ces masques de prison.

La faute en est, dit-on, à l'islamisme, qui, tout en restreignant à quatre le nombre autrefois illimité des épouses, en régularisant et améliorant leur situation par des lois protectrices, en les enfermant dans des villes, les a vouées en même temps à cette claustration jalouse qui les éloigne de tout centre d'activité intellectuelle. La femme qui, dans l'antiquité arabe, cultivait les arts les plus élevés et les plus délicats, qui inspirait les poëtes et les guerriers comme en notre moyen âge occidental, fut, par l'islamisme, bientôt privée de toute jouissance intellectuelle. Dès le second siècle de l'hégire, la valeur et l'importance sociale des femmes ont toujours été en diminuant, tellement que, dans ces derniers temps, c'est à peine si quelques-unes étaient encore capables de lire[1]. L'indolence physique en arrive même à ce point chez elles, que bien souvent il en est qui ne se servent de leurs petits pieds que pour faire quelques pas indispensables en passant d'une chambre à l'autre. L'éducation des jeunes filles consistait à retenir quelques-uns des chapitres du Koran, à exécuter des travaux d'aiguille, et surtout à être de bonne heure expertes en l'art difficile de plaire à leurs futurs et inconstants époux.

Dans le harem, outre quelques soins de ménage, les femmes et les esclaves n'ont d'autre occupation que de parler, de médire ou de se disputer entre elles, puis de filer, tisser et broder des ouvrages que les plus riches mêmes ne dédaignent pas, dit-on, de faire vendre aux bazars, pour grossir le contenu de leurs bourses particulières. D'ailleurs le Prophète les y encourage : il préfère pour elles une heure de ce travail à une année de prières, et leur promet, pour chaque pièce d'étoffe filée et tissée par elles, les récompenses dues aux martyrs[2]. Encore ce genre d'activité ne semble-t-il pas avoir toujours existé chez les musulmanes du Kaire.

« Les dames de cette cité, dit le voyageur arabe Léon l'Afri-
» cain[3], tiennent une si grande représentation et pompe, qu'entre

---

[1] Voyez *Femmes arabes avant et depuis l'islamisme*, par le D* Perron, 1858.
[2] Voyez Lane, notes de sa traduction des *Mille et une Nuits*.
[3] Traduit en français dans le *Recueil de voyages* de Temporal. Lyon, 1555.

» mille d'elles il ne s'en trouvera aucune qui daigne prendre la
» quenouille pour filer, ny éguille pour coudre : encore moins
» s'entremettre de aprêter à manger; dont les maris sont con-
» traints d'acheter la chair toute cuite des cuisiniers. »

Il faut dire toutefois que les lois restrictives qui entourent l'existence des femmes ont perdu aujourd'hui de leurs formes rigoureuses. Nous ne sommes plus au temps où le harem d'un grand personnage ne pouvait se mettre en marche, de jour ou de nuit, sans que des estafiers fussent dépêchés dans les maisons voisines et sur le passage du cortége, afin d'en chasser les habitants, et, sous peine de mort, les envoyer assez loin pour que leurs regards ne pussent tomber sur les nobles épouses. Il y a une vingtaine d'années, les lois étaient encore si sévères à cet égard, que, quand un harem important sortait en voiture, bien entouré d'eunuques, il fallait que les passants tournassent le dos en se cachant le visage, sous peine d'être roués de coups par ces gens de confiance.

« La vie d'une esclave de harem est curieuse, racontait M. C. E*** dans des notes inédites du plus haut intérêt. Rien ne lui interdit de passer subitement de la dernière sujétion aux honneurs de la femme légitime : il suffit pour cela d'un caprice du maître. En attendant, elle mène la vie de servante; généralement bien traitée, deux choses seulement lui sont défendues en signe d'esclavage : le tabac et le café. »

« Le prédécesseur de Saïd-pacha, Abbas (assassiné en 1854), était très-rigoureux pour ses esclaves. Un jour, ayant saisi l'une d'elles en flagrant délit d'avoir fumé, il lui fit, pour trois jours, coudre la bouche. L'infortunée, aujourd'hui encore (1866) en porte les traces. Une autre fois il eut une jeune et jolie esclave à laquelle il permettait toutes sortes de familiarités et qu'il ne pouvait rencontrer sans l'honorer d'un mot aimable ou d'une caresse. Un matin, en l'embrassant, il s'aperçut que la jeune fille faisait involontairement une légère grimace. D'un air câlin, il lui en demanda la raison. La jeune fille finit par avouer que Son Altesse ne s'étant pas fait la barbe, on s'en ressentait à l'attouchement de son visage. Aussitôt Abbas fit appeler le plus difforme de ses valets, lui donna l'ordre de laisser croître sa barbe, et lui fit après cela, bon gré, mal gré, épouser la jeune fille en question. »

M. le docteur D***, autrefois médecin du palais de l'Abbassièh, nous racontait qu'il ne pénétrait qu'avec la plus grande difficulté auprès des femmes du vice-roi, lorsqu'elles tombaient malades. Il était toujours accompagné et gardé à vue par des eunuques qui fermaient toutes les portes derrière et autour de lui. Fallait-il examiner un œil, une joue ou la langue d'une femme malade, on ne montrait au médecin que la partie demandée, en cachant soigneusement tout le reste ; devait-il faire une auscultation à la poitrine, on refusait net, et la femme succombait. Qu'importe ? ce n'en était qu'une de moins, que l'on pouvait remplacer le lendemain !

Le docteur L*** nous disait qu'à une époque plus ancienne encore, il lui arriva souvent d'être appelé en consultation pour des femmes de harem que l'on s'obstinait à tenir complétement cachées derrière un rideau et fort loin du médecin. Une fois seulement il parvint, au péril de sa vie, à passer derrière le rideau ; mais il en ressortit ébloui, et après cela fit enfin une cure. Ceci montre combien la médecine en Orient était encore considérée comme une question de pure magie.

Les choses aujourd'hui sont certainement en voie d'amélioration, et le règne d'Ismaïl-pacha semble fait pour amener d'heureux changements dans la condition des femmes. Ainsi leur oisiveté intellectuelle, leur ignorance, tendent à disparaître dans les classes aisées, car on leur donne maintenant des institutrices européennes. Toutefois elles ne lisent guère que des romans, ne peuvent recevoir encore que des visites féminines, et ne sortir qu'accompagnées et voilées, mais avec des précautions beaucoup moins jalouses qu'autrefois.

« J'ai élevé maintes jeunes princesses de grande espérance, nous disait un jour M. J***, précepteur des enfants du vice-roi : elles annonçaient les plus brillantes dispositions ; mais vint l'âge de la claustration, et elles disparurent pour toujours. Aux fêtes et aux anniversaires, j'allais leur rendre visite : j'étais reçu par quelque préposé spécial de harem qui leur transmettait mes compliments. Les princesses me faisaient répondre qu'elles se souvenaient de moi avec plaisir et m'envoyaient un sorbet. C'est là tout ce qu'il leur était permis de faire à l'égard de leur vieil ami. »

Faut-il donc souhaiter à l'Orient l'émancipation de ses femmes? La religion n'y saurait être un obstacle invincible, disent les gens éclairés; mais la raison le défend encore, et pour trois siècles au moins!... Les femmes des Juifs, des Coptes et des Levantins ou chrétiens ne vivent-elles pas séparées et voilées comme les musulmanes?

Poursuivons notre chemin. La ruelle où nous sommes restés si longtemps et si imprudemment en digression sous des balcons se rétrécit d'une façon inquiétante. Un mince filet de clarté radieuse éclaire à peine le haut des maisons; mais, devant nous, un flot de lumière tombant par une brèche ou par une ruine vient illuminer un tronçon de la voie ténébreuse. Un chien errant y dort au soleil, un âne attend à une porte basse; une forme humaine, drapée de longs vêtements, sort de l'ombre, glisse à travers la veine de lumière, puis s'évanouit dans le sombre des murailles. Bientôt même le ciel disparaît complétement sous des voûtes : la ruelle se fait couloir ou coupe-gorge, et, dans l'obscurité, des portes s'ouvrent devant nous et retombent sur nos pas. Supposons un peu du fanatisme populaire d'autrefois, et nous serions ici, en vérité, pris tout éveillés dans les laminoirs d'un cauchemar. Mais la dernière porte s'est ouverte, et le jour reparaît, éclairant une assez vaste cour entourée d'habitations, devant lesquelles de vieilles bonnes gens, au regard pacifique, fument accroupis sur des divans de canne. « *Inglesi* », se disent-ils l'un à l'autre, en nous voyant chercher notre chemin. Qui sait s'il y a cinquante ans ou moins, ils n'ont pas crié ici « *Giaour!* » à quelque imprudent de notre sorte?

Puisque impasse il y a, revenons sur nos pas et prenons la ruelle adjacente; ce ne sera pas du moins sans réveiller le chien endormi, qui s'éloigne en grondant avec la mine irréconciliable des fanatiques. Ici tout est misérable, d'aspect sordide, et les cases tombent en ruine; mais à l'autre bout de ce chenal, et partageant l'échappée d'azur qui forme son horizon, s'élance dans les airs un minaret délicieusement refouillé d'opulentes ciselures. Son fût s'élève d'un seul jet jusqu'au-dessus des terrasses des maisons, et là s'épanouit en corbeille pour soutenir un frêle balcon; puis il s'élève, s'élève encore, s'épanouit plusieurs fois, et enfin va se perdre en clocheton aérien dans la joie éternelle qui règne là-haut.

Mais quel abandon, quel délabrement! Les jolies découpures de pierre ou de bois qui closent les ouvertures sont en pièces; tout tombe en ruine, et personne ne viendra pieusement au secours du chef-d'œuvre qui périt. Depuis le jour de sa consécration, il y a quatre ou cinq siècles, par quelque sultan dévot et cruel, aucune main n'y a planté une cheville ou remis un moellon. La maison de la prière, quand elle fléchira, nul ne la visitera plus; on barricadera ses portes, et elle continuera en paix de tomber pièce à pièce en devenant son propre sépulcre. N'en reste-t-il pas trois cents ou plus dans la ville? Dieu est grand et miséricordieux, il a donné aux hommes un ciel clément; ils lui consacrent de splendides maisons, c'est à lui d'en prendre soin: y toucher serait un sacrilége..... « Ce que c'est que l'abus des grâces! » dirait un ascète de l'Occident. — Ah! disions-nous, pourquoi les merveilles des Arabes d'autrefois n'ont-elles pas trouvé leur Mariette-bey [1]!

---

[1] *Le souhait que nous formions alors faillit se réaliser plus tard.* M. Aug. Salzmann, peintre distingué, qui, sur la demande de M. Mauss, architecte de l'église Sainte-Anne à Jérusalem, venait d'exécuter avec succès les peintures de la coupole neuve du Saint-Sépulcre, reçut du vice-roi d'Égypte la mission excellente de restaurer les mosquées, d'empêcher que les œuvres d'art nationales ne fussent emportées du Kaire, et d'en former un musée. En peu de temps M. Salzmann put créer une collection déjà très-riche qui fut exposée, avec un goût exquis, dans un ancien local

Bientôt nous arrivons sur une petite place montueuse et solitaire, où se dresse une charmante maison arabe du XVᵉ siècle, qui semble près de tomber en ruine, et fut probablement jadis le repaire de quelques-uns de ces brillants beys mamlouks que Bonaparte et Méhémet-Ali ont tant massacrés dans leur jeunesse. La porte surtout, couronnée d'une archivolte ciselée, pourvue d'un montoir de pierre pour les cavaliers, est une petite merveille bien complète du genre.

PORTE D'UNE ANCIENNE MAISON ARABE
(dessin de M. Éd. Garnier).

On ne résiste pas au désir de s'arrêter pour la dessiner; mais

arabe des mieux appropriés à cet usage. Que se passa-t-il alors? Il est de fait qu'un certain temps après, les projets de restauration furent rejetés et les collections dispersées. Le khédive renonçait à une entreprise qui eût honoré son règne, et que la Ville de Paris n'a pas dédaigné de réaliser, en fondant le musée de l'hôtel Carnavalet. Peu après cette issue malheureuse, la mort surprit M. Salzmann, et depuis lors le vandalisme des démolitions et des spéculations s'est abattu sur l'ancien Kaire, sans qu'on ait songé à sauver et à y conserver quelque chose de ses antiques trésors d'art. Ainsi donc l'Égypte déchire elle-même « tous les parchemins de sa noblesse! »

c'est à lasser le crayon de l'artiste le plus amoureux d'une coquette ! Les arabesques se mêlent, se quittent, font mille façons autour de rosaces d'un dessin varié ; puis elles se rejoignent pour courir en apparence à l'aventure de nouvelles fantaisies, tandis qu'en réalité elles savent fort bien où elles vont, et ne forment que des combinaisons très-positives et très-mathématiques... On fixe attentivement un point difficile ; mais, tout à côté, se trouve un ornement qui sourit : il attire l'œil, trompe la main, tout est à refaire ! Et les arabesques de scintiller, de se tordre, de s'échapper de plus belle... Mais voilà que, sur la place, débouche un groupe bruyant de nègres, de Grecs ou de fellahs. La vue de l'album les attire ; en un instant ils sont devant nous et sur nos épaules, faisant en arabe mille questions qui, grâce au mot de *bakhchîch*, fond du langage, deviennent de plus en plus intelligibles...... « *Mafisch !* » répond-on, et l'on ferme l'album.

Sommes-nous seuls enfin ? Non, voici un chien de mauvaise mine, puis deux, puis trois, puis cinq ! Leur nombre les rend insolents : ils s'approchent en demi-cercle, l'œil sournois, l'oreille en biais, la dent au vent ; ils grondaillent, grognassent, puis, de très-près, partent tous à la fois d'un tonnerre de voix formidable et bouleversant. Le crayon chemine, mais l'œil est ailleurs : adieu l'inspiration ! On fait un mouvement, l'ennemi recule, puis revient à la charge. On se lève enfin, une pierre à la main : la horde se disperse, et la pierre va frapper une muraille pour rebondir avec fracas contre une porte. Le bruit attire du monde ; les chiens se sentent soutenus moralement et reviennent avec fureur. Il faut donc se lancer à leur poursuite, sous peine d'être cernés et dévorés ! S'ils fuient maintenant, les lâches, c'est pour aller chercher du renfort ; mais, en fuyant, ils nous remettent dans le vrai chemin, car en un instant nous débouchons à leurs trousses sur la place de Roumeïleh, leur quartier général, au pied de la citadelle, que nous ne cherchions plus. « Quand Allah veut ramener l'homme à lui et le sauver, disait un prédicateur célèbre, il se sert parfois de moyens diaboliques ! »

Cela étant, nous ne pouvions faire moins que de monter à la citadelle, malgré la fatigue et l'heure déjà fort avancée. On ne se lasse pas, au reste, d'assister, du haut de ses tours et de ses rochers, aux contrastes saisissants qu'offre toujours cette vue merveilleuse qui résume tout l'Orient. D'un côté, ce Nil bleu que Mahomet appelait déjà une mer [1], qu'il plaçait au nombre des fleuves du paradis, et qui, aux beaux temps des khalifes et des sultans, se couvrait ici de plus de quarante mille navires et embarcations venant de tous pays; puis, cette ville tumultueuse et changeante, qu'au moyen âge les pèlerins de l'Occident et de l'Orient célébraient à l'envi comme une merveille. Le caprice et la versatilité d'esprit des civilisations orientales nous apparaissent encore aujourd'hui dans ces amalgames de masures et de monuments d'une haute élégance, dans ces vastes champs de décombres formés par les débris superposés de quartiers abandonnés, dont chacun n'a peut-être pas eu la durée d'un règne.

TOMBEAU DU SULTAN BARKOUK
Vue prise du Kaire.

De l'autre côté, au sud et à l'est, c'est le désert silencieux; c'est la zone immense des tombeaux et des grandes mosquées funéraires dont le cortége enserre la ville des vivants, comme ces

---

[1] Koran, XXVIII, 6.

pensées graves et religieuses, comme ces rites contemplatifs du matin et du soir qui encadrent, pour ainsi dire, toute la vie du musulman. Mais l'heure s'avance, et il nous faut quitter ces beaux horizons, ces perspectives féeriques dont les dômes et les minarets rosés de Barkouk, qui s'aperçoivent à une lieue d'ici, marquent les derniers points [1].

Quand, du haut des rochers de la citadelle, on regarde vers la ville, la vue s'arrête, au second plan, sur une vaste enceinte de riches galeries, du milieu desquelles s'élève une coupole isolée, et dont l'ensemble occupe le centre de ce quartier, qui, vers le sud, s'avance comme un promontoire dans le désert. C'est l'antique mosquée du khalife Ahmed-ebn-Thouloun, antérieure de près d'un siècle à la fondation du Kaire et contemporaine de la première capitale des Arabes, aujourd'hui presque disparue. Il y a donc là plus d'un souvenir intéressant, et c'est la direction que nous choisissons pour revenir.

Le petit quartier solitaire et délabré de *Khebesch*, qui entoure cette mosquée, est à peu près tout ce qui subsiste des immenses quartiers, jadis noblement habités, de Kataï (les fiefs) et d'Asker (l'armée), qui contenaient plus de cent mille maisons, et s'étendaient, sur une largeur égale, depuis le rocher de la citadelle jusqu'à Fostât, située près du Nil à plus de trois kilomètres de distance. Tel était, au xie siècle, le développement atteint par cette primitive métropole de Fostât, qui, au viie, avait succédé à la *Babylone* de l'antique Égypte et préceda elle-même le Kaire de trois cent trente ans; réduite, au xie siècle, à son noyau primordial, elle fut enfin, au xiie, brûlée par ses habitants, qui se défendaient contre les croisés d'Amaury Ier, roi de Jérusalem, et aujourd'hui elle ne renferme plus que quelques rues, formant auprès du Nil une bourgade appelée *Masr-el-Atikah* ou le Vieux-Kaire.

Au dire de l'historien Makrizy, toute la région intermédiaire, occupée par Asker et Kataï, avait été une cité magnifique et con-

---

[1] Voyez page 49.

sidérable, qui fut, à trois reprises au moins, abandonnée ou détruite de fond en comble, et reconstruite avec plus de magnificence, au gré du souverain régnant. Depuis sa dernière destruction, arrivée vers 1058, pendant les troubles du règne de Mostanser, son emplacement, qui mesure presque l'étendue actuelle du Kaire, devint ce que nous le voyons encore aujourd'hui : un désert parsemé de collines de décombres que le sable a recouverts.

C'est en l'an 879, au temps où le roi Louis II, le Bègue, arrière-petit-fils de Charlemagne, régnait encore en Gaule, que le khalife Thouloun fit commencer la grande mosquée qui porte son nom. Ce noble édifice, qui compte près de mille ans d'existence, serait encore aujourd'hui en bon état, si le vice-roi Ibrahim-pacha, fils et successeur de Méhémet-Ali, n'avait eu la déplorable idée de le transformer en un hôpital militaire, devenu, dit-on, un magasin de sel ; comme s'il n'y avait pas, au Kaire, maints et maints palais turcs achevés ou inachevés, qui semblent vraiment faits pour ces usages !

La mosquée de Thouloun, construite sur le plan de celle de la Mecque, se compose d'une vaste cour quadrangulaire entourée de portiques d'une richesse et d'une élégance déjà fort éloignées de la simplicité primordiale qui règne dans la mosquée d'Amrou, fondée la première de toutes à Fostât, près de deux siècles et demi auparavant ; à ce point même, que l'enduit qui couvrait les frises et les corniches intérieures des galeries était, dit-on, pétri avec de l'ambre gris, afin de béatifier toujours l'odorat des fidèles. L'ogive, qui se montre déjà dans les arcs des portiques, apparaît ici trois cents ans plus tôt qu'en France.

A propos de ce sanctuaire célèbre qui, dès sa fondation, devint un centre d'activité intellectuelle très-brillant, on pourrait citer plus d'une particularité intéressante pour montrer à quel degré de luxe, de goût et de richesse était arrivée la civilisation arabe, alors que l'Europe moyenne vivait encore, à cet égard, dans une sorte de barbarie tudesque.

Auprès de sa mosquée, où il allait souvent écouter avec ses

fils les leçons des professeurs les plus renommés de l'Orient, le khalife Ebn-Thouloun s'était fait ériger un vaste et magnifique palais auquel le terrain de la place de Roumeïleh servait de jardin. A l'entour se pressaient les habitations luxueuses des personnes de sa cour, de sa maison et de son armée, qui avaient fini, comme nous l'avons dit, par former une ville considérable, pourvue de mosquées, de bazars et de bains, au point de devenir plus belle et plus peuplée que les grandes cités de la Syrie.

A proximité de sa demeure, le khalife avait fait construire un manége monumental, sorte d'hippodrome, de palestre et de jeu de paume où se faisaient les revues de troupes, et où le peuple et les grands passaient la meilleure partie de leur temps. L'enceinte de ce manége était percée de belles et grandes portes dont chacune donnait accès à telle ou telle classe de la société. L'entrée qui regardait la montagne de Mokattam, formée de trois portes contiguës de la plus grande dimension, ne servait que pour la sortie du khalife dans certaines solennités. Connaissant l'art consommé des anciens Orientaux pour tout ce qui regardait la mise en scène, on peut se figurer la majesté imposante de ces sortes de défilés : les gardes noirs du khalife sortent les premiers, en ordre de bataille et armés de toutes pièces, par les deux portes latérales; puis, tout à coup, le prince des croyants, éblouissant de pierreries, apparaît à cheval, seul, sous l'arche du milieu, et s'avance entre ces deux haies mouvantes qui fendent la foule bigarrée de mille couleurs, sous l'éclatante lumière du soleil...

Khomarouïah, fils et successeur de Thouloun, n'eut rien de plus pressé que de transformer le manége en un jardin féerique où des palmiers, arrangés en fontaines, donnaient l'ombre et la rosée aux plantes les plus rares des différentes contrées ; on y fit même des essais très-nouveaux et fort curieux sur les greffes. Au centre du jardin s'élevait une tour de bois de teck ouvragé, servant de volière aux oiseaux les plus remarquables par le chant et le plumage, qui venaient boire et s'ébattre dans les canaux de marbre dont le pavé était sillonné.

« Un des plus superbes édifices du monde », disent les chroniques, était la *Maison dorée*, kiosque ou salle de ce palais, dont les murs étaient couverts d'or et d'azur, d'arabesques et de peintures magnifiques. Ce qu'il y a de curieux, au point de vue des idées musulmanes, qui, aujourd'hui encore, proscrivent toute image d'un être vivant, c'est que les murs de cette salle étaient ornés de statues de bois représentant, à leur grandeur naturelle, le khalife et les femmes de son sérail. Ces figures, « travaillées avec un art admirable », étaient couvertes d'un enduit reproduisant toutes les nuances des étoffes, et elles portaient de riches pendants d'oreilles, des couronnes d'or pur ou des turbans de pierreries [1].

Nous ne pouvons décrire toutes les merveilles de ce palais, analogue d'ailleurs à tant d'autres de cette époque en Orient : ses immenses ménageries et leur luxe de lions apprivoisés ; ses cuisines, où telle était la profusion des mets, que les restes, vendus à bas prix par les domestiques, pouvaient sustenter la ville de Fostât.

Il est toutefois une autre merveille d'un genre plus étrange et que l'on ne peut manquer de rappeler, tant elle dépasse en singularité et en magnificence tout ce que l'on connaît en ce genre. Ce fait, attesté par l'historien Makrizy, semblerait prouver que, dans les contes merveilleux de l'Orient, l'imagination populaire, qui se plaît à dépeindre tant de richesses incalculables, tant de palais fantastiques élevés en un clin d'œil, ne s'est pas autant

---

[1] L'islamisme proscrit, en principe, le culte et même la confection des images de l'homme et des animaux, et ce précepte a toujours prédominé. Cependant les Persans et autres peuples environnants ne se sont jamais soumis complétement à cette loi. On sait que les admirables objets venant de la Perse et de l'Inde musulmane ou septentrionale, tels que faïences, cuivres, tapis, armes, portent souvent des figures d'hommes et d'animaux mêlées à leurs arabesques. Il ne faut donc pas s'étonner si le conquérant Thouloun, Turcoman d'origine, avait introduit en Égypte des idées fort tolérantes à cet égard.

On rencontre parfois des manuscrits musulmans qui, dans leurs riches enluminures, renferment des effigies humaines. Lorsque l'exemplaire est tombé entre les mains de quelque rigide sectaire, les têtes des figures ont été effacées avec le doigt mouillé de salive, ce dont elles portent encore les traces.

écartée de la réalité qu'on le suppose. Ne fallait-il pas qu'envers et contre tout, l'impatience enfantine du maître fût promptement satisfaite? Témoin ce palais qui avait coûté un million et demi au khalife Kafour, et qu'il dut abandonner au bout de quelques jours, pour n'avoir pas remarqué à temps qu'on y était exposé aux miasmes mortels de l'étang de Karoun.

« Le khalife Khomarouïah, dit Makrizy, s'étant plaint un jour à son médecin d'une insomnie continuelle, celui-ci lui conseilla de se faire masser. Le prince, ne voulant pas adopter cette recette et déclarant qu'il ne souffrirait pas que personne mît la main sur lui, le médecin lui dit de faire creuser un bassin que l'on emplirait de vif-argent, ce qui fut exécuté. Ce bassin, qui avait, dit-on, cinquante coudées de long (environ 25 mètres) sur cinquante de large, coûta des sommes immenses. A chacun des angles on avait placé des colonnes d'argent massif, auxquelles étaient attachés de magnifiques rideaux de soie, passés dans des anneaux d'argent. Khomarouïah fit faire un lit de peau, que l'on emplissait de vent, jusqu'à ce qu'il fût bien enflé; ensuite, après en avoir fortement lié l'ouverture, on le plaçait sur le bassin, et l'on attachait les rideaux de soie aux colonnes d'argent. Le prince se couchait sur ce lit, qui, sans cesse agité par le mouvement du vif-argent, lui procurait un sommeil agréable. Ce bassin était une invention absolument nouvelle, qui pouvait le disputer à tout ce que le luxe des rois a jamais imaginé de plus magnifique. C'était un coup d'œil enchanteur de voir, pendant une belle nuit, ce vif-argent réfléchir la lumière de la lune. Longtemps après la destruction du palais, le peuple allait creuser le lit du bassin pour y recueillir des restes du vif-argent [1]. »

De pareilles prodigalités n'ont rien d'invraisemblable quand on songe aux richesses immenses dont pouvaient disposer ces khalifes qui régnaient sur l'Égypte et l'Asie occidentale, contrées alors les plus opulentes du monde, puisqu'elles renfermaient les trésors accumulés de l'antiquité. Sans cesse guerroyant,

---

[1] Voyez les *Mémoires historiques et géographiques sur l'Égypte*, par Étienne Quatremère, 1811.

levant des tributs, recevant de riches présents, percevant des impôts qui, au xi⁰ siècle, pouvaient s'élever annuellement à près de quarante-cinq millions de notre monnaie, disposant avec cela d'un pouvoir discrétionnaire que rehaussait le prestige attaché à la dignité de chef de la foi, les khalifes pouvaient tout se permettre quand ils étaient de nature énergique. Les exagérations et les caprices de leur libéralité égalaient ceux de leurs actes répressifs; et le peuple, ignorant et remuant, qui souffrait souvent de famines et de pestes effroyables, de corvées onéreuses et de guerres incessantes, les aimait d'autant mieux qu'ils étaient à la fois plus magnifiques en leur manière de vivre et plus jaloux de leur autorité.

Les chroniqueurs arabes du moyen âge, et surtout Makrizy, nous ont laissé, sur l'immensité de leurs richesses, d'autres détails assez curieux qu'il peut être utile de citer en passant.

En l'an 460 de l'hégire (1067), le khalife Mostanser, prince faible et incapable, dont le règne fut un des plus longs et des plus désastreux, se trouva obligé, pour satisfaire aux exigences insolentes des mercenaires turcs qui sauvegardaient son pouvoir, de vendre à vil prix ses trésors ou de les donner en payement, et l'on en fit alors un inventaire détaillé qui est parvenu jusqu'à nous. Depuis plus de cent ans, les khalifes de la dynastie Fatimite avaient, sans compter leurs fréquentes fantaisies, consacré chaque année la valeur de près de 1 200 000 francs à l'acquisition des objets les plus rares et les plus variés, que l'on entassait, augmentés des présents reçus, dans d'immenses magasins dont on n'avait jamais rien retiré; ce dépôt était ainsi devenu tout à la fois un arsenal formidable, un musée d'art et d'antiquité, un garde-meuble de la couronne et un magasin de toute espèce de denrées. En quinze jours de vente seulement, cent mille objets « vendus au plus bas prix » produisirent la valeur de 30 millions de *dinars* (environ 435 millions de francs), indépendamment des richesses incalculables qui furent volées ou brûlées dans l'incendie allumé par l'imprudence de quelques pillards.

On peut, d'après cela, se faire une idée des ressources dont pouvaient aussi disposer les pharaons de l'ancienne Égypte, alors que leur domination s'étendait du fond de la Nubie jusqu'en Mésopotamie ; que ce vaste empire était plus riche et plus peuplé qu'au moyen âge, et que ses maîtres tenaient à leur disposition, pour réaliser leurs grands projets, des légions de captifs étrangers [1].

Une pareille accumulation de savoir, de richesses, de chefs-d'œuvre de tous genres est sans doute l'indice d'une civilisation très-avancée, et l'Occident paraît alors rude et sauvage en comparaison de l'Orient ; l'existence seigneuriale même n'y est encore qu'une vie de caserne, et il faudra les croisades et le contact du monde oriental pour que la société européenne se plaise à rechercher des habitudes plus délicates et un genre de vie plus relevé. Mais tandis que le monde musulman, viril tant qu'il avait fallu combattre, se minait alors par le fait de sa versatilité perpétuelle, de son impuissance à fonder, à unir et à conserver, la société chrétienne, moins bien partagée sous tant de rapports, marchait déjà pleine d'avenir dans les voies droites de la civilisation véritable. « Le khalifat tombait, dit Michelet, et le pape s'élevait ; le mahométisme se divisait et le christianisme s'unissait. »

Pour avoir pris aujourd'hui une forme moins naïve, cette antique manie de thésauriser, qui participe encore des époques barbares et fait le vide dans l'État au profit d'un seul, ne semble pas avoir complètement disparu chez les souverains orientaux. Voici, entre autres preuves, ce que nous trouvons dans un mémoire inédit, écrit par un personnage qui connaissait profon-

---

[1] Il serait difficile de se représenter ces trésors où l'argent monnayé manquait parfois, si l'on ne citait, de leur interminable inventaire, quelques articles donnant des révélations curieuses sur les mœurs de ce temps, qui fut celui de la splendeur du khalifat de Bagdad et du Kaire. — Voyez, à l'*Appendice*, la note sur les trésors et la bibliothèque du khalife Mostanser.

dément l'Orient, et déposé aux archives du Ministère des affaires étrangères.

« Lors de son avénement à Constantinople, le sultan actuel se fit apporter le budget des dépenses de la cour. Il prit la plume et pratiqua de fortes réductions sur le papier : ces réductions laissaient disponible une somme de cinquante mille guinées turques (1 250 000 francs) par mois. Il ordonna que chaque premier du mois cette somme lui fût apportée en or. Mais qu'advint-il? Il arriva qu'aucune des économies prescrites ne fut réalisée, que les dépenses allèrent au contraire en augmentant, et que le sultan toucha et continue de toucher les cinquante mille guinées en or. Il les dépose dans sa cassette, et aujourd'hui (1866) ce trésor accumulé, immobilisé, dépasse 30 millions de francs. Pendant ce temps, la Turquie roule sur la pente de la banqueroute. L'Égypte, beaucoup plus riche, n'en est pas encore là, mais le système y est le même qu'en Turquie. »

C'est en vérité une entreprise fort téméraire que de vouloir, au déclin du jour et sans guide, se diriger de la mosquée de Thouloun vers la place d'Esbekyeh, située à près de trois quarts de lieue par delà un labyrinthe de ruelles où l'on ne peut s'orienter. Il le fallait cependant, et nous nous perdîmes dès les premiers pas; mais le moyen de songer à son salut, quand pour la dernière fois peut-être on jouit de sa liberté et qu'à chaque pas une séduction pittoresque vous retient ou vous détourne!

Tout ici abonde encore en détails piquants. Voici, dans son échoppe, un écrivain public à la tête souriante et bouffie comme celles des statues de bois de l'Ancien-Empire : accroupi sur son vieux tapis, ce savant regarde complaisamment son papier d'un air capable et satisfait. Un fellah, timidement assis près de lui, contemple l'écrit commencé d'un œil fixe, qui ne démêle rien, et, tout en regardant, il cherche sa pensée lente à venir. A deux pas en arrière et fort respectueusement, se tient la famille du fellah, joli groupe composé d'une jeune fellahine voilée, l'épaule chargée d'un enfant qui sommeille, et tenant par la main une petite fille aux grands yeux, dont toute la physionomie a cette douceur singulièrement suave qui semble un don d'Osiris-Ounnovré, le dieu bon par excellence. Plus loin, devant une grande porte, quelques ânes de louage, picorant dans des sacs, attendent pacifiquement leurs cavaliers, en compagnie de ces infatigables petits bourriquiers, dont les têtes mutines et intelligentes s'appuient sur leurs bras posés sur les selles bariolées; s'ils ne se renvoient pas des quolibets en arabe, ils disputent sur les nouvelles publiques dont ils paraissent mieux informés que personne, et notamment sur le sultan, sur M. de Lesseps, sur M. Laroche et M. Larousse, ses ingénieurs en chef, qu'ils ne se déshabitueront jamais d'appeler *Larouche* et *Larosse!*

Un grand crocodile empli de foin se tord au-dessus de la porte, dont il s'efforce de contourner le cintre. La bonne bête, toujours rageuse et gueule béante, malgré son trépas, est fort utile en ce poste domestique; la mauvaise chance ne peut plus entrer dans la maison, car c'est le crocodile qui attrape tout au passage.

Plus loin encore, on aperçoit un barbier bavard qui manipule et ravage des têtes à raser, sous un arceau de bois ajouré d'un dessin charmant, et qui serait bien mieux fait pour encadrer la tête d'une sultane! Puis on rencontrera un café arabe, dont tout le mobilier paraît consister en un pan de mur croulant sous une treille de roseaux, où des fellahs, juchés côte à côte, fument le narghilèh sans rien perdre de leur gravité. Les uns ont cette physionomie foncièrement débonnaire mélangée d'un peu de ruse inquiète, qui caractérise la race égyptienne. D'autres, aux traits durs, altiers et sensuels, tiennent évidemment de la bête fauve : ne seraient-ce pas quelques descendants des Hyksos, quelques Sémites ou Bédouins, dont l'esprit de domination et l'orgueil innés ressemblent à leur soleil natal de midi, qui dessèche tout sans raison sous le poids de ses lourds rayons?

Un curieux contraste est celui de ces anciens édifices, mosquées ou palais, d'un beau style rappelant le grand caractère des monuments florentins, mais qui, dans leur déchéance, se sont

UN CAFÉ ARABE AU KAIRE

laissé envahir par de sordides échoppes. C'est ce qu'à Rome on trouve aussi à chaque pas : au théâtre de Marcellus par exemple, puis au *Ghetto*, où le cloaque si pittoresque de la *Pescheria vecchia*, le vieux marché au poisson, s'est inféodé aux nobles restes du portique d'Octavie. Ici, dans les profondeurs poudreuses de réduits qu'environnent les opulentes arabesques et les ciselures de la pierre, on entrevoit des amoncellements de choses sans nom, des montagnes de poteries grossières et autres objets vieux ou neufs, d'une simplicité rudimentaire, à l'usage des fellahs.

Que sont devenues ces boutiques du temps passé, où le Kaire était l'entrepôt de l'Inde et de Ceylan, de la Perse et de Bagdad, comme des Flandres, de Gênes, de Florence et de Venise? Existe-t-il encore de ces toiles fabriquées dans le Levant, merveilles de finesse et de fermeté, qui servaient, dit naïvement Léon l'Africain, « pour les chemises des plus apparents et gens de réputation? » C'était ici, rapporte le géographe du XVIᵉ siècle, que se trouvaient « les plus riches et nobles draps qui se facent » en Italie, comme draps d'or, veloux, damas, satin, taffetas », et d'autres encore fabriqués en Orient, dont les premiers n'approchaient pas « en perfection et naïveté ». On y voyait des revendeurs d'habits de grand luxe, ayant appartenu à de hauts personnages. Notre auteur y vit mettre en vente un pavillon entièrement fait à l'aiguille et couvert d'un rang de perles pesant quarante-cinq livres, sans lequel il ne fut vendu que pour mille *serafim*, environ 1500 francs de notre monnaie [1].

Les écrivains et les voyageurs du XIVᵉ siècle, eux aussi, ne tarissent pas en étonnement sur le luxe des vêtements et la splendeur des étoffes dont les plus recherchées étaient alors tirées de Venise.

« Le 23 du mois de schawal de l'année 793 (1390 de J.C.), dit

---

[1] « *Serafim*, monnaie asiatique encore usitée à Ormuz. Elle était d'or et valait 300 *reis* portugais, plus ou moins, selon Duarte Barbosa. » (D. Francisco di S. Luiz, card. Saraïva, *Gloss. di vocabulos Portuguezes*.) Le *reis* vaut environ un demi-centime, ce qui donne au *serafim* la valeur d'environ 1 fr. 50 c.

Makrizy, il fut proclamé au Kaire une ordonnance portant défense aux femmes de faire usage de chemises d'une grande ampleur et d'employer plus de quatorze *dirds* d'étoffe (coudée d'environ 0^m,50), pour tailler une chemise. Les femmes en avaient porté l'ampleur à un tel excès, que l'on employait pour tailler une chemise quatre-vingt-douze *dirds* d'étoffe de Venise, dont la largeur est de trois *dirds* et demi : ainsi une seule robe contenait plus de trois cent vingt *dirds* carrés d'étoffe (environ 80 mètres carrés, ou un carré ayant 9 mètres de côté). Ce scandale alla si loin, que l'habillement des femmes du commun ressemblait à celui des femmes des rois et des grands seigneurs [1]. »

Que dire enfin du nombre et de l'activité des habitants du Kaire ? Il pouvait y avoir alors, dit Frescobaldi, le pèlerin de Florence, soixante mille bourriquiers qui louaient des montures dans les rues et sur les places. On y comptait trois mille moulins à vent ; on y voyait beaucoup d'éléphants, et plus de cent mille chameaux bien harnachés, très-beaux et très-gras, ne faisaient que transporter l'eau puisée au Nil pour la débiter dans la ville. Cent mille individus, gens de peine pour la plupart, couchaient la nuit à la belle étoile, faute de logements, et il semble au voyageur florentin qu'au Kaire il y a plus d'habitants que dans toute la Toscane, et plus dans certaines rues que dans tout Florence.

« On y voit encore, dit-il, un grand nombre de cuisiniers qui, la nuit comme le jour, cuisent dehors sur la rue, de très-belle et bonne viande dans de grandes marmites de cuivre étamé. Et aucun habitant, si riche qu'il soit, ne cuit dans sa maison : telle est la coutume de tous ces païens qui envoient acheter leur dîner à ces *bazars*, comme ils les appellent. Et bien souvent même ils se mettent à manger en pleine rue ; ils y étendent une pièce de cuir et posent la victuaille au milieu, dans un vase de terre, autour duquel ils s'asseyent, les jambes croisées ou repliées en arrière. Et quand ils se sont souillé la bouche, ils se la lèchent, la nettoyant avec la langue, comme de vrais chiens qu'ils sont... »

Nous étions justement arrivés à l'heure où les travaux cessent

---

[1] *Chrestomathie arabe* de Sylv. de Sacy, vol. II.

et où les cuisiniers en plein vent débitent encore de maigres pitances aux pauvres gens qui rentrent chez eux. Un enfant passe en courant, tenant une soucoupe où des tubercules blanchâtres nagent dans un jus rosé... Serait-ce enfin le *lotus* alimentaire des anciens Égyptiens? Et nous voilà poursuivant l'enfant pour nous en assurer, et, s'il le faut, goûter à ce mets dont l'aspect fait frémir... Mais l'autre a de l'avance et nous entraîne, et nous égare davantage encore, s'il se peut. Tant il y eut, qu'à ses trousses nous parvînmes tout à coup dans un quartier fort étrange et dont nous n'avions aucune idée : c'est une sorte de vallon étroit, entouré de maisons et rempli d'eau, que plus tard nous sûmes être le *Birket-el-Fil* (l'abreuvoir de l'Éléphant), l'un de ces étangs marécageux situés dans des endroits bas, et dont le niveau monte, baisse ou disparaît avec la crue ou le retrait des eaux du Nil.

La surface de cet étang était alors empourprée par les feux du soleil couchant, et tout au fond se dressait, au milieu des palmiers, un édifice dont les colonnettes de marbre avaient pris les teintes de l'opale. De superbes fellahines aux formes sculpturales, aux mouvements harmonieux, allaient et venaient sur ses bords, une amphore posée sur la tête ou en équilibre dans la paume d'une main. Des troupes de chameaux s'abreuvaient d'un autre côté, en poussant ces meuglements profonds qui, dans la peine comme dans la joie, paraissent la protestation éternelle du pauvre animal, esclave moins patient que le fellah qui le mène.

Ce spectacle était si beau et si imprévu, que le lotus des Égyptiens fut oublié. Nous étions là, ne pouvant détacher nos yeux de cette scène biblique, lorsque tout à coup éclatèrent dans les airs les chants des muezzins qui se répondaient d'un bout à l'autre de la ville. En un instant et comme par enchantement, la foule disparaît, maisons et boutiques se ferment et la nuit vient. Nous voici seuls et oubliés dans un quartier perdu; si nous ne trouvons un guide, le danger peut devenir pressant, car il n'y a ni éclairage, ni police préventive, ni secours d'aucune sorte à espérer contre les assassins, les Grecs rôdeurs de nuit, les sbires et les chiens sauvages qui, dans l'obscurité, deviennent si hardis et si féroces contre les étrangers [1].

Où sommes-nous? Plus personne! L'inquiétude nous prend; car, si l'on rencontre encore quelque ombre errante, elle fuit et disparaît sans répondre. Nous nous hâtons, poursuivis par la nuit et l'heure des crimes qui marchent sur nos talons, tandis que devant nous s'embrouille le réseau d'un labyrinthe de plus en plus obscur. Dix fois, peut-être, sans trouver de direction, nous passons le *Khalig*, dont l'aspect devient sinistre. Au-dessus de ses eaux noires, quelques lueurs vacillent derrière les moucharabyehs des hautes maisons qui le pressent, mystérieuses et mornes comme les palais de Venise. Le contour brillant de l'eau perce l'obscurité comme un sinueux filet d'argent qui conduit l'œil jusqu'au prochain tournant; et là le canal, encore éclairé de reflets tardifs, s'enfonce sous l'arcade ogivale de quelque passage secret, pour aller se perdre au milieu des minarets et des palmiers, objets inséparables et charmants qui s'endorment dans le crépuscule étoilé.

Les génies et les fées de la vieille cité, jaloux de retenir qui les aime encore, avaient-ils donc deviné que nous allions partir demain?... Mais un vieux croyant, oublié par mégarde au plus obscur de notre chemin, vint à propos rompre leurs enchante-

---

[1] « Les Grecs forment la lie de la population urbaine en Égypte. Ils excellent à tourner toutes les lois, et souvent ils les enfreignent ouvertement; ils sont féconds en délits et même en crimes, dont ils savent parfois dissimuler adroitement les preuves légales. Les traduire devant la justice consulaire ne mènerait à rien, sinon à se créer des complications inextricables avec le consul. Que fait-on? On gagne le consul et l'on obtient le droit d'agir à sa guise; ou bien on escamote le criminel, c'est-à-dire qu'on l'empoigne en cachette et le fait disparaître. On le jette en prison; la nuit, un agent de l'autorité se présente avec deux acolytes qui portent des sacs remplis de sable. Ces sacs sont l'instrument du supplice; on en assomme le criminel, dont le cadavre ne porte d'autres traces que celles de l'apoplexie.

» Parfois, pour cause de dettes ou par suite d'une dénonciation de police, un étranger obscur ou bien un rayah (chrétien ou indigène) est jeté en prison, et quelle prison! S'il n'a ni parents ni amis qui réclament en sa faveur, il risque d'y demeurer des mois, et peut-être des années. Il court même le danger d'y mourir, et le hasard peut seul le sauver. Inutile d'écrire; les gardiens interceptent toutes les lettres. » (Mémoire inédit de 1866, cité plus haut, p. 298.)

ments. On l'arrête, on s'en saisit, et cent fois on lui répète : « *Bakhchich! Ezbekieh!* » L'être paraît enfin nous entendre ; il prend les devants sans rien dire, trouve des passages inespérés, et bientôt montre la place tant cherchée, en s'écriant : « Ezbekieh ! Bakhchich ! »

Une fois sauvés, la nuit close nous parut suave sur l'Ezbekieh ! Heureux si, comme dernier adieu, les fées y avaient évoqué le mirage de son ancienne splendeur, alors que les crues du Nil en faisaient un lac où les vieux sycomores aimés de Félicien David et de Marilhat pouvaient mirer leur sombre feuillage. Quel spectacle féerique aux nuits du Ramadhan et du Baïram, quand la surface du lac se couvrait de barques illuminées, et que ses bords, embrasés par les mille et mille flammes des *maschallahs*, retentissaient du bruit des fantasias populaires!

Que fera le vice-roi de ce lieu célèbre et charmant? Quel sort réserve-t-on aux vieux arbres qui ont abrité Bonaparte et Méhémet-Ali?.. Mais faisons taire les pressentiments, car maintenant nous allons avoir à décrire le canal de Suez vu avec M. de Lesseps, puis le Nil et la Haute-Égypte avec Mariette-bey.

UNE RUELLE DU KAIRE
(d'après une photographie de J. Lévy).

APPENDICE

HISTORIQUE

SOMMAIRE

I. — Religion égyptienne 309
II. — Sources historiques 319
III. — Résumé chronologique de l'histoire d'Égypte 323
IV. — Massacre des Mamlouks 394
V. — Trésors des Khalifes 400
VI. — Sur les mosquées 410
VII. — Recherches du Sérapéum avant Mariette-bey 418
VIII. — Interprétation des hiéroglyphes au XVIe siècle 420

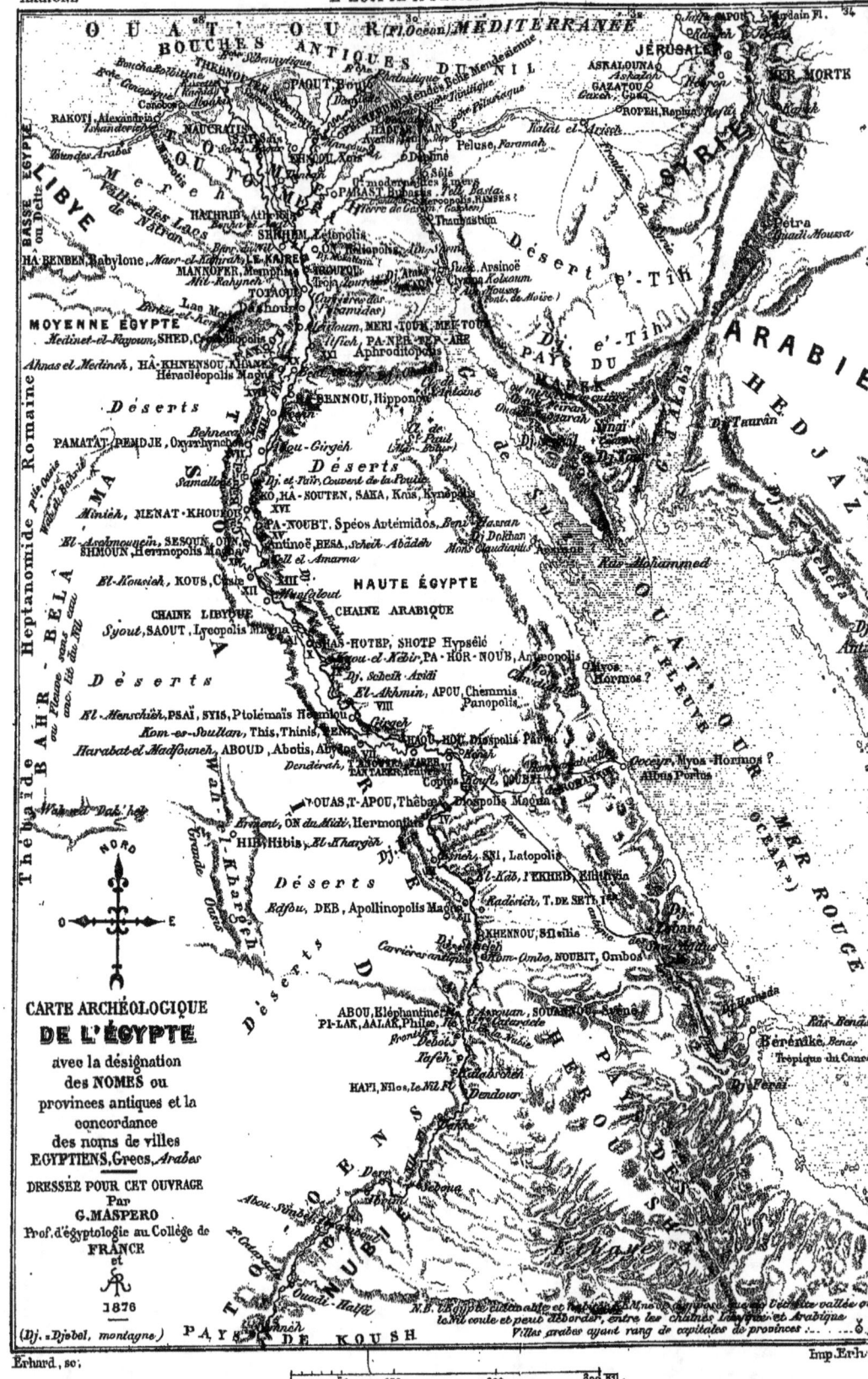

LÉGENDE DES NOMES OU PROVINCES

NOMS ÉGYPTIENS		NOMS GRECS		DIVINITÉS DES CITÉS	
				égyptiennes	grecques
Nomes	Capitales	Nomes	Capitales		
I. To-Qens,	Abou (Éléphantine)	Ombitès,	Ombos.	Khnoum, Knouphis.	Apollon.
II. Tes-Hor,	Teb (*Edfou*).	Apollinopolitès,	Apollinopolis magna.	Hor-hout (Horus lumineux).	Apollon.
III. Ten,	Nekheb (Eilithyia)	Latopolitès,	Latopolis (Sni, Esneh).	Khnoum-Ra.	Minerve.
IV. Ouas,	Ouas (Thèbes).	Diospolitès, Hermonthitès, Phathyritès,	Thèbes, puis Hermonthis.	Ammon. Mout (la mère), Isis.	Jupiter. Jupiter, Apollon.
V. Horouï,	Qoubti.	Coptitès,	Coptos.	Khem ou Min.	Pan.
VI. ....?	T'a-Noutri.	Tentyritès,	Tentyris (Denderah).	Hor et Hathor.	Aphrodite
VII. Ténaï (?)	Téni, Aboud.	Thinitès,	Abydos.	Anhour (Soleil au haut des cieux), Osiris	Apollon.
VIII. Khem,	Apou.	Panopolitès,	Panopolis.	Khem (dieu générateur).	Pan.
IX. Douf,	Pa-Hor-noub.	Antæopolitès,	Antæopolis.	Hor-Noub (Horus d'or).	Antée.
X. Baar,	Shas-Hotep.	Hypsélitès,	Hypsélé.	Khnoum (démiurge).	
XI. Atef-Khent,	Saout (*Syout*)	Lycopolitès,	Lycopolis.	Anoup (Anubis).	
XII. Atef-Pehou,	Kous.			Ap-Matennou (forme d'Anubis).	
XIII. Ouat',	Tebti.			Hor-si-Isi (Horus, fils d'Isis).	
XIV. Oun,	Sesounnou.	Hermopolitès,	Hermopolis.	Thoth.	Hermès.
XV. Meh,	Hebennou.	Kynopolitès,	Kynopolis.	Anubis.	
XVI. Anoup,	Ha-Souten.	Oxyrrhynchitès,	Oxyrrhynchos.	Déesse Tefnout et dieu Shou (formes du soleil).	
XVII. Ouab,	Pa-Mat'et'.	Héracléopolitès,	Héracléopolis magna.	Har-Shafi (Horus terrible).	Harsaphis, Hercule.
XVIII. Neh-Khent,	Hakhnensou.				
XIX. Pa,	Ha-Bennou.			Sebek-Ra.	
XX. Neh-Peh,	—	[Arsinoïtès],			
XXI. Matennou,	Pa-Neb-Tep-Ahe.	Aphroditopolitès,	Aphroditopolis.	Hathor.	Aphrodite.
Aneb-Hat' (le mur blanc),	Mannofer (Ha-kaphtah).	Memphitès,	Memphis.	Phtah (Héphæstos), Sevek, Immotep (Asclépios), Sokar (soleil couché), Phtah-Sokari, Osiri, Osor-Hapi (Sàrapis)	Aphrodite, Lune, etc. Sérapis.
Hiq-Neith (?),	On du Nord.	Héliopolitès,	Héliopolis.	Ra.	Le Soleil.
Heseb,	Heseb.	Pharbæthitès,	Pharbæthos (Horbaït).	Hor.	
Sept-Akhem,		Arabia, Sethroïtès,		Hor-Soupti.	
Khent-abet,	T'ar ou T'al. T'an ou Ha-Ouar. (Sân). (Avaris).	Tanitès,	Tanis.	Set (Typhon), puis Hor. Hor.	
Nout,	Tahuti.			Thoth.	
Kha,	Pabanebdad.	Mendesies,	Mendès.	Ra.	Pan.
Am-Khent,	Pabast.	Bubastitès,	Bubastis.	La déesse Beset.	Hermès.
Kem,	Hatherib.	Athribitès,	Athribis.	Hor-Khent-Khat (Horus dans le sein).	
Khas-Ka,	Khsoou.	Xoïtès,	Xoïs.	Ammon-Ra.	Jupiter.
Ati (?),	Paasar-neb-dad.	Busiritès,	Busiris.	Osiris, — Isis.	
Ab-Ka,	T'ab-noutri.	Sebennytès,	Sebennytos.	Hor-Noub.	
Sam-hout,	Pa-Khen-n-Amen Pachnamoun.	Sebennytès, infer.		Ammon et Hor-sam-to (Horus qui réunit les deux pays ou Horus qui joint la terre, Horus naissant)	
Am-Pehou,	Patonout'.	Phténéothès,	Phténéotis.	Déesse Ouat'i (déesse du Nord).	
Saï,	Saï.	Saïtès,	Saïs.	Déesse Neith.	Athéné, Minerve.
Khopesh,	Sekhem.	Létopolitès,	Létopolis.	Haroéris (Horus l'aîné).	Apollon.

G. Maspero scrips.   A. Rhoné ed.

« Lorsqu'on parcourt les grands recueils où les savants de notre siècle ont reproduit en partie les restes des monuments égyptiens, ce qui frappe tout d'abord, c'est l'abondance presque incroyable de tableaux mystiques et de scènes religieuses qui sont parvenus jusqu'à nous. Il n'y a presque pas de planches où l'on ne retrouve une des figures de la Divinité recevant d'un air impassible les offrandes et les prières du prêtre ou du roi prosterné devant elle. On dirait, à voir tant de représentations sacrées, que ce pays était habité surtout par des dieux et renfermait d'hommes juste ce qu'il en fallait pour les besoins du culte. Les Égyptiens étaient un peuple dévot : soit tendance naturelle, soit effet de l'éducation, ils voyaient Dieu partout dans l'univers, ils vivaient en lui et pour lui. Leur esprit était plein de ses grandeurs, leur bouche pleine de ses louanges, leur littérature pleine d'œuvres inspirées par ses bienfaits. La plupart des manuscrits échappés à la ruine de leur civilisation ne traitent que de matières religieuses, et, dans ceux mêmes qui sont consacrés à des sujets profanes, les allusions et les noms mythologiques se présentent à chaque page, souvent à chaque ligne.

» Au commencement était le Nou, l'Océan primordial dans les profondeurs infinies duquel flottaient confondus les germes des choses. De toute éternité, Dieu s'engendra et s'enfanta lui-même au sein de cette masse liquide sans forme encore et sans usage. Ce Dieu des Égyptiens était un être unique, parfait, doué d'une science et d'une intelligence certaines, incompréhensible à ce point qu'on ne peut dire en quoi il est incompréhensible. Il est le « un unique, celui qui existe par essence, le seul qui vive en substance, le seul générateur dans le ciel et sur la terre qui ne soit pas engendré ; le père des pères, la mère des mères ». Toujours égal, toujours immuable dans son immuable perfection, toujours présent au passé comme à l'avenir, il remplit l'univers sans qu'image au monde puisse donner même une faible idée de son immensité : on le sent partout, on ne le saisit nulle part.

» Unique en essence, il n'est pas unique en personne. Il est père par cela seul qu'il est, et la puissance de sa nature est telle qu'il engendre éternellement sans jamais s'affaiblir ni s'épuiser..... Il est à la fois le père, la mère et le fils de Dieu. Engendrées de Dieu, enfantées de Dieu, sans sortir de Dieu, ces trois personnes sont Dieu en Dieu, et, loin de diviser l'unité de la nature divine, concourent toutes trois à son infinie perfection.

» Ce Dieu triple et un a tous les attributs de Dieu, l'immensité, l'éternité, l'indépendance, la volonté toute-puissante, la bonté sans limites. Il développe éternellement ces qualités souveraines, ou plutôt, pour se servir d'une expression chère aux écoles religieuses de l'ancienne Égypte, « il crée ses propres membres qui sont les dieux » et s'associent à son action bienfaisante. Chacun de ces dieux secondaires, considéré comme identique au Dieu un, peut former un type nouveau d'où émanent à leur tour et par le même procédé d'autres types inférieurs. De trinités en trinités, de personnifications en personnifications, on en arrive bientôt à ce nombre vraiment incroyable de divinités aux formes parfois grotesques et souvent monstrueuses, qui descendent par degrés presque insensibles de l'ordre le plus élevé aux derniers étages de la nature. Néanmoins les noms variés, les formes innombrables que le vulgaire est tenté d'attribuer à autant d'êtres distincts et indépendants, n'étaient pour l'adorateur éclairé que des noms et des formes d'un même être. «Le Dieu, quand il en vient à la génération et qu'il amène à la lumière la force latente des forces cachées, s'appelle AMMON; quand il est l'esprit qui résume en soi toutes les intelligences, IMHOTEP; quand il est celui qui accomplit toutes choses avec art et vérité, PHTAH; enfin, quand il est le Dieu bon et bienfaisant, OSIRIS[1]. » Ammon, Imhotep, Phtah, Osiris, n'étaient pas adorés indifféremment par tout le pays. Chaque *nome* (province) de l'Égypte, de même qu'il avait sa dynastie, avait son dieu national qui était une des formes et portait un des noms du Dieu unique. Formes et noms du Dieu unique s'étaient partagé la vallée en autant de domaines qu'il y avait de nomes et avaient constitué à côté de la féodalité politique une sorte de féodalité divine. TOUM régnait sur Héliopolis (p. 268, note); Théni, et plus tard Abydos, étaient sous l'autorité immédiate d'OSIRIS; AMMON possédait Thèbes et PHTAH vint dans les temps historiques s'établir à Memphis.

» Chacun de ces dieux, identique en substance au dieu des autres nomes, reconnaissait de bonne grâce cette identité fondamentale. AMMON, de Thèbes, donnait l'hospitalité dans son temple à MIN ou KHEM de Coptos, à TOUM d'Héliopolis, à PHTAH de Memphis, qui, de leur côté, lui faisaient place auprès d'eux dans leurs propres sanctuaires. L'habitude de réunir dans une même adoration les formes différentes de la Divinité amenait perpétuellement leur fusion en une seule et même personne : SEVEK du Fayoum, associé à RA (le soleil), se changeait en SEVEK-RA; PHTAH se confondait avec SOKARI, sous le nom de PHTAH-SOKARI; et celui-ci, rapproché d'OSIRIS, devenait PHTAH-SOKAR-OSIRIS. Tous les types divins se pénétraient réciproquement et s'absorbaient dans le Dieu suprême. Leur division, même poussée à l'infini, ne rompait en aucune manière l'unité de la substance divine : on pouvait multiplier à volonté les noms et les formes de Dieu, on ne multipliait jamais Dieu.

» Son action, s'étendant sur le chaos primordial, le débrouilla sans effort. Il dit au soleil : « Viens à moi », et le soleil, venant à lui, commença de briller. A son ordre, SHOU, le lumineux, aplanit la terre et sépara les eaux en deux masses distinctes. L'une, répandue à la surface du sol, donna naissance aux fleuves et à l'Océan; l'autre, suspendue dans les airs, forma la voûte du ciel, les *eaux d'en haut*, sur lesquelles les astres et les dieux,

---

[1] Jamblique, *De mysteriis*, VIII; 3.

entraînés par un courant éternel, se mirent à flotter. Mais, en établissant les lois qui règlent l'harmonie du monde, l'ordonnateur universel avait par cela même soulevé contre lui les forces malfaisantes de la nature. Leur chef, que les monuments représentent sous la figure d'un long serpent sinueux nommé APÔP, essaya d'anéantir l'œuvre divine : la bataille s'engagea entre les dieux lumineux, fécondants, et les *fils de la rébellion*, ennemis de la lumière et de la vie. Terminée non sans peine à l'avantage des premiers, elle n'amena pas de résultats décisifs. Tant que dure le monde, les monstres seront vaincus, affaiblis, mais non détruits. Sans cesse en révolte contre le pouvoir qui les accable, ils menacent sans cesse l'ordre de la nature. Afin de résister à leur action destructrice, Dieu doit, pour ainsi dire, créer de nouveau le monde au matin de chaque jour.

» La lutte éternelle de Dieu et des mauvais principes, les Égyptiens l'avaient transportée des régions mystiques de la religion dans le domaine matériel de la nature. Ils comparaient Dieu au Nil nourricier, et le mauvais principe au désert qui assiége l'Égypte de ses vagues ardentes (p. 222) : la guerre de Dieu contre le mauvais principe devenait alors la guerre du Nil contre le désert. Ils assimilaient Dieu au soleil, dont la naissance journalière leur paraissait être l'emblème le plus évident de la perpétuelle génération divine, et le mauvais principe aux ténèbres de la nuit. Tantôt RA, le soleil, n'était pour eux que la créature la plus brillante du Tout-Puissant et comme le corps vivant de la Divinité. Tantôt il était Dieu lui-même et revêtu des pouvoirs souverains..... L'assimilation et parfois l'identité complète du Dieu suprême avec le soleil une fois admise, l'assimilation et l'identité complète des formes secondaires de Dieu avec RA devint toute naturelle. AMMON, OSIRIS, HOR, PHTAH lui-même furent regardés tantôt comme l'*âme vivante de Râ*, tantôt comme Râ lui-même. Les phases de son cours, étudiées à l'envi, furent considérées comme autant de manifestations, autant de formes (*Khoper*) de son être. Le soleil fut nommé ATOUM avant son lever; HOR-EM-AKHOU-TI (Hor dans les deux horizons, l'*Harmachis* des Grecs) au moment de son lever et de son coucher; KHOPER ou Harpocrate (Hor-enfant) à son lever; RA, SHOU, ANHOUR, HOR, en son midi; NOWER-TOUM, à son coucher; OSIRIS, pendant la nuit, lorsqu'il s'est enfoncé dans les ténèbres et traverse les régions du ciel inférieur. Sa vie journalière, depuis le moment où il apparaît à l'horizon du matin jusqu'au moment où il disparaît derrière la montagne d'occident, devint la vie du Dieu suprême, et sa lutte contre l'obscurité, la lutte de Dieu contre les mauvais principes. »

« Au sortir des mains du Créateur, l'homme ne connaissait encore aucun des arts nécessaires à la vie; il n'avait même pas de langage et en était réduit à imiter les cris des animaux. Dieu descendit sur la terre et se manifesta aux humains sous différentes formes dont la succession est enregistrée dans les dynasties divines. Le nom de ces formes, ou plutôt de ces dieux, varia selon les temps et les lieux. A Memphis, Phtah prenait la tête de la liste. Venaient ensuite :

« Le roi de la Haute et de la Basse-Égypte (RA), vie-santé-force[1].

» Le roi de la Haute et de la Basse-Égypte (SHOU, fils de RA), vie-santé-force.

» Le roi de la Haute et de la Basse-Égypte (SEB), vie-santé-force.

» Le roi de la Haute et de la Basse-Égypte (OSIRIS OUNNOWRÉ, roi des dieux), vie-santé-force.

» Le roi de la Haute et de la Basse-Égypte (SET), vie-santé-force.

» Le roi de la Haute et de la Basse-Égypte (HOR, HORUS), vie-santé-force. »

« A Héliopolis, ATOUM avait la première place. A Thèbes, PHTAH et ATOUM cédaient la primauté à AMMON-RA, le roi des dieux, *le dieu de la première fois*. Le règne de cette dynastie divine était regardé par les Égyptiens des temps postérieurs comme un âge d'or auquel ils ne songeaient jamais sans envie : pour dire d'une chose qu'elle était supérieure à tout ce qu'on pouvait imaginer, ils affirmaient « ne pas en avoir vu la pareille depuis les jours du dieu RA ».

» Osiris était le plus populaire des dieux-rois. On n'entreprendra pas ici de raconter sa légende ; la plupart des documents nécessaires à pareille tâche nous font encore défaut, et ceux que nous avons sont trop obscurs pour nous permettre de démêler ce qui appartient à chacune des écoles de théologie qui ont successivement passé en Égypte. Son mythe n'est qu'une des formes sous lesquelles on se plaisait à représenter la lutte du bien et du mal, du dieu ordonnateur contre le désordre du chaos. Osiris, l'être bon par excellence (*Ounnowré*), est en guerre perpétuelle avec Set (Typhon) le maudit : Osiris, dieu solaire et forme infernale de Râ, est l'ennemi éternel de Set, le dieu des ténèbres et de la nuit. Après sa disparition à l'ouest du ciel, « le roi du jour souverain de la nuit qui avance sans station ni relâche », Râ, n'arrêtait point sa course. Il allait « sur la voie mystérieuse de la région d'occident » à travers les ténèbres de l'enfer « d'où nul vivant n'est jamais revenu », et voyageait pendant douze heures pour regagner l'orient et reparaître à la lumière. Cette naissance et cette mort journalières du soleil, indéfiniment répétées, avaient suggéré aux Égyptiens le mythe d'Osiris. Comme tous les dieux, Osiris est le soleil : sous la figure de Râ, il brille au ciel pendant les douze heures de la journée ; sous la forme d'Osiris Ounnowré, il régit la terre. De même que Râ est chaque soir attaqué et vaincu

---

[1] Formule qui suit toujours le nom des rois ou les titres réservés exclusivement à la royauté (page 85).

par la nuit qui semble l'engloutir à jamais, Osiris est trahi par Set, qui le met en pièces et disperse ses membres pour l'empêcher de reparaître. Malgré cette éclipse momentanée, ni Osiris, ni Râ ne sont morts. Osiris Khent-Ament, Osiris infernal, soleil de nuit, renaît, comme le soleil au matin, sous le nom d'Harpechroud, Hor (ou Horus) enfant, l'Harpocrate des Grecs. Harpocrate, qui est Osiris, lutte contre Set et le bat, comme le soleil levant dissipe les ombres de la nuit; il venge son père, mais sans anéantir son ennemi. Cette lutte, qui recommence chaque jour et symbolisait la vie divine, servait aussi de symbole à la vie humaine. La vie n'était pas, en effet, confinée à cette terre. L'être qui naissait à notre monde avait déjà vécu et devait vivre ailleurs : les moments de son existence terrestre n'étaient qu'un des stages, un des devenirs (Khepraou) d'une existence dont il ne connaissait ni le commencement ni la fin. Chacun des stages de cette existence, et partant la vie humaine, répondait à un jour de la vie du soleil et d'Osiris. La naissance de l'homme était le lever du soleil à l'orient; sa mort, la disparition du soleil à l'occident du ciel. Une fois mort, l'homme devenait Osiris et s'enfonçait dans la nuit jusqu'au moment où il renaissait à une autre vie comme Hor-Osiris à une autre journée. » (Cf. p. 65.)

« Pendant sa vie terrestre, l'homme se compose surtout d'intelligence (*Khou*) et de corps : par l'une, il tient à Dieu; par l'autre, il se rattache à la matière et participe de ses vices. Dans le principe, la parcelle d'intelligence qui fait son être, revêtue d'une lumière subtile[1], est en liberté de parcourir les mondes, d'agir sur les éléments, de les ordonner et de les féconder selon qu'il lui semble expédient. Mais, à l'entrer dans une prison de terre, elle dépouille cet habit de feu dont le seul contact suffirait à détruire les éléments grossiers dont nous sommes pétris, et se glisse dans une substance moins excellente, bien que divine encore. Cette substance qu'on appelle *âme* (BA), reçoit l'intelligence et la tient couverte comme d'un voile qui en affaiblit l'éclat; mais, trop pure elle-même pour se marier directement avec la matière, elle emploie à la transmission de ses ordres et à l'accomplissement de ses volontés un agent *inférieur* qui est l'*esprit* ou le *souffle* (NIWOU). Seul, en raison de son imperfection, l'esprit peut se répandre dans le corps sans l'anéantir ou le blesser; il pénètre les veines, gonfle les artères, se mêle au sang, remplit et porte pour ainsi dire l'animal entier. L'*âme* (BA) est l'enveloppe de l'intelligence (KHOU), l'*esprit* (NIWOU) l'enveloppe de l'âme, le corps (KHAT) l'enveloppe de l'esprit : toutes ces parties, d'origine et de vertus différentes, s'entretiennent par un lien invisible qui dure autant que la vie, et leur assemblage fait l'homme. » (Cf. p. 201, note.)

[1] « Khou veut dire *briller*, *resplendir*. De là le nom de Khou, *le brillant*, *le lumineux*, que porte l'intelligence revêtue de lumière. »

« Le corps, l'esprit, l'âme, lui sont communs avec les bêtes. Mais les bêtes, dénuées de raison, vivent à l'aveugle, bonnes ou mauvaises par instinct ou par aventure, non par règle certaine; leur âme, enfoncée dans la matière, ne voit rien au delà. L'homme a de plus qu'elles l'intelligence, dont les directions le maintiennent dans la voie droite et lui apprennent à faire la distinction du bien et du mal. L'intelligence, entrée dans une âme humaine, essaye de l'arracher à la tyrannie du corps et de l'élever jusqu'à soi ; mais comme elle est dépouillée de son vêtement de feu, elle n'est plus assez forte pour mettre à néant les passions et les désirs grossiers que la chair nous inspire. Le corps, contrarié dans ses inclinations, s'insurge, les mauvais instincts se réveillent, la guerre s'engage et se prolonge avec des chances variées. Souvent l'intelligence, trahie par l'âme, qui ne peut pas ou ne veut pas rompre ses attachements au monde, se retire du combat pour n'y plus revenir : l'homme, privé de l'étincelle divine, ne vit plus que par machine et s'abaisse à la brute. Souvent aussi, à force de patience et de courage, elle triomphe : les passions dominées deviennent vertus, les vertus s'affermissent et s'exaltent; l'âme, dégagée de ses liens, aspire au bien et devine les splendeurs éternelles, à travers le voile de matière qui obscurcit sa vue.

» La fin est arrivée, l'homme est mort à la terre. Aussitôt l'esprit se retire dans l'âme, le sang se coagule, les veines et les artères se vident; le corps laissé à lui-même se résoudrait promptement en molécules informes, si les procédés de l'embaumement ne lui prêtaient un semblant d'éternité. L'intelligence délivrée reprend son enveloppe lumineuse, et devient *démon* (KHOU). L'âme, abandonnée de l'intelligence qui la guidait, allégée en même temps du corps qui l'aggravait, comparaît seule devant le tribunal où OSIRIS KHENT-AMENT siège entouré des quarante-deux membres du jury infernal. Sa conscience ou, comme disaient les Égyptiens, son *cœur* parle contre elle ; le témoignage de sa vie l'accable ou l'absout; ses actions sont pesées dans la balance infaillible de vérité et de justice, et, selon qu'elles sont trouvées lourdes ou légères, le jury infernal porte un jugement que l'intelligence est chargée d'exécuter. Elle rentre dans l'âme impie, non plus nue et sans force, mais armée du feu divin, lui rappelle ses conseils méprisés, ses prières tournées en dérision, la flagelle du fouet de ses péchés, et la livre aux tempêtes et aux tourbillons des éléments conjurés. Toujours ballottée entre ciel et terre, sans jamais échapper aux malédictions qui la lient, la damnée cherche un corps humain pour s'y loger, et, dès qu'elle l'a trouvé, elle le torture, l'accable de maladies, le précipite au meurtre et à la folie (esprits *possesseurs*). Lorsque, après des siècles, elle touche enfin au terme de ses souffrances, c'est pour subir la seconde mort et retomber dans le néant. Mais l'âme juste, après avoir passé son jugement, n'est pas admise à contempler les vérités suprêmes : avant de parvenir à la gloire, elle doit encore éprouver plus d'une épreuve et lutter plus d'une lutte. Elle s'élance à travers les espaces inconnus que la mort vient d'ouvrir à son vol, guidée par l'intelligence et soutenue par l'espoir certain d'une prochaine félicité. Sa science s'est accrue, ses pouvoirs se sont agrandis ; elle est libre de prendre toutes les formes qu'il lui plaît de revêtir (formes symboliques de types divins). En vain le mal se dresse contre elle sous mille figures hideuses et tente de l'arrêter par ses menaces et ses épouvantements (crocodiles, tortues, serpents) ; identifiée avec Osiris et, partant, victorieuse comme lui, elle parcourt les demeures célestes et accomplit dans les *champs d'Aalou* les cérémonies du labourage mystique. La fin de ses épreuves approche, les ombres se dissipent peu à peu, le jour de la bienheureuse éternité se lève et la pénètre de ses clartés ; elle se mêle à la troupe des dieux et marche avec eux dans l'adoration de l'Être parfait. Il y a deux chœurs de dieux, les uns errants, les autres fixes ; celui-ci est le dernier degré de l'initiation glorieuse de l'âme. A ce point, l'âme devient toute intelligence : elle voit Dieu face à face et s'abîme en lui. »

« Afin de mériter les destinées que leur promettait la religion et d'éviter la mort d'outre-tombe, les Égyptiens avaient rédigé comme un code de morale pratique dont les articles se trouvent plus ou moins développés sur les monuments de toutes les époques. (Sur le *Livre des morts*, appelé aussi *Rituel funéraire*, cf. p. 202, note.)

» C'est au chapitre CXXV du *Livre des morts* que se trouve l'expression la plus belle et la plus complète des idées d'amour et de charité universelle. Le *Livre des morts*, dont chaque momie portait un exemplaire, était un recueil de prières et de formules à l'usage du défunt dans l'autre monde. L'âme, amenée au tribunal d'Osiris, plaide sa cause par-devant le jury infernal : « ..... Je n'ai commis aucune fraude contre les hommes ! Je n'ai pas tourmenté la veuve ! Je n'ai pas menti dans le tribunal ! Je ne connais pas le mensonge ! Je n'ai fait aucune chose défendue ! Je n'ai pas fait exécuter à un chef de travailleurs, chaque jour, plus de travaux qu'il n'en devait faire !... Je n'ai pas été négligent ! Je n'ai pas été oisif ! Je n'ai pas faibli ! Je n'ai pas défailli ! Je n'ai pas fait ce qui était abominable aux dieux ! Je n'ai pas desservi l'esclave auprès de son maître ! Je n'ai pas affamé ! Je n'ai pas fait pleurer ! Je n'ai point tué ! Je n'ai pas ordonné le meurtre par fraude ! Je n'ai commis de fraude envers personne !... Je n'ai point fait de gains frauduleux ! Je n'ai pas altéré les mesures de grains ! Je n'ai point fraudé d'un doigt sur une paume ! etc., etc. Je suis pur ! Je suis pur ! Je suis pur ! »

« Pour affermir l'homme dans ces sentiments de piété et de justice, les Égyptiens avaient imaginé de placer à côté de lui, sur la terre, des dieux témoins vivants de tous ses actes. L'incarnation permanente de la Divinité, faite d'abord dans un corps d'homme au temps des *dynasties divines* (temps fabuleux gouvernés par les dieux), avait changé de nature après que RA, HOR, OSIRIS et les autres eurent achevé de développer dans l'homme les qualités que le Créateur y avait placées, et de donner aux premières sociétés un ensemble de lois et de principes qui leur permit de se suffire sans l'intervention directe de la Divinité dans leurs affaires. Désormais Dieu, au lieu de revêtir une figure humaine, se dissimula dans un corps de bête d'où il surveilla la marche des événements sans paraître y prendre part. Si bien caché qu'il fût sous ce déguisement, les Égyptiens surent le reconnaître et l'adorer..... Le chat, le crocodile, le serpent, n'étaient qu'une incarnation de Dieu, un corps dans lequel il mettait, pour ainsi dire, une parcelle de sa divinité. HOR (ou Horus) peut être représenté, tantôt comme un homme, tantôt comme un épervier; souvent même, afin de mieux montrer le lien qui rattachait les deux formes l'une à l'autre, on les fondait en une seule : on posait une tête d'animal sur un corps humain ou une tête d'homme sur un corps de bête. Hor était alors un homme à tête d'épervier ou un épervier à tête d'homme. Sous ces quatre formes, il est Hor et n'est pas plus lui-même sous une d'elles qu'il ne l'est sous l'autre. Sans doute les Égyptiens avaient eu des raisons pour consacrer à chaque dieu un animal particulier. Quelquefois l'attribution reposait sur un simple jeu de mots : SET ou Typhon (Tebh) est représenté par l'hippopotame, parce qu'en Égypte l'hippopotame s'appelle Teb comme le Dieu lui-même. Le plus souvent nous ne pouvons arriver à saisir les analogies qui ont déterminé le choix des Égyptiens, et les Égyptiens eux-mêmes n'en savaient pas plus long que nous à ce sujet.

» Chaque nome avait son animal sacré, dont quelques-uns étaient adorés par tout le pays : le scarabée de PHTAH, l'ibis et le cynocéphale de THOTH, l'épervier d'HOR, le chacal d'ANUBIS (p. 194, note). D'autres, vénérés dans un nome, étaient proscrits ailleurs. Les gens d'Éléphantine tuaient le crocodile. Au contraire, les prêtres de Thèbes et de Shed (Crocodilopolis, dans le Fayoum) « en choisissaient un beau qu'ils nourrissaient après lui avoir appris à manger dans la main. Ils lui mettaient aux oreilles des anneaux d'or ou de terre émaillée et des bracelets aux pattes de devant ». (Hérodote, II, 69.)

» Le culte des animaux était aussi dispendieux que le culte des dieux à forme humaine. Il n'était pas rare de voir un riche particulier dépenser tout ou partie de son bien à leur faire de splendides funérailles. Leur mort était un deuil public pour le nome, parfois pour l'Égypte entière; leur meurtre, un crime puni de mort. Lorsqu'un indigène ou un étranger en tuait un par mégarde, les prêtres réussissaient quelquefois à préserver le coupable contre la fureur populaire en lui imposant une pénitence; mais le plus souvent leur intervention elle-même était impuissante à le sauver.

» Les plus célèbres des animaux sacrés étaient le bœuf Mnévis (p. 268, note) et l'oiseau Bennou (p. 110), le Phénix, à Héliopolis; le bouc de Mendès, et le bœuf Hapi (Apis) à Memphis. Le bouc de Mendès était « l'âme d'Osiris », le bœuf Mnévis « l'âme de Râ... » L'oiseau Bennou, le vanneau, passait pour l'incarnation d'Osiris, comme l'ibis pour l'incarnation de Thoth et l'épervier pour l'incarnation d'Hor.

» Le bœuf Hapi avait fini par devenir aux yeux des Égyptiens l'expression la plus complète de la Divinité sous forme animale. Il procédait à la fois d'Osiris et de Phtah : aussi l'appelle-t-on « la seconde vie de Phtah » et « l'âme d'Osiris ». (Sur le caractère, le culte et les funérailles de cette divinité, voy. pages 205-210.)

« Telle est, dans son ensemble, la religion égyptienne. Nous devons reconnaître que malgré l'étrangeté de certaines conceptions, elle ne manquait ni d'élévation, ni de grandeur. Mais au cours des siècles elle s'altéra et se perdit. Dans les textes d'époque grecque et romaine, l'idée si haute de la Divinité que s'étaient faite les premiers théologiens de l'Égypte perce encore par instants; on rencontre encore maints lambeaux de phrases, maintes épithètes qui prouvent que le principe de la religion n'était pas oublié. Mais le plus souvent ce n'est pas avec le Dieu infini et insaisissable des anciens jours que nous avons affaire, c'est avec un dieu de chair et d'os, qui vit sur la terre et s'est abaissé à n'être plus qu'un homme et qu'un roi.....

»... Toute cette végétation parasite de mythes et de traditions qui est venue se greffer sur l'ancien mythe et l'a presque étouffé est un produit authentique du sol national. Mais qu'on puisse légitimement s'appuyer sur ces élucubrations mystiques des bas âges pour reconstituer le système religieux des premiers Pharaons, c'est là ce qui est inadmissible. Nous devons nous borner à étudier dans les textes d'époque ptolémaïque la mythologie d'époque ptolémaïque et rien de plus. Essayer d'en induire la religion des générations antérieures serait au moins téméraire : autant prétendre restituer avec l'*hellénisme* de Julien ou le *mithraïsme* la religion des héros homériques. »

Pour la nomenclature des dieux, l'étude de leurs caractères et de leurs attributs, voyez la *Notice sommaire des monuments égyptiens du Louvre*, par feu Em. de Rougé : salle des monuments religieux, p. 118. — *Dictionnaire d'archéologie égyptienne*, par M. Pierret, conservateur du musée, aux mots : Religion, Divinité, Mort, Enfer, Osiris, Isis, Horus, Phtah, Thoth, Râ, Ammon, etc., etc. — *Traduction d'un Hymne à Ammon-Râ*, du musée de Boulaq, par M. Grébaut : c'est un des travaux récents qui font le plus honneur à l'égyptologie française.

NOTE SUR L'HISTOIRE DE L'ÉGYPTE

(Page 07.)

L'histoire générale de l'Égypte, depuis les temps les plus reculés, peut se diviser en trois périodes dont chacune l'a marquée d'une profonde empreinte :

I. Période païenne, connue depuis environ 5000 avant J. C. et durant jusqu'à 381 après J. C.
II. Période chrétienne, de 381 à 640.
III. Période musulmane, depuis 640.

DE LA RECONSTITUTION DE L'ÉPOQUE PAIENNE
D'APRÈS LES SOURCES HISTORIQUES.

I. Monuments originaux. — Parmi les matériaux dont la mise en œuvre a pour résultat la reconstruction de la période païenne de cette histoire, « les premiers par la valeur et la quantité, dit M. Mariette [1], sont les monuments égyptiens eux-mêmes, temples, palais, tombeaux, statues, inscriptions ». Il faut citer d'abord le *papyrus royal de Turin*. « Si ce papyrus était intact, l'égyptologie ne posséderait pas un monument plus précieux. On y trouve en effet une liste de tous les personnages mythiques et historiques qui ont régné sur l'Égypte depuis les temps fabuleux jusqu'à une époque que nous ne pouvons apprécier, puisque nous ne possédons pas la fin du papyrus, mais qui ne peut être postérieure au règne de Ramsès II. » — 2° Le monument appelé *Salle des ancêtres*, édicule enlevé du temple de Karnak, à Thèbes, et donné à la Bibliothèque nationale de Paris par M. Prisse d'Avennes. C'est une petite chambre sur les parois de laquelle Thoutmès III s'est fait représenter rendant un culte à soixante et un de ses prédécesseurs, *choisis* dans la foule, sans qu'on puisse deviner la raison de ce choix fait sans ordre chronologique et qui occasionne de nombreux vides dans les listes royales. « Il s'ensuit que la *Salle des ancêtres* n'apporte pas à la science

---

[1] *Aperçu de l'histoire d'Égypte.* Paris, Franck Vieweg, in-12.

tout le secours qu'on semble en droit d'attendre d'elle. Elle nous a cependant rendu le service de préciser mieux qu'aucune autre liste les noms portés par les rois de la XIII° dynastie. » — 3° Les *Tables d'Abydos*. « Ce sont, dit M. Pierret[1], deux séries de noms royaux trouvées à Abydos, la première en 1818 par M. Bankes, la seconde par M. Mariette en 1864. La première (appartenant au Musée Britannique) comprenait des noms de rois des XII° et XVIII° dynasties, ainsi que quelques noms de l'Ancien-Empire. Champollion en tira parti dans son *Précis du système hiéroglyphique*, pour poser les premières bases d'un classement des dynasties, et elle fut depuis l'objet de divers travaux de la part de Champollion-Figeac (frère aîné du fondateur de l'égyptologie), Letronne, Bunsen, et MM. Brunet de Presle et Lepsius (de Berlin). Publiée la première fois par Cailliaud, elle a été reproduite par Champollion-Figeac dans son *Égypte ancienne*, pl. 47, par Brunet de Presle dans l'*Examen des dynasties égyptiennes*, p. 160. » L'édition de Brunet de Presle n'est que la reproduction d'une planche publiée par Letronne dans la *Revue archéologique*.

« La deuxième table d'Abydos, bien plus importante que la première, commence à Ménès et donne le tableau complet des deux premières dynasties, ainsi qu'une liste très-étendue de noms de rois des III°, IV°, V°, VI°, IX°, X° et XI° dynasties. Elle a été publiée pour la première fois et commentée par M. Dümichen, dans la *Zeitschr. für Ægypt. Sprache*, oct. 1864, puis étudiée, au mois de décembre de la même année, par Th. Devéria, dans la *Rev. archéologique*, ainsi que par le vicomte É. de Rougé, dans son mémoire sur les *six premières dynasties*, où elle est reproduite. » Il faut dire que cette seconde table est identique à la première et avait été faite d'après ce même original.

4° La *Table de Saqqarah*, conservée au musée de Boulaq. « Ce monument, dit M. Pierret, découvert par M. Mariette, représente un prêtre nommé Tounari, rendant hommage, au nom de Ramsès II, à une série de 58 rois, parmi lesquels on a vu apparaître pour la première fois un grand nombre de noms appartenant aux six premières dynasties. Cette liste a été très-heureusement complétée, quelque temps après, par la deuxième table d'Abydos. »

II. MANÉTHON. — « Après les monuments, dit M. Mariette, il est juste de placer une *Histoire d'Égypte* qui avait été écrite en grec par un prêtre égyptien nommé Manéthon (sous le règne de Ptolémée Philadelphe, III° siècle avant J. C.). Certes, si ce livre nous était parvenu intact, nous ne possédérions pas de guide plus fidèle. Égyptien de naissance et prêtre instruit non-

---

[1] *Dictionnaire d'archéologie égyptienne*. Paris, Rollin et Feuardent, 1875, in-12.

seulement dans les mystères de sa religion, mais encore dans les littératures étrangères, puisqu'il savait le grec, Manéthon en effet était capable d'écrire un livre vraiment complet sur l'histoire de son pays, et la possession de ce livre serait aujourd'hui pour nous un véritable trésor. Mais l'ouvrage du prêtre égyptien a péri avec tant d'autres dans le grand naufrage de la littérature ancienne, et nous n'en possédons plus que quelques fragments conservés par des écrivains postérieurs. Tel qu'il est, Manéthon reste cependant une de nos autorités le plus souvent consultées, et on l'appelle, avec raison, l'*historien national*. »

Fort heureusement, en effet, la liste de tous les rois placée à la fin de cet ouvrage nous a été conservée dans les écrits de quelques chronographes : « Cette liste partage en *dynasties* ou *familles royales* tous les souverains qui ont successivement régné sur l'Égypte. Pour la plupart des dynasties, Manéthon fait connaître le nom des rois, la durée de leurs règnes, la durée de la dynastie. Pour d'autres (les moins nombreux), il se contente de brefs renseignements sur l'origine de la famille royale, le nombre de ses rois et les chiffres des années pendant lesquelles cette famille régna. »

III. Historiens grecs et latins. — « Derrière Manéthon et les monuments (Mariette, *Aperçu*, etc.), on placera tous les renseignements de seconde main qu'on trouve épars çà et là dans les historiens grecs et latins. Parmi ces auxiliaires, on citera particulièrement : 1° *Hérodote*, historien grec qui visita l'Égypte vers l'an 450 avant J. C., et qui nous a laissé une intéressante description de ce pays; 2° *Diodore de Sicile*, autre voyageur grec qui, vers l'an 60 avant notre ère, parcourut les bords du Nil, et, comme Hérodote, consacra à l'Égypte un chapitre spécial de son livre; 3° *Strabon*, géographe grec à peu près contemporain du précédent, qui nous a donné les renseignements les plus utiles et les plus précis sur la géographie de l'Égypte; 4° enfin, *Plutarque*, qui, vers l'an 90 de notre ère, écrivit en grec un traité sur Isis et Osiris, que les découvertes de la science nous prouvent tous les jours être un écho fidèle des antiques traditions égyptiennes[1]. »

DES DYNASTIES ÉGYPTIENNES

« Les rois nombreux qui, pendant la durée de la période païenne, ont successivement paru sur le trône, sont distingués entre eux par groupes qu'on appelle *dynasties*. Quand la dynastie est indigène, elle prend le nom de la ville qui a été choisie pour siège officiel du gouvernement, et nous

---

[1] « Il est probable que le traité *De Iside* n'est pas de Plutarque. » (G. Maspero).

avons ainsi des dynasties memphites, thébaines, éléphantines, tanites, selon que les rois siégeaient à *Mit-Raynèh* (nom arabe de Memphis), à *Medinet-Abou* (de Thèbes, rive gauche), à *Gezyret-Assouan* (de l'île d'Éléphantine), à *Sân* (de Tanis). Quand, au contraire, la dynastie n'est pas nationale, quand elle est venue du dehors et qu'elle a été imposée par la conquête, elle s'appelle du nom de la nation qui s'est emparée de l'Égypte, et nous avons des dynasties éthiopiennes, perses, grecques et romaines. » (Mariette, *Aperçu, etc.*)

« Les trente et une dynasties de Manéthon, qui, par l'addition des règnes qu'elles comprennent, donnent un énorme total de 4672 ans, ont-elles été successives? Quelques-unes n'ont-elles pas été collatérales? La question est encore pendante. M. Lieblein (professeur d'égyptologie à l'université de Christiania) considère comme dynasties collatérales les IXe, X^e, XIe, XIIIe, XVIe, XXIIe et XXVe, d'une durée de 1777 ans, qui, déduite des 5332 années de la rédaction des listes manéthoniennes donnée par l'Africain, réduit à 3555 ans la durée totale de l'empire égyptien (*Recherches sur la chronologie égyptienne*), chiffre adopté déjà par M. Lepsius (*Kœnigsbuch der Ægypter*). M. Mariette, au contraire, pense que les dynasties collatérales, beaucoup plus nombreuses qu'on ne le suppose, ont été préalablement éliminées par Manéthon, et qu'aucun monument ne nous autorise à nier la succession de ses listes (*Aperçu*, p. 70). » (*Dict. d'archéologie égyptienne.*)

RÉSUMÉ CHRONOLOGIQUE
DE L'HISTOIRE D'ÉGYPTE

(Page 70.)

I

PÉRIODE PAIENNE

ÉVÉNEMENTS ET RÈGNES PRINCIPAUX AVEC DATES APPROXIMATIVES
ÉTABLIES D'APRÈS LES TRAVAUX
DE M. MARIETTE ET D'APRÈS MANÉTHON

1° ANCIEN-EMPIRE

De la 1re dynastie à la xe exclusivement. Durée de 2000 ans environ, de 5000 à 3000.

1re dynastie, Thinite (de *Thinis* en grec, ou *Theni* en égyptien, sa capitale, située près d'Abydos) : 8 rois.

5000 ans av. J. C. MÉNÈS ou MÉNA, détruit la domination des prêtres résidant à Thinis, auprès du tombeau d'Osiris, et fonde la monarchie égyptienne. Il élève la digue appelée aujourd'hui digue de *Koscheisch*, pour détourner le Nil, et, sur l'emplacement ainsi conquis, fonde MEMPHIS ou *Mannofer*, « la bonne place », « le bon port », ou « le port des bons », Ἀγαθῶν ὅρμος. Consacrée au dieu Phtah, elle portait aussi le nom sacré de *Ha-ka-Phtah*, « demeure de Phtah », dont les Grecs ont fait *Aiguptos*, d'où *Ægyptus* et *Egypte* (page 184).

MONUMENTS : Sous le 4e roi de cette dynastie, construction de la grande pyramide à degrés de Saqqarah (pages 191, 259). Le sphinx colossal de Gizéh, symbole d'Harmakhis, le *soleil levant*, est probablement antérieur à Ménès.

IIᵉ dynastie, Thinite : 9 rois peu connus.

Le second roi, KAKÉOU (Cechoüs), prince législateur, fonde ou règle le culte du taureau *Hapi* (Apis), à Memphis (p. 205), du taureau *Mnévis*, à Héliopolis (p. 268, note), et du bouc de Mendès, ville du Delta.

BAINOUTEROU (Binothris) accorde le droit de succession aux femmes de sang royal, afin de ne pas laisser tomber le pouvoir aux mains d'une famille humaine, les rois étant considérés comme incarnation de la Divinité et fils du Soleil (*Se-Râ*).

MONUMENTS : Tombeau de *Thoth-Hotep*, à Saqqarah. Statues de *Sepa*, au Louvre. C'est peut-être à cette période, ou même à la précédente, qu'il faut reporter la construction du temple placé près du grand sphinx de Gizèh et découvert par M. Mariette en 1853.

IIIᵉ dynastie, Memphite : 9 rois.

4500. Memphis devient pour 700 ans la métropole de l'Égypte et produira les trois plus illustres dynasties de ces temps reculés.

MONUMENTS : Développement de la nécropole de Saqqarah (p. 192), où l'histoire intime de ces époques se retrouve. Les trois premières dynasties peuvent être considérées comme terminant la période d'incubation de la civilisation égyptienne ; les arts et l'écriture y sont encore archaïques par rapport aux époques suivantes.

IVᵉ dynastie, Memphite : 8 rois, selon Manéthon (5 seulement des noms égyptiens retrouvés ont été identifiés avec les noms grecs de Manéthon).

4400. Apogée de la puissance de l'Ancien-Empire égyptien.

SNEFROU, conquiert la péninsule du Sinaï, bas-reliefs du *Ouadi Magarah*.

KHOUFOU (Chéops), roi guerrier, fait construire pour sa sépulture la grande pyramide de Gizèh ; 100 000 hommes (en partie des captifs étrangers), relevés tous les trois mois, y sont employés pendant trente ans, selon Hérodote. Chéops répare les édifices religieux, le grand sphinx de Gizèh (p. 87), l'ancien temple d'Hathor à Denderah, etc.

KHAWRA (Chéphren), construit la seconde pyramide de Gizèh, la seule qui ait conservé intacte une partie de son revêtement extérieur. Statue remarquable de ce roi, au musée de Boulaq (p. 83) ; son moulage au Louvre.

MENKERA (Mycérinus), élève la troisième des grandes pyramides de Gizèh, très-inférieure, en proportions, aux deux premières. Fragment de son cercueil de bois, avec inscription funéraire, au Musée Britannique. Le sarcophage, très-remarquable, a péri dans le transport par mer.

Grande richesse des tombeaux de cette époque, à Saqqarah : tombeau de *Phtah-Hotep* (p. 216, plan, *c, d*). Statues de bois du musée de Boulaq (p. 81) et du *scribe accroupi*, au Louvre (p. 200).

Vᵉ dynastie, Memphite : 9 rois.

Guerres heureuses contre les nomades du nord et de l'est. Construction de villes, de pyramides funéraires et de temples. Maintien de la puissance et de la prospérité. Tombeau de *Ti*, à Saqqarah.

VIᵉ dynastie, île d'Éléphantine (Haute-Égypte) : 6 rois.
Extension de la puissance égyptienne.

Papi (Apappus), soumet, au midi, les nègres (*Oua-oua*) et la nation des *Heroushâ*.

La reine Nitaqrit (Nitocris d'Hérodote), à laquelle se rapportent les légendes de Rhodopis (Strabon, I, xv, c. 1 ; — Hérodote, II, 134, 135). Elle se fit inhumer dans la pyramide de Mycérinus, qu'elle avait fait achever et couvrir d'un revêtement de syénite rouge, aujourd'hui disparu presque complètement.

VIIᵉ, VIIIᵉ dynasties, Memphites.

IXᵉ, Xᵉ dynasties, Héracléopolitaines.

Le vide qui se manifeste dans la série des monuments, sous ces quatre dynasties, dont la durée fut environ de 500 ans, laisse supposer que l'Égypte devint la proie des troubles intérieurs.

2º MOYEN-EMPIRE

De la xiᵉ dynastie à la xviiᵉ, exclusivement. Durée de 1200 à 1300 ans.

XIᵉ dynastie, Thébaine (familles royales des *Entef* et des *Mentouhotep*).
3000. Thèbes, capitale pour la première fois. Monuments « rudes, primitifs, quelquefois grossiers ». Époque encore obscure de luttes intestines et d'incubation nouvelle.

Principaux monuments : Nécropole royale de *Drah-abou'l-neggah*, à Thèbes, dont les tombes contiennent tous les spécimens mobiliers du temps (p. 92).

XIIᵉ dynastie, Thébaine : 8 rois guerriers et ingénieurs ; 213 ans.
2900. Seconde grande époque de l'histoire d'Égypte (p. 89).
Aménemhat Iᵉʳ, en repoussant les peuples étrangers et en soumettant toute l'Égypte, reconstitue une monarchie unique. — Sorte de *testament politique* qui lui est attribué, relatant les principaux événements de sa vie (papyrus Sallier 2, publié dans les *Records of the past*, t. II).

2800. Ousertasen Iᵉʳ règne 46 ans. Conquêtes en Asie et dans le Soudan, dont les peuples barbares menaçaient continuellement la vallée du Nil. Prospérité de l'Égypte ; art florissant.

PRINCIPAUX MONUMENTS : Obélisque d'Héliopolis (p. 271); obélisque de *Begyg* (Fayoum); colosses de Sân et d'Abydos (musée de Boulaq); sanctuaire de Karnak, à Thèbes. — Belles statues de ces deux princes trouvées par M. Mariette, à Tanis (musée de Boulaq). — Hypogée célèbre d'un gouverneur de province ou d'un prince feudataire appelé *Chnoumhotep*, à *Beni-Hassan* (prov. de Miniéh). Ses nombreuses peintures murales font connaître, sous Aménemhat II, les arts, les métiers, la vie civile et religieuse de cette époque; on y voit représentée une émigration de Syriens, peuples sur lesquels on n'avait alors que des données assez vagues (p. 103, note).

OUSERTASEN II et OUSERTASEN III, achèvent la conquête définitive de la Nubie. Ce dernier, prince puissant et guerrier, laisse des souvenirs ineffaçables. Il fixa au sud les frontières à *Semneh*, au-dessus de *Ouady-Halfa* (2ᵉ cataracte), et les protégea contre les nègres au moyen de forteresses en briques, qui existent encore. Fondations utiles le long du Nil, en Nubie : le temple de *Soleb*, élevé à Ousertasen III et restauré par Thoutmès III (XVIIIᵉ dynastie), existe encore.

2700. AMÉNEMHAT III (*Mœris* des Grecs), régna 42 ans. Construction du Labyrinthe et du lac Mœris, dans le Fayoum (de l'ég. *Ph-Ioum*, la mer), servant de trop-plein aux inondations excessives, et de réservoirs en cas d'insuffisance (p. 89). Ces travaux, les plus beaux de l'Égypte pharaonique, furent accompagnés de repères des crues du Nil, pris à *Semnèh*. D'après ces repères gravés sur les rochers à pic du fleuve, il paraît constant qu'à la 2ᵉ cataracte, ses eaux montaient alors à 7 mètres plus haut que de nos jours. De grands changements se seraient donc produits dans la configuration de cette région accidentée. — Carrières de *Hammamat*. — Exploitation des mines de cuivre et de turquoises du Sinaï, déjà entreprise sous l'Ancien-Empire.

Sous la XIIᵉ dynastie, grande extension de la littérature, qui devint classique pour les époques postérieures. La sculpture y vaut presque celle de l'Ancien-Empire.

XIIIᵉ dynastie, Thébaine : 60 rois et durée de 453 ans, selon Manéthon.
Continuation de la prospérité sous les familles royales des *Nofréhotep* et des *Sébekhotep*. Les autres noms royaux nous sont inconnus, et presque aucun monument de cette époque n'a survécu.

XIVᵉ dynastie, Xoïte (de Xoïs, au centre du Delta) : 75 rois et durée de 484 ans, selon Manéthon.

« Les noms mutilés de ces princes couvrent les pages du *papyrus royal* de Turin, mais leur histoire est inconnue. Tout au plus pourrait-on supposer que les derniers d'entre eux furent assaillis par des révolutions et des

guerres civiles qui amenèrent leur chute et la ruine complète du pays. »
(G. Maspero, *Hist. des peuples de l'Orient*.)

2214. Invasion des *Hyksos* ou *Pasteurs*, adorateurs du dieu *Shuteco*, sous les derniers rois de la xivᵉ dynastie (pp. 89, 94). Dévastation de l'Égypte. — Établissement des rois Hyksos à *Tanis* (auj. Sân, dans le bas Delta).

Monuments : Statues et sphinx des Hyksos trouvés à Sân par Mariette (Boulaq, pp. 97, 99).

1750. Époque probable de l'immigration des Hébreux en Égypte. Légende de Joseph, fils de Jacob (p. 102).

La domination des Hyksos sur la Basse-Égypte et leur suzeraineté sur la Haute-Égypte durent 511 ans, et s'étendent sous les xvᵉ, xviᵉ et xviiᵉ dynasties, toujours représentées à Thèbes.

3° NOUVEL-EMPIRE

De la xviiiᵉ dynastie à la xxxiᵉ exclusivement. Durée de 1360 ans environ : de 1700 à 340.

XVIIIᵉ dynastie, Thébaine : 17 rois et durée de 240 ans environ.

1700. Ahmès Iᵉʳ (Amosis), achève l'expulsion des Hyksos, entreprise déjà par les derniers rois ou chefs militaires de la xviiᵉ dynastie, et fonde la xviiiᵉ (pp. 95, 101).

Résurrection de l'Égypte. Campagnes extérieures en Palestine et en Nubie.

Principaux monuments : Restauration des édifices sacrés. Inscriptions des carrières du Mokattam. Bijoux précieux contenus dans la momie de la reine *Aah-Hotep*, mère du roi (Boulaq, pp. 105 à 129).

1680. Amenhotep Iᵉʳ (Aménophis). Extension progressive vers la Syrie et le Soudan. Restauration des anciens édifices.

1663. Thoutmès Iᵉʳ, règne 21 ans. Campagnes victorieuses contre les *Rotennou* (Syriens du N. E.) et les *Koushites* (Éthiopiens), marquées par des stèles commémoratives.

Monuments : Salle des piliers Osiriaques à Karnak (Thèbes).

1647. Thoutmès II. Soumission définitive du Soudan ou pays de *Koush*; dès lors le prince héritier du trône prit le nom de *prince de Koush*.

Hatasou (reine), sœur et, selon l'usage, épouse de Thoutmès II, lui survit et devient régente pendant la minorité de Thoutmès III, son second frère. Règne éclatant de 17 années, qui fut considéré comme une sorte d'usurpation.

Principaux monuments : Temple à *Deir-el-Bahari* (Thèbes, rive gauche), retraçant tous les détails de sa campagne contre le pays de *Pount* (Arabie méridionale et pays des Sômali). Grand obélisque de Karnak : les inscriptions attestent qu'en sept mois il a été extrait des carrières de Syène (Assouan), couvert d'hiéroglyphes, transporté et dressé à la place même où on le voit encore aujourd'hui.

1625. THOUTMÈS III le Grand, règne 54 ans, y compris les 17 années de la régence (p. 126, note). Réaction contre Hatasou, martelage de ses inscriptions et de ses cartouches. Apogée de la puissance égyptienne. Série de guerres heureuses depuis Ninive jusqu'au fond de l'Éthiopie. « Sous ce règne glorieux, dit Mariette, l'Égypte, selon l'expression du temps, *pose ses frontières où il lui plaît* », et son empire s'étend sur l'Abyssinie actuelle, le Soudan, la Nubie, l'Égypte proprement dite, la Syrie, la Mésopotamie, l'Irak-Arabi, le Kourdistan et l'Arménie. »

PRINCIPAUX MONUMENTS : Chambre des ancêtres de Karnak (Bibl. nationale). Son buste colossal au musée de Boulaq. Autre statue à Karnak. Monuments en briques crues de l'*Assassif* (Thèbes, r. g.). Petit temple de *Medinet-Abou* (Thèbes, r. g.). Ses temples à *Soleb*, entre la 2ᵉ et la 3ᵉ cataracte, à *Amada* (Nubie). Poème de ses victoires, sur une stèle du musée de Boulaq (p. 75). Pylône de Karnak, découvert par M. Mariette et contenant en trois listes différentes près de quatre cents noms de peuples asiatiques et africains soumis par Thoutmès III dans ses premières campagnes.

AMÉNOPHIS II (10 ans) et THOUTMÈS IV (31 ans), conservent et maintiennent les conquêtes. Le premier, le plus grand conquérant de la lignée, étouffe une révolte à Ninive; stèle d'*Amada* (Nubie), racontant cette campagne. Les monuments de ce prince sont rares en Égypte, et l'on pourrait attribuer ce fait à la haine que sa mémoire avait laissée aux Assyriens, qui se vengèront sur ses monuments, lorsque plus tard ils envahirent l'Égypte.

AMÉNOPHIS III, règne 37 ans. Règne glorieux et fort.

MONUMENTS sans nombre : Temples de *Gebel-Barkâl*, au Soudan, de *Soleb*. Monum. à *Assouan* (Syène), à *Éléphantine*, à *Gebel-Silsilèh*, à *El-Kab*, à *Tourah*, près du Kaire. Tombes d'Apis les plus anciennes, trouvées au Sérapéum de Memphis (p. 236). Constructions considérables au temple de Karnak; fondation du temple de Louqsor (Thèbes, rive droite). Sur la rive gauche, l'*Amenophium*, vaste édifice dont il ne reste que les deux grands colosses appelés plus tard par les Grecs et les Romains : *colosses de Memnon*. — Temple détruit depuis quarante ans à Éléphantine.

AMÉNOPHIS IV, d'origine asiatique par sa mère, proscrit et persécute le culte du dieu de Thèbes, *Ammon*, et provoque des guerres de religion fatales à l'Égypte. Il change son nom d'*Amenhotep* (« la paix d'Ammon ») pour celui de *Khou-en-Aten* (« la splendeur du disque »). Le disque solaire (*Aten*) devient le dieu officiel, et Thèbes, la ville d'Ammon, est abandonnée pour une capitale nouvelle sise à *Tell-el-Amarna* (prov. de Miniéh). Les anciennes divinités solaires sont respectées et tous les monuments d'Ammon martelés.

Horus ou plutôt Armaïs (Harmhabi), succède à quelques rois insignifiants et règne 36 ans. Il apaise les discordes en abolissant la religion solaire et en restaurant le culte d'Ammon. Destruction de *Tell-el-Amarna*.

Bas-reliefs des campagnes d'Armaïs, *à Silsileh*. Son anneau et son sceau magnifique, au musée du Louvre. Premier pylône sud de Karnak. Tombe inviolée d'un Apis (p. 237).

« Les monuments à eux seuls nous ont rendu la xviiie dynastie tout entière... Thèbes est en quelque sorte toute resplendissante encore des belles constructions de la xviiie dynastie... Elle est de celles qui ont le plus enrichi les musées d'Europe et du Kaire. » (Mariette.) — Mentionnons entre autres les statues du musée de Turin, qu'il faut avoir vues pour juger de l'art à cette époque.

XIXe dynastie, Thébaine : 6 rois et durée de 174 ans.

« Sous la xixe dynastie, la fortune de l'Égypte se maintient avec un certain éclat ; mais à travers les lueurs que jettent sur cette époque quelques rois guerriers, on commence à apercevoir divers symptômes qui présagent une dislocation prochaine. Autrefois si menaçante, l'Égypte va devenir maintenant presque toujours menacée. » (Mariette, *Aperçu*.)

1461. Ramsès Ier, fondateur, d'une famille nouvelle, peut-être d'origine sémitique et se rattachant à la race royale des Hyksos.

Rétablit l'ordre et la paix. Guerre contre les Khétas.

1455. Séti Ier (Séthos des Grecs), roi conquérant, règne 51 ans.

Expéditions brillantes contre les *Routennou* et les *Khétas* (Syriens du nord), peuples tenaces devenus déjà redoutables et menaçants. Occupation méthodique de la Syrie méridionale par des garnisons égyptiennes. Alliance obligée avec le roi des Khétas.

Principaux monuments : Commencement de la gigantesque salle hypostyle de Karnak, « l'un des chefs-d'œuvre de l'architecture égyptienne ». Bas-reliefs de cette salle, représentant les victoires du roi sur les *Rotennou* et les *Khétas*, et ses batailles sur l'Oronte. Temple d'Osiris à Abydos, déblayé et publié par M. Mariette. — Hypogée ou tombeau du roi, creusé dans les rochers de la vallée de *Bab-el-Molouk*, à Thèbes. Temple de *Gournah*, à Thèbes. — Creusement ou restauration du canal de jonction entre le Nil et la mer Rouge, par les lacs intérieurs de l'*isthme de Suez* (2e volume). Il est probable qu'une communication existait dès la ve dynastie, à en juger par l'existence des forteresses et de la grande muraille qui protégeaient l'Égypte contre les incursions de l'est.

1407. Ramsès II, dit le grand *Sésostris* par les Grecs; règne 67 ans et a 170 enfants, dont 59 princes royaux.

Réaction générale contre l'Égypte, des peuples et des peuplades autrefois soumises du nord, de l'ouest, du sud et de l'Asie; 16 années de lutte contre les *Khétas* n'amenèrent plus qu'un traité de paix à conditions égales. Paix de 46 ans, de l'an 21 à la fin du règne, pendant laquelle la période monumentale par excellence a pu se développer. Réputation de conquérant très-exagérée par les légendes.

Principaux monuments : Près de Beyrouth, stèles marquant le passage du pharaon. Temple souterrain et colosses d'*Ibsamboul* (2ᵉ cataracte). Colosses et obélisques ornant le pylône de Louqsor, dont l'un a été transporté à Paris en 1836 (place de la Concorde). Petits obélisques et temple de la déesse *Sakht* ou Sakhet, à Karnak. Achèvement de la salle hypostyle. *Ramesseum* ou temple de Ramsès, avec le colosse du pharaon, dit d'*Osymandias* par les Grecs. Colosse à Memphis (p. 186). *Petits souterrains* du Sérapéum de Memphis et bijoux funéraires déposés au Louvre (p. 238). Fondation des villes de *Pitoum* et de *Ramsès*, auxquelles les Hébreux furent contraints de travailler. Stèles et inscriptions à *Tell-el-Masca*, à *Kantara* et dans la vallée de *Tell-el-Kebyr* (isthme de Suez). Tableaux de guerre, traité de paix avec les Khétas, chant héroïque de *Pentaour* gravé sur les murs des temples de Karnak, etc., etc. « On ne trouve presque pas un temple élevé par la XVIIIᵉ dynastie, où les rois de la XIXᵉ, et particulièrement Ramsès II, n'aient gravé leurs noms. » (Mariette, *Aperçu*.)

1321. Menephtah (aimé de Phtah), suppléant du pouvoir royal après son frère *Kha-em-ouas*, mort l'an 55 de Ramsès II et inhumé au Sérapéum de Memphis (p. 253).

Invasion barbare repoussée au nord. Révoltes des tribus étrangères employées aux travaux publics. Des Babyloniens révoltés et pardonnés fondent, sur le Mokattam, la *Babylone d'Égypte* qui, à la période musulmane, deviendra le Kaire. Menephtah est généralement considéré comme le *pharaon de l'Exode* (p. 74). Son tombeau dans la vallée de Bab-el-Molouk. Achève le temple de *Southech*, dieu des Hyksos, reconstruit par Seti Iᵉʳ et Ramsès II.

Seti II. La décomposition et le démembrement de l'Égypte, commencés sous son règne, s'accentuent après lui.

Son très-remarquable hypogée dans la vallée de Bab-el-Molouk.

XXᵉ dynastie, Thébaine : 12 rois au plus, du nom de Ramsès (les *Ramessides*), et durée de 178 ans.

1288. Ramsès III, descendant éloigné de Ramsès II, règne 32 ans. C'est le dernier des grands pharaons thébains. Il défend encore l'Égypte contre les barbares, contre les peuples de l'Asie Mineure et de l'archipel grec. Il est à peu près contemporain de la guerre de Troie.

PRINCIPAUX MONUMENTS : Temple et palais à *Medinet-Abou* (Thèbes, rive gauche), édifices bien conservés, dont les bas-reliefs, retraçant la vie privée du roi et toutes ses campagnes, rappellent beaucoup les traditions homériques. — Temple d'Osiris à Karnak. Son tombeau à Bab-el-Molouk.

RAMSÈS XII. Décadence rapide de la dynastie et de l'art. Disparition de l'esprit militaire et envahissement des scribes et des prêtres.

MONUMENTS : Temple de *Khons* à Karnak, construit par les derniers Ramsès, et hypogées à Bab-el-Molouk. — Stèle donnée à la Bibliothèque nationale par M. Prisse d'Avennes.

XXIᵉ dynastie, Tanite (de Tanis, dans le Delta).

1110. Sous le coup des divisions intestines, l'Égypte se divise en deux royaumes : à THÈBES, les rois sortis de la caste sacerdotale; à TANIS, les rois admis comme légitimes par Manéthon. Toute prépondérance sur l'Asie a cessé ; c'est elle, au contraire, dont l'influence se fait sentir en Égypte : les rois Tanites prennent déjà des noms asiatiques.

MONUMENTS : Les grands prêtres d'Ammon régnant à Thèbes achèvent le temple situé entre Karnak et Louqsor. — Architraves, lames d'or trouvées à Tanis et conservées à Boulaq, donnant quelques noms nouveaux de la dynastie légitime.

XXIIᵉ dynastie, Bubastite (de *Bubaste*, dans le Delta, aujourd'hui *Tell-Basta*, près de *Zagazig*) : 9 rois et durée de 170 ans.

« Autant l'Égypte tendait autrefois à se répandre au dehors, autant elle se concentre maintenant en elle-même; autant elle imposait ses lois aux nations voisines, autant elle subit maintenant celles des peuples étrangers. » (Mariette, *Aperçu.*) — La plupart des rois portent des noms sémitiques ou sémitisés (pp. 131, 229).

980. SCHESCHONK Iᵉʳ (le *Sésonchis* des Grecs, le *Sésac* de la Bible), d'origine syrienne.

Il parvient à réunir l'Égypte entière sous son sceptre. Ouvre ses États à tous les mécontents du royaume de Salomon. Cinq ans après le schisme des tribus d'Israël, il envahit la Judée, assiége Jérusalem (sous Roboam, vers 965) et enlève les trésors du temple de Salomon (Bible, *Rois*, l. I, ch. xv, v. 25). Expédition glorieuse, mais d'effet peu durable. Décadence de Thèbes, qui se fractionne déjà en bourgades autour des grands édifices.

MONUMENTS : Textes découverts par Mariette au Sérapéum de Memphis (au musée du Louvre). A Thèbes, longues légendes gravées sur un mur extérieur du temple de Karnak, retraçant la conquête de la Palestine et les noms des villes, forteresses et peuples vaincus par le pharaon ; on y reconnaît plusieurs villes de Judée. L'un des noms se lit *Ioudha-malek*, et l'on a pensé qu'il pouvait désigner Jérusalem. — Embellissements du temple d'Ammon, à Karnak. — Stèles à *Silsilis*, carrière ayant servi aux constructions de Thèbes.

XXIII° dynastie, Tanite : 4 rois légitimes et durée de 89 ans.

810. Tandis que ces rois parviennent à s'attribuer une sorte de suzeraineté générale, l'Égypte se divise profondément : au nord, elle se partage entre plusieurs petits souverains turbulents ; au midi, le Soudan, organisé depuis la XXI° dynastie en royaume indépendant, domine à son tour la Thébaïde, et étend même son influence jusque près d'Abydos.

MONUMENTS : Stèles du *Djebel-Barkâl* (Éthiopie) (p. 131).

XXIV° dynastie, Saïtique (de *Saïs*, dans le Delta, aujourd'hui *Sâ-el-Hagar*) : 1 roi.

L'un des petits souverains du Delta, *Tawnekht*, parvient à dominer les autres et remonte victorieusement le cours du Nil. Quelques-uns des chefs insoumis du Delta appellent contre lui les Éthiopiens, formés, depuis la XXI° dynastie, en État indépendant. *Piânkhi-Meïamoun*, leur roi, envahit l'Égypte, refoule *Tawnekht* dans le Delta, le reçoit à merci, et, sur son serment de fidélité, lui laisse la royauté de Saïs (p. 132).

721. BOCCHORIS (Bokenranw), fils du précédent, règne 7 ans dans la Basse-Égypte, mais il reprend les projets ambitieux de son père et attire une deuxième invasion. Il est détrôné et brûlé vif comme rebelle par *Sabacon* (Shabak), roi du Soudan, qui conquiert l'Égypte jusqu'à la Méditerranée. — Stèles de *Bokenranw* au Sérapéum (p. 230, G).

XXV° dynastie, Éthiopienne : 3 rois, selon Manéthon, et durée de 50 ans.

715. SABACON (Shabak, le *Sévé* de la Bible) essaye de réorganiser l'Égypte ; restauration des chaussées, canaux, temples, villes. Il place Thèbes sous l'autorité intelligente de la reine AMÉNIRITIS, sa sœur (sa statue à Boulaq, p. 136). — Allié de Hoshea, roi d'Israël ; d'Hiskiah, roi de Juda, et de Hannon, roi des Philistins, contre Sargon, roi des Assyriens. Shabak est battu par ces derniers près de Gaza. Les chefs révoltés du Delta le refoulent à Thèbes.

693-666. TAHRAKA (*Tirhaqah*, de la Bible). L'Éthiopie reconquiert l'Égypte.

672. Grande invasion assyrienne par Asaraddon (*Assour-akhè-idin*). Abaissement de l'Égypte.

669. Retour offensif de l'Éthiopien Tahraka, qui reprend l'Égypte aux Assyriens.

667. Seconde invasion assyrienne par Assourbanipal (*Assour-ban-habal*).

666. Second retour victorieux de Tahraka.

Retour des Assyriens à Memphis ; chassés de nouveau, ils font leur troisième grande invasion. Thèbes saccagée.

XXVI⁰ dynastie, Saïte : 5 rois et durée de 138 ans.

656-611. PSAMITIK I⁰ʳ, d'abord l'un des 12 chefs maintenus en Basse-Égypte par les Assyriens contre les Éthiopiens, renverse cette dodécarchie avec l'aide de pirates grecs, expulse les Assyriens et les Éthiopiens, et reste maître de toute l'Égypte. Sa réorganisation. Fondations et restaurations nombreuses. Dernière renaissance des arts, dite *Saïtique* (p. 133). Fondations de Cyrène, de Naucratis, colonies grecques. Première affluence des Grecs en Égypte. Stèles nombreuses au Sérapéum (pp. 230, 247). Les grands souterrains y sont commencés. Tombes de l'*Assassif* à Thèbes.

611. NÉCHAO II (Néko, *Néchos*), roi énergique, fait reconstruire ses flottes par des ingénieurs grecs. Rétablissement du *canal des deux mers* (isthme de Suez), ensablé depuis la fin de la xx⁰ dynastie. Première expédition maritime autour de l'Afrique.

608. Conquête de la Syrie, sous Josias.

605. Vaincu à *Karkémish* sur l'Euphrate, par Nabuchodonosor, roi de Babylone (*Nabou-koudour-oussour*), qui reprend la Syrie (Jérémie, XVI). Sarcophage d'Apis au Sérapéum (p. 248).

589-569. APRIÈS (Ouhabrâ), reprend aux Chaldéens les côtes de Syrie.
Échec devant Cyrène. Révolte contre Apriès.
Construction d'un temple magnifique à Saïs.
Sarcophage au Sérapéum (p. 248).

569. AMASIS (Ahmès II), usurpateur. Par la sagesse de sa politique il procure à l'Égypte vingt-cinq années de paix et la pousse au plus haut degré de prospérité : 20 000 villes alors, selon Hérodote. Luxe de constructions. Restauration des temples de Karnak. Construction d'un temple d'Isis à Memphis. Colosse couché de soixante-quinze pieds de long devant le temple de Phtah. Monuments prodigieux élevés à Saïs (p. 185). Sarcophage colossal au Sérapéum (p. 248). Sa prédilection pour les Grecs en attire un grand nombre. Saïs, devenue alors la rivale de Thèbes en magnificence, a aujourd'hui disparu sans retour. Champollion, dans ses *Lettres*, a donné un plan de ses ruines.

527. PSAMITIK III ne règne que 6 mois. Invasion des Perses sous Cambyse.

Sous cette dynastie, construction probable de l'enceinte et de l'avenue des sphinx de la tombe d'Apis (p. 216 et suiv.).

XXVII⁰ dynastie, Perse. Durée de 121 ans.

527. CAMBYSE (Kambousia II) commence par traiter humainement l'Égypte (p. 248). Ayant échoué dans ses expéditions contre Carthage et l'Éthiopie, il est pris d'une folie furieuse qui le pousse à tous les excès de la cruauté.

525. Fabrication par les Perses des premières monnaies frappées en Égypte. *Aryandès*, satrape désigné par Cambyse pour gouverner l'Égypte en son absence, fut si ébloui de la richesse de ce pays, qu'il éprouva, dit-on, la tentation de s'y rendre indépendant. Les historiens anciens, et entre autres Hérodote, en citent comme preuve la monnaie d'argent qu'il fit frapper à son effigie, à un poids et surtout à un titre encore plus élevés que celle du roi de Perse. Aussi la monnaie du satrape jouit-elle aussitôt d'une faveur immense auprès des négociants phéniciens et grecs de Memphis. C'est en vain que Darius, à son avénement, sévit contre la concurrence faite au privilége royal, en punissant de mort Aryandès : rien ne put arrêter la révolution monétaire et empêcher les satrapes des autres provinces de battre monnaie.

MONNAIE ATTRIBUÉE AU SATRAPE ARYANDÈS[1]
(collection Demetrio).

521 ans av. J. C. Darius Ier (Daryavoush), s'efforce de réparer les fautes de Cambyse, restaure les temples, intronise un Apis (p. 249) et rouvre le *canal des deux mers* à travers l'isthme. Autre route du Nil à la mer Rouge par *Coptos* (près de Kenêh). Grand temple d'Ammon à Hib (ruines à *El-Khargèh*).

486. Révolte de l'Égypte contre Darius.

483. Xerxès Ier (Khshayarsha), rentre en possession de l'Égypte qui s'était donné un roi nouveau, Khabbash, dont le nom se trouve sur un sarcophage du Sérapéum (p. 249).

455. Artaxerxès Ier (Artakhshathra), réprime un soulèvement suscité par *Inaros*, prince de la descendance légitime, comme l'était peut-être *Khabbash*.

---

[1] Cette rarissime monnaie, découverte par Ch. Lenormant, précède toutes celles trouvées jusqu'ici en Égypte et datant d'Alexandre. Sur la face on y voit le satrape barbu et mitré, suivi de deux hoplites, dans une galère dont la proue est ornée d'une tête de cheval ; au-dessous, un hippocampe ailé. Sur le revers, un vautour en relief, tenant dans ses serres un bélier gravé en creux. Sur certains exemplaires, on lit dans ce creux le mot ARYAN écrit en grec, lequel paraît se rapporter au nom d'Aryandès. (Voy. le catalogue de F. Feuardent, p. 3.)

FIN DU NOUVEL-EMPIRE.

450. Époque probable du voyage d'Hérodote en Égypte.
405. Affranchissement de l'Égypte sous Darius II (Nothus).

XXVIIIe, XXIXe, XXXe dynasties. Durée de 67 ans.

382 à 364. Nectanébo Ier (Nakhthorheb), fondateur de la XXXe, repousse une invasion perse commandée par Pharnabaze, avec l'aide de Chabrias, général athénien.
Construction de la partie sud du temple de *Philæ*.
Son sarcophage au Musée Britannique. — Pylônes de la tombe d'Apis, chapelle d'Apis ou *Apieum* (p. 219 et suiv.).

352. Nectanébo II (Nakhtnebew), dernier des pharaons nationaux, est plus constructeur que guerrier. Restaurations, constructions nombreuses à Philæ, à Thèbes, dans le Delta, etc. Il règne 12 ans. D'abord victorieux, grâce aux capitaines grecs, Agésilas, Diophantos, Lamios, il se laisse vaincre par les Perses, qui reprennent possession de l'Égypte (**340**) sous Darius III Codoman, et se sauve en Éthiopie avec ses trésors. Cette date clôt l'ère des rois nationaux, et l'Égypte rentre pour toujours sous les dominations étrangères.

XXXIe dynastie, Perse.

Cette période ne dure que 8 ans et finit sous Darius III Codoman, avec la chute de l'empire des Perses, hâtée par les victoires et les conquêtes d'Alexandre de Macédoine. La race grecque a désormais la prépondérance en Orient. Fin du Nouvel-Empire égyptien. Fin des listes royales de Manéthon.

SPHINX DE THOUTMÈS III
Musée de Boulaq.

Ptol. I Soter. — Ptol. II Philadelphe. — Ptol. III Évergète. — Bérénice II. — Cléopâtre VII.

MONNAIES ALEXANDRINES PTOLÉMAÏQUES
(d'après le Catalogue de la collection Demetrio par F. Feuardent).

DOMINATION GRECQUE

XXXII° dynastie, Macédonienne. Durée de 27 ans.

339. Alexandre le Grand, vainqueur de Darius III à la bataille d'Issus, est accueilli comme un libérateur par les Égyptiens, fatigués du joug toujours plus pesant des Perses. Comme gage d'une politique de conservation il se fait habilement reconnaître pour fils du dieu Ammon assimilé au Jupiter des Grecs et sacrifie à Apis. Fondation de la ville d'Alexandrie (**331**) sur un isthme favorablement situé entre la mer et les eaux douces du lac Maréotis, alimenté par le Nil. Le conquérant en fit, dit-on, marquer l'enceinte, longue d'environ quatre lieues, avec la farine distribuée à ses soldats, et désigna lui-même l'emplacement des édifices et des temples. Il partagea la ville en quatre quartiers par deux voies larges de 14 mètres, se coupant à angles droits et commandant tout un système de rues en échiquier : les unes descendant du rivage vers le sud; les autres courant parallèlement à la mer, de l'ouest à l'est. Le quartier de l'ouest s'appela *Rhacotis*, du nom d'un ancien bourg égyptien, forteresse pharaonique qu'on y avait englobée ; il forme aujourd'hui la ville arabe. Le *Bruchion*, ou quartier royal, se trouvait au nord-est, sur l'emplacement aujourd'hui en partie envahi par la mer, qui s'étend de la place *des Consuls* à l'obélisque faussement appelé aiguille de Cléopâtre, et au delà vers le promontoire de Lochias [1].

La direction des travaux fut confiée à l'architecte grec Dinarque, celui même qui passe pour avoir proposé à Alexandre de tailler sa statue gigantesque dans la masse du mont Athos.

Les premiers habitants attirés dans la ville nouvelle furent des Juifs de

---

[1] Voyez, sur la topographie comparée d'Alexandrie ancienne et moderne, *notre plan réduit d'après celui de* Mahmoud-bey, dressé par les ordres du Khédive d'Égypte, après les fouilles exécutées pour le III° volume de l'*Histoire de César* par Napoléon III, (page 7), et le compte rendu de ces fouilles dans le *Bulletin de l'Institut égyptien*, 1860, n° 10. — Lumbroso, dans la *Corrispondenza archeologica* de Rome, 1875, t. XLVII.

Palestine ; le reste de la population se composa d'Égyptiens fanatiques et intransigeants, de soldats macédoniens, de Grecs dédaigneux, d'Asiatiques indolents, éléments grossiers et discords que le génie des successeurs d'Alexandre était appelé à harmoniser, à transformer, de façon à faire d'Alexandrie une ville qui, succédant à Athènes et devançant Rome, fut quelque temps la première du monde antique.

324. PHILIPPE ARRHIDÉE, frère d'Alexandre, est proclamé roi quelques jours après la mort du conquérant, survenue à Babylone le 24 mai 324.

En même temps le gouvernement de l'Égypte, de la Libye et du littoral de l'Arabie est confié à PTOLÉMÉE, fils de Lagos, l'un des généraux d'Alexandre.

323. Peu de temps après, *Alexandre Ægos*, fils posthume d'Alexandre et de Roxane, fille du roi de Bactriane, venait au monde, et dès sa naissance était associé au pouvoir suprême avec Arrhidée, son oncle. Mais bientôt Eurydice, femme d'Arrhidée, suscita la discorde entre lui et Roxane, qui fut obligée de se réfugier en Épire avec son fils.

Olympias, mère d'Alexandre le Grand, ayant fait tuer Arrhidée, qui n'était pas son fils, Roxane put rentrer en Macédoine.

318. ALEXANDRE ÆGOS, âgé de six ans, est proclamé seul roi des vastes États de son père; mais Cassandre, tuteur du jeune prince dont il convoitait le trône, le fait emprisonner avec sa mère. Au bout de six ans, les Macédoniens, mécontents, exigent sa délivrance. Peu de temps après, Cassandre, voyant approcher sa majorité, le fait assassiner.

MONNAIE RARISSIME D'ALEXANDRE ÆGOS
frappée en Égypte
(d'après le Catalogue de la collection di Demetrio par F. Feuardent).

311. Il n'était âgé que de treize ans et n'avait régné qu'une année.

Restauration des villes et des édifices ruinés par les guerres des Perses.

Construction du naos de granit de Karnak. Le nom et la figure des deux successeurs immédiats d'Alexandre se trouvent retracés sur quelques monuments de Louqsor, de Karnak, de l'île d'Éléphantine et des hypogées de Beni-Hassan, élevés sous le gouvernement de Ptolémée, qui, dès les premières années, avait réuni à l'Égypte la Cyrénaïque, la Syrie, la Phénicie, tout en restant en paix avec l'Asie et la Grèce. La Cyrénaïque, exploitée depuis des siècles par les Grecs, était d'une fécondité merveilleuse et lui procura tout le commerce de Carthage.

Sur les médailles, la tête d'Alexandre Ægos porte la *peau d'éléphant*, emblème d'Alexandrie, peut-être à cause du commerce de l'ivoire dont cette ville était devenue déjà le principal entrepôt pour l'Inde et l'Afrique.

XXXIII° dynastie. Lagide, Ptolémaïque ou grecque; 21 règnes et durée de 275 ans.

305 ans av. J. C. Ptolémée Ier, fils de Lagos et surnommé Soter (*sauveur*) par les Rhodiens, s'était fait tellement chérir des Égyptiens par la fermeté, la douceur et la justice de son gouvernement, qu'à l'extinction de la descendance légitime d'Alexandre, il n'eut qu'à vouloir pour devenir roi de l'Égypte.

Malgré les guerres incessantes qu'il avait eu à soutenir contre plusieurs des généraux d'Alexandre, ses anciens collègues, Soter, prince civilisateur autant que brave, avait su réaliser avec éclat les projets grandioses du conquérant macédonien sur la ville nouvelle d'Alexandrie : il en avait fait la capitale de l'Égypte, et le centre du mouvement intellectuel comme de l'activité commerciale et productive de son temps. On peut donc le nommer à bon droit le second fondateur d'Alexandrie : grâce à une hospitalité toute royale, il y avait attiré et fixé l'élite des savants et des poëtes de la Grèce. Il l'avait dotée non-seulement de fondations d'une haute utilité pratique, mais encore de théâtres, de gymnases et d'hippodromes, institutions chères aux populations helléniques, qu'elles firent affluer en Égypte. Ses vues intelligentes sur le maintien d'une politique intérieure pleine de conciliation, sur l'administration du pays et le développement d'Alexandrie, furent si bien comprises et continuées par ses successeurs immédiats, qu'il est difficile de séparer la mémoire de ces princes dans l'examen d'une œuvre collective qui ouvrit une ère nouvelle et mémorable pour l'Égypte.

284. Ptolémée II Philadelphe est appelé au pouvoir suprême par son père Ptolémée Soter, qui abdique en sa faveur et reste entouré d'honneurs divins qui firent du reste de sa vie une véritable apothéose. Déploiement extraordinaire de richesses dans la fête mémorable qui fut célébrée à Alexandrie pour cette solennité [1].

282. Mort de Ptolémée Soter.

Moins pourvu de talents militaires que son père, mais doué d'un remar-

---

[1] Décrite, d'après *Callixène de Rhodes*, dans le Ier volume de l'*Ancien Orient*, pr L. Carre, p. 158.

quable esprit d'organisation, Philadelphe eut un règne aussi long que glorieux.

Développement du commerce, qui s'étend à l'Éthiopie, puis aux Indes et dans la mer Rouge, grâce à des chemins rétablis entre le port de Coptos sur le Nil et ceux de Bérénice et de Myos-Hormos situés sur cette mer. Rétablissement du CANAL DES DEUX MERS appelé *fleuve Ptolémée*, et large d'environ 50 mètres, à travers l'isthme de Suez, pour le commerce avec l'Arabie. Traduction en grec de l'Ancien Testament, dite des Septante. Protection donnée aux gens de lettres, et notamment à Manéthon, prêtre égyptien qui composa une histoire d'Égypte d'après les archives des temples.

273. Alliance de prévoyance avec les Romains, vainqueurs de Pyrrhus.

247. PTOLÉMÉE III ÉVERGÈTE (le bienfaisant), fils de Philadelphe, eut un règne de 26 ans, qui fut glorieux pour l'Égypte et la laissa dans une grande splendeur. Il lui rendit presque toutes les conquêtes des Ramsès en Éthiopie et dans l'Asie occidentale. Il rapporta de Suze et d'Ecbatane une multitude de divinités égyptiennes jadis enlevées par les Perses, ce qui lui valut la reconnaissance du peuple et peut-être son surnom de « bienfaisant ».

C'est de sa femme, la célèbre Bérénice II, que la constellation dite *chevelure de Bérénice* prit son nom, par suite d'une flatterie des beaux esprits de cette cour savante, où l'astronomie était alors une chose à la mode.

POLITIQUE INTÉRIEURE.

Le caractère dominant du gouvernement fondé par les premiers Lagides fut ce que l'on pouvait attendre d'une race aussi intelligente et cultivée. Ils eurent recours à la prudence, aux ménagements, à la conciliation; ils cherchèrent avant tout la confiance et l'affection du peuple. Pour y parvenir, le premier soin de Soter fut de faire envisager lui et ses héritiers comme les continuateurs, les descendants par voie divine des pharaons nationaux, dont la mémoire avait grandi depuis les désastres des dominations assyrienne et perse. Les rois grecs reçurent donc des Égyptiens les mêmes honneurs divins que leurs devanciers; ils observèrent scrupuleusement l'antique cérémonial des solennités religieuses ou royales, afin que rien ne parût changé. De nouveaux temples égyptiens furent élevés partout aux dieux nationaux et même jusque dans la ville grecque d'Alexandrie, ce qui flatta infiniment les indigènes, peu habitués à de telles attentions de la part de leurs maîtres étrangers. Jusqu'à la fin de leur dynastie, les rois grecs élevèrent ainsi des temples où leurs noms figurent inscrits dans des cartouches hiéroglyphiques, où leurs images sont représentées sous la forme égyptienne et accomplissant les rites prescrits, avec une minutie et une abondance de détails orthodoxes inusitées même dans les temps anciens (temples d'Edfou et de Denderah).

Amener une fusion entre les deux peuples si différents qu'ils gouvernaient, dut leur apparaître aussi comme une nécessité du premier ordre ; et pour y arriver, Soter, le premier, écarta le danger des dissensions religieuses en favorisant le culte mixte de Sérapis, qui s'adaptait à merveille à certains dogmes religieux des Grecs et des Égyptiens : l'Osor-Hapi, le Sérapis égyptien, émanation d'Osiris gardien des âmes, vainqueur du mal et des ténèbres, dieu de la germination et de la résurrection, ressemblait au Pluton et au Dionysos ou Bacchus des Grecs, dont il réunissait les attributs. Les Grecs prirent donc Sérapis pour un reflet de leurs croyances, et, en l'adoptant promptement, évitèrent les premiers froissements. C'est ainsi qu'à Memphis la tombe d'Apis fut embellie et devint le Serapeion ou Sérapéum, et qu'à Alexandrie fut construit avec luxe un nouveau Sérapéum (voy. p. 252).

Grâce à ces heureuses mesures, le nouveau roi, comme les anciens pharaons, put se déclarer souverain pontife ; seul moyen d'avoir pour soi la caste redoutable et innombrable des prêtres, et de rendre par là le pouvoir royal effectif, absolu et respecté. Le premier fonctionnaire de l'État était revêtu d'un caractère également religieux : l'*épistolographe*, ou gardien du sceau, cumulait les fonctions de secrétaire d'État ou de cabinet chargé de transmettre les ordres du roi, avec celles de ministre des cultes. Pour les Égyptiens, l'épistolographe était donc encore le *grand scribe*, le *chef des prêtres* des traditions pharaoniques ; mais toujours Grec de naissance, c'était pour le roi l'instrument qui lui permettait de tenir en sa main les deux religions grecque et égyptienne.

DE L'ADMINISTRATION.

Les Ptolémées conservèrent la procédure et les tribunaux de l'ancien régime ; mais pour corriger leur lenteur dogmatique, remédier à une partialité inévitable et empêcher l'affluence des plaignants à Alexandrie (chose aussi nuisible à la ville que défavorable à la culture des terres), ils instituèrent des juges ambulants ou *chrématistes :* ces commissaires royaux parcouraient les provinces, expédiaient sur place les affaires, et *hellénisaient* les Égyptiens en les rapprochant des Grecs.

Ce fut par un motif analogue, et afin de remédier aux inconvénients résultant de la situation écartée d'Alexandrie, que Soter songea à créer sur le Nil une seconde capitale qui rapprochât le pouvoir royal des populations éloignées. Or, à cette époque, Thèbes, ville tout artificielle dont la décadence remontait à la XXIe dynastie, n'était plus qu'un musée de sanctuaires et de souvenirs historiques, ou un amas de bourgades disséminées et dépourvues d'autonomie. Memphis, encore florissante, était trop rapprochée d'Alexandrie. Abydos, ville célèbre et sacrée, était située dans un espace trop resserré pour pouvoir se développer; d'ailleurs il était plus politique de fonder à nouveau une ville qui fût entièrement grecque. C'est à huit lieues d'Abydos, au bourg de *Psoï*, que Ptolémée trouva un emplacement convenable et fonda la ville de PTOLÉMAÏS, qui devint la seconde capitale officielle de l'Égypte. Au temps de Strabon, deux siècles et demi après, elle était devenue la plus grande ville de la Thébaïde et la rivale de Memphis.

Le territoire fut divisé en petites circonscriptions administratives appelées *nomes* (νόμοι) par les Grecs, et qui succédèrent aux provinces pharaoniques, elles-mêmes précédées jadis par de petits États indépendants. Chaque *nome* fut gouverné par un *stratége* dont le caractère, tout militaire au début, devint, grâce à la politique prudente des Lagides, purement civil dans la suite. Plusieurs stratéges étaient soumis à un *épistratége*, dont l'autorité s'étendait sur une *division* composée d'autant de nomes. Quant à la ville d'Alexandrie, on lui donna une administration différente et entièrement séparée de celle des provinces.

DÉVELOPPEMENT D'ALEXANDRIE.

Non contents de faire d'Alexandrie un centre politique et intellectuel, les Ptolémées s'occupèrent activement de lui créer des sources de richesse par le travail et le commerce. Ils frappèrent de belles et excellentes monnaies, objets que l'Égypte pharaonique n'avait jamais possédés. Ils développèrent les sciences positives, les arts mécaniques et l'industrie; ils protégèrent avant tout l'agriculture et les cultivateurs du sol, et ouvrirent des débouchés lointains pour le commerce de l'Orient et de l'Occident, auquel se prêtait si bien la situation merveilleuse des ports d'Alexandrie entre la voie navigable du Nil et la Méditerranée[1].

L'organisation et la construction de ces ports se ressentirent du génie des constructeurs. Dans l'île de Pharos, située en face de la ville nouvelle, Soter fit commencer par l'architecte Sostrate de Cnide cette fameuse tour de marbre à étages en retraite, ou *phare d'Alexandrie*, dont la clarté se voyait à 50 ou 60 kilomètres en mer et qui fut comptée comme la cinquième des merveilles du monde. Il existait encore en partie au commencement du XIVe siècle; aujourd'hui on n'en voit plus de trace. La longue île de Pharos, séparée du continent par un bras de mer large de sept stades (1155 mètres),

---

[1] Voyez LETRONNE, *Recherches pour servir à l'histoire de l'Égypte pendant la domination grecque et romaine*, 1823, in-8°. — LUMBROSO, *Recherches sur l'économie politique de l'Égypte sous les Lagides*, ouvrage couronné par l'Institut. Turin, 1870.

y fut réunie par une jetée pourvue d'un aqueduc et portant le nom d'*Heptastadion* (les sept stades). La rade fut ainsi divisée en deux parties : à l'est était le *grand port*, ensablé et abandonné dans les temps modernes ; à l'ouest, le port, encore fréquenté, d'*Eunoste* ou de *bon retour*, qui communiquait avec le précédent par deux ouvertures pratiquées aux extrémités de l'Heptastade et pourvues de ponts-levis. C'est sur cette jetée, élargie au décuple par les sables de la mer et le déchargement du lest des navires, que s'est en partie réfugiée la ville moderne, pressée de tous côtés par les champs de décombres de la cité antique, dont elle n'atteint pas le tiers en étendue. Le port Eunoste communiquait avec celui du lac Maréotis, ou du Nil, par le port de Khibotos et par des canaux ou des aqueducs (voy. p. 7) Avec l'extension du commerce, la langue grecque devint bientôt la langue universelle de transaction en Orient. La langue *copte* ou égyptienne antique reçut elle-même beaucoup de mots grecs.

Les trois premiers Lagides, surtout Soter et Philadelphe, firent d'Alexandrie non-seulement la plus belle et la plus florissante ville du monde, mais encore le rendez-vous du génie et le centre d'un mouvement intellectuel qui jeta un éclat incomparable, et, se perpétuant de siècle en siècle dans un milieu où se rencontraient tous les peuples, toutes les croyances et les idées, « a profondément influé sur la forme qu'a prise la religion de l'Europe moderne [1] ».

INSTITUTION DU MUSÉUM.

Ce furent les goûts délicats, les instincts élevés de ces princes, restés si Grecs de nature et d'éducation, qui déterminèrent ce grand mouvement. Ptolémée Soter, ami, disciple d'Aristote et lui-même historien émérite, transplanta, le premier, à Alexandrie les traditions intellectuelles de la Grèce. Ne pouvant se passer de la société des philosophes, des littérateurs et des artistes, il sut les attirer et les fixer à sa cour en leur offrant dans son palais l'hospitalité la plus complète et la plus large. C'est ainsi que fut fondée l'admirable institution du MUSÉUM, cet asile des savants venus en Égypte, qui donna bientôt naissance à la première ÉCOLE D'ALEXANDRIE, appelée « divine » par les anciens, mais qu'il ne faut pas confondre avec l'école philosophique des Néo-Platoniciens qui porte le même nom et ne commença qu'en 193 de Jésus-Christ. Le palais des rois et le Muséum devinrent une agglomération immense d'édifices magnifiques et de jardins qui couvraient près du quart de la superficie totale de la ville, dans cette région aujourd'hui déserte et en partie envahie par la mer, qui s'étend de l'obélisque ap-

---

[1] DRAPER, de New-York, *Les conflits de la science et de la religion*. Germer Baillière, 1875.

pelé *aiguille de Cléopâtre* au bâtiment de la Quarantaine et au fort Pharillon, sur les restes du promontoire Lochias.

Cette institution, dont les membres étaient choisis toujours par les rois, se distingua de toutes celles qui l'avaient précédée, en ce qu'elle ne fut pas l'école d'un seul maître et d'une seule doctrine : son mérite et son originalité consistent à avoir conservé, développé, propagé toutes les branches de la science et à en avoir créé quelques-unes. Ce qui la distingue, c'est que ses mérites et son esprit se transformèrent selon les idées des temps qu'elle traversait, les individualités qui l'animaient et le degré de protection qu'elle recevait.

L'École du Musée ne fut pas non plus une université d'enseignements réglés et gradués : ce fut plutôt un conservatoire, un institut de savants, dont les membres fréquentaient la cour, travaillaient pour leur propre compte et n'enseignaient que librement, poussés par leur réputation, leur vocation ou leur génie, et non par l'obligation d'un devoir rétribué. Et cependant le nombre des étudiants accourus de l'Orient et de l'Occident y fut parfois de quatorze mille en même temps.

Une des causes de sa fortune et de son rapide accroissement fut, en outre, qu'elle venait en un temps où la Grèce, troublée par les guerres civiles, voyait ses écoles tomber en décadence. La capitale des Ptolémées devint le refuge naturel de ses savants et de ses étudiants, et grâce à la haute sagesse du gouvernement d'Alexandrie, les traditions de la mère patrie ne périrent point. Mais alors la langue grecque était fixée; en poésie et en histoire elle avait donné des chefs-d'œuvre qu'on ne pouvait plus égaler. Sous le rapport littéraire, le Musée ne put donc se distinguer qu'en s'adonnant à des œuvres d'érudition, d'épuration de la langue, de critique et de révision minutieuse du texte des grands écrivains, qu'il conserva et propagea par de nombreuses et excellentes éditions.

L'École brilla surtout par le développement qu'elle donna aux sciences positives : la géographie, l'astronomie, les mathématiques, la mécanique, l'histoire naturelle, la médecine, l'anatomie, y firent de grands progrès, et c'est de son sein que sortirent, célèbres entre tous, les géographes Ératosthène et Strabon, les astronomes Hipparque et Ptolémée; Archimède et Euclide, le fondateur de la géométrie; les médecins Hérophile et Érasistrate, qui firent faire un grand pas à l'anatomie et dont l'école était restée si célèbre, qu'au IIe siècle de notre ère, Galien vint en recueillir les traditions, tout affaiblies qu'elles étaient, et en recommandait la fréquentation aux étudiants de son temps[1].

[1] Sur les traditions et les travaux scientifiques du Muséum d'Alexandrie, voyez la 2e édition du savant et curieux ouvrage archéologique de M. Édouard Fournier : *le Vieux-neuf* (Paris, Dentu, 1877).

Aussi le Muséum renfermait-il des jardins zoologiques et botaniques, un observatoire astronomique, des laboratoires et des salles de dissection, en même temps que des collections de statues et de tableaux de maîtres grecs, et enfin une bibliothèque, devenue la plus célèbre de l'antiquité. Cette bibliothèque, commencée par Soter avec le fonds de livres qu'Aristote avait laissé en mourant, eut pour premier directeur Démétrius de Phalère, ancien gouverneur d'Athènes en exil et l'un des écrivains éminents de ce temps. Cette collection, composée en grande partie d'ouvrages grecs, ne cessa d'être dirigée par des savants en renom et de se développer, grâce à des achats continuels, au travail incessant des copistes, et même, sous quelques Ptolémées, à des saisies ou des réquisitions forcées.

Le Sérapéum d'Alexandrie, ou temple de Sérapis, élevé par Ptolémée Soter dans l'acropole de Rhacotis et sur l'éminence aujourd'hui très-diminuée qui porte la grande colonne (faussement appelée de Pompée), était un édifice magnifique auquel on parvenait par cent degrés de marbre.

Selon la description du rhéteur Aphthonius, qui vit le Sérapéum au IIIe siècle de notre ère, la colonne monolithe était alors située au milieu d'une cour entourée de portiques et de salles renfermant des livres. C'est qu'en effet, vers l'an 140 avant J. C., sous le règne d'Évergète II, la bibliothèque du Muséum, ou *Bibliothèque mère*, s'étant trouvée tout à fait remplie, le Sérapéum lui servit de succursale, et renferma une seconde collection, la *Bibliothèque fille*, évaluée au nombre de 300 000 volumes.

La présence sur le sol égyptien de foyers de lumières supérieurs à ce qu'il avait jamais connu ne paraît pas avoir eu d'influence notable sur la nature de son génie. Les traditions et la littérature égyptiennes n'en eurent guère davantage sur le *Muséum*; ses savants restèrent purement grecs, et l'on n'en cite pas un seul qui ait pénétré le secret des écritures hiéroglyphiques. Le prêtre supérieur du Muséum, toujours de nationalité grecque, ne fut jamais prêtre que des dieux des Ptolémées ; il n'y eut pas d'échange direct entre les enseignements *scientifiques* de la Grèce et ceux des écoles sacerdotales de l'Égypte. Si quelque fusion se produisit, ce fut dans les affaires de la religion, grâce au culte mixte de Sérapis, à l'éclectisme des écoles philosophiques dites orientales, et plus tard à une commune haine contre le christianisme, alors que de persécuté il devint persécuteur.

Régi d'abord par la philosophie essentiellement grecque d'Aristote, dont le principe est de s'élever des faits particuliers aux faits généraux en procédant par induction, le Muséum fut dominé, vers son déclin, par la philosophie de Platon, qui en est l'inverse et se rapprochait de l'idéalisme oriental vers lequel tendaient les esprits élevés de ce temps. Dans ce vaste creuset de peuples et d'idées diverses qui bouillonnaient à Alexandrie, le Platonisme, en s'amalgamant au mysticisme des écoles orientales telles que le Judaïsme et le Christianisme, y servit de trait d'union et donna naissance à la philosophie grecque dite *éclectique* ou *orientale*, qui essaya vainement de concilier tous les systèmes, ainsi qu'au GNOSTICISME, mélange de métaphysique idéale et de théurgie délirante. Ces doctrines détournèrent petit à petit les esprits de l'étude des sciences positives pour les jeter dans des abstractions de plus en plus raffinées qui, à la fin du IIe siècle, devaient amener la philosophie alexandrine aux spéculations mystiques des NÉO-PLATONICIENS, et par là « marquer le christianisme d'une empreinte profonde[1] ». En effet, quand le Christianisme se développa dans Alexandrie, on y traitait depuis longtemps les questions du *Verbe éternel*, des deux principes du bien et du mal, de la nécessité d'atteindre le monde des esprits, etc., et la foi nouvelle y trouva un sol parfaitement préparé. « C'est cette conformité, dit Eusèbe, qui explique la rapide propagation du Christianisme à Alexandrie. » (*Hist. eccl.*, II, 16.) On pourrait ajouter, toutefois, que si la propagation, une fois commencée, s'effectua rapidement, c'est qu'elle fut tardive en Égypte (vers 120 après J. C.); et que, si elle y a été tardive, c'est que les esprits, devenus chrétiens sans le savoir par l'évolution naturelle de la philosophie alexandrine, n'avaient point de conversion à opérer pour se trouver dans le sens du mouvement universel. D'ailleurs, si voisin du spiritualisme chrétien que fût ce nouveau Platonisme qui dominait tous les esprits, c'était une *philosophie* et non une *religion :* adonné comme tel au libre examen, il lui répugnait encore de soumettre sa foi à des mystères indiscutables. Voilà pourquoi, sans doute, les *gnostiques* Basilide et Valentin (commencement du IIe siècle), si chrétiens par leurs idées, sont confondus parmi les hérésiarques. Tous certainement s'entendaient sur l'*esprit*, mais non sur la *lettre;* et, comme il arrive toujours, on s'entre-déchira pour la *lettre!*

SUCCESSEURS DES PREMIERS LAGIDES.

La force et l'impulsion données au gouvernement grec par les premiers rois de la dynastie suffirent à le soutenir pendant près de trois siècles encore, mais il s'en faut beaucoup que leurs successeurs les aient égalés en sagesse et en valeur. Après eux, les princes grecs, qui portent tous le nom de Ptolémée, et les princesses ceux de Bérénice, d'Arsinoé ou de Cléopâtre, ne sont guère occupés que de querelles de famille et s'abandonnent aux crimes et à la débauche, tout en conservant jusqu'à un certain degré cependant cette politique tolérante, ce goût et ce respect des choses de

---

[1] DRAPER, ouvrage déjà cité.

l'intelligence qui avaient fait la fortune et la gloire des fondateurs de leur race.

La cour des Lagides devint un foyer de corruption et de cupidité, un marché pour les sinécures encombrantes et onéreuses, à ce point que certaines charges militaires fortement rétribuées y étaient devenues de droit purement honorifiques. Différentes classes de dignitaires de cour d'un rang élevé, créés jadis pour aider ou suppléer le roi, devinrent à la fin les parasites et les maîtres du trône : tels étaient les *épitropes* ou « tuteurs du roi », et ceux appelés *parents du roi* et *amis du roi*, qui, associés aux plaisirs et aux prérogatives du souverain, devaient en même temps partager ses travaux, former son conseil et soutenir le pouvoir en cas d'interrègne ou de minorité du prince.

Ces charges, issues peut-être à l'origine d'une ancienne fraternité d'armes et des traditions de la cour de Perse introduites par Alexandre, devinrent héréditaires et perdirent leur premier caractère. Ces dignitaires ne furent plus que de serviles complaisants qui trafiquaient de leur influence et mirent souvent la main sur les richesses et les prérogatives royales en tenant le prince éloigné des affaires publiques.

Pendant que la dynastie grecque s'affaiblissait, la république romaine grandissait. L'Égypte, qui, au IIIᵉ siècle avant l'ère vulgaire, était indépendante ou alliée de Rome, en était devenue tout à fait dépendante au dernier siècle. La population irascible et querelleuse d'Alexandrie, exaspérée contre la tyrannie de ses rois, était en révolte perpétuelle; l'École d'Alexandrie voyait pâlir son étoile, car les savants du Muséum, troublés par tant de désordres publics, désertaient l'Égypte pour se réfugier à Rhodes, en Syrie ou en Grèce, où la paix était enfin revenue.

66. PTOLÉMÉE ALEXANDRE II, allié des Romains et chassé d'Alexandrie par ses sujets, meurt sans enfants et lègue ses États au peuple romain, dont ce legs illusoire augmente les convoitises. Les guerres civiles de l'Italie en ajournent les effets.

60. Voyage de DIODORE DE SICILE en Égypte (180ᵉ olympiade, liv. I, 44).

51. CLÉOPATRE VII et PTOLÉMÉE XIV DIONYSOS, succèdent à leur père Ptolémée Aulète, mais ne tardent pas à être en complète discorde. Cléopâtre, exilée en Syrie, s'y fait des partisans.

En ce moment César, poursuivant Pompée vaincu à Pharsale, mais déjà assassiné à Péluse par les soins de Ptolémée, arrivait à Alexandrie. Au nom du peuple romain, qui prétend toujours hériter de l'Égypte, il se déclare l'arbitre des différends entre Cléopâtre et son frère. Cléopâtre pénètre secrètement dans Alexandrie et, par ses séductions, s'empare aussitôt de la faveur du général victorieux. Ptolémée, qui, de son côté, avait cherché à lui plaire en tuant Pompée, son bienfaiteur, se dit trahi et fomente contre César un soulèvement du peuple mobile d'Alexandrie. Presque seul, serré de près et en grand péril, César ne se dégage et ne sauve Cléopâtre qu'en incendiant sa flotte, qui communique le feu aux bâtiments du Muséum et de la grande bibliothèque. Il reçoit enfin des renforts, l'armée égyptienne est mise en déroute, et Ptolémée périt en fuyant (**43**).

43. César, quelque temps subjugué par Cléopâtre, remonte le Nil triomphalement avec elle. Il lui échappe cependant; mais, en quittant l'Égypte, la replace sur le trône avec son plus jeune frère, que bientôt elle fait empoisonner pour régner seule (**44**).

44. Après la bataille de Philippes gagnée en 42 par les triumvirs sur les meurtriers de César, Cléopâtre, qui avait pris parti contre ces derniers, réussit à séduire Antoine mieux qu'elle ne l'avait fait de César, car il se laissa entraîner en Égypte, où il s'oublia neuf années auprès d'elle dans une royauté partagée. Les ruses, les séductions de Cléopâtre sur César, puis sur Antoine, avaient eu pour effet de sauvegarder le pouvoir de sa dynastie en Égypte; mais dans l'ivresse des plaisirs, des succès et du culte qu'on lui rendait comme à la déesse Isis, dans la sécurité que lui donnait la protection passionnée du tout-puissant triumvir, elle ne mit plus de frein à son ambition, et fit commettre à Antoine des imprudences, des fautes politiques contre Rome, qui suscitèrent chez Octave, son ambitieux collègue, des prétextes suffisants pour hâter leur ruine et s'emparer enfin de l'Égypte.

30. La défaite d'Antoine par Octave au promontoire d'Actium, puis à Canope en Égypte, ouvre les portes d'Alexandrie à son ennemi. Cléopâtre abandonne Antoine qui a été vaincu par sa faute, et tente, par des messages secrets, de séduire Octave, le froid politique, qui semble d'abord accueillir favorablement ses avances. Octave, en entrant à Alexandrie, démasque son dessein de traîner Cléopâtre à son char de triomphe, lors de son retour à Rome. La mort volontaire de Cléopâtre et d'Antoine livre l'Égypte à Octave Auguste, qui la réduit en province romaine.

PRINCIPAUX MONUMENTS LAISSÉS PAR LES PTOLÉMÉES : *Version des Septante*, ou traduction en grec du livre sacré des Juifs. — L'*Histoire d'Égypte*, écrite en grec par le prêtre égyptien Manéthon, d'après les archives conservées dans les temples (p. 69). Composition des livres d'Hermès Trismégiste (p. 76, note), etc., etc.

Temples nouveaux élevés en Nubie, à *Dakkeh, Kalabschéh, Deboud, Dan-*

dour. Dans l'île de Philæ, le petit temple hypètre et la majeure partie des édifices encore subsistants. En Égypte : temple d'*Ombos* et magnifique temple d'*Edfou* (Apollinopolis), avec ses trésors inépuisables d'inscriptions et de textes. — Ruines à *El-Kâb*, à *Moutanah*, à *Akhmin*, à *Behbit*. — Temples d'*Esnèh*, à demi enfoui sous la ville moderne ; d'*Erment* (Hermonthis), presque détruit. — A Thèbes, rive gauche : petits temples du *Deir-el-Medynèh*, au *Birket-Abou*; rive droite : grande porte de l'enceinte nord de Karnak ; autre porte d'entrée monumentale terminant l'avenue de béliers qui vient de Louqsor, etc. — Grand temple de *Denderah* (Tentyris), reconstruit par Cléopâtre, achevé sous Domitien, publié récemment par Mariette-bey ; textes innombrables qui ont permis de reconstituer toutes les cérémonies du culte de la grande déesse *Hathor*, une autre forme d'Isis assimilée par les Grecs à Vénus. — Au Sérapéum de Memphis : hémicycle des philosophes grecs, dromos dallé et sa chapelle grecque ; dernière partie des grands souterrains de la tombe d'Apis et leurs sarcophages colossaux ; pastophorium (p. 219-252-257). La fameuse *pierre de Rosette*, au Musée Britannique, inscription double, en langue grecque et en égyptien, des deux écritures hiéroglyphique et démotique, qui conduisit Champollion dans la vraie voie du déchiffrement (voy. sa *Lettre à M. Dacier*). Enfin la stèle du *Décret de Canope*, autre inscription bilingue trouvée à Tanis en 1866, et qui, pour la grande découverte de Champollion, est venue cinquante ans trop tard.

CLÉOPATRE EN ISIS
(collection Demetrio).

AUGUSTE.   HADRIEN.   DIOCLÉTIEN.

PIÈCES ROMAINES FRAPPÉES EN ÉGYPTE
(Catalogue de la collection Demetrio par F. Feuardent).

DOMINATION ROMAINE

XXXIVe dynastie, romaine, puis byzantine.

30 ans av. J. C. AUGUSTE, en faisant de l'Égypte une province romaine, y laissa subsister la forme de l'administration grecque, tout en remplaçant les fonctionnaires grecs par des Romains. La langue grecque demeura officielle pour les actes publics.

La première action du vainqueur ayant été de mettre à mort CÉSARION, fils de Cléopâtre et de César, dont lui n'était que le fils adoptif, la province d'Égypte fut déclarée propriété impériale et placée sous la direction d'un préfet (*præfectus Ægypti* ou *Augustalis*). Ce préfet, toujours choisi par l'empereur, devait l'être parmi les simples chevaliers, et jamais parmi les sénateurs, afin que l'Égypte ne se trouvât pas à la discrétion d'un homme qui, par sa naissance, sa richesse et son influence, pût tenir tête à son maître et se rendre indépendant de Rome. D'ailleurs, surveillé de très-près par l'empereur, sévèrement puni à la moindre faute, le préfet d'Égypte ne devait être nommé que pour peu de temps. C'est ainsi que le premier préfet d'Égypte, Cornelius Gallus, l'ami de Virgile, fut exilé pour s'être laissé décerner des honneurs royaux par les Égyptiens.

Administration tolérante, économe et productive des Romains. Toute vie politique est éteinte, et l'Égypte, presque toujours florissante et paisible pendant les deux premiers siècles de l'empire, n'est plus que le « grenier de Rome ». Le premier soin du vainqueur fut de faire curer tous les canaux d'irrigation par ses troupes et d'élever aussi haut que possible le rendement des terres. Pour assurer la paix intérieure, favorable à l'agriculture et au commerce, protection donnée à la religion nationale : restauration, embellissement et construction de plusieurs temples où les noms des empereurs se lisent en cartouches hiéroglyphiques parfois accompagnés de leurs effigies en style égyptien ; achèvement des temples d'Edfou, d'Esnèh, de Denderah, d'Erment, de Philæ, etc. Dès le règne d'Auguste, nombreux transports d'obélisques à Rome; cette ville finit par en contenir une cinquantaine de toutes dimensions, tirés des temples antiques ou taillés pour elle en Égypte avec les cartouches hiéroglyphiques des empereurs.

Une ligne maritime s'établit entre Alexandrie et Pouzzoles, port du golfe de Naples qui avait alors la physionomie orientale et animée que prit plus tard Venise. C'est là que, sous le règne d'Auguste, on admira, entre autres vaisseaux de transport, l'*Acatus*, qui, outre 1200 passagers, un chargement de papyrus, de nitre, de poivre, de toile et 35 000 hectolitres de blé, avait apporté d'Égypte l'obélisque destiné au grand cirque de Rome.

Un plus vaste encore servit à transporter l'obélisque aujourd'hui placé devant la basilique de Saint-Pierre (p. 270).

Les grands navires pour le transport des grains égyptiens avaient jusqu'à 60 mètres de long, 15 mètres à la plus grande largeur, avec un tirant d'eau de 13 mètres; ils rapportaient annuellement plus de 70 000 francs. La traversée pouvait se faire en douze jours.

Alexandrie ne prit toute son importance commerciale que sous la domination romaine; mais ce fut aux dépens des occupations intellectuelles que lui avaient léguées les Ptolémées. Non-seulement ce port devenait l'entrepôt des grains destinés à l'Italie et aux provinces de l'empire, mais encore il ouvrait au commerce romain le chemin de l'Inde. Entre les années 36 et 24 av. J. C., le nombre des navires d'Alexandrie frétés pour l'Inde fut porté de 20 à 120, selon Strabon. Ces navires remontaient en douze jours le Nil jusqu'à Coptos (près de *Kenèh*) à l'aide des vents alizés qui soufflent en été. Des caravanes transportaient alors leurs chargements en six jours au port de *Myos-Hormos* (Qocéyr), sur la mer Rouge, ou en douze jusqu'à celui de Bérénice. D'autres navires les conduisaient de là à *Muziris* dans l'Inde, et le trajet total pouvait durer six ou sept mois. C'est vers l'an 50 avant J. C. que le pilote grec *Hippalos* avait imaginé de tirer parti des moussons, ou vents périodiques, pour franchir la mer Rouge et l'océan Indien, et abréger ainsi le temps de la traversée.

24 av. J. C. Voyage en Égypte du géographe grec STRABON.

AUGUSTE, poussé par son goût pour les lettres autant que par le désir de s'attacher les Alexandrins, s'était fait le protecteur des savants du *Muséum*. Une sorte de renaissance s'ensuivit; mais bientôt les savants du Musée, qui n'étaient plus hébergés au palais, souffrirent de leur indépendance et, regrettant la cour des rois, allèrent à Rome chercher la faveur des empereurs. D'ailleurs Alexandrie ne tarda point à redevenir un lieu de troubles, grâce aux collisions incessantes des Égyptiens, des Juifs, des Grecs et des Latins qui s'y trouvaient mêlés, et que la police impériale ne cherchait guère à réfréner tant qu'on ne s'attaquait pas à l'autorité romaine. Toutefois, si les membres les plus éminents du Musée tendaient à se disperser, la ville, par sa magnificence et ses ressources intellectuelles de tous genres, attirait une grande affluence d'étudiants latins ; ses écoles de médecine surtout étaient restées célèbres.

A l'époque de la conquête, la permission de parcourir l'Égypte s'obtenait difficilement : les personnages consulaires devaient, en y entrant, dépouiller leurs insignes, et l'on n'y laissait pénétrer aucune personne dont le rang et la qualité eussent pu favoriser un soulèvement de la population contre la domination impériale. Grâce à ces mesures de prudence, la province demeura longtemps tranquille, tandis qu'Alexandrie ne cessait d'être agitée. Il est à croire cependant que ces précautions ne concernaient pas les simples citoyens, ou que leur sévérité se relâcha, car on voit l'Égypte devenir assez vite un pays à la mode pour les malades et les touristes romains.

Les malades étaient envoyés, soit à des villes d'eaux et de plaisir, comme Canope et Éleusis à l'est et près d'Alexandrie, soit aux temples renommés d'Esculape, d'Isis et de Sérapis (p. 255). Enfin les riches Romains, qui voyageaient moins pour étudier les institutions d'une contrée que pour en rechercher les curiosités et les souvenirs historiques ou mythologiques, trouvaient mille sujets d'admiration en Égypte. C'était en effet la seule région de l'empire qui ne se laissât point latiniser et gardât sans mélange sa physionomie et ses croyances originelles ; c'était la seule où l'architecture nationale, si différente de toute autre, s'éternisait en des monuments gigantesques consacrés à d'antiques mystères et à des reliques merveilleuses qui, alors comme aujourd'hui, attiraient la crédulité publique : c'est ainsi qu'entre autres reliques fameuses, on allait vénérer à Coptos et à Memphis les cheveux qu'Isis s'arracha dans sa douleur d'avoir perdu Osiris [1]...

Les princes, les empereurs, éprouvèrent les premiers un vif attrait pour l'Égypte et lui montrèrent un intérêt qui ne faiblit pas. Ils allaient volontiers faire de véritables pèlerinages au tombeau d'Alexandre le Grand, monument magnifique élevé au cœur d'Alexandrie, à la rencontre de deux des principales voies monumentales : le corps du héros y était conservé dans un cercueil de cristal, et l'on y montrait encore ses armes, enlevées plus tard par Caracalla, ce fou furieux qui poussait le culte d'Alexandre jusqu'à faire détruire tous les exemplaires de l'œuvre d'Aristote, parce qu'il le croyait coupable de la mort du héros.

---

[1] Voyez *les Mœurs romaines*, par L. Friedlænder, traduit par Ch. Vogel. Reinwald 1867.

Les principes de douceur et de justice inaugurés par Auguste en Égypte y furent maintenus par ses successeurs, qui prirent soin de sévir contre les concussions des fonctionnaires. Les excès même des mauvais empereurs s'y firent peu ou point sentir. Dion Cassius rapporte qu'Emilius Rectus, préfet d'Égypte, ayant envoyé à Tibère des contributions supérieures au taux fixé, l'empereur le blâma, et lui fit dire « qu'il voulait bien qu'on tondît ses troupeaux, mais non qu'on les écorchât ». Aussi voit-on les noms de « nouvel Auguste », de « bon génie », de « sauveur du monde », donnés par les Égyptiens à Tibère et même à Néron.

14-37 après J. C. Tibère fait achever le temple de *Deboud* en Nubie, et construire la salle hypostyle, ou vestibule à colonnes colossales, du temple de Denderah, contenant les *zodiaques*, dont l'un a été rapporté à Paris pendant l'expédition de Bonaparte et conservé maintenant à la Bibliothèque nationale.

19. Sous la préfecture du père de Séjan, Germanicus parcourt l'Égypte, visite les pyramides, Memphis et le taureau Apis, le lac Mœris et le labyrinthe, et se fait expliquer les inscriptions qui parlent de la puissance de Ramsès II ou Sésostris, dans les ruines de Karnak, à Thèbes.

40. Sous le règne de Caligula, Philon le Juif, philosophe d'Alexandrie, est envoyé à Rome par ses coreligionnaires pour obtenir de l'empereur la confirmation de leur droit de cité; mais il y fut éconduit brutalement. Philon d'Alexandrie eut, le premier, une immense influence sur les idées de son siècle, qui tendaient à l'éclectisme, et il a laissé des ouvrages célèbres où le Platonisme grec s'allie aux idées du Mosaïsme et aux conceptions mystiques des doctrines orientales. Par là il fut un des fondateurs du *Gnosticisme* et le précurseur des Pères alexandrins et des Néo-Platoniciens.

41-54. Claude apaise par la douceur une révolte des Juifs d'Alexandrie, y fonde un nouveau *Muséum* et encourage ses savants, sans pouvoir arrêter la décadence de l'École. Exploitation des carrières de porphyre des bords de la mer Rouge (*mons Claudianus* ou Djebel-Dochân), pour fournir au luxe de Rome, qui se transformait rapidement depuis Auguste.

54-68. Néron, aussi bien que Caligula, projeta de faire le voyage d'Égypte. Néron, le premier, envoya une expédition, peu fructueuse il est vrai, à la recherche des sources du Nil. Il avait fait annoncer sa venue aux Égyptiens, dont il paraît s'être beaucoup occupé et qui lui préparaient une réception magnifique, lors de l'événement qui en délivra l'empire.

69. Vespasien vint à Alexandrie, mais n'eut pas le temps d'aller plus avant. C'est à Alexandrie qu'il fut d'abord proclamé empereur à l'instigation du préfet d'Égypte. Exactions commises sous son règne. Insurrection des Juifs d'Alexandrie, réprimée par la force. Destruction d'un temple juif (page 273).

70. Titus vit au moins Memphis et y intronisa un Apis (Suétone, *Titus*, v).

81. Sous Domitien, martyre de saint Marc à Alexandrie. Fondation du patriarcat chrétien d'Alexandrie, qui est devenu le patriarcat *copte* du Kaire, et a gardé l'humble simplicité des premiers temps.

GNOSTICISME ET CHRISTIANISME.

120. Grand développement du Christianisme à Alexandrie. A cette époque fleurit le Gnosticisme, qui avait pris naissance au Ier siècle, dans le mysticisme oriental, et devint alors comme la première hérésie chrétienne. A cette époque, la doctrine des apôtres, toujours attachée aux traditions juives, « était encore vague et incomplète; c'était plutôt un germe fécond et puissant qu'une doctrine ». D'ailleurs sa simplicité native ne pouvait suffire aux vieilles civilisations orientales si riches encore de profonds symboles et de conceptions grandioses. Alors, « dans chaque grand pays de l'Orient où se répandit tout d'abord la doctrine chrétienne, elle s'imprégna des croyances, et se teignit, en quelque sorte, des couleurs du génie national. On la vit en Syrie se prêter à l'enthousiasme mystique; en Égypte, s'envelopper des symboles du naturalisme égyptien; en Chaldée et en Perse, s'égarer dans l'antagonisme du bon et du mauvais principe. C'est ce qui explique l'apparition presque simultanée, sur tous les points de l'Orient, d'un grand nombre de doctrines également issues du christianisme, mais d'ailleurs fort diverses. Telle est la double origine de la Gnose chrétienne (de γνῶσις, science). Née à la fois d'un besoin d'indépendance et d'un besoin de développement du christianisme primitif, elle a pour but d'affranchir la doctrine nouvelle du judaïsme et de l'enrichir des traditions des autres pays de l'Orient. La Gnose n'est point une doctrine..., c'est un ensemble de doctrines fort diverses, indépendantes pour la plupart les unes des autres, et qui se produisent presque simultanément dans les grands pays de l'Orient [1]. »

A Alexandrie, les docteurs du Gnosticisme ont été Basilide, Valentin et Carpocrate. Bientôt, perdant de vue son origine et sa mission, les Gnostiques se laissèrent entraîner dans le champ des spéculations délirantes de l'Orient, au point où en arrivèrent plus tard les *soufis* musulmans (p. 140). Comme eux, ils eurent cet ascétisme abstrait et désorganisateur, puis « cette cosmologie étrange qui ne voit dans la création que l'acte d'un Dieu en délire, et dans le monde qu'une œuvre de misère, de désordre et de mal; cette horreur de la matière; cette indifférence pour les œuvres poussée jusqu'à l'immoralité; cet orgueil immense qui renouvelle la distinction des castes, et réserve la mission du Rédempteur à une race privilégiée; ce mysticisme effréné qui prétend, sans le secours de la vertu (et de la vertu active),

---

[1] *Et suprà*, Vacherot, *Histoire de l'École d'Alexandrie*, t. I.

emporter l'âme dans le sein de Dieu, sur les ailes de la pure contemplation... » (*Ibid.*)

Ce seront là les éternels penchants de toute foi étroite et exaltée ; mais, le premier christianisme, dont le « génie simple, pratique, profondément social et populaire », répondait aux aspirations du monde nouveau, ne pouvait accepter cette théologie de priviléges, cette morale abstraite de rêveurs et de solitaires. Repoussant l'influence trop exclusive de l'Orient, il quitte bientôt Jérusalem pour Alexandrie, et s'allie au génie grec : là chrétiens et philosophes se mêlent et se fréquentent ; les adeptes de l'École chrétienne, fondée en 179 par saint Pantène, continuée par saint Clément d'Alexandrie, puis par Origène, vont entendre les leçons des philosophes néo-platoniciens, qui, à leur tour, assistent aux enseignements d'Origène. « C'est à tel point, dit M. Vacherot, que, dans cette mêlée générale, les doctrines s'effacent et les écoles se reconnaissent à peine. Il se rencontre nombre de docteurs dont on ne sait s'ils sont chrétiens ou philosophes. » La confusion de croyances et d'idées, leur pénétration les unes dans les autres, étaient telles qu'en 132 déjà, elles pouvaient faire dire à l'empereur Hadrien, observateur assez superficiel, mais spirituel : « Les adorateurs de Sérapis à Alexandrie sont chrétiens, et les évêques chrétiens sont adonnés au culte de Sérapis. »

L'œuvre des Pères de l'Église d'Alexandrie, saint Clément, Origène, Grégoire de Nysse, saint Basile, fut de sauvegarder la théologie chrétienne encore en formation, des excès d'un mysticisme oriental capable d'engendrer la stérilité, pour l'enrichir des vérités éternelles de la philosophie grecque et des dogmes religieux de l'ancienne Égypte, dont les LIVRES HERMÉTIQUES conservaient les traditions : « Les Livres d'Hermès Trismégiste ont joui d'une grande autorité pendant les premiers siècles de l'Église. Les docteurs chrétiens en invoquaient souvent le témoignage avec celui des sibylles, qui avaient annoncé la venue du Christ aux païens pendant que les prophètes l'annonçaient aux Hébreux : « Hermès, dit Lactance (vers l'an 313), a découvert, je ne sais comment, presque toute la vérité[1]. »

Avec les Pères alexandrins, l'idée de Dieu quittant les impénétrables et désespérantes profondeurs de l'abstraction orientale, aussi bien que la cosmologie compliquée des Gnostiques, descendit plus près des hommes et vint planer au-dessus des dieux vivants, mais terrestres, de la Grèce : l'idée mystique rencontra l'image vivante, et cette âme prit un corps viable. L'œuvre des Pères grecs se fixa, se termina aux conciles de Nicée et de Constantinople, et désormais le Christianisme, modelé, développé dans sa forme nouvelle, à Alexandrie, deviendra le Catholicisme ; il commencera à Rome sa carrière

---

[1] L. Ménard, traduction des Livres d'Hermès (voy. page 76, note).

conquérante et souveraine en Occident, avec les Pères de l'Église latine, saint Ambroise, saint Jérôme, saint Augustin. Sa propagation y sera facilitée par la civilisation romaine, dont il négligera trop peut-être les traditions pratiques et organisatrices, dans le sens de l'*utilité publique*. La Rome civile, au moyen âge, fut aussi frappée de mort qu'Alexandrie.

130. HADRIEN, l'empereur voyageur par excellence, et l'impératrice Sabine, accomplissent un long voyage en Égypte. Une quantité de médailles de grand module furent composées et frappées avec un art admirable pour cette circonstance. A l'envers de l'effigie, toujours remarquable, de l'empereur, se trouvent des figures allégoriques de l'Égypte, du Nil, d'Alexandrie, accompagnées d'emblèmes chers à ses habitants. L'une porte deux mains entrelacées, avec ces mots : ΠΑΤΗΡ ΠΑΤΡΙΔΟΣ, *père de la patrie*. Sur la plus belle et la plus caractéristique [1], on voit à droite Hadrien et Sabine debout devant les dieux préférés de ce temps, Isis et Sérapis, dont ils sont séparés par un autel enflammé. Tandis que l'impératrice Sabine semble faire un acte d'adoration devant le *sistre* d'Isis, ou peut-être recevoir cet attribut de la déesse, Hadrien donne la main à Sérapis, qui alimente la flamme de l'autel, et il semble lui dire : « Continue de régner par l'empereur sur le spirituel, et il régnera par toi sur le temporel. » Autour des figures, on lit en latin : « Pour la bienvenue de l'empereur à Alexandrie. » Ce sont là, sans doute, les plus belles pièces frappées en Égypte, et non-seulement des monuments *politiques*, mais encore de véritables œuvres d'art qui portent la marque du savoir-faire et de l'esprit d'artistes grecs, en l'honneur du maître le plus connaisseur en matière de beaux-arts et le mieux disposé pour la province.

Règne bienfaisant pour l'Égypte, par suite du séjour prolongé qu'y fit l'empereur. Son nom et celui de Sabine, gravés en *grafitti*, se voient encore sur une des statues d'Aménophis III, à Thèbes, dite *colosse de Memnon*.

Ce monument porte 72 signatures ou inscriptions laissées par des voyageurs grecs ou romains dont plusieurs de l'ordre le plus élevé, tels que des préfets d'Égypte. Ces inscriptions se placent entre les époques de Néron et de Septime Sévère, laps de temps pendant lequel le son mystérieux, sortant du colosse brisé en l'an 27 par un tremblement de terre, se fit entendre; tous l'attestent, mais attribuent une origine surnaturelle à un fait qui a été reconnu pour le résultat d'un phénomène physique. (Voy. notre *Voyage de la Haute-Égypte*.)

132. Fondation par Hadrien de la ville d'Antinoé, construite et adminis-

---

[1] Reproduite en tête de ce chapitre. La beauté de cette pièce fait bien juger de la décadence qui survint dans l'art aux derniers temps de l'empire, et notamment dans l'art numismatique, dont un type, un Dioclétien, a été placé tout auprès.

trée à la façon grecque, en l'honneur de son favori Antinoüs, qui s'était noyé dans le Nil en cet endroit (ruines à *Scheikh el Abâdèh*). Lettre curieuse d'Hadrien au consul Servianus sur le caractère léger des Alexandrins et leur dévotion à Sérapis; sur l'activité d'Alexandrie, son esprit séditieux et dénigrant (trad. dans l'*Égypte ancienne* de Champollion-Figeac). Construction de nombreux monuments égyptiens. Goût des pastiches de la sculpture égyptienne mis à la mode chez les Romains par la prédilection de l'empereur pour l'Égypte (page 134, note 2). Peintures murales et mosaïques dans les maisons romaines, représentant assez souvent les paysages et les animaux de l'Égypte. Imitations en grand de quelques sites ou monuments de l'Égypte, à la *villa Hadriana*, près de Tibur (*Tivoli* près de Rome).

138-161. L'empereur ANTONIN réprime en personne une de ces continuelles séditions des Alexandrins, pendant laquelle ils avaient assassiné le préfet romain. Ouvrages nombreux édifiés par cet empereur, dont le nom se retrouve fréquemment dans les inscriptions hiéroglyphiques ou grecques de son temps. La politique des Antonins fut très-paternelle et pleine de sollicitude pour les Égyptiens, dont l'irritation contre la domination étrangère allait toujours croissant et attirait sur eux des sévérités forcées. Introduction à Rome du culte de Sérapis.

162. Voyage de MARC-AURÈLE et de LUCIUS VERUS. Extermination de bandes armées qui désolaient l'Égypte et attaquaient Alexandrie. Révolte avortée du préfet d'Égypte. Magnanimité et énergie de Marc-Aurèle en cette occasion.

LE NÉO-PLATONISME ET LA DEUXIÈME ÉCOLE D'ALEXANDRIE.

193. Avec le philosophe AMMONIUS SACCAS, fondateur du NÉO-PLATONISME (ou nouveau Platonisme), naissance de l'ÉCOLE D'ALEXANDRIE proprement dite, qu'on ne doit pas confondre avec la première école du Muséum des Ptolémées, ni avec celle des Gnostiques qui l'ont précédée.

A cette époque, les enseignements philosophiques et classiques du Musée se traînaient, comme épuisés, dans d'impuissantes et stériles controverses, lorsque parut Ammonius. Doué d'un génie original et indépendant, armé d'une critique supérieure, cet homme nouveau « s'attacha avec enthousiasme à ce qu'il y a de vrai dans la philosophie, et voyant par-dessus les opinions communes qui rendaient la philosophie un objet de mépris, comprit bien la doctrine de Platon et d'Aristote, et les réunit en un seul et même esprit, livrant ainsi la philosophie en paix à ses disciples.... » « Ce fut lui qui, purifiant les opinions des anciens philosophes et transformant les rêveries écloses de part et d'autre, établit les doctrines de Platon et d'Aristote, dans ce qu'elles ont d'essentiel et de fondamental [1]. »

L'épuration et la synthèse des deux grandes bases de la philosophie grecque, vivifiées par un génie étranger, furent donc l'âme du Néo-Platonisme, réforme qui se répandit rapidement dans toutes les provinces de l'empire, y forma des écoles et domina tous les esprits, déjà préparés par l'influence du mysticisme contemplatif de l'Orient.

On compte trois phases dans l'existence de l'École d'Alexandrie, de 193 à 529.

1° Plotin, Amélius et Porphyre, disciples et continuateurs immédiats d'Ammonius, convertissent ses enseignements verbaux en doctrine écrite et les propagent.

2° Avec Jamblique (auteur présumé d'un traité sur les mystères égyptiens) l'École d'Alexandrie entre en lutte contre le Christianisme et tombe en décadence : des sphères élevées de la philosophie, elle descend, avec l'empereur JULIEN, aux pratiques de la théurgie, de la magie et des miracles ; elle cherche à ressusciter le polythéisme antique pour l'opposer au débordement du Christianisme.

3° A la mort de Julien, l'École d'Alexandrie, persécutée, dispersée, se réfugie à Athènes. Dans la paix de cet asile, l'École se régénère, revient sans mélange aux traditions du Néo-Platonisme et achève l'œuvre de synthèse commencée par ses fondateurs. Ses principaux représentants sont alors Plutarque, Syrianus et surtout Proclus (412-485). « Le Néo-Platonisme n'est ni un tissu de fictions métaphysiques, ni un mélange adultère d'idées puisées aux sources les plus diverses, ni même une ingénieuse combinaison d'éléments choisis et épurés par une critique savante ; c'est un enchaînement systématique de conceptions profondes, sous les formes éblouissantes de l'imagination orientale ; c'est, sous le désordre d'une composition incohérente, sous les raffinements d'une analyse diffuse, la synthèse la plus vaste, la plus riche, la plus forte peut-être, qui ait paru dans l'histoire de la philosophie. Dans une période de quatre siècles, le Néo-Platonisme embrasse à peu près tout le cercle des spéculations métaphysiques, et résume, en les transfigurant dans une pensée supérieure, toutes les doctrines des écoles qui précèdent [2]. »

Abolie et dispersée par Justinien en 529, l'École d'Alexandrie se survécut par l'influence très-grande qu'elle exerça sur la théologie de l'Église d'Orient, sur la philosophie des Arabes, sur celle des mystiques du moyen âge et de la renaissance.

[1] Fragment d'Hiéroclès, philosophe platonicien du v° siècle, dans l'*Histoire de l'École d'Alexandrie*, par Vacherot, t. I, p. 341.

[2] Vacherot, *ibid.*, III, p 321.

Vers le IIIe siècle, les chrétiens de race égyptienne, désignés depuis sous le nom de *Coptes*, adoptent l'alphabet grec en le modifiant légèrement pour écrire les sons de leur langue.

200. Septime Sévère marche contre Alexandrie opposée à son élection et la soumet. Son voyage avec Caracalla et Julia Domna poussé jusqu'en Éthiopie. Pour la première fois Alexandrie reçoit comme préfet un sénateur et est dotée d'un sénat particulier.

202. Persécution des chrétiens d'Égypte et de saint Clément d'Alexandrie, chef de l'École chrétienne. Vers cette époque, restauration du *colosse de Memnon* et cessation du bruit mystérieux que les païens espéraient augmenter par là, afin de confondre les chrétiens par un prodige concluant.

216. Caracalla, irrité de l'esprit caustique des Alexandrins et de leurs sarcasmes contre lui, se rend dans leur ville pour en tirer vengeance. Il la livre au pillage et au massacre pendant plusieurs jours et assiste à ces horreurs du haut du Sérapéum d'Alexandrie.

230. Les démêlés d'Origène, docteur de l'Église et chef de l'École chrétienne d'Alexandrie, avec le patriarche Démétrius, entraînent la discorde des évêques.

222-235. Sous Alexandre Sévère, pacification momentanée et état florissant.

250. Sous Décius, persécution de l'Église et luttes violentes des Juifs et des Égyptiens contre les chrétiens, dont le nombre augmentait sans cesse; origine des fondations de couvents et des émigrations de solitaires dans la Thébaïde, dont les plus célèbres ont été, du IIIe au IVe siècle, saint Macaire, saint Pacôme, saint Paul l'anachorète et saint Antoine.

Pendant ce IIIe siècle, tandis que les discordes religieuses désolaient l'Égypte, l'administration romaine, très-ébranlée, très-affaiblie par les désordres politiques et les usurpations du pouvoir impérial, laissait des exactions se produire en Égypte et y provoquer un antagonisme et des haines irréconciliables contre Rome. Jusque-là les anciens cultes locaux de l'Égypte pharaonique n'ont pas subi d'altération.

257. Sous Valérien et Gallien éclate une révolte qui dure douze années et fait abandonner le Muséum et le Sérapéum. Troubles permanents, peste et famine à Alexandrie.

269. Favorisée par l'empereur, Zénobie, reine de Palmyre et de l'Orient, s'empare d'Alexandrie.

272. Aurélien reprend la ville, s'empare de Palmyre, la détruit de fond en comble, et condamne Zénobie à servir d'ornement à son triomphe.

274. Un commerçant d'Alexandrie, Firmus, soulève le peuple d'Alexandrie contre Rome; prend la pourpre avec le titre d'Auguste et bat monnaie; mais bientôt il est vaincu et mis à mort par l'empereur.

276-282. Probus, n'étant encore que général, continue la pacification de l'Égypte. Élevé à l'empire, il soumet la Haute-Égypte. Après son départ, Saturninus, son général, puis Achillée, préfet, soulèvent le peuple contre l'autorité romaine.

284. Dioclétien fait pendant huit mois le siége d'Alexandrie, puis la livre au massacre et au pillage. Conquête nouvelle et réorganisation complète de l'Égypte. Institution par les païens de l'*ère de Dioclétien*, qui commençait à la date de son avénement (29 août 284) et remplaça l'évaluation par années de règne des empereurs.

Jugeant les frontières de l'empire déjà trop reculées en Nubie, Dioclétien retira ses troupes de sept journées de marche en arrière et les établit dans l'île d'Éléphantine, à Syène. L'île de Philæ et les temples d'Isis se trouvant alors à découvert devant les incursions des Nubiens et des Blemmyes, il fortifia l'île, la munit d'un poste militaire qui existe encore, et la relia à Syène en la séparant du désert par une muraille de briques épaisse de 4 mètres et longue de 6 kilomètres, dont on voit encore les vestiges. Un tribut en or payé annuellement aux barbares et la liberté pour eux d'adorer Isis à Philæ assurèrent à l'Égypte la tranquillité de ses frontières. Ce traité de paix fut renouvelé et subsista jusqu'en 560.

303. Persécutions contre les chrétiens; les écoles chrétiennes d'Alexandrie sont dispersées et le thaumaturge Apollonius de Tyane, comparé ou opposé d'office à Jésus. L'*ère de Dioclétien* est adoptée par les chrétiens pour le calcul astronomique et pascal; mais, ne voulant pas lui laisser le nom de leur persécuteur, ils la désignèrent par le terme impropre d'*ère des martyrs*. Elle resta celle des Coptes et des Abyssins, mais ne passa dans leurs usages civils qu'après la conquête arabe.

En reconnaissance du zèle de Dioclétien pour la vieille religion et de sa sage administration, les Alexandrins lui consacrent la colonne monolithe de Rhacotis, faussement appelée *colonne de Pompée*, et qui probablement formait le centre des cours intérieures du Sérapéum d'Alexandrie.

Exploitation de nouvelles carrières de granit à Syène.

313. Constantin, par l'édit de Milan, déclare la religion chrétienne religion de l'État. Prédications de l'hérésiarque Arius à Alexandrie.

322. Disputes violentes d'Arius, chef de l'*arianisme*, contre Alexandre, patriarche d'Alexandrie, au sujet de la *préexistence* dans la Trinité.

325. Condamnation d'Arius au concile de Nicée et son exil.

330. Le siége de l'empire est transféré de Rome à Byzance, et l'administration de l'Égypte modifiée; cette province est gouvernée civilement par le préfet du prétoire d'Orient, et militairement par un autre personnage de la cour. Le pays, divisé à l'extrême en petits gouvernements qui devaient en faciliter l'administration, voit augmenter ses charges et les exactions des fonctionnaires.

Luttes d'Athanase, patriarche d'Alexandrie, contre Arius et l'arianisme.

351. Déchirements violents, persécutions dans l'Église d'Alexandrie par suite des poursuites de Grégoire de Nazianze, archevêque de Constantinople, contre Athanase et ses partisans.

361. Avec JULIEN, réaction contre le Christianisme, restauration du polythéisme, thaumaturgie. Intronisation d'un nouvel et dernier Apis (p. 250). Ordre donné par l'empereur d'expulser le patriarche Athanase, qui se réfugie dans la Thébaïde.

Sous ses successeurs, luttes et représailles perpétuelles entre les gouverneurs païens et les patriarches chrétiens aux dépens des différents religionnaires et de la paix générale.

TABLEAU D'ALEXANDRIE AU IVe SIÈCLE. — « Alexandrie, ville de commerce, de science et de plaisirs, fréquentée par tous les navigateurs de l'Europe et de l'Asie, avec ses monuments, sa vaste bibliothèque, ses écoles, semble l'Athènes de l'Orient, plus riche, plus peuplée, plus féconde en vaines disputes que la véritable Athènes, mais n'ayant pas comme elle cette sagesse d'imagination et ce goût vrai dans les arts.

» Alexandrie était plutôt la Babel de l'érudition profane.

» Là se formait cette philosophie orientale suspendue entre une métaphysique tout idéale et une théurgie délirante, remontant par quelques traditions antiques à la pureté du culte primordial, à l'unité de l'essence divine, s'égarant par un nouveau polythéisme dans ces régions peuplées de génies subalternes que la magie mettait en commerce avec les mortels..... »

« Dans les écrits d'Athanase apparaît Alexandrie aussi tumultueuse, aussi pleine d'orages qu'Antioche est paisible : c'est l'entrepôt de tous les commerces, la patrie de toutes les sectes. Elle est habitée à la fois par les plus contemplatifs et par les plus industrieux de tous les hommes. Près de cet observatoire fondé par les Ptolémées, près de cette bibliothèque immense et qui s'accroît sans cesse, sont des ateliers sans nombre. Personne ne paraît oisif, excepté les philosophes. On est occupé tout le jour à tisser le lin, à fabriquer le papier, à souffler le verre, à forger les métaux ; les aveugles même travaillent.

» Dans cette foule d'habitants, d'étrangers, de voyageurs, il n'est aucune opinion, aucune secte, aucune singularité de mœurs et de doctrines qui ne se cache sans peine ou ne se produise impunément.

» Nulle ville n'est à la fois plus studieuse et plus agitée ; les mœurs des habitants ont quelque chose de féroce et leurs mains sont souvent ensanglantées.

» On combat plus encore pour l'archevêché. Le crédit de cette dignité est grand sur l'esprit du peuple.

» Alexandrie, par son commerce, fournit de blé Rome et l'Italie; et quand on voudra perdre Athanase auprès de l'empereur, on l'accusera du projet d'affamer Rome en suspendant par son pouvoir le départ des flottes d'Égypte. » (Villemain, *l'Éloquence chrétienne au IVe siècle*.)

« Rien n'était plus splendide que l'ancienne Alexandrie, dit J.-J. Ampère. Athénée l'appelle plusieurs fois la belle et la dorée; Philon et Diodore de Sicile la proclament la reine des villes. Nous avons, dans le roman de l'Alexandrin Achilles Tatius, une peinture assez vive de l'impression que devaient faire sur un étranger, encore au IVe siècle, les merveilles d'Alexandrie:

« Après trois jours de navigation, nous arrivâmes à Alexandrie, et, comme
» j'entrai par la porte dite du Soleil, la beauté de la ville, me frappant
» comme un éclair, remplit mes regards de volupté. Une suite de colonnes
» s'étendait en ligne droite des deux côtés de la rue qui va de la porte du
» Soleil à la porte de la Lune, car ces dieux sont les gardiens des portes de
» la ville. Au milieu de ces portiques était une place de laquelle partaient
» des rues en grand nombre. La multitude semblait une foule qui émigre.
» Puis, m'étant avancé encore de quelques stades, je suis arrivé au lieu qui
» porte le nom d'Alexandre (le tombeau ou *Soma*). Là j'ai vu une autre
» ville distinguée par ce genre de beauté, que les colonnes s'offraient oblique-
» ment, aussi nombreuses qu'en ligne droite. Distribuant donc mes regards
» dans toutes les rues, je ne pouvais ni me rassasier de voir, ni suffire
» à contempler tant de beauté. »

On sait par Aboulféda qu'au XIVe siècle, mille ans après, l'ancien tracé des rues, disposées en échiquier, était encore reconnaissable.

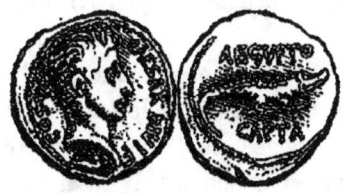

OCTAVE AUGUSTE
« L'Égypte conquise. »
(Collection Demetrio.)

FRISE BYZANTINE

II

PÉRIODE CHRÉTIENNE

DOMINATION BYZANTINE

XXXIV⁰ dynastie (*suite*).

381. L'empereur Théodose I⁰ʳ promulgue un édit en vertu duquel la religion chrétienne est seule tolérée en Égypte ; l'ordre est donné aussitôt de fermer tous les temples, de confisquer leurs biens et d'abolir tous les anciens cultes égyptiens.

391. Théophile, patriarche, obtient de l'empereur un nouvel édit qui le charge de faire détruire les temples égyptiens qu'une certaine tolérance avait laissés subsister, et surtout le Sérapéum d'Alexandrie, qui était resté le *palladium* des religions égyptienne et hellénique, et devenu un lieu de conflits habituel entre les païens et les chrétiens. L'évêque Théophile fit donc attaquer le Sérapéum où les païens s'étaient retranchés, et, après l'avoir emporté d'assaut, y poussa la foule, qui s'y rua, le saccagea, et détruisit sa bibliothèque, contenant sans doute encore les précieuses collections des rois de Pergame données jadis par Antoine à Cléopâtre. La démolition du Sérapéum, commencée par les chrétiens, fut bientôt consommée sur l'ordre de l'empereur. Le *Muséum*, situé dans le quartier du Bruchium, ne périt pas encore.

Ce fut vraisemblablement à cette époque que le Sérapéum de Memphis fut saccagé et mis dans l'état où M. Mariette le trouva quand il pénétra pour la première fois dans son hypogée, le 12 novembre 1851 (pp. 234, 235). « L'anéantissement de l'Égypte païenne, dit-il, fut ainsi consommé. Quarante mille statues, dit-on, périrent dans ce désastre ; les temples furent profanés, mutilés, détruits, et, de toute cette brillante civilisation, il ne resta rien que des ruines plus ou moins bouleversées et les monuments dont les musées recueillent aujourd'hui les restes. » (*Aperçu de l'histoire d'Égypte.*)

D'après les récits de Socrate le Scholastique et de Sozomène, écrivains à peu près contemporains de ces événements, les chrétiens, en démolissant le

Sérapéum d'Alexandrie, furent frappés à la vue du signe hiéroglyphique de la *croix ansée*, ☥ (emblème de *vie éternelle*, p. 111), qui ressemble à la croix chrétienne, ainsi qu'au monogramme du Christ le plus usité en Égypte, ☩ (formé des premières lettres de ΧΡΙΣΤΟΣ, *Christos*). Des néophytes, qui lisaient encore les hiéroglyphes, ayant été consultés sur le sens de ce signe mystérieux, le traduisirent avec à-propos par « *la vie qui doit venir* » (*vitam venturam*). Les Gentils virent aussitôt quelque chose de commun entre leur Sérapis et le Christ, et plusieurs se convertirent. Pour les chrétiens, ce fut l'annonce prophétique de leur religion au sein du vieux paganisme; leur confiance redoubla, bien qu'il n'y eût là qu'une ressemblance fortuite, et, à partir de ce moment, ils introduisirent dans les inscriptions des églises la *croix ansée* païenne à côté de la croix chrétienne, et la confondirent avec le monogramme du Christ, anomalie bizarre à première vue, qui a été expliquée par Letronne, dans les *Mémoires de l'Académie des inscriptions*, t. XVI, p. 236.

Conversion de beaucoup de salles de temples en églises au moyen de cloisons qui les isolaient et de badigeonnages dévotement et grossièrement enluminés pour cacher les textes païens. Abandon de l'écriture hiéroglyphique.

365-300. Théon, célèbre mathématicien du Muséum d'Alexandrie, auteur de commentaires très-estimés sur Euclide, Aratus et l'astronome Ptolémée.

400 et suiv. Controverses religieuses entre Théophile, saint Épiphane, saint Jean Chrysostome, saint Jérôme, et leurs luttes contre les hérésiarques.

Luttes sanglantes entre les théologiens de Constantinople et ceux d'Alexandrie. Le patriarche Cyrille et ses moines chassent les Juifs d'Alexandrie et attaquent le préfet de l'empire, que défend le peuple.

415. La belle et savante HYPATIA, fille de Théon, mathématicienne, philosophe, chef d'une Académie renommée et continuatrice des traditions intelligentes du *Muséum*, est massacrée par la populace à l'instigation du fanatique Cyrille, jaloux de l'influence que lui donnait sa supériorité.

430. Luttes et persécutions de Cyrille contre Nestorius, condamné aux conciles d'Alexandrie et d'Éphèse, grâce à l'argent du patriarcat. Nestorius représentait encore le parti philosophique éclectique dans l'Église, et cherchait à concilier la doctrine d'Aristote avec les conditions d'une foi orthodoxe.

Succession rapide d'empereurs à Constantinople. Luttes sanglantes à Alexandrie entre ceux qui se passionnaient pour ou contre les subtilités, les puérilités dogmatiques des docteurs ou des hérésiarques, et notamment d'Eutychès.

540. Sous le règne de JUSTINIEN, le paganisme régnait encore dans l'île de Philæ, en vertu des traités conclus sous Dioclétien et renouvelés depuis avec les Blemmyes. Ces traités, qui autorisaient, en certains jours, les barbares à transporter chez eux les images d'Isis pour en tirer des oracles et leur assuraient un tribut annuel, ces traités avaient jusque-là maintenu la paix aux frontières. A leur expiration, Justinien cessa de les renouveler, fit emprisonner les prêtres d'Isis, transporter ses statues à Constantinople par Narsès, et transformer ses temples en églises. La guerre et les invasions de barbares recommencèrent dans la Haute-Égypte.

Alexandrie fut décimée, brûlée par Narsès à la suite des révoltes du peuple pour ou contre les patriarches et contre les exactions du fisc.

Les violentes discordes religieuses qui se poursuivent entre Constantinople et Alexandrie entretiennent partout des haines irréconciliables dont la conséquence est d'amener la déchéance et le supplice de l'empereur MAURICE; l'avénement de l'indigne PHOCAS (**603**); l'envahissement de la Syrie (**614**); la dévastation de Jérusalem et des Lieux saints, le blocus de Constantinople, puis l'invasion de l'Égypte par Chosroès II (**616**), roi des Perses, allié et vengeur de Maurice. Ces déchirements, en affaiblissant l'empire, cette invasion, en démoralisant les populations chrétiennes par l'impunité de ses sacriléges, préparent et facilitent la conquête musulmane en Syrie, puis en Égypte.

640. Sous le règne d'HÉRACLIUS, les Égyptiens, Chrétiens jacobites ou *Coptes*, exaspérés du joug des Grecs et des persécutions religieuses de la cour de Constantinople, accueillent les Sarrasins comme des libérateurs.

Pendant quelque temps encore les conquérants arabes seront les continuateurs de la science grecque à Alexandrie; mais bientôt cette ville le cédera à la capitale nouvelle de Fostât, puis du Kaire, et ne sera désormais qu'une cité purement commerciale, où le goût semi-oriental des Vénitiens prendra sa source.

JUSTINIEN Ier

III

PÉRIODE MUSULMANE

ÉCLAIRCISSEMENTS HISTORIQUES

SUR LES ORIGINES ET LES DÉBUTS DE L'ISLAM.

Mahomet (Mohammed), appelé *Resoul Allah*, « Prophète de Dieu », était né à la Mecque vers l'an 569 de J. C. Le commencement de l'Hégire (*hedjrah*, « fuite » de la Mecque à Médine), ou ère musulmane, correspond, pour les Arabes, au 15 juillet, et pour les Turcs au 16 juillet 622 de l'ère chrétienne, et à l'an 934 de l'ère d'Alexandre le Grand. Il est important de rappeler que l'année musulmane est lunaire ou de 354 jours, tandis que la nôtre est solaire, c'est-à-dire composée de 365 jours. Il en résulte que 100 années chrétiennes équivalent à 103 musulmanes; ce qui empêche le parallélisme entre les deux ères.

Les quatre premiers khalifes sortis de la famille de Mahomet sont connus sous le nom de Khalifes légitimes. Ce sont :

1° Abou-Bekr (Hég. **11-13**), beau-père de Mahomet, qui prit le titre de *Khalifah Resoul Allah*, « lieutenant de l'apôtre de Dieu ». Ce fut lui qui forma le recueil appelé Koran, des *sourates* ou prônes et discours encore épars prononcés par Mahomet.

2° Omar (Hég. **13-23**), parent de Mahomet, fut le premier qui se fit appeler *Emir el mouminin*, « chef des fidèles », d'où les croisés avaient fait le mot *miramolin*. Il était d'une simplicité de mœurs et d'un désintéressement extrêmes, et c'est à dater de son règne que l'on commença de compter par les années de l'Hégire. Construction de la mosquée d'Omar à Jérusalem, sur l'emplacement du temple de Salomon [1].

---

[1] Cet édifice, merveille de l'art arabe, a été complètement restauré au XVe siècle. Décrit, dessiné, chromolithographié dans : *Le temple de Jérusalem*, par M. de Vogüé (in-fol.).

3° OSMAN (Hég. **23-35**), parent plus éloigné de Mahomet; nouvelle et définitive rédaction du Koran.

Ces trois khalifes sont regardés comme légitimes par les *Sunnites*, ou sectateurs de la tradition. Les *Schiites*, ou dissidents, voient le premier khalife légitime dans :

4° ALI (Hég. **35-40**), gendre de Mahomet, qui mourut assassiné. Ses douze descendants, qui ne régnèrent pas et sont appelés les *douze imâm* proprement dits, ont donc le privilége d'être regardés par cette secte comme étant seuls légitimes.

RÈGNES ET FAITS PRINCIPAUX

Dynastie des premiers khalifes.

An **18** de l'hégire — **639** J. C. OMAR, 2° khalife, est le premier conquérant arabe de l'Égypte. Après avoir envahi la Syrie, il envoie le généralissime des forces musulmanes, AMROU (Amr-ben-el-Aas), à la conquête de l'Égypte. Memphis lui ouvre ses portes (**19 — 640**). Tribut convenu de 1 *dinâr* (15 francs) par tête; en peu de jours, versement de 12 millions de *dinârs* (180 millions). Prise de possession de *Babylone*, forteresse du Gebel-Mokattam.

Prise d'Alexandrie après un siége de quatorze mois (22 déc.), et soumission de toute l'Egypte. Omar, selon une tradition peu authentique, donne l'ordre à Amrou de faire brûler ce qu'il restait de manuscrits dans les bibliothèques d'Alexandrie. Fondation de *Fostât* (la tente), aujourd'hui le Vieux-Kaire, et de la mosquée d'Amrou (**20—641**), successivement reconstruite et agrandie, mais toujours existante (pp. 43, 292). Restauration et construction de nilomètres. Administration réorganisatrice et intelligente.

Sur l'ordre d'Omar, restauration du *canal des deux mers,* du Nil à la mer Rouge, et creusement du tronçon passant près d'Héliopolis, sous le nom de *Canal du prince des fidèles.* Il avait pour but de ravitailler Médine et la Mecque.

A la mort d'Omar, troubles, révoltes, guerres civiles en Egypte, causées par la tyrannie de ses successeurs, dits *Khalifes légitimes*, membres de la famille de Mahomet choisis par élection.

L'impôt, excessivement modéré, rapporta, pendant la première année de la conquête, un million, puis 4 et plus tard 8 millions de *dinârs*, en outre de quelques impôts en nature. L'an 30 de l'hégire, l'impôt produisait 14 millions de dinârs [1].

---

[1] Wüstenfeld, *Die Statthalter von Ægypten*, I, 19.

Dynastie des khalifes Omeyyades, ainsi nommée d'après Omeyyah, bisaïeul du fondateur : 15 règnes et durée de 91 ans.

41 — 661. MOAWIAH Ier, fondateur, retire au peuple le droit d'élection et rend le khalifat héréditaire.

Rétablissement d'Amrou comme gouverneur de l'Égypte.

43 — 663. Mort d'Amrou, remplacé par des gouverneurs successifs qui continuent de régner à Fostât, le plus souvent d'une façon oppressive, au nom du khalife résidant à Damas.

97 — 715. SOULEYMAN. — Construction du *Mekyâs*, ou nilomètre de l'île de Raudah, encore subsistant au Vieux-Kaire.

C'est sous le règne des Omeyyades que les Musulmans dévastèrent ou conquirent l'Asie Mineure, la Sicile, le nord de l'Afrique, l'Espagne et la moitié de la France.

132 — 749. Dynastie des khalifes Abbassides, ou descendants d'*Abou'l-Abbas*, aïeul du Prophète : 15 règnes et durée de 124 ans.

Un Omeyyade échappé au massacre qui anéantit sa dynastie en Orient se réfugie en Espagne et y fonde une nouvelle dynastie omeyyade.

145 — 762. AL-MANSOUR fonde à Bagdad la capitale de l'empire musulman, qui reste celle de ses successeurs. Abandon définitif et destruction du canal entre le Nil et la mer Rouge, dans le dessein d'affamer l'Arabie, contre qui le khalife était en guerre, et pour éviter un débarquement hostile de ce côté. — Les changements incessants de gouverneurs, amenés en Égypte par le caractère défiant du khalife, provoquent, de la part de ces fonctionnaires, des concussions et des exactions qui réduisent le peuple à la dernière misère. Cette politique, également suivie par ses successeurs, avait peut être pour but d'empêcher aucun gouverneur de s'emparer du pouvoir à une époque où des signes de décomposition se montraient déjà dans l'organisme de l'empire musulman.

« C'est par ordre de Mansour qu'on traduisit pour la première fois en arabe des ouvrages de littérature étrangère, comme le livre de Kalilah el Dimnah; le Sindhind; différents traités d'Aristote sur la logique, etc. ; l'Almageste de Ptolémée, le livre d'Euclide, le Traité d'arithmétique et plusieurs autres ouvrages anciens, grecs, byzantins, pehlevis, parsis et syriaques. Une fois en possession de ces livres, le public les lut et les étudia avec ardeur. Ce fut également sous le règne de Mansour que Mohammed-ben-Ishak publia son livre des *Conquêtes et expéditions* et ses *Recherches sur les origines*, sujet qui n'avait pas été encore étudié, ni coordonné ni rédigé en corps d'ouvrage.

» Mansour fut le premier souverain qui distribua des fonctions publiques à ses affranchis et à ses pages; il les employa dans les affaires importantes et leur donna le pas sur les Arabes. Cette coutume fut observée après lui par les khalifes ses héritiers, et c'est ainsi que les Arabes perdirent les grands commandements, la suprématie et les dignités qu'ils avaient possédés jusqu'alors.

» Dès son avénement au trône, Mansour s'adonna à la science ; il étudia avec persévérance les opinions religieuses et philosophiques, et acquit une connaissance approfondie des sectes, ainsi que de la tradition musulmane. Aussi les écoles traditionnistes se multiplièrent sous son règne et élargirent le cercle de leurs études. » (Maçoudi, *les Prairies d'or*, trad. B. de Meynard, t. VIII, p. 291.)

170 — 786. Haroun-er-Reschid (le droiturier). Apogée de la grandeur musulmane. Ambassade à Charlemagne. — Époque de l'imâm Schafeï, fondateur de celle des quatre sectes orthodoxes à laquelle appartient surtout l'Égypte. Son tombeau reconstruit sous le règne de Saladin, près de la nécropole des mamlouks (p. 43).

« Haroun répandit ses largesses et les trésors de sa justice sur tous ses sujets. Il organisa les frontières militaires, fortifia plusieurs villes, telles que Tarsous et Adanah, rendit la prospérité à Massissah et à Marâch, et multiplia les travaux de défense militaire, les caravansérails et maisons hospitalières. Son exemple fut suivi par ses agents ; le peuple s'inspira de sa conduite et marcha sur ses traces en suivant la direction qu'il lui donnait ; l'erreur fut subjuguée, la vérité reparut, et l'Islam, brillant d'un éclat nouveau, éclipsa les autres religions. » (*Ibid.*, p. 294.)

198 — 813. Al-Mamoun, son fils. Règne célèbre pour les encouragements donnés aux lettres et aux sciences. Traductions d'ouvrages grecs perdus en Occident ; progrès de l'astronomie. « Épris de la lecture des livres anciens, dit Maçoudi, il s'appliqua à les étudier, persévéra dans ses recherches, et réussit à les comprendre et à les approfondir... De retour en Irak, Mamoun, renonçant à ses études favorites, professa la doctrine de l'unité, des récompenses et châtiments ; il présida aux conférences des théologiens et attira à sa cour les dialecticiens les plus célèbres dans la controverse... Il avait sans cesse à ses côtés les jurisconsultes et les littérateurs les plus instruits ; il les faisait venir de tous pays et les pensionnait. Le peuple prit goût aux spéculations philosophiques ; l'étude de la dialectique devint de mode ; chaque école écrivit des ouvrages à l'appui de sa thèse et en faveur des doctrines qu'elle professait.

» Quant à Mamoun, ce fut le plus clément et le plus patient des hommes. Personne ne fit un meilleur usage du pouvoir ; personne ne fut plus libéral, plus prodigue dans ses dons et moins enclin à les regretter. Ministres et courtisans, tous l'imitèrent à l'envi, tous suivirent son exemple et marchèrent sur ses brisées. » (*Ibid.*, p. 300.)

Le nilomètre de l'île de Raudah est restauré. Détruit plus tard par un tremblement de terre, sous le règne de EL-MOTAWAKKEL (**847-861**), il fut alors reconstruit tel à peu près qu'on le voit aujourd'hui, et prit le nom de *Mekyâs el-Djedîd*, « le nouveau nilomètre¹ ».

817 — 833. Venue de Mamoun, khalife de Bagdad, à Fostât (Vieux-Kaire). Comme exemple de fortune privée á cette époque, Makrizy raconte que les jardins des Benou-Sinân plurent beaucoup au khalife, et que, sur sa demande, Ibrahim-ben-Sinân lui dit qu'il payait annuellement 20 000 dinârs d'impôt foncier (1 dinâr = 12 à 15 fr.) et il en estimait le revenu à 100 000 dinârs, (édit. du Kaire, t. I, p. 334). A cette époque, les maisons avaient déjà cinq, six et sept étages, et souvent une seule contenait 250 habitants (*ibid.*, 334 et 341).

Dynastie des Thoulounides : 5 règnes et durée de 37 ans.

857—870. AHMED-EBN-THOULOUN était d'origine turkomane ou turke par son père Thouloun, ancien captif affranchi du khalife. Homme supérieur et d'une éducation distinguée, Ahmed, élevé peu à peu jusqu'au rang de gouverneur de l'Égypte, se maintient dans ce poste et se rend indépendant des khalifes abbassides, retirés alors à *Samarra* en Irak (Mésopotamie), pour échapper à l'insolence de leurs esclaves turks, milice qui devenait de plus en plus redoutable.

Le palais des anciens gouverneurs lui étant devenu insuffisant, par suite de l'extension de sa maison, de ses armements et de ses richesses, il fait élever à l'est de Fostât et du quartier d'*Asker*, jusqu'au pied du Mokâttam, une citadelle, un palais, un manége, lieux où s'étendent aujourd'hui les places de Roumeylêh et de Karameydan, et où se donnaient des carrousels et des revues qui passionnaient tous les rangs de la population (p. 294) : « La revue des chevaux que passait Ahmed-ebn-Touloun, dit *Kodhaï*, était une des quatre merveilles de l'Islam, avec le Ramadhân à la Mecque, la fête de Tarsous et le vendredi à Bagdad. » Et ce chroniqueur ajoute qu'à son époque (XIe s. J. C.) il n'existait plus que la deuxième et la quatrième. Le copiste de son livre retranche même la quatrième, à raison de la conquête de Holagou (**1258**) et de la mort violente du khalife Mostacem. Il ne reste alors plus rien de la splendeur du Ramadhân (carême musulman) qui puisse faire considérer cette fête comme une des quatre merveilles (Makrizy, p. 318).

Création par Thouloun du quartier considérable ou plutôt de la ville de *Kataï* (les fiefs), dont les terrains sans possesseurs (sauf ceux de cimetières juifs et chrétiens qu'on bouleversa au pied du Mokâttam) furent concédés par le prince moyennant redevance (p. 292).

¹ Voyez dans le *Journal Asiatique* (mai-juin 1873) : *Observations sur les coudées du Mekyâs*, par M. E. Fagnan, de la Bibliothèque nationale.

Diminution de 100 000 dinârs sur les impôts vexatoires de ses prédécesseurs. Construction d'aqueducs, d'abreuvoirs, de fontaines et de mosquées. Réparations au phare antique d'Alexandrie. Fondation du premier hôpital à Fostât.

868—879. Au centre du quartier de Kataï, sur la hauteur d'*Yechkat*, construction de la grande *Mosquée de Thouloun* qui existe encore, et dont la dépense, disent les historiens, monta à près de 2 millions de notre monnaie, pris sur des « trésors trouvés » (p. 293). A la mort de Thouloun on trouva dans son trésor particulier l'équivalent de 150 millions de francs; quatre ans auparavant, son fils Abbas, révolté contre lui, en avait soustrait plus de 30. Le revenu annuel de l'Égypte pouvait monter à 300 millions de pièces d'or. (De Guignes, *Histoire des Huns*, III, 135.)

Grande libéralité de Thouloun pour les poëtes improvisateurs et musiciens. « *El Nàblousi* dit avoir vu un volume de douze cahiers contenant seulement les noms des poëtes de l'époque d'Ahmed-ben-Thouloun. Qu'on juge par là de ce que devaient être leurs œuvres, encore qu'il ne nous en soit pas parvenu un seul diwan (recueil). » (Makrizy, édit. du Kaire, I, 326). Ce goût passionné pour la musique et l'improvisation était au reste général en Orient. Dès les premiers temps de l'Islam, on le voit très-développé au sein des cours les plus raffinées; les musiciens célèbres étaient alors tellement recherchés des souverains les plus lettrés, qu'ils entraient souvent avec eux dans une sorte d'intimité privilégiée; et ils arrivaient par là à des fortunes si subites et si énormes, qu'à voir l'extase des maîtres, qui les écoutaient, on doit supposer une grande puissance à un art aujourd'hui perdu en Orient. M. Caussin de Perceval a publié sur ce sujet un travail des plus intéressants (*Notices anecdotiques sur les principaux musiciens arabes des trois premiers siècles de l'Islamisme*, dans *Journal Asiatique*, novembre-décembre 1873). — Voyez plus loin, p. 402.

870-884. KHOMAROUYAH ou mieux KHOMAROVAÏH, fils et successeur immédiat de Thouloun, le dépassa en magnificence, et cependant le peuple fut heureux sous son règne. (P. 294.)

A cette époque, la souveraineté des khalifes de Bagdad sur l'Égypte n'est plus que nominale et ne consiste qu'en un droit d'investiture et en un tribut annuel de 3 millions, rarement payé.

Noces étonnamment somptueuses de *Katr-enneda* (Goutte de rosée), fille du sultan d'Égypte, avec *Motadid*, khalife de Bagdad. Ibn-Khallikan (trad. de Slane, I, 498), qui parle des grandes richesses des Thoulounides, assure que Motadid, en épousant Katr-enneda, qui reçut en dot un million de dinârs et entre autres présents mille mortiers d'or à parfums, cherchait à ruiner les Thoulounides pour leur reprendre l'Égypte. En cette occasion, ils se ruinèrent en effet, car KHOMAROVAÏH fit à sa fille des cadeaux tels qu'on n'avait jamais rien vu de pareil et qu'ils égalaient ceux du khalife, son gendre et suzerain. Il n'y eut pas de chose précieuse qu'il ne lui donnât : entre autres, on admira beaucoup un trône d'or surmonté d'une coupole d'or treillagée, et dans chaque maille de ce treillis se balançait un pendant d'oreille formé par une perle de valeur inestimable. (Makrizy, p. 318-19.)

« *Kodhaï* rapporte que Khomarovaïh fit construire un palais à chaque station où devait s'arrêter sa fille sur la route entre l'Égypte et Bagdad. Il la fit accompagner d'un cortége que commandait son propre frère *Sheybân*. »
« On la menait comme un enfant dans son berceau, et à chaque station elle trouvait un palais garni de tapis et orné de toutes les choses nécessaires à une femme de son rang, dans un lieu d'habitation permanente ; si bien que, pendant tout le trajet, malgré la grande distance, elle vécut comme dans le palais de son père, allant de salon en salon. Elle arriva ainsi à Bagdad en 282. » (*Khitât* de Makrizy, p. 318-19.)

Voici un autre exemple de richesse et de prodigalité : « Khomarovaïh fit un jour acheter par Mohammed-ben-Ali diverses espèces de vêtements dont il voulait faire une distribution entre les jeunes filles du harem. Mohammed arriva le lendemain prendre des nouvelles du prince, et on lui dit qu'il avait opéré cette distribution entre les jeunes filles et les pages, en outre de dinârs, et ordonné que les pièces d'or tombées dans le bassin de la cour (où s'était faite la distribution) fussent réservées pour Mohammed. Celui-ci les en fit retirer par des esclaves, et la somme ainsi recueillie se trouva être de 70 000 dinârs. » (*Khitât*, I, p. 331.)

« La population de chaque maison était si nombreuse, que, pour la seule maison dite de Abd-el-Aziz, il fallait par jour quatre cents charges d'eau (*ibid.*, p. 334).

» A cette même époque, un personnage entre dans un bain de construction grecque encore subsistant à ce moment, et ne peut trouver d'employé pour le servir, chacun, lui dit-on, ayant deux et même trois personnes à servir ; ce bain avait pourtant 70 employés. Il dut ainsi aller dans quatre bains avant de pouvoir se faire servir. Or, Kodhaï nous rapporte qu'il y avait 1 170 bains (*ibid.*).

» Pourtant le blé était bon marché : les 5 *ardebs* (750 livres) valaient un dinâr, et même on en eut, pour le même prix, dix au temps d'Ahmed-ben-Thouloun (*ibid.*).

» Un sheykh des plus respectables disait tenir de son père que ce dernier avait compté dans un marché qui s'étendait entre l'oratoire d'Abdallah et la mosquée d'Ibn-Thouloun, 370 pots (sans doute des paniers) de pois étalés par terre, non compris ceux des estrades et des boutiques. Or, il y avait dix marchés aussi ou plus importants, rien que pour l'intérieur de la ville. » (*Ibid.*)

Au X⁰ siècle, la langue *copte* ou égyptienne antique tombe en désuétude et cède la place à l'arabe. Le copte devient langue morte et langue savante.

292-322 — 905-934. Les ABBASSIDES rentrent en possession de l'Égypte, qui, avec Bagdad et quelques provinces, compose désormais tous leurs États.

Révolte du gouverneur de l'Égypte, qui prit le surnom de *El-Ikhschid*, « le roi des rois ». C'était, à l'instar des anciens rois de Perse, le nom que portaient les princes de *Ferghanah* (prov. du Turkestan), d'où cette famille est originaire.

322-357 — 934-968. Dynastie des Ikhschidites : 5 règnes et durée de 34 ans.

Guerres civiles ou étrangères incessantes pendant ces deux dynasties.

Dynastie des khalifes Fatimites, princes originaires de l'Afrique septentrionale qui ont régné en Sicile, en Sardaigne, et se disaient issus de Mahomet par *Fatime* ou *Fatma*, sa fille : 11 règnes et durée de 188 ans.

358-968. MOEZZ, khalife fatimite résidant à *Mahadyèh*, envoie, vers la fin du règne de *Kâfour* (p. 296), une armée d'invasion en Égypte sous les ordres de son général DJAWHAR, qui réorganise et dégrève le pays, désolé sous les derniers règnes.

359 — 970. Suivant l'usage oriental, fondation par Djawhar d'une nouvelle capitale qui fut appelée le Kaire (*Masr-el-Kâhirah*, ou la Victorieuse), sise à une certaine distance au nord de Kataï et au N. E. de Fostât.

Fondation de la grande mosquée et de l'université musulmane d'*el-Azhar*, par Djawhar (p. 59) [1].

362 — 972. Arrivée du khalife Moëzz et de ses volumineux trésors au Kaire, qui devient le siège du khalifat fatimite; les khalifes abbassides de Bagdad n'ont plus qu'un pouvoir nominal.

« On employa 110 000 *mithkal* d'or pour faire le trône où s'assit Moëzz-lidin-Allah lors de son entrée au Kaire [2] (Makrizy, p. 385), plus 30 000 *mithkal* pour orner la tenture et 1560 joyaux de toute couleur; pour le grand parasol, 30 000 *mithkal* d'or et 3600 joyaux, et pour le parasol qui n'était pas entièrement en or, 17 000 *mithkal* (*ib.*). Les frais des réceptions que faisait le prince dans le palais doré pendant 27 jours du Ramadhân s'élevaient à 300 000 dinârs (*ib.*, p. 378). Les sommes dépensées pour la fête des victimes et celle de la rupture du jeûne s'élevaient à 400 000 dinârs » (*ibid.*, p. 488).

---

[1] La prononciation *dj*, que nous avons généralement adoptée dans la transcription des mots arabes commençant par G, est la véritable. Mais en Égypte ce son est transformé en le G dur ou *gue* du français. L'Égyptien prononce donc *Gawhar*, et de même pour les mots commençant par G : ainsi *Ghebel*, *Ghizèh*, et non *Djebel*, *Djizèh*:

[2] Le *mithkal* pèse environ 4 grammes et demi.

386—996. Hakem. L'Égypte, heureuse avec ses prédécesseurs, retombe dans tous ses maux passés, sous le long règne de cet autre Néron.

1003. Fondation de la mosquée de *Hakem* (p. 279).

1004. Fondation de l'Académie et de la bibliothèque connues sous le nom de *Maison de la sagesse* (p. 281, note).

Hakem, devenu fou, force le peuple à le reconnaître comme Dieu et fait mettre le feu au Kaire, dont une partie est brûlée et l'autre pillée par ses soldats. Il est assassiné sur le Mokâttam (**411—1020**).

427-487— 1036-1094. Mostanser-Billah eut le règne le plus long et le plus désastreux de ceux de sa dynastie. Intrigues de palais et renversements de vizirs. Famines, pestes et guerres malheureuses. Pillages des églises chrétiennes pour subvenir aux dépenses. Collisions terribles entre les mercenaires turks et les milices nègres du khalife. Victoire des Turks, dont l'insolence et les exigences ne connaissent plus de bornes et finissent par épuiser le trésor. Vente à l'encan et pillage des richesses accumulées par les Fatimites (p. 267). Pillage de leurs tombeaux, de leurs bibliothèques. Incendie et ruine du quartier de Kataï, qui contenait plus de 100 000 maisons avec jardins (**445—1052**). D'après *Kodhaï*, il y aurait eu à *Masr-el-Atikah* ou Fostât, le nombre incroyable de 1036 mosquées, de 8000 voies publiques, de 1170 bains, et encore n'arrivait-on au bain de Djenada, à *Kerafât*, qu'en fendant péniblement la foule. Il rapportait 500 dirhems chaque vendredi. Depuis le règne de Mostanser, l'emplacement de Kataï n'est plus qu'un désert semé de tombeaux et de collines de décombres.

Après ces désastres, le khalife est réduit au dernier dénûment par *Nasser-ed-doulah*, chef des Turks, qui veut le faire déposer (**467—1074**). L'émir de Syrie *Bedr-Djemâli*, appelé secrètement avec son armée par le khalife, suffit à délivrer enfin l'Égypte des Turkomans et des factieux. L'émir administre l'Égypte pendant vingt ans et y rétablit la paix, le travail et l'abondance absents depuis quarante années. En 1090, les revenus publics avaient monté de 42 millions à 46 et demi [1].

Fondations, restaurations nombreuses dans toutes les villes et au Kaire; construction des portes monumentales de *Bâb-en-Nasr* (p. 55), *Bâb-el-Fotouh* (p. 276) et *Bâb-el-Zoweyleh* près la mosquée de Moeyyed (p. 32), toutes trois encore existantes. Nouveaux remparts autour de la ville.

Époque du renversement de la puissance arabe en Sicile et du règne des rois normands.

487—1094. Mostaali, fils de Mostanser, a pour premier ministre *Schahinschâh*, fils de Bedr-Djemâli et digne de son père pour l'intelligence et la fermeté.

[1] Voyez, dans les *Mém. hist. et géogr. sur l'Égypte* d'Ét. Quatremère, l'histoire du règne de Mostanser.

L'Égypte et Constantinople sont déjà menacées de l'invasion des Turks ou Turkomans, qui enlèvent la Syrie au khalifat du Kaire, mais que Schâhins-châh leur reprend bientôt (**489 — 1095**).

Arrivée à Constantinople des armées de la première croisade; les croisés en éloignent les Turks Seldjoucides, et le 14 juillet 1099 enlèvent Jérusalem au khalife d'Égypte, qui, inquiété par leurs succès, obtient sur eux l'avantage à Ascalon, et les rejette loin de ses frontières.

495 — 1101. Amr, fils de Mostaali. L'Égypte, défendue par ses déserts de l'est, était restée en dehors de la lutte entre les croisés et les musulmans de Syrie.

511 — 1117. Baudouin Ier, second roi de Jérusalem, y conduit ses armées jusqu'à *Faramah* (près de Peluse), qu'il détruit par le feu; la mort le surprend près d'*El-Arisch*, et l'Égypte est épargnée.

518 — 1124. Formation de la secte fanatique des *Bathéniens* ou *Assassins* (de « Haschâschîn », dérivé de *haschisch*, chanvre, substance avec laquelle on enivrait les adeptes). Devenus très-puissants, ils assassinent le khalife au Kaire.

524 — 1129. Dafer, fils d'Hâfiz. Décadence complète des Fatimites; misère et faiblesse de l'Égypte.

548 — 1153. Prise d'Ascalon, possession de l'Égypte par les croisés. Prise, pillage et destruction de *Tennis* (lac de Menzaleh) par les Normands de Sicile.

549 — 1154. Assassinat du khalife par son vizir.

El-Adhed. Sous ce dernier khalife d'une dynastie défaillante, tentative d'Amaury Ier, roi de Jérusalem, pour s'emparer du Kaire, le piller et se le faire racheter à prix d'or. Les habitants de Fostât se défendent en mettant le feu à leur ville; incendie de 54 jours (p. 292). Amaury consent à recevoir un tribut de 15 millions pour lever le siége, n'en reçoit qu'un et demi, et se fait battre et chasser d'Égypte par les troupes de Nour-ed-din, *Atabeg* de Syrie, appelé à son secours par le khalife et considéré comme le prince le plus juste de l'Islamisme[1]. Emploi des *pigeons voyageurs* pour transmettre les dépêches, circonstance qui contribua beaucoup à la défaite des croisés.

564 — 1169. Le khalife élève à la dignité de vizir suprême *Youssouf-Salah-ed-din* (Saladin), neveu de *Schirkouh*, généralissime de Nour-ed-din, qui mourut bientôt après cette nomination; cette mort ouvrait à Saladin le chemin du pouvoir en Syrie. A cette nouvelle, attaque infructueuse de Damiette par les Grecs et les croisés.

[1] Les *Atabeg* étaient les gouverneurs ou précepteurs des jeunes princes; grâce à la jeunesse ou à l'incapacité de leurs maîtres, ils avaient fini par usurper le pouvoir et régner à leurs places sous cette désignation, qui devint un véritable titre de souveraineté comparable à celui de *sultan*.

Dynastie des sultans Ayyoubites : 8 règnes, durée de 80 ans.

567 — 1171. Salah-ed-din-Youssouf, fils d'Ayyoub (Saladin), règne quelque temps au nom du khalife abbasside de Bagdad. Il cherche à déraciner les principes de la secte d'Ali à laquelle appartenaient les Fatimites. Dans ce but, fondation du tombeau et du collége de l'imâm Schafeï (p. 43). Destruction de leurs académies et de leurs bibliothèques, bientôt remplacées par les siennes.

570 — 1174. A la mort de Nour-ed-din, atabeg ou sultan de Syrie, et son suzerain, Saladin, sous prétexte de sauvegarder les intérêts de son héritier en bas âge, prend possession de la Syrie. Immenses richesses dont il s'empare dans le palais des khalifes. Il avait coutume d'employer les trésors conquis à l'entretien de ses armées plutôt qu'à des fantaisies ruineuses.

Pendant ces guerres, l'administration de l'Égypte est confiée au vizir *Behâ-ed-din* qui rétablit les canaux d'inondation et les chemins. Un pont de 40 arches sur le canal entre Gizèh et les pyramides est construit avec les matériaux des petites pyramides de Gizèh. Construction de la citadelle actuelle du Kaire, du palais de Saladin qu'a remplacé la mosquée de Méhémet-Ali, et du puits dit de Joseph (page 36). Nouvelle enceinte du Kaire. Toutes ces constructions furent faites aux dépens des petites pyramides et des monuments de Memphis. Le peuple, frappé de nouveaux impôts, se venge de Behâ-ed-din en le surnommant *Kara-Kousch* (l'Oiseau noir), et en lui attribuant mille aventures ridicules. Malgré l'opinion généralement répandue, il n'est pas probable cependant que le peuple en ait fait le *karagueuz* ou polichinelle égyptien et turk, encore en vogue de nos jours.

583 - 1187. Reprise de Jérusalem et destruction du royaume chrétien de Syrie par Saladin. Ce désastre suscite la 3ᵉ croisade (1189).

589 - 1193. Mort de Saladin à Damas, pendant la trêve conclue en 1192.

Époque d'Abd-el-Latif, médecin de Bagdad, géographe et historien de l'Égypte (p. 186, note).

593 - 1196. El-Melek el-Aziz, fils et successeur de Saladin, forme le projet de détruire les pyramides de Gizèh ; huit mois d'efforts et de dépenses énormes n'ont pour résultat que d'arracher une partie du revêtement extérieur de la moins grande des trois, celle de *Mycérinus*, et cette entreprise ridicule et inutile est abandonnée.

594 — 1197. Sa tentative maladroite pour empêcher, pendant le Ramadhân, les fantasias et les orgies populaires sur les places publiques transformées en lacs par l'inondation, et notamment sur la place *Ezbekieh* (p. 306), achève de rendre le peuple hostile contre lui et occasionne des révoltes.

596 — 1200. El-Melek el-Adel, frère de Saladin, usurpe le pouvoir, tient en échec les chrétiens de la 4ᵉ croisade, qui comptaient sur la division des

Ayyoubites, repousse par l'argent une diversion de leur flotte vers Rosette (**601—1204**) et leur rend Jaffa. Suite de combats en Syrie.

615—1218-1219. A la 5ᵉ croisade (1217), siége de Damiette par les troupes du roi de Jérusalem, Jean de Brienne, qui, malgré plusieurs échecs, finissent par s'en emparer après la mort du sultan et sous le règne de son fils EL-MELEK EL-KAMEL.

L'orgueil intraitable de Pélage, légat du pape, qui prétendait commander seul, sema la division dans le camp chrétien, força Jean de Brienne à se retirer, et convertit cette croisade en un désastre.

Les Francs remontent le Nil et livrent près de *Mansourah* un combat qui leur ouvre le chemin du Kaire. Le sultan, ayant reçu le renfort des princes syriens de sa famille, héritiers comme lui de Saladin, propose un arrangement aux chefs croisés, qui se montrent intraitables sur les conditions du marché. Un mouvement tournant opéré par les musulmans, qui rompent les digues des canaux et livrent l'armée chrétienne au fléau de l'inondation, oblige les croisés à implorer la paix et à rendre Damiette sans aucune compensation (**618—1221**). Évacuation de l'Égypte par les croisés.

MONNAIE DE JEAN DE BRIENNE
Frappée à Damiette¹.

637—1240. EL-MELEK EL-SALÈH, deuxième fils de Kamel.

A la 7ᵉ croisade (1248), reprise de Damiette par l'armée de saint Louis (29 juin 1249). L'armée musulmane prend position à Mansourah. Mort du sultan, créateur de la garde « prétorienne » des MAMLOUKS, qui devaient bientôt renverser sa dynastie.

647—1250. Combat devant Mansourah (« la Massoure »). Surprise et massacre de Mansourah par les croisés, qui sont arrêtés par les Mamlouks. Échecs, expectatives et souffrances des croisés devant Mansourah, toute communication avec Damiette ayant été coupée par les Sarrasins. Retraite sur *Fareskour;* massacre des croisés.

1250. Saint Louis fait prisonnier avec les princes et les principaux barons de France.

¹ Pièce très-rare, la seule frappée en Égypte par les croisés. — Tirée de : *Les principautés franques du Levant d'après les plus récentes découvertes de la numismatique,* par Gustave SCHLUMBERGER, de la Société des antiquaires de France. Paris, E. Leroux, 1877, in-8°.

Meurtre, à Fareskour, de MOAZZEM, dernier sultan ayyoubite, par les Mamlouks révoltés. Reddition de Damiette pour la rançon du roi et payement de 6 millions pour celle des prisonniers chrétiens.

Ire Dynastie des sultans mamlouks dits **Baharites** (**648-784—1250-1382**), parce qu'ils étaient élevés dans l'île de Raudah, sur le Nil, appelé *bahr* ou *bahar* (mer) par les Égyptiens. Origine turkomane ou turke. 27 règnes et durée de 132 ans.

658—1260. A l'époque de cette dynastie en Égypte, invasion en Syrie des Mongols commandés par Holagou, petit-fils de Djinguiz-khan; prise de Bagdad et fin du pouvoir *temporel* des khalifes abbassides, dont cependant la succession se continue en Égypte jusqu'à la conquête turke.

L'histoire des sultans mamlouks ne présentant qu'une série de complots, de trahisons, de meurtres, de luttes intestines pour la possession du pouvoir suprême, ne trouvera ici que quelques dates relatives aux principaux monuments qui font encore l'ornement du Kaire.

1277. Tombeau du sultan BIBARS, au Kaire, dans le voisinage du grand *Moristan* ou hôpital.

1287. Mosquée, tombeau et hôpital connu sous le nom de *grand Moristan*; fondés dans la rue conduisant à *Bâb-el-Fotouh* (porte des Victoires), par le sultan KALAOUN. Autre mosquée à la citadelle, merveille de l'architecture arabe, mais en ruines (p. 34); édifices terminés par son fils et son successeur :

1302. MELEK EL-ASCHRAF-KHALIL. Sur l'emplacement des tombeaux des anciens sultans ayyoubites, fondation par ce sultan du *Khan-Khalil*, le plus grand bazar du Kaire, en face du Moristan.

1357-1360. Fondation de la grande *mosquée de* HASSAN par le sultan de ce nom; elle coûta, dit Makrizi, environ 15 000 francs par jour, et le sultan laissa entendre que s'il en avait connu les énormes dépenses, il n'en aurait pas entrepris la construction. Cet édifice, le plus considérable et le plus beau des monuments arabes du Kaire, paraît destiné à disparaître comme les autres, faute d'entretien et de réparations (p. 38 et suiv., et 280, note). M. Jules Bourgoin, architecte, auteur des *Arts arabes*, a le premier découvert une particularité intéressante, qui tend à faire supposer que les monuments arabes pouvaient être construits par des architectes européens d'après des plans fournis par les Arabes. A la mosquée de Hassan, le pilier de rampe du perron, détail secondaire oublié ou négligé par les auteurs du plan, est décoré de bas-reliefs représentant des édifices à clochetons et à échauguettes du style gothique occidental le plus pur. Cet ouvrage aurait-il pu appartenir à un artiste arabe, et n'est-il pas plutôt comme la signature d'un Européen du xiv° siècle ?

II° Dynastie des sultans mamlouks dits **Circassiens** ou **Bordjites**, de *bordj*, citadelle (**784-923—1382-1517**). Ils étaient originaires de Sibérie, mais établis en Circassie, où on les achetait tout jeunes.

26 règnes et durée de 135 ans.

Ces Mamlouks, achetés en Circassie par les derniers sultans baharites pour tenir tête aux Mamlouks turks, qui après les avoir élevés les renversaient aussitôt, finirent à leur tour par s'emparer du pouvoir suprême avec BARKOUK, premier sultan circassien (p. 50) (**784-791—1382-1388**). Tombeau de sa famille au Kaire, près du Moristan. Sa grande mosquée funéraire, hors du Kaire, dans la *vallée des tombeaux* (pp. 49, 291). Prince ambitieux, mais intelligent, énergique, très-populaire.

815-824—1412-1421. EL-MOEYYED ou Scheykh el Mahmoûdi, usurpateur et ambitieux, mais intelligent et lettré, élève la belle mosquée qui porte son nom, près de la porte Zoweylêh, au bout de la rue d'el-Ghouryèh.

1438. EL-ASCHRAF BARSABAY. Mosquée funéraire dans la vallée des tombeaux (p. 48); autre mosquée dans la rue d'el-Ghouryèh. Destruction des pirates de la Méditerranée et humiliation du roi de Chypre.

872-901—1467-1495. KAÏT-BEY, l'un des plus capables et des meilleurs, tient tête aux premières invasions en Syrie, des Turks de Stamboul, sous Bajazet (Bâyezid), fils du conquérant de Constantinople (**893—1487**), et conclut avec eux une paix honorable.

L'émir EZBEKI, son général, et vainqueur des Turks, construit en mémoire de ses victoires une mosquée sur la place qui depuis s'est appelée *Ezbekyèh* (pp. 26, 306).

Mosquée funéraire très-remarquable de Kaït-bey, dans la vallée des tombeaux, d'où cette partie a pris le nom de *nécropole de Kaït-bey* (p. 45).

906—1501. KHANSOU IV EL-GHOURI, sultan, dit-on, sans ambition, courageux et prudent, est promu au pouvoir malgré lui. Améliorations intérieures: création de la mosquée et du quartier d'el-Ghouryèh, les derniers monuments arabes élevés au Kaire (p. 58).

Échec contre les Portugais conquérants des Indes. C'est à cette époque qu'il faut rapporter le projet gigantesque formé par Albuquerque, de détourner le Nil dans la mer Rouge par une vallée aboutissant près du port de *Koseïr*, pour ruiner l'Egypte, qui s'opposait aux conquêtes des Portugais, dont le commerce aux Indes allait nuire au sien.

922—1516. Nouvelle invasion ottomane en Syrie. Le sultan el-Ghouri est défait et tué près d'Alep.

Touman-bey II, son neveu, homme plein d'énergie et de grandeur d'âme, est élu sultan d'Égypte par les Mamlouks.

922—1517. Les Turks, vainqueurs des Égyptiens à Gaza, envahissent l'Égypte et gagnent près du Kaire la bataille d'el-Redanyêh (22 janvier), qui leur ouvre les portes de la ville. Toumân-bey y rentre secrètement et extermine le corps d'occupation (29 janvier). Le sultan Sélim est obligé de faire reprendre la ville rue par rue, maison par maison, et, après un combat de trois jours et de trois nuits, offre l'amnistie aux Mamlouks : 800 d'entre eux se rendent et sont décapités sur la place de Roumeylêh. Incendie, pillage, massacre de 50 000 habitants. Le 15 février 1517, Sélim, sultan des Ottomans, trônait à la citadelle dans le palais de Saladin. Résistance héroïque de Toumân-bey et des derniers Mamlouks à Gizêh. Il se retire dans le Delta, où il est trahi et vendu aux Turks par un Arabe qu'il avait comblé de ses bienfaits. Toumân-bey, d'abord honorablement traité par le vainqueur, est perdu dans son esprit par ces traîtres qui avaient déjà amené sa défaite et sa chute; faussement accusé de complot, il est envoyé au supplice. Six jours durant, Sélim le fait promener ignominieusement sur un chameau, escorté de son turban et de son cimeterre que l'on exposait avec dérision, et entouré de ses beys captifs. Le 13 avril 1517, l'héroïque et chevaleresque Toumân-bey, dernier sultan mamlouk, est pendu sous l'arcade de la porte Zoweylêh, près de la mosquée el-Moeyyed, où, quelques jours après, Sélim, le plus sanguinaire et le plus mystique des hommes de son temps, allait faire acte public d'humilité, en baisant les dalles et en les arrosant de ses larmes.

SUPPLICE DE TOUMAN-BEY, DERNIER SULTAN MAMLOUK
(tiré de la *Cosmographie* d'André Thevet, 1575 [1]).

DOMINATION OTTOMANE

923 Hég. — 1517 J. C. Sélim Ier, devenu maître du Kaire, réunit dans ses mains le pouvoir temporel des sultans et le pouvoir spirituel des Khalifes en s'emparant de Motawakkel, dernier khalife abbasside. La province d'Egypte est conflée à un *pacha* ou vice-roi, surveillé lui-même et contrôlé par deux autres pouvoirs collatéraux; le tout équilibré pour la stabilité de la possession et non pour le bien-être du pays, voué aussitôt à d'intolérables vexations par suite des changements incessants de gouverneurs. Les bases de cette organisation étant fixées, le sultan retourna à Constantinople en enlevant les trésors et le butin pris sur les Mamlouks. Voici ces bases :

1° Le pacha devait recevoir les ordres impériaux, les promulguer et les faire exécuter.

[1] Fac-simile par Dujardin, d'après le bel exemplaire de M. Ferdinand Denis, directeur de la bibliothèque Sainte-Geneviève.

2° Six corps militaires ou *odjâks*, chargés de la défense, de la police et de la perception des impôts, obéissaient à un chef indépendant du pacha, mais qui, par une restriction prudente, ne pouvait sous aucun prétexte sortir de la citadelle. Les chefs des odjâks, *odjâklis* ou *aghâ*, formaient le conseil obligé ou *divan* du pacha, qu'ils devaient surveiller, et au besoin dénoncer à Constantinople.

3° Le troisième pouvoir était exercé par les anciens chefs des Mamlouks, ennemis naturels des deux autres et qui devaient nécessairement pencher pour le parti le plus faible. Douze *beys* de ces Mamlouks, rééligibles tous les ans, furent chargés des douze gouvernements ou divisions de l'Égypte.

926 — 1520. Soliman Ier consolide le pouvoir des Turks en Égypte, et donne à l'administration la forme compliquée qu'elle conserva jusqu'à Méhémet-Ali. Il crée deux conseils de surveillance : le *grand divan* et le *petit divan*. La présidence du grand divan fut retirée au pacha, qui eut seulement le droit de le convoquer, d'assister de loin aux délibérations, d'en sanctionner les arrêts et de les faire exécuter. La résidence du pacha fut fixée à la citadelle, sous la surveillance du commandant de la place, et son pouvoir limité à la durée d'une année, sauf réélection par le sultan. Le *petit divan* s'assemblait tous les jours et s'occupait des affaires courantes. Un septième *odjâk* ou corps militaire, composé de Mamlouks assermentés, fut adjoint aux six autres. Pour tous les *odjâklis* les charges et les dignités devinrent héréditaires. Douze beys furent adjoints aux douze premiers gouverneurs de province pour les suppléer ou les remplacer, les uns nommés par le sultan, les autres par le pacha ; ces derniers seuls étaient inamovibles.

Le sol entier de l'Égypte fut déclaré propriété du sultan, qui en transmit la jouissance à des usufruitiers ou *moultezim*, avec la permission de la céder à leur tour aux *fellahs* d'une façon héréditaire et moyennant redevance. Le fellah ne pouvait aliéner son fonds, qui revenait au moultezim, s'il mourait sans enfants ; dans un cas analogue, la concession du moultezim retournait au sultan, qui la donnait à un autre. Sous peine d'expulsion, l'un et l'autre payaient l'impôt au sultan.

Pour échapper aux extorsions illégales des gouverneurs ou des agents du fisc, les tenanciers avaient le droit de léguer leurs concessions aux mosquées, qui prélevaient une part des revenus. Ces biens, appelés *Ouakf*, ne pouvaient plus être retirés aux usufruitiers ou à leur descendance, non plus qu'aux mosquées.

L'histoire de l'Égypte jusqu'à la fin du XVIIIe siècle n'offre plus d'intérêt : vers le milieu du XVIIe siècle, avec l'affaiblissement de l'empire, la dignité de pacha d'Égypte, accordée au plus offrant par le divan de Constantinople, ne cesse de s'avilir toujours davantage ; tandis que le pacha ne travaille plus qu'à s'enrichir et à mériter le lacet de soie, les dissensions des *aghas* et des *beys* héréditaires, qu'il n'ose plus contre-balancer, deviennent le fléau de l'Égypte.

A la fin, le pacha ottoman n'a plus qu'un rôle fictif et dépend entièrement du *scheikh el-beled*, ou chef des beys mamlouks, qui devient le véritable souverain d'Égypte.

1672. Projet d'expédition pour la conquête de l'Égypte présenté à Louis XIV par LEIBNIZ, sous la forme d'un volumineux mémoire politique écrit en latin et intitulé *Consilium Ægyptiacum*. Bonaparte n'en connut que le *Sommaire*, qui ne lui parvint même qu'en 1803, après le retour de son expédition d'Égypte. Manuscrit conservé à la bibliothèque de Hanovre, publié pour la première fois *in extenso* et traduit dans le V⁰ vol. de l'édition inachevée des *Œuvres de Leibniz* par M. A. Foucher de Careil (Didot, 1864).

1766-1773. Le scheikh el-beled ALI-BEY, dit le Grand, chasse le pacha, s'insurge et se rend indépendant de la Porte, dont il bat les armées. Conquête de la Syrie, de l'Arabie et de la Mecque, où lui fut décerné le titre de sultan d'Égypte indépendant. Alliances avec la Russie et Venise contre Constantinople. Réorganisation complète, pacification et prospérité de l'Égypte sous son règne.

La trahison entraîne, avec des révoltes, la défaite et la mort d'Ali-bey, qui, fait prisonnier sur le champ de bataille, meurt au Kaire de ses blessures.

Sous le règne de Louis XVI, l'idée de coloniser l'Égypte est reprise un instant, mais demeure sans résultats. En 1795, M. Magalon, consul de France à Alexandrie, adresse au Directoire une série de mémoires accompagnés de pétitions collectives sur l'état déplorable de l'Égypte, sur les atteintes portées au commerce et à la sûreté des étrangers par suite de la domination anarchique et oppressive des vingt-quatre beys mamlouks jadis institués par les conquérants turks. En 1796, ces mémoires, qui tendaient à la conquête de l'Égypte, sont soutenus et développés par le consul, devant le ministre des affaires étrangères, à Paris.

1798 (12 avril). Le général BONAPARTE obtient du Directoire signature des arrêtés secrets qui l'investissent de pouvoirs discrétionnaires pour entreprendre la conquête de l'Égypte.

MÉDAILLE COMMÉMORATIVE DE L'EXPÉDITION D'ÉGYPTE[1].

EXPÉDITION ET DOMINATION FRANÇAISES

1798 (19 mai). — L'armée de BONAPARTE, forte de 25 000 soldats environ et de 10 000 marins, est embarquée à Toulon. La flotte se composait de 13 vaisseaux de ligne, 14 frégates, 72 corvettes; en tout, près de 500 embarcations avec les transports.

10-12 juin. — Prise de Malte et abolition de l'ordre des Chevaliers de Malte.

28 juin. — En mer, Bonaparte révèle à son armée le but, encore caché, de l'expédition.

2 juillet. — Débarquement à l'anse du Marabout (*Tour des Arabes*) et prise d'Alexandrie. Cette ville qui, dans l'antiquité, avait contenu de 600 000 à 800 000 habitants, n'en comptait plus alors que 6000.

7 juillet. — Marche sur le Kaire par le désert de Damanhour.

10 juillet. — Arrivée au Nil, à Ramanièh.

13 juillet. — Premier combat contre les Mamlouks, à Chebreïss.

21 juillet. — Bataille des Pyramides gagnée sur les Mamlouks conduits par Mourad-bey et Ibrahim-bey.

---

[1] D'après un exemplaire en or ayant appartenu à M. DU BOIS-AYMÉ, membre de l'Institut d'Égypte, et dont la communication est due à l'obligeance de madame Aubenas, petite-fille de l'illustre et savant ingénieur. Le dessin de cette pièce marque peut-être le moment où le style égyptien, mal compris, devint à la mode en France. Cette mode, nous disaient quelques contemporains dont les souvenirs étaient précis[*], contribua à donner aux arts décoratif et plastique cette roideur et cette sécheresse qui nous frappent si désagréablement aujourd'hui. — Le revers au crocodile fut emprunté aux armes de Nîmes.

[*] Entre autres M. le comte Charles de LACÉPÈDE, fils du grand chancelier de la Légion d'honneur, décédé en 1870.

22-24 juillet. — Entrée des Français au Kaire.

Bonaparte déclare aux habitants qu'il vient comme allié de la Porte Ottomane, pour les délivrer de la domination des Mamlouks; il fait respecter leur religion et leurs coutumes, établit des manufactures, et bientôt fonde l'Institut d'Égypte, instrument de colonisation formé par l'élite des savants, des ingénieurs et des artistes français[1].

1ᵉʳ août. — La flotte française, poursuivie depuis deux mois, est surprise et détruite par celle de Nelson dans la rade d'Aboukir. Mort de l'amiral Brueys.

Campagne de la Haute-Égypte conduite par le général DESAIX. Départ du Kaire le 23 août 1798.

Les victoires de Sediman (8 octobre), de Samnout (23 janvier 1799), Thèbes (3 février) et Benouth finissent par rejeter Mourad-bey en Nubie et soumettre tout le pays.

3 mars. — La division de Desaix dans l'île de Philæ, terme de sa course.

21-23 octobre 1798. — Insurrection du Kaire. Meurtre du général Dupuy, commandant de la place. Bombardement des insurgés dans la mosquée el-Azhar et dans celle du sultan Hassan.

25 décembre au 3 janvier 1799. — Exploration de l'isthme de Suez par Bonaparte, Berthollet, Monge, Lepère, Bourrienne, etc. Nivellements de l'isthme demandés par Bonaparte à l'ingénieur en chef Lepère dans la pensée d'établir le *Canal des deux mers*.

Deux armées turkes se rassemblent à Rhodes et à Damas pour chasser les Français d'Égypte.

Bonaparte juge la possession de la Syrie indispensable pour prévenir

---

[1] LETTRE AU SCHÉRIFF DE LA MECQUE, PAR LES CHEIKHS ET NOTABLES DU KAIRE. — «... Il se plut encore (Bonaparte) à informer la députation qu'il était pénétré de la vérité incontestable qu'il n'y a d'autre dieu que Dieu, que les Français, en général, étaient remplis de vénération pour notre Prophète et le livre de notre sainte loi, et que beaucoup d'entre eux étaient même convaincus de la supériorité de l'Islamisme sur toutes les autres religions; et en premier, le général cita la délivrance de tous les musulmans qu'il trouva esclaves à Malte..... la destruction des églises chrétiennes et des croix dans les États qu'il a conquis, et particulièrement dans la ville de Venise, où il a fait cesser les vexations qu'on faisait aux musulmans; le renversement du trône du pape qui légitimait le massacre des fidèles et dont le siége était à Rome. Cet ennemi éternel de l'Islamisme qui faisait croire aux chrétiens que c'était une œuvre méritoire aux yeux de Dieu, que de verser le sang des vrais croyants, n'existe plus pour le repos des fidèles, sur lesquels le Tout-Puissant veille avec bonté..... Salut et mille et mille fois salut de paix sur cet envoyé glorieux qui est venu annoncer la vérité aux hommes, et qui a été doué de toutes les perfections et de toutes les vertus! Salut aussi sur son illustre famille et sur les vénérables compagnons de sa mission divine!» (*Courrier d'Égypte*, journal officiel du Kaire pendant l'occupation française.)

DOMINATION FRANÇAISE.

l'invasion ottomane, conserver l'Égypte, et ajouter au prestige de sa conquête.

1799. 10 février. — Départ de Bonaparte pour la Syrie avec 13000 hommes. Prise d'El-Arisch. Traversée du désert. Entrée dans Gaza.

7 mars. — Prise de Jaffa, massacre des prisonniers ordonné par Bonaparte.

20 mars. — Siége de Saint-Jean d'Acre, place vigoureusement défendue par Djezzar-pacha et Sidney-Smith, commandant de la croisière anglaise.

16 avril. — KLÉBER, enveloppé par l'armée turke de Damas au mont Thabor, en est délivré par Bonaparte, qui la taille en pièces.

17 mai. — Menacé par l'armée de Rhodes, Bonaparte lève le siége de Saint-Jean d'Acre, après quatorze assauts et deux mois d'efforts inutiles. La peste de Jaffa. Retour au Kaire avec une armée diminuée de 4000 hommes.

25 juillet. — Bonaparte détruit l'armée turke de Rhodes, retranchée dans la presqu'île d'Aboukir, et assure par cette victoire la possession de l'Égypte aux Français. Méhémet-Ali y combattait contre les Français.

22 août. — Aux mauvaises nouvelles venues de France, Bonaparte quitte secrètement l'Égypte, avec Lannes, Duroc, Bessières, Marmont, Berthier, Murat, etc., abandonnant le commandement de l'armée à Kléber. Découragement, indignation de l'armée.

Les rapports de Kléber au Directoire et les correspondances interceptées montrent que l'armée d'Égypte était à la fin de l'année réduite à 15 000 combattants *disponibles*; privée de marine et de renforts, sans défense du côté de la Syrie, menacée de plus par les forces considérables et renouvelables des Anglais et des Turks, l'armée française ne pouvait songer à se maintenir longtemps sur cette terre éloignée.

1800 (24 janvier). — Kléber, après avoir repris les négociations déjà commencées par Bonaparte au sujet de l'évacuation, signe la convention d'El-Arisch avec la Porte et Sidney Smith, commandant de la flotte anglaise. L'armée française devait évacuer le pays et être transportée en France sur des vaisseaux anglais. Sur l'ordre du cabinet anglais, l'amiral Keith exige, pour reconnaître la convention, que l'armée française se rende à discrétion.

20 mars. — Kléber, indigné, rompt la convention, avec 10 000 hommes marche contre l'armée du grand vizir forte de 80 000 Turks, et la défait à Héliopolis; il revient au Kaire où Ibrahim-bey était rentré en son absence, bombarde la ville révoltée, et la soumet de nouveau après une bataille de dix jours.

14 juin. — Assassinat de Kléber par un Syrien fanatisé. Le général MENOU lui succède. La colonie jouit encore de six mois de paix.

1801. Débarquement des Anglais à Aboukir.

21 mars. — Menou est vaincu à Canope par le général anglais Abercrombie. Les Anglais rompent la digue d'Aboukir (1er avril), introduisent

les eaux de la mer dans le lac desséché de Mareotis, inondent terrains et villages autour d'Alexandrie, et y bloquent ainsi l'armée de Menou.

25 juin. — Son lieutenant Belliard, enveloppé dans le Kaire par les forces supérieures de l'armée anglo-turk, est forcé de capituler. Il évacue la ville avec tous les honneurs de la guerre et embarque ses troupes sur des vaisseaux anglais.

2 septembre. — Après cinq mois de résistance dans Alexandrie, Menou manquant de vivres pour son armée, se rend, aux termes de la convention d'El-Arisch. Dans le courant de septembre 1801, l'évacuation complète de l'Égypte était consommée. De cette brillante mais chimérique entreprise, il ne subsista que l'ébauche et le souvenir des admirables travaux de cet Institut d'Égypte, si digne d'être comparé à celui des Ptolémées!

LE GÉNÉRAL DESAIX ET SES LIEUTENANTS
Dans la Haute-Égypte.

MÉHÉMET-ALI A CHOUBRAH.

DYNASTIE RÉGNANTE DE MÉHÉMET-ALI

Après le départ des Français, les Mamlouks, les Turks et les Anglais se disputent l'Égypte.

1803. — Mathieu de Lesseps, consul en Égypte, chargé par le gouvernement français de trouver dans le pays un homme capable d'appuyer la politique française, c'est-à-dire de s'opposer à la domination des Anglais et des Mamlouks, distingue et choisit MÉHÉMET-ALI, simple *bimbachi*, ou chef de 1000 Albanais, qui bientôt renverse Khosrew, pacha d'Égypte, et s'élève peu à peu jusqu'au premier rang.

1806. — Méhémet-Ali, né en 1769 à Kavala (Salonique) en Macédoine, est nommé pacha du Kaire et gouverneur de l'Égypte, grâce à sa popularité, puis à la division entre Turks et Mamlouks dont il a su habilement profiter.

1807. — Tentative infructueuse des Anglais pour s'emparer de l'Égypte à main armée; à peine débarqués, ils sont culbutés par Méhémet-Ali.

1811 (1er mars). — Ne pouvant soumettre les Mamlouks qui ne cessent de conspirer contre lui, il les fait exterminer dans un guet-apens, et affermit par là son pouvoir.

1812. — Guerre de six ans en Arabie contre les Wahabites, sectaires radicaux qui s'étaient emparés de la Mecque, Médine, Damas, et avaient menacé le Kaire en 1803. Guerre commencée par Toussoun-pacha, terminée par Ibrahim-pacha et leur père Méhémet-Ali; conquête de l'Hedjaz. Cette délivrance des lieux saints affermit encore son pouvoir et augmente sa popularité.

1814. — Agé de quarante-cinq ans, Méhémet-Ali apprend à lire.

1816. — Grands travaux d'utilité publique. Restauration de la digue d'Aboukir pour réparer le désastre causé par les Anglais en 1801, dans leur lutte contre les Français.

1818. — Digue de Pharaoniêh dans le Delta. Restauration de la grande digue de Cocheïche qui, depuis les premières dynasties antiques, garantit le territoire de Memphis d'une submersion complète.

1819. — Construction du canal Mahmoudièh, conduisant les eaux du Nil à Alexandrie, travail déjà projeté par Bonaparte, exécuté sous la direction de l'architecte Coste.

1822. — Conquête de la haute Nubie, du Sennaar, du Kordofan et de l'Éthiopie, par son fils Ismaïl, qui périt dans une représaille méritée.

Méhémet-Ali donne tous ses soins à la réorganisation de l'Égypte, encourage l'agriculture, donne une grande extension à la culture du coton; fait creuser des canaux; envoie de jeunes Égyptiens à Paris s'instruire dans les sciences et dans les lettres, etc., etc. Presque tous les établissements nouveaux sont dirigés par des Français.

Création de filatures de coton, de fabriques de soie et d'indiennes, d'indigoteries, de raffineries dans tous les chefs-lieux de province. Ces usines élevées en masse avec une rapidité inconsidérée, montées avec luxe et occupant 20 000 ouvriers, tombèrent en grand nombre, faute d'entretien, de débouchés, et de qualité suffisante des produits. Elles avaient coûté des sommes immenses au pays et causé la destruction d'une foule de monuments antiques dont la perte est irréparable pour la science.

1825. — La Porte demande à Méhémet-Ali des troupes pour réprimer l'insurrection des Grecs. Il y envoie son fils aîné Ibrahim-pacha avec 24 000 hommes.

1827 (20 octobre). — Navarin : victoire remportée par les flottes d'Angleterre, de France et de Russie, sur la flotte turco-égyptienne.

Pour prix de ses services Méhémet-Ali reçoit de la Porte la possession de l'île de Candie au lieu de la Syrie qui lui avait été promise et qu'il convoitait depuis longtemps.

1828-30. — Mission scientifique de Champollion en Égypte. Il mourut à la suite des fatigues de ce voyage, le 4 mars 1832, à l'âge de quarante et un ans et deux mois.

1830. — Grande période d'activité et d'organisation. M. de Cerizy, ingénieur de la marine, construit à Alexandrie des arsenaux et une flotte que commande le vice-amiral Besson-bey. M. Mougel-bey y creuse des bassins de radoub. Vers cette époque, l'Égypte devient le rendez-vous d'une foule d'étrangers de distinction. Soliman-pacha (colonel Selve) réorganise l'armée. Clot-bey, médecin en chef de l'armée, crée l'École de médecine et l'hôpital militaire d'El-Kanka. Le général Varin-bey crée l'École de cavalerie de Gizèh. Seguera, colonel espagnol, fonde l'École d'artillerie de Torrah. M. Linant-bey, ingénieur en chef des ponts et chaussées, dirige des travaux de toutes sortes. Hamont crée l'École vétérinaire de Choubrah, etc.

1831. — Campagne de Syrie commandée par Ibrahim-pacha, entreprise sous le prétexte de punir le pacha d'Acre, qui avait donné asile à des fellahs révoltés.

1832 (27 mai). — Prise de Saint-Jean d'Acre. Prise de Damas (8 juillet). Bataille de Homs qui lui donne les défilés du Taurus. Prise d'Alep (21 décembre). Déroute du grand vizir Reschid-pacha à Koniêh (Iconium). Ibrahim menace Constantinople sur terre et sur mer. Intervention de la Russie et de la France.

1832-34. — Translation de l'obélisque de Luxor (Ramsés II) à Paris, où il est érigé le 25 octobre 1836, par Lebas, ingénieur de la marine.

1833 (14 mai). — Le sultan Mahmoud signe le traité de Kutayêh, par lequel Méhémet-Ali garde la Syrie et se reconnaît vassal de la Porte.

1833. — Venue des Saint-Simoniens en Égypte. Répondant à l'appel civilisateur de Méhémet-Ali, Enfantin, leur chef, y envoie puis y conduit toute une colonie d'ingénieurs, d'agriculteurs, de médecins, de professeurs et d'artistes. On doit citer, entre autres, Félicien David, qui puisa en Égypte la conception de la symphonie du *Désert*, son chef-d'œuvre; plusieurs élèves de l'École polytechnique, tels que Bruneau, capitaine d'état-major, qui devint directeur de l'École d'artillerie de Torrah; Ch. Lambert, ingénieur des mines, qui créa l'École polytechnique de Boulaq et la dirigea pendant vingt ans; Henri Fournel, ingénieur des mines, qui, le premier, présenta au vice-roi un projet de percement direct de l'isthme de Suez, tel à peu près qu'il devait être exécuté vingt-cinq ans plus tard. Enfin, le mathématicien Yvon-Villarceau, aujourd'hui l'un des astronomes de l'Observatoire de Paris; le docteur Perron, qui organisa et dirigea des écoles de médecine et de pharmacie; Busco, gendre du célèbre agronome Mathieu de Dombasle, qui mourut de la peste en créant une ferme modèle à Choubrah; etc., etc.

1834 (31 janvier). — Méhémet-Ali repousse définitivement l'idée du percement de l'isthme de Suez, pour entreprendre, à la pointe du Delta, le *Barrage du Nil*, travail gigantesque ayant pour but l'inondation, la fertilisation d'une plus grande étendue de territoire, et auquel concourut immédiatement la phalange saint-simonienne, qui s'était tenue prête pour le canal de Suez[1]. — Nouvelle campagne de Syrie provoquée par une rébellion.

1835. — La peste en Égypte. Dévouement héroïque des docteurs Clot-bey, Fourcade, Lachèze et du consul de France au Kaire, M. Ferdinand de Lesseps. Ralentissement, puis interruption des travaux du barrage, pour la construction duquel Méhémet-Ali voulait utiliser les pyramides de Gizèh; fort heureusement il fut prouvé par M. Linant-bey, ingénieur en chef (devenu ministre des travaux publics en 1837), que la démolition d'une seule pyramide coûterait six fois autant que l'extraction des matériaux en carrière.

---

[1] *Œuvres de Saint-Simon et d'Enfantin*, t. IX, p. 197. Note de M. Henri Fournel.

1838. — L'Angleterre voit avec mécontentement s'étendre la domination de Méhémet-Ali, qui réclame de la Turquie le droit d'hérédité pour sa race en Égypte.

1839. — A l'instigation de cette puissance, le sultan Mahmoud reprend les hostilités et est vaincu par Ibrahim à Nézib (24 juin). Ibrahim est forcé d'évacuer la Syrie devant les troupes anglaises.

1841. — Le sultan Abdul-Medjid assure à Méhémet-Ali l'hérédité de la vice-royauté d'Égypte dans sa famille, et lui retire la Syrie, Candie et l'Hedjaz. Ce traité est ratifié par les grandes puissances.

1847. — Construction du barrage du Nil sous la direction de l'ingénieur français Mougel-bey, à deux lieues en amont des anciens travaux; ce gigantesque pont-barrage n'a pas encore été pourvu de vannes pour retenir les eaux[1].

1848. — IBRAHIM-PACHA règne à la place de son père, âgé de soixante et dix-neuf ans et atteint d'affaiblissement mental; mais il meurt, et sa vice-royauté ne dure que quatre mois.

1849. — Avénement d'ABBAS-PACHA, petit-fils de Méhémet-Ali par Toussoun-pacha.

1850-53. — Sur la demande de l'Angleterre, concession et construction des chemins de fer d'Alexandrie au Kaire et du Kaire à Suez, sous la direction de l'ingénieur anglais Stephenson. Abbas venait de faire construire une bonne route empierrée allant à Suez. — Ces chemins de fer ne furent achevés que sous Saïd-pacha.

1850. — Mission archéologique de M. Aug. Mariette en Égypte.

1er novembre. — M. Mariette ayant découvert les vestiges du Sérapéum de Memphis, dans le désert de Saqqarah, abandonne le premier objet de sa mission pour y entreprendre des fouilles.

1851 (12 novembre). — Découverte des souterrains de la tombe d'Apis au Sérapéum de Memphis.

1853. — Fouilles au *grand Sphinx* de Gizèh, faites par M. Mariette aux frais du duc de Luynes. Découverte du plus ancien temple connu.

1854. — Achèvement des fouilles du Sérapéum de Memphis.

Mort d'Abbas, étranglé par ses kawas, au palais de Benha (Basse-Égypte).

1854. — Avénement de MOHAMMED-SAÏD-PACHA, troisième fils de Méhémet-Ali et oncle d'Abbas-pacha, prince instruit et éclairé à qui l'on doit la réalisation des plus fécondes idées. Bien différent d'Abbas, il avait quelque chose de l'intelligence hardie et civilisatrice de son père, avec de l'instruction, de l'humanité et infiniment d'esprit, mais peu d'ordre pour ses finances.

---

[1] *Et suprà.* Voy. l'*Histoire de l'Égypte sous le gouvernement de Méhémet-Ali*, par Félix Mengin, 3 vol. in-8°. — *Mémoires sur les principaux travaux d'utilité publique exécutés en Égypte*, par M. Linant de Bellefonds-bey, 1872.

7 novembre. — M. Ferdinand de Lesseps est appelé à Alexandrie auprès du nouveau vice-roi, son ami d'enfance, qui, le 15 novembre, au camp de Maréa (Basse-Égypte), adopte son projet de percement de l'isthme de Suez, et s'en déclare le promoteur, promesse suivie bientôt d'un premier firman de concession [1].

1855-56. — Commission internationale pour le projet définitif de percement. Hostilité du cabinet anglais.

1856. — Achmet-pacha, fils aîné d'Ibrahim-pacha et frère aîné d'Ismaïl-pacha, est noyé dans un accident de chemin de fer survenu au passage du Nil, à Kasr-el-Zayad (p. 21).

1857. — Saïd-pacha fait organiser la distribution des eaux à Alexandrie : c'est le premier établissement d'une grande utilité publique qui ait été fait dans cette ville. On y a retrouvé 700 citernes antiques, dont un grand nombre à deux étages de colonnes. Elles étaient alimentées par des canaux souterrains qui prenaient l'eau au canal du Nil et dont cinq sont connus. (Plan, p. 7.)

1857-58. — Saïd-pacha appelle M. Aug. Mariette en Égypte, lui confère le titre de bey, protége et multiplie les travaux de fouilles dont il lui a donné la haute direction, et, renouvelant la pensée de Méhémet-Ali, interdit l'exportation des antiquités, décrète la fondation du musée de Boulaq pour y conserver désormais les trouvailles faites sur le sol égyptien. C'est alors que des ateliers de fouilles considérables furent installés à TANIS, à SAÏS, à THENNIS, à CYNOPOLIS, à BUBASTIS, à ATHRIBIS, à HÉLIOPOLIS, dans la Basse-Égypte. Puis à MEMPHIS et SAQQARAH, à ABYDOS, à DENDERAH, à THÈBES, à EDFOU, dont les temples, encombrés de terre et chargés de huttes de fellahs, furent entièrement déblayés et gardés contre le vandalisme. On doit vivement regretter que, sous un prince aussi éclairé, aussi épris des choses de l'intelligence, les chefs-d'œuvre de l'architecture arabe au Kaire n'aient pas été restaurés, de façon à défier pour longtemps les effets de l'abandon où ils sont tombés.

1859 (avril). — Commencement des travaux du canal de Suez.

1863. — Mort de Saïd-pacha et avénement d'ISMAÏL-PACHA, petit-fils de Méhémet-Ali par Ibrahim-pacha.

Octobre. — Le vice-roi inaugure le *Musée égyptien* créé par M. Mariette-bey à Boulaq, dans des bâtiments provisoires destinés à être remplacés par un local définitif, plus digne d'une grande capitale et de collections aussi célèbres.

1864. — Suppression des contingents indigènes dans les travaux du canal

---

[1] Voyez *Lettres, journal et documents pour servir à l'histoire du canal de Suez*, par M. Ferd. de Lesseps (Didier, 1875). — *Œuvres de Saint-Simon et d'Enfantin*, Notice historique, t. XII, 1867.

de Suez; marchés passés avec des entrepreneurs et création d'engins puissants pour les remplacer (p. 265).

1865. — Le choléra en Égypte.

1866. — Le vice-roi obtient du sultan le droit d'hérédité pour sa famille et l'abolition de l'ordre de primogéniture pour les branches collatérales. Il prend le titre de *Khédive d'Égypte*.

1869. — Achèvement et inauguration du canal maritime de Suez.

Réception mémorable faite en cette occasion par le Khédive, aux notabilités de tous les pays de l'Europe. Grâce à lui, un grand nombre de savants et d'artistes célèbres ont pu voir l'Égypte jusqu'aux cataractes, au milieu des prévenances d'une hospitalité sans précédents et qui a eu du retentissement. (Voyez, à ce sujet, le *Voyage de la Haute-Égypte*, par M. Charles Blanc, de l'Académie française.)

Grands travaux d'utilité et d'amélioration publiques. Transformation trop *parisienne* de la ville du Kaire, qui ne peut prétendre à égaler Paris comme ville de ressources et de plaisirs, et ne retiendra plus les étrangers, les touristes et les curieux du monde entier, si elle cesse d'être, par excellence, la *Perle de l'Orient*, si elle perd sa physionomie de *ville des khalifes*, pour revêtir cette forme banale qui se voit partout et répond si mal aux exigences de son climat.

C'est sous le règne énergique du fondateur de la dynastie actuelle, il ne faut pas l'oublier, que les fellahs ont été pour la première fois élevés à la dignité de fonctionnaires; que la sécurité et l'hygiène publiques, la tolérance religieuse et le bon accueil des étrangers ont été imposés à ce pays jusqu'alors miné par l'anarchie et fermé par le fanatisme. Alexandrie, qui, avant Méhémet-Ali, ne comptait plus que 6000 à 8000 habitants, en contenait plus de 100000 à la fin du règne. Depuis lors ce chiffre a plus que doublé. Une lettre d'Enfantin, chef de l'École saint-simonienne[1], dépeint avec vie et impartialité ce régime à la fois oppressif et civilisateur, mélange de barbarie turke et d'intelligence novatrice dont les contrastes tenaient à la nature même du monde oriental et au caractère d'un homme supérieur, mais dénué d'instruction première et toujours imbu des naïvetés, des passions ou des préjugés du vieil Orient.

« Ce peuple, que j'aime, dit Enfantin, et ce beau jardin du monde, sont aujourd'hui dans un état de dénûment et de délabrement qui fait mal; depuis quarante ans, depuis que Napoléon l'a visité, il a énormément souffert, mais cette souffrance n'a pas été sans fruit. Une main bien vigoureuse a coupé les mille têtes de l'hydre qui auparavant le gardait et le mangeait; mais cette main appartient à une tête qui à elle seule, et pour accomplir cette œuvre

---

[1] *Œuvres de Saint-Simon et d'Enfantin*, t. X, p. 145. Lettre écrite en 1836.

de destruction, a mangé mille fois plus encore que les mille têtes de l'hydre. Aujourd'hui on ne voit plus comme autrefois, à côté d'un bey cruel et vorace, un bey clément et miséricordieux qui laisse respirer ses villages ; l'infortune est à très-peu près la même partout, et sous ce rapport l'Égypte a conquis l'égalité civile. Ce n'est pas une plaisanterie : cette commune misère a créé ou recréé une sorte de *nationalité* qui se résume dans l'*unanimité* avec laquelle le joug turk est détesté.

» La race turke ne tardera pas à être déclarée ici, comme en Grèce, comme à Alger, comme dans les provinces conquises par la Russie, déchue de son droit à gouverner les peuples, trop jeunes encore pour marcher sans lisières, mais qui repoussent les langes dont les Turks veulent continuer à les garrotter : car déjà ce n'est plus la race turke, c'est *un* Turk qui règne.

» Grâces soient rendues à l'homme qui a soustrait par le fait, sinon en droit, l'Égypte à l'autorité des sultans; grâces soient rendues à ce Louis XI qui a fait sauter tant de têtes aussi nobles que la sienne, pour substituer un roi à une noblesse. Grâces lui soient rendues, il a fait un corps des membres mutilés de l'Égypte : les Bédouins voleurs ont été contenus et réprimés, presque disciplinés par lui, et ils transportent les caravanes qu'ils dépouillaient autrefois. Les fellahs ont été armés pour la première fois par lui, et il a fait une armée et une marine *égyptiennes* avec des hommes qui, jusque-là, étaient déclarés indignes de porter le sabre, les élevant ainsi au niveau de leurs maîtres ; et dans l'administration civile il a substitué des Arabes aux *aghâ* turks qui administraient les préfectures. Enfin jusqu'ici il a fait d'immenses efforts pour retirer de l'Occident la science et les arts qu'autrefois les Arabes y ont portés. Grâces lui soient rendues, il a brisé la plus grande partie des entraves que déjà Napoléon avait frappées de son épée, et qui comprimaient l'essor d'un peuple qui a de bien belles destinées ! »

LES FELLAHS.

DESTRUCTION DE LA MILICE DES MAMLOUKS

PAR MÉHÉMET-ALI EN 1811.

(Page 34.)

> « Il faut se figurer, lorsqu'il s'agit des Turcs, qu'on entend raconter des événements arrivés il y a cinq cents ans. »
>
> (C. CANTU, *Hist. univ.*, t. XVIII.)

« L'empire des Mamlouks, qui gouvernaient l'Égypte à l'époque de l'expédition française, était organisé au rebours de tous les autres. Partout ailleurs, même dans les États réputés démocratiques, la naissance conduit à beaucoup de choses, sinon à tout ; là, au contraire, nul ne pouvait arriver au premier rang, s'il n'avait d'abord occupé le dernier, comme si ces infidèles eussent pris à tâche de mettre en pratique ce précepte de l'Évangile que les derniers seront les premiers. De même que dans l'ancienne république florentine on ne parvenait aux emplois qu'après avoir fait preuve de roture, ainsi en Égypte on ne pouvait être bey si l'on n'avait été esclave [1].

» Les beys achetaient autant d'esclaves géorgiens ou circassiens que leur fortune le leur permettait ; leur considération et leur pouvoir étaient en raison directe du nombre qu'ils en possédaient. Ces esclaves formaient, sous le nom de Mamlouks, cette brillante cavalerie dont la bravoure étonna les Français ; il y a lieu en effet de s'étonner que des esclaves, et des esclaves asiatiques, pussent être aussi vaillants. Étrangers au pays, et par conséquent dénués de tout patriotisme, comme sans liens de parenté, les Mamlouks le traitaient en pays conquis et y vivaient à discrétion. Ils remplissaient d'abord diverses fonctions dans la maison de leurs maîtres, et, après avoir obtenu le droit de laisser pousser leur barbe, ils étaient nommés par eux *kachefs* ou lieutenants, puis enfin beys. Dès lors ils devenaient libres, montaient leur maison, achetaient à leur tour des Mamlouks et entraient en

---

[1] « Mamlouk veut dire en arabe *esclave*, ou plus littéralement *celui qui est possédé*. » Ce précis historique sur l'organisation du corps des Mamlouks est emprunté au livre de M. Charles Didier, *les Nuits du Kaire* (Paris, Hachette, 1860).

participation dans le gouvernement du pays. Quant aux finances, elles étaient administrées, tant celles de l'État que celles des beys, par des intendants coptes qui, grâce à une aptitude spéciale, conservèrent ce privilége sous les Turcs eux-mêmes.

» Le gouvernement des Mamlouks eut deux époques tout à fait distinctes. La première remonte au XIIIᵉ siècle; en voici l'origine. Gengis-khan avait fait une quantité prodigieuse de prisonniers circassiens, géorgiens, mingréliens, et les sultans ayyoubites, qui régnaient alors sur l'Égypte, en achetèrent des Mongols un nombre considérable. Ils en formèrent, en 1220, une milice privilégiée, qui, recrutée d'esclaves originaires des mêmes pays, devint en peu de temps la plus brillante, la plus intrépide de toute l'Asie; elle en devint aussi la plus turbulente et la plus insoumise: car, dès 1250, elle détrôna les sultans ayyoubites et mit à leur place Noureddin-Ali, son chef. Dès lors et trois siècles durant, les Mamlouks furent les maîtres absolus de l'Égypte. Ils formèrent deux dynasties, les Baharites ou Marins, qui régnèrent jusqu'en 1382, et les Borjites ou Circassiens, dont les sultans régnèrent jusqu'en 1517. Ce fut cette année-là que Sélim Iᵉʳ, sultan des Ottomans, conquit l'Égypte et renversa l'empire des Circassiens, — les Mamlouks portaient aussi ce nom, — après avoir fait pendre Touman-bey, leur dernier sultan. Tous ses prédécesseurs, Noureddin seul excepté, avaient péri de mort violente ou avaient été détrônés. Le pouvoir politique fut alors concentré dans les mains d'un pacha envoyé de Constantinople.

» Mais les Mamlouks, relégués d'abord dans l'administration des provinces, reconquirent peu à peu leur ancienne autorité, et le XVIIIᵉ siècle les vit presque aussi puissants qu'ils l'avaient été au XIIIᵉ. Les nouveaux beys ne le cédaient guère aux anciens sultans. Quoiqu'ils fussent nominalement tributaires de Constantinople, ils étaient en réalité indépendants, maîtres absolus de l'Égypte, et ne payaient le tribut fixé que suivant leur bon plaisir, ou quand, pressé par le besoin d'argent, le sultan l'envoyait lever par le capitan-pacha à la tête d'une flotte ottomane; encore ce moyen, rarement employé, réussissait plus rarement encore. Les beys ne se faisaient pas faute de déployer l'étendard de la révolte, et le plus souvent la Porte en était pour ses frais. Passant même de la défensive à l'offensive, les Mamlouks tentèrent la conquête de la Syrie et refoulèrent les Turcs jusqu'au delà de Damas. »

La puissance des Mamlouks, abattue en 1798 par Bonaparte, avait repris des forces après l'évacuation de l'Égypte par les Français et y luttait de nouveau contre la domination turque. En 1811, Méhémet-Ali, déjà reconnu comme gouverneur du Kaire par la Porte, aspirait au pouvoir suprême et voyait un obstacle à son ambition, en même temps qu'un danger pour sa personne, dans l'existence de ce parti des beys et des Mamlouks, dont il s'était parfois servi contre les Turcs, mais qui entretenait à l'étranger des intelligences contre lui et avait même formé le complot de l'enlever, pour s'en défaire.

Or, en ce temps-là, Méhémet-Ali, par l'ordre de la Porte, préparait une expédition contre les Wahabites d'Arabie, tribus de rebelles fanatiques et iconoclastes, qui, pour ramener l'Islamisme à la rigoureuse observation des temps primitifs, détruisaient les tombeaux des saints révérés, les bazars, les mosquées, et chassaient même les caravanes de la Mecque, dont ils voulaient abattre la Kaaba. Cette campagne devait rendre plus populaire encore celui qui était arrivé au pouvoir en se déclarant défenseur de l'Islamisme ; mais affaibli par le départ de ses troupes, qu'allait-il devenir au milieu des Mamlouks ? C'est alors qu'il résolut de s'en délivrer par un guet-apens.

« Vers cette époque, dit M. Félix Mengin, qui résidait alors au Kaire [1], les chefs destinés à faire partie de l'expédition d'Arabie allèrent camper à Cobbet-el-Azab. On réunit quatre mille hommes sous les ordres de Toussoun-pacha, que son père Méhémet-Ali destinait au commandement de l'armée. Le vendredi suivant, il devait recevoir la pelisse d'investiture, et traverser la ville en grande pompe pour se rendre au camp par la porte des Victoires. Les astrologues avaient choisi ce jour comme un jour d'un heureux présage.

» Toutes les autorités civiles et militaires et les principaux du pays furent informés du moment de la cérémonie ; on fit même des publications dans toute la ville pour en donner connaissance aux habitants et avertir les troupes de s'y rendre la veille au soir ; on invita particulièrement les chefs et les Mamlouks d'y assister en grand costume.

» Le 1er mars 1811, au matin, tous montèrent à la citadelle. Châhyn-bey (le chef des Mamlouks) y parut à la tête de sa maison. Il vint avec les autres beys présenter ses devoirs au vice-roi, qui les attendait dans sa grande salle de réception. Il leur fit servir le café, et s'entretint avec eux. Lorsque tout le cortége fut rassemblé, on donna le signal du départ. Chacun prit le rang que lui avait assigné le maître des cérémonies. Un corps de dellys, commandé par Ouzoun-Aly, ouvrait la marche ; venaient ensuite l'oualy, l'aghâ des janissaires et celui des subsistances, les odjaqlys, les yoldaches, puis Sàleh-Koch avec ses Albanais, et ensuite les Mamlouks, que guidait Soliman-bey el-Baouâb ; l'infanterie, la cavalerie et les chefs de l'administration les suivaient. La tête de la colonne eut ordre de se diriger vers la porte el-Azab, donnant sur la place de Roumeylêh. Le chemin qui y conduit est taillé dans le roc ; il est étroit, difficile et escarpé : des angles saillants empêchent deux cavaliers de passer de front dans certains endroits. Dès que les dellys et les

---

[1] *Histoire de l'Egypte sous le gouvernement de Méhémet-Ali*, par Félix Mengin. Paris, 1823.

aghâs furent sortis, Sâleh-Koch fit fermer la porte et communiqua à sa troupe l'ordre du vice-roi d'exterminer tous les Mamlouks. Les Albanais se retournèrent à l'instant, et gravirent le sommet des roches qui dominent le chemin, pour se mettre à l'abri des atteintes de leurs adversaires, et les frapper plus sûrement; ils firent feu sur eux.

» Ayant entendu les coups de fusil, les dernières troupes tirèrent de leur côté du haut des murailles, où elles s'étaient mises à couvert. Les Mamlouks, qui étaient arrivés à la première porte, voulurent prendre un autre chemin pour retourner dans la citadelle; mais ne pouvant manier leurs chevaux à cause de la position difficile dans laquelle ils étaient engagés, et voyant que beaucoup des leurs étaient déjà tombés morts ou blessés, ils mirent pied à terre, abandonnèrent leurs chevaux et ôtèrent leurs premiers vêtements. Dans cette situation désespérée, ils retournèrent sur leurs pas, le sabre à la main : personne ne se présentait devant eux, mais on les fusillait de l'intérieur des maisons. Châhyn-bey tomba percé de balles devant la porte du palais de Saladin. Solyman-bey el-Baouâb, demi-nu, courut tout effrayé implorer la protection du harem du vice-roi[1] : ce fut en vain; il fut conduit au palais, où le prince ordonna de lui trancher la tête. D'autres allèrent demander grâce à Toussoun-pacha, qui ne prit aucune part à ce qui se passait.

» Aussitôt les troupes eurent ordre d'arrêter partout les Mamlouks : ceux conduits devant le Kiâya-bey et que l'on prenait étaient décapités à l'instant même. Beaucoup d'individus étrangers à cette scène périrent malgré leur innocence, tant le soldat était animé au carnage. Le cadavre de Châhyn bey fut traîné çà et là la corde au cou. La citadelle ressemblait à une arène ensanglantée : les morts mutilés encombraient les passages; on voyait partout des chevaux richement harnachés, étendus à côté de leurs maîtres, des *sâïs*[2] percés de balles, des armes brisées et des vêtements couverts de sang : toutes ces dépouilles devinrent la proie des soldats. On comptait le matin quatre cent soixante-dix Mamlouks à cheval; nul d'entre eux n'échappa au massacre.

» Amyn-bey ne partagea pas la malheureuse destinée de ses collègues. Il avait différé de se rendre à la cérémonie, retenu chez lui pour quelque affaire pressante; il n'arriva près de la citadelle que lorsque les dellys commençaient à sortir de la porte el-Azab. Le passage de cette troupe ne lui permit point d'entrer; il attendit qu'elle fût sortie; mais voyant que la porte se fermait derrière eux, et ayant entendu presque aussitôt les coups de fusil, il prit le

---

[1] « Chez les Mamlouks, lorsqu'un homme poursuivi avait pu atteindre, en se sauvant, la porte qui conduit à l'appartement des femmes, et qu'il avait crié : *Fy ard el-Harym* (sous la protection des femmes), on lui faisait grâce de la vie. »

[2] Voyez ce mot, page 30.

galop et se sauva avec sa suite à Baçatyn (entre le Gebel Mokâttam et le Nil), et de là il gagna la Syrie, sous la protection d'un cheykh d'Arabes de la province de Charkyeh.

» A peine le cortége avait-il commencé à défiler, que le pacha (Méhémet-Ali) devint inquiet : ses mouvements trahissaient son émotion. Lorsqu'il entendit les premières décharges de mousqueterie, son agitation redoubla, il pâlit; il craignait que ses ordres n'ayant pas été bien exécutés, il ne s'ensuivît un combat qui compromît le salut des siens et sa propre existence. La vue des prisonniers et des têtes fit cesser son inquiétude, mais elle ne rendit pas la sérénité à son visage et n'apaisa point le trouble intérieur dont il était déchiré. Peu de temps après, le Génois Mendrici, un de ses médecins, entra dans l'appartement où il se tenait; en s'approchant de sa personne, il lui dit d'un air de gaieté : « L'affaire est finie; c'est un jour » de fête pour Votre Altesse. » Le prince ne répondit rien, mais son silence était expressif : il demanda qu'on lui donnât à boire.

» Cependant on attendait dans la ville le passage du cortége; tous les habitants, rassemblés dans les rues, étaient venus prendre part à la solennité qu'on leur avait annoncée; la foule tapissait le devant des boutiques. Après une longue attente, on vit paraître les dellys, les aghâs et leur suite. Un morne silence, avant-coureur des événements sinistres qu'on allait bientôt connaître, succéda au passage de cette troupe. Un instant après, des saïs effrayés passèrent en courant, par intervalles, sans dire un seul mot[1]. Cette fuite subite faisait naître mille conjectures, lorsqu'un bruit sourd se fit entendre : « Châhyn-bey est tué! » cria une voix. Au même instant toutes les boutiques furent fermées, et chacun s'empressa promptement de rentrer chez soi. Bientôt les rues furent désertes. On ne vit plus que des bandes de soldats se jeter pêle-mêle dans les maisons des proscrits, et s'en partager les dépouilles. Ces furieux commirent des horreurs... Un soldat, pressé de saisir les bracelets qu'une femme avait au bras, lui coupa le poignet.

» Les Turcs, qui ne pouvaient épouser que des femmes d'une classe inférieure, voyaient avec déplaisir que celles d'un plus haut rang, dédaignant leur alliance, témoignaient de l'empressement lorsqu'il s'agissait d'épouser un Mamlouk. Ils eurent la bassesse de se venger, dans cette occasion, d'un sexe sans défense. Les dépouilles furent incalculables. Les maisons des beys étaient riches; plusieurs d'entre eux faisaient des préparatifs de mariage: on travaillait aux ameublements; on avait acheté de riches étoffes, des cachemires, des bijoux. Non-seulement les habitations des proscrits furent saccagées, mais celles de leur voisinage éprouvèrent aussi le même sort; on voyait partout

---

[1] « Je parle, dit le narrateur, du grand bazar d'el-Ghouryèh, où je me trouvais avec d'autres curieux. De là il n'était pas possible, à cause du bruit occasionné par la foule, d'entendre les coups de fusil tirés dans l'intérieur de la citadelle. »

les traces du pillage. La ville ressemblait à une place prise d'assaut : aucun habitant ne paraissait dans les rues ; chacun attendait dans sa retraite le sort que lui réservait sa destinée.

» Le lendemain la soldatesque se livra aux mêmes excès ; les meurtres et le pillage continuèrent. Alors Méhémet-Ali crut devoir descendre de la citadelle : il était suivi de beaucoup de gens armés et marchant tous à pied, en habits de cérémonie. Il parcourut différents quartiers. A chaque poste qu'il visitait, il réprimandait fortement les chefs d'avoir permis de pareils crimes ; mais loin de les avoir contenus, ceux-ci avaient été les premiers à donner l'exemple du pillage[1]. Près de Bâb el-Zoweyleh, le gouverneur rencontra un Moghrebin qui venait se plaindre du pillage de sa maison, en protestant qu'il n'était ni soldat, ni mamlouk : le prince s'arrêta, s'informa du fait, et envoya chez le plaignant quelques-uns de ses gardes, qui arrêtèrent un Turc et un fellah, auxquels il fit de suite couper la tête. En avançant vers le quartier de Kakkyn, quelqu'un vint lui dire que les cheykhs étaient assemblés dans l'intention de le complimenter. Le pacha répondit qu'il irait lui-même recevoir leurs félicitations, puis il reprit le chemin de la citadelle.

» Le jour suivant, Toussoun-pacha parcourut la ville, suivi d'une garde nombreuse, faisant décapiter ceux qu'il trouvait livrés au pillage. Il était urgent de prendre des mesures sévères, autrement toute la ville eût été ravagée. On compta plus de cinq cents maisons entièrement dépouillées... Plus de mille personnes périrent dans cette circonstance. »

[1] Autre version : « A chaque poste devant lequel on passait, il reprochait sévèrement aux officiers d'avoir permis et de permettre encore à leurs troupes des excès si criminels, ignorant ou *feignant* d'ignorer que, loin de contenir leurs soldats, les officiers leur avaient donné l'exemple et s'étaient montrés les plus ardents. »

ORNEMENT TIRÉ D'UN MANUSCRIT ARABE.

SUR LES TRÉSORS DES KHALIFES DU KAIRE

(Page 298.)

Au VIIe siècle, dès l'époque de la conquête arabe, d'immenses trésors étaient encore ou déjà accumulés en Égypte, et bien des fortunes particulières y étaient tellement considérables, qu'il ne faut pas s'étonner de les voir confisquées si souvent, ni de trouver les souverains doués d'une richesse et d'une prodigalité si excessives.

Vers cette époque, un Copte dont on confisqua les biens possédait pour 13 millions de *dinârs*[1]. Un autre Copte, également dépouillé, possédait 52 *ardeb* d'or, c'est-à-dire 12 millions de dinârs. — Amr-ben-Abou'l-Açi, gouverneur d'Égypte, mort l'an 43 de l'hégire, laissa une fortune de 70 sacs de dinârs, chacun contenant 2 *ardeb*, soit plus de 32 millions de dinârs. Ses fils refusèrent une fortune dont la source ne pouvait être pure, mais le khalife Moawia s'empressa de l'accepter. (Wüstenfeld, *Die Statthalter von Ægypten*, I, 13, 14, 28.)

Makrizy cite un personnage qui fit vingt-deux fois de suite le pèlerinage de la Mecque et y dépensa chaque fois 150 000 dinârs. Il emmenait 70 chamelles pour porter son palanquin et 400 pour ses bagages. Dans cinq autres pèlerinages, il dépensa 2 200 000 dinârs. Une des femmes de son harem qui l'accompagnait avait 30 chameaux pour son palanquin et 150 pour ses bagages.

---

[1] Le *dinâr*, monnaie d'or arabe, est le *denarius* ou denier romain transmis des Byzantins à tous les peuples arabes. « Le *dinâr djeyshi*, ou *aureus castrensis*, dit de SACY (*Mém. d'hist. et de litt.*, VII, 102), n'était qu'une monnaie fictive qui même variait de valeur selon le rang des officiers ou des gens de guerre. On voit dans le même chapitre que, dans tel régiment de la *halkah* (garde), le dinâr est compté pour 10 *dirhems* et dans un autre pour 8. » Dans Abdallatif (XIIIe siècle), ce dinâr est évalué à 13 1/3 dirhems. Un dinâr du règne de Mostanser (XIe siècle) pèse entre 14 et 15 francs. Le *dirhem* est une monnaie d'argent dérivée de la *drachme* antique et valant environ 0 fr. 96.

Une année où il fut pillé par les Karmates, il avait emporté 200 tuniques de dessous ou chemises, chacune du prix de 50 dinârs. Ikhshîd, le prince régnant, le soumit un jour à une contribution de 80 *neyba* (le *neyba* vaut 22 muids) de dinârs, plus un million en fermes situées en Syrie, autant en Égypte et autant en mobilier et en capital, le tout représentant 30 *ardeb* d'or. Ce personnage n'était pourtant qu'un employé du *kharadj* ou impôt foncier. (Makrizy, p. 832.)

Comme exemple de la fortune à laquelle pouvait arriver un haut parvenu, un favori du sultan d'Égypte, prenons celui que nous communique notre savant ami M. Henry Sauvaire : c'est un extrait de la biographie de l'émir Sayf-ed-dîn-Tenkèz qui, arrivé en Égypte comme simple esclave mamlouk, avait fini, grâce à la protection de el-Mâlek-en-Nasser, fils et successeur du sultan mamlouk KALAOUN (1309), par devenir vice-roi de la Syrie. Disgracié et dépouillé par son maître après plus de vingt-cinq ans de service, on fit l'inventaire de la fortune qu'il avait acquise pendant ce temps, et voici ce que l'on trouva : en argent monnayé, 336 000 dinârs égypt. et 1 500 000 dirhems; des pierres précieuses et des perles du plus haut prix; des vêtements brodés, des étoffes, des harnais incrustés de pierres précieuses, le tout formant la charge de 800 chameaux; une multitude d'esclaves mâles et femelles et de chevaux de grand prix. Sans compter les mosquées, les couvents fondés par lui en cent lieux de la Syrie et de l'Égypte, quelques-unes de ses propriétés foncières qui nous sont énumérées montent déjà à un total de plus de 3 millions de dirhems.

Venons maintenant à l'énumération des articles les plus remarquables de l'inventaire qui fut fait des trésors fabuleux des khalifes Fatimites et que nous ont conservé Makrizy et quelques autres chroniqueurs arabes. Les mercenaires turcomâns qui protégeaient le malheureux khalife MOSTANSER (1067) contre ses sujets, ayant élevé leurs prétentions de 28 000 dinârs (plus de 400 000 fr.) qu'ils recevaient par mois au chiffre exorbitant de 400 000 dinârs (plus de 5 millions et demi), l'argent vint à manquer à ce prince sans énergie et sans talents. Plutôt que de résister, il se soumit et laissa vendre ses trésors à vil prix, après qu'on en eut fait une estimation qui n'était que modérée.

Le dépôt des joyaux du khalife Mostanser contenait, entre autres choses rares, un coffre plein d'émeraudes d'une grosseur exceptionnelle, et dont le poids était de 7 *mudd* (plus de 118 kilogrammes); elles étaient estimées 4 800 000 fr., et furent livrées pour 7500 francs. — Un collier de pierreries, estimé à 1 200 000 fr., venait d'être adjugé pour 30 000 fr., lorsque le fil s'étant rompu, toutes les pierres se répandirent à terre. L'un des généraux en prit une qu'il cacha; les autres l'imitèrent, puis ce furent les officiers ; si bien qu'en un instant il ne resta plus rien du collier. — Douze mille bagues d'or et d'argent, enrichies de pierreries, héritage des ancêtres, furent vendues 180 000 fr. — Un sachet contenant un *mudd*, ou près de 17 kilogr. de pierreries si grosses qu'on ne put les estimer, fut laissé pour 300 000 fr. ; elles avaient coûté 9 millions à l'aïeul du khalife. — Il y avait un turban enrichi de pierreries qui pesaient 17 *rotls* ou environ 7 kilogr. et demi, et valaient près de 2 millions ; parmi ces pierres, il se trouvait un rubis pesant près de 106 grammes et demi, et cent perles pesant chacune près de 14 grammes. — On trouva vingt-huit plats d'or émaillés d'un travail admirable, présent de l'empereur d'Orient au khalife Aziz, et dont chacun valait 45 000 fr. — Près de mille ustensiles d'argent enrichis d'or, merveilles de ciselure, dont quelques-uns pesaient 5000 *dirhems*, ou environ 4500 fr. ; un autre lot de meubles en argent pesant ensemble plus de 306 000 fr. ; six mille vases d'or pour mettre des narcisses ou des violettes. — Dans un endroit, trente-six mille pièces de cristal, et, dans un autre, dix-huit mille vases de cristal, dont quelques-uns valaient 15 000 fr. — Quatre cents grandes cages remplies de bijoux d'or de toutes sortes. On ne peut que mentionner sommairement « les multitudes prodigieuses » de coupes d'or, d'argent, de bézoard, avec le nom du khalife Haroun-er-Reschid, d'écritoires arabes de toutes matières, dont plusieurs valaient 15 000 fr ; de porcelaines, de miroirs de luxe, de parasols à manches d'or et d'argent, d'échiquiers dont les pions étaient faits des substances les plus précieuses, de tapis rares, d'étoffes de toutes espèces.

Il y avait une gondole dans la confection de laquelle il entrait pour 150 000 fr. d'argent ; les frais de fabrication et de dorure s'élevaient à plus de 43 000 fr., sans compter les tapis et les étoffes admirables dont cette embarcation était garnie, et ce n'était pas la seule qui atteignît ce prix de revient : trente-six autres gondoles avaient coûté ensemble 3 millions.

Dans le magasin des armes, on trouva près de deux cent mille pièces d'armures de toutes sortes, dont un grand nombre d'armes historiques et de prix, à commencer par l'épée d'Amrou ; « un nombre prodigieux » de tentes, de pavillons, de châteaux formés d'étoffes d'or, de velours, de satin, de damas, de soie de Chine à figures, et tous pourvus d'un mobilier précieux. Une de ces tentes, faite de soixante-quatre pièces d'étoffe, avait 32 mètres de haut et 250 de tour ; elle était soutenue par une colonne de $3^m,50$ de diamètre ; elle renfermait une cuve d'argent pesant 390 kilogr. et contenant la charge d'eau d'un chameau. Il fallait cent chameaux pour porter le tout. Elle avait coûté 450 000 fr., et cent cinquante ouvriers y avaient travaillé pendant neuf ans. Une autre tente, faite de toile d'or pur, était soutenue par six colonnes d'argent ; au centre s'élevait, comme support, un mât de galère vénitienne haut de 20 mètres, le plus élevé que l'on eût pu trouver. Il fallait deux cents hommes pour monter cette tente, très-semblable à une autre ayant appartenu au khalife Aziz, et devenue célèbre sous le sobriquet de « la tueuse »; en effet, toutes les fois qu'on la montait, il y périssait un ou deux hommes. « Le jour où nous arrivâmes au Kaire, dit Frescobaldi, voyageur florentin du XIV° siècle, le sultan Barkouk revenait de la chasse, où il avait passé plusieurs jours; et il menait avec lui un millier de tentes, qui était bien la chose la plus riche que l'on ait jamais vue. » La tente du sultan était divisée en une multitude de chambres dont il changeait chaque nuit, sans que personne connût celle qu'il choisissait.

La perte qui fut regardée comme la plus sensible, dit Makrizy, fut celle de la bibliothèque du palais des khalifes, qui contint jusqu'à cent vingt mille volumes reliés, traitant de toutes les matières, et où certains ouvrages renommés se trouvaient à plus de cent exemplaires. On y comptait, entre autres, dix-huit mille traités sur les sciences des anciens. — Lors du pillage, on arracha de cette bibliothèque deux mille quatre cents exemplaires du Koran, chefs-d'œuvre de calligraphie et d'enluminure, et pourvus de reliures précieuses en orfèvrerie. On en vit sortir un jour vingt-cinq chameaux chargés des livres les plus rares, qui représentaient bien une valeur de 100 000 dinârs (1 500 000 fr.) et laissés pour 75 000 fr. Dans la suite, ils furent de nouveau pillés, dispersés, détruits; on vit des esclaves en arracher les reliures pour s'en faire des souliers; il y eut de ces livres submergés, tandis que d'autres, abandonnés en monceaux dans les champs, se couvrirent de poussière et de terre, et formèrent près d'*Abias* des monticules qui portent encore le nom de *collines des livres* [1].

Ces fabuleuses richesses, nous l'avons dit, entraînaient, pour les khalifes et les sultans, une prodigalité que se hâtaient d'imiter ceux qui en étaient l'objet. Le moindre plaisir procuré à ces princes fantasques et blasés leur faisait répandre l'or à pleines mains; la plus légère déception pouvait avoir des conséquences immédiates et terribles pour le malheureux ou le maladroit qui en était la cause. Les poëtes et les musiciens surtout avaient la plus grande part aux largesses, et, s'ils étaient doués d'un talent supérieur, devenaient bientôt les familiers du Prince des croyants.

Entre mille faits de ce genre, tous plus extraordinaires les uns que les autres, on peut citer l'histoire d'Ibrahim-el-Mauceli. Ce musicien, un des plus célèbres du règne d'Haroun-er-Reschid, avait recueilli la somme de

---

[1] Voyez les *Mémoires historiques et géographiques sur l'Égypte*, par Ét. QUATREMÈRE, 1811, t. II. — Sur les artistes et les ouvrages d'art arabes, voyez un intéressant et curieux travail de M. H. LAVOIX : *les Peintres arabes* (*Gazette des beaux-arts*, 1876), et le grand ouvrage, prochainement en cours de publication, de M. Ch. de LINAS, *Histoire des origines de la bijouterie cloisonnée*.

24 millions de *dirhems* provenant tant des cadeaux divers qu'on lui avait faits que du prix des jeunes filles esclaves qu'il avait vendues après les avoir instruites dans l'art du chant. A cela il fallait ajouter une infinité de petits présents qu'il n'avait pas inscrits, des pensions de 10 000 *dirhems* par mois, et les produits considérables de ses terres et autres propriétés. Sa libéralité répondait à sa fortune : à toute heure de la journée on trouvait dans sa maison un repas préparé pour les étrangers. Il y avait toujours dans ses cuisines trois moutons : l'un, dépecé, cuisait dans les marmites ; un autre était prêt à cuire, le troisième attendait la mort.....

Deux ou trois ans après la mort d'Ibrahim, son fils Ishâk, chantant devant Haroun, se rappela une chanson qui avait valu 20 000 *dirhems* à son père, et se mit aussitôt à la chanter. Elle causa un vif plaisir au khalife, qui but une rasade et dit : « — Il me paraît, Ishâk, que tu te souviens du cadeau que
» j'ai fait autrefois à ton père à l'occasion de cet air ; et je suppose que tu
» en espères un semblable. — Vous ne vous trompez pas, répondit Ishâk.
» — Ton père, reprit Haroun, a reçu de moi le prix de cet air ; ne te flatte
» donc pas de le recevoir aussi. — Mon père, répliqua Ishâh, a obtenu de
» vous, en diverses circonstances, plus de 200 000 *dinârs* que vous avez
» oubliés. Faut-il, pour mon malheur, que vous vous rappeliez les mille
» *dinârs* donnés pour cet air ? — Comment, s'écria Haroun, je lui ai donné
» plus de 200 000 dinârs ! — Oui, certainement. — J'en demande pardon à
» Dieu ! Et combien a-t-il laissé en mourant ? — Il a laissé 5 000 dinârs de
» dettes que j'ai payés pour lui. — En ce cas, dit Haroun, je ne sais lequel
» de moi ou de lui a été le plus follement prodigue. Que Dieu nous pardonne
» à tous deux [1] ! »

Ibn-Djâmi, autre musicien célèbre du commencement de ce règne, ayant dissipé les sommes considérables qu'il avait reçues comme prix de ses chants, partit un jour de la Mecque « en état de gêne extrême », pour aller chercher fortune à Bagdad auprès du khalife. « J'arrivai à Médine, dit-il [2], n'ayant dans ma manche que quatre dirhems (2 fr. 80). Je me dirigeai vers la maison d'une personne de ma connaissance. Je rencontrai une négresse portant une cruche sur l'épaule. Elle marchait à deux pas devant moi, et je l'entendis chanter quelques vers.

» L'air était charmant et d'une singulière originalité. J'en fus émerveillé ; mais je n'avais pu le saisir. Je priai la négresse de le répéter. Elle le répéta ; je ne le saisis pas davantage. « — Encore une fois, je t'en conjure, lui dis-je.
» — Ah ! répondit-elle, en voilà assez. J'ai hâte d'aller faire mon ouvrage. »
Je lui offris les quatre dirhems qui formaient tout mon avoir. Elle les accepta

---

[1] Caussin de Perceval, *Journal Asiatique*, novembre 1873, p. 505. — [2] *Ibid.*

non sans difficulté, s'arrêta, posa sa cruche à terre et chanta. J'appliquai toute mon attention à l'écouter, et cette fois je fus maître de l'air. « — Il t'a
» coûté quatre dirhems, me dit-elle, et je te prédis qu'il te rapportera quatre
» mille pièces d'or (56 000 fr.). » A ces mots, elle reprit sa cruche et s'éloigna rapidement. Je continuai mon chemin, répétant cet air tout bas, jusqu'à ce que je l'eusse bien fixé dans ma mémoire. »

Arrivé à Bagdad, notre poëte se rend à la mosquée pour la prière du soir. Il y rencontre un grand dignitaire du palais, qui, pour sa qualité d'étranger et de musicien, lui offre l'hospitalité. A peine Ibn-Djâmi a-t-il pris quelque nourriture, qu'on l'envoie chercher pour le produire devant le khalife : il s'en aperçoit à la splendeur des édifices, des cours éclairées qu'on lui fait traverser, et au cri d'*Allah akbar!* que se renvoient les gardes apostés à toutes les portes.

« On m'introduit, dit-il, dans un vaste et splendide salon, au fond duquel est tendu un grand rideau de soie. Plusieurs siéges, rangés sur une même ligne, en face du rideau, occupent le milieu de la pièce. Sur quatre de ces siéges sont assises, tenant des luths, quatre personnes, trois femmes et un homme. » Après que ces individus, artistes médiocres, ont chanté, son tour vient. « — A toi, maintenant », me dit un eunuque. Je chante un air de ma composition. Cinq ou six eunuques sortent à l'instant de derrière le rideau, accourent à moi et me demandent : « — De qui est cet air? » Je réponds : « — De moi. » Ils s'en vont avec la même vitesse. Puis Selam-el-Abrach (son protecteur), sortant aussi de derrière le rideau, s'approche et me dit : « — Tu
« mens, cet air est d'Ibn-Djâmi. » Je garde le silence et il disparaît.

» La scène se répète : même question, même réponse, même démenti.
« — Eh! c'est moi, dis-je, qui suis Ibn-Djâmi. » A peine ai-je proféré ces mots, que le rideau s'entr'ouvre. Le grand chambellan paraît et dit : « Le Commandeur des croyants. » Haroun-er-Reschid s'avance appuyé sur le bras de Djafar le Barmécide et me dit : « — C'est toi Ibn-Djâmi? »......

» Haroun s'assit avec Djafar sur un sofa et me demanda quelque air nouveau. La chanson de la négresse se présenta à mon esprit, je la chantai. Haroun, se tournant vers Djafar : « — As-tu jamais, lui dit-il, rien entendu
» d'aussi original? — Jamais, répliqua Djafar, rien de semblable n'a charmé
» mon oreille. » Le khalife me jeta une bourse de mille pièces d'or (14 000 fr.), que je mis sous ma cuisse. D'après ses ordres, je répétai la chanson une seconde, puis une troisième fois, et reçus une seconde et une troisième bourse de pareille somme. Les largesses d'Haroun allaient, pour le moment, s'arrêter là, quand il s'aperçut que je riais. « — Qu'as-tu à rire? me dit-il
» en fronçant le sourcil. — Commandeur des croyants, répondis-je, c'est que
» je pense à l'histoire de cette chanson. — Quelle histoire? Je veux la con-
» naître. » Je racontai ma rencontre avec la négresse dans une rue de Médine...

Le khalife sourit: « — Fort bien, dit-il, l'aventure est assez curieuse, en effet. »Allons, ajouta-t-il en me jetant une quatrième bourse de mille pièces d'or, » il ne faut pas faire mentir la négresse. »

» La nuit était très-avancée, Haroun se leva et rentra dans ses appartements intérieurs. Je me disposais à m'en aller, assez embarrassé de ma personne et de mon or. Un officier du palais me dit de le suivre. Je sortis avec lui. Il me mena dans une maison richement meublée, garnie de tout ce qui pouvait être utile ou agréable. J'y trouvai plusieurs domestiques mâles et deux jolies filles esclaves. « — Tout ce qui est ici t'appartient, me dit l'officier ; » c'est un don que t'accorde le Commandeur des croyants. » Là-dessus il me quitta, et je rendis grâces au ciel de m'avoir ainsi fait passer tout à coup du dénûment à l'opulence. » (*Aghâni*, II, 40-46.)

« La voix d'Ibn-Djâmi n'était jamais si belle que lorsqu'il était affligé. Le khalife Haroun-er-Reschid, informé de cette particularité, imagina un moyen de s'en assurer par lui-même. Tandis qu'Ibn-Djâmi et d'autres artistes chantaient en sa présence, il se fit apporter une lettre supposée, annonçant que la mère d'Ibn-Djâmi venait de mourir à la Mecque. Il lut tout haut le passage qui contenait cette nouvelle et fit un compliment affectueux de condoléance à Ibn-Djâmi. Celui-ci, qui aimait tendrement sa mère, fut pénétré de douleur. Son tour de chanter étant venu, il chanta une élégie, d'une voix vibrante d'émotion et avec une expression si admirable, que le khalife et tous les assistants en furent transportés ; les jeunes pages se frappaient la tête contre les murs. Haroun ne voulut pas prolonger cette cruelle épreuve. Il détrompa Ibn-Djâmi et le dédommagea de la peine qu'il lui avait causée par une gratification de 10 000 pièces d'or (140 000 fr.). » (*Aghâni*, II, 40.)

« Dans une des dernières années du règne d'ABD-EL-MELEK (vers 712 de J. C.), le célèbre musicien *Ibn-Aïcha* se trouvait à la Mecque au moment du pèlerinage. Voyant un jour défiler la nombreuse troupe des pèlerins qui sortaient de la ville et se rendaient au mont Arafat pour y accomplir les cérémonies d'usage, il dit à un ami qui l'accompagnait : « — Je connais un » homme qui, s'il ouvrait la bouche, tiendrait tout ce monde immobile et » arrêterait la circulation. - - Quel est cet homme? demanda l'ami. — Moi », reprit Ibn-Aïcha. Et à l'instant il chanta un vers de Zohayr...

» A sa voix, tout le cortège cessa d'avancer. Les litières se pressaient et s'entrechoquaient, les chameaux allongeaient leur cou vers le chanteur[1].

---

[1] On sait que les chameaux de caravanes ont coutume d'être conduits et soutenus à l'aide du chant et des instruments. Leur oreille acquiert ainsi une sorte de connaissance, et l'on peut admettre qu'elle se laisse aisément surprendre et charmer comme l'ouïe du serpent. C'est ce chant berceur et flottant que, dans son *Désert*, Félicien David a si joliment poétisé par ce dessin mélodique au rhythme vif et cadencé qui vient accompagner en fugue le thème de la *marche des pèlerins*.

La confusion qui résulte de cette suspension de la marche faillit entraîner de graves accidents. On saisit Ibn-Aïcha, et on l'amena devant le prince Hichâm, fils du khalife, qui conduisait le *hadj* (la troupe des pèlerins). « — Ennemi de Dieu, lui dit Hichâm, tu as donc voulu jeter le désordre dans le » cortége? » Ibn-Aïcha ne daigna pas répondre. « — Tu me parais bien fier, » reprit le prince. — On peut en effet être fier, répliqua Ibn-Aïcha, quand » on exerce sur les cœurs des hommes un pouvoir semblable au mien. » Hichâm rit de sa vanité et le relâcha. » Pour cette fois, l'artiste se retira sain et sauf, car le prince avait ri; mais bientôt, devant cet orgueil, un autre prince ne daigna point rire...

« Appelé à Damas par Walid II, fils de Yézid, Ibn-Aïcha reçut de ce khalife de riches présents. Comme il revenait de Damas à Médine (vers 743 de J. C.), il s'arrêta au château de Dhou-Khouchb, sur l'invitation qui lui en fut faite par El-Ghamr, frère du khalife. Un soir qu'il était à boire avec El-Ghamr, sur la terrasse formant le toit de ce château, il chanta un air qui plut singulièrement au prince. Celui-ci demanda *bis*. Ibn-Aïcha, par fierté, ne répétait jamais un air qu'il venait de chanter. Il refusa donc. Le prince insista; nouveau refus. El-Ghamr, irrité et échauffé par les fumées du vin, fit jeter l'artiste indocile du haut de la terrasse en bas. Il en mourut. » (Caussin de Perceval, *Journal Asiatique*, nov.-déc. 1873, comme ci-dessus.)

Le chroniqueur arabe Maçoudi, qui florissait pendant la première moitié du X⁰ siècle, rapporte une aventure tragi-comique arrivée à l'un de ses contemporains, « homme d'une belle intelligence et d'un esprit distingué, exerçant le métier de conteur à la cour et mêlé aux grands fonctionnaires du gouvernement [1] ». Cet homme était un historien du nom de Mohammed-ben-Ali Abdi, originaire du Khoraçan, et *l'un des familiers* de KAHER, dix-neuvième khalife abbasside de Bagdad.

« Un jour, dit-il, le khalife Kaher me prit en particulier et me dit : « — Jure » de dire la vérité, ou prends garde à ceci. » Et il me montra sa pique. Je vis la mort se dresser entre le prince et moi. « — Je le jure, sire, m'écriai-je. » — Attention, reprit-il, et il répète trois fois ce mot. — Oui, sire. — Atten- » tion à ce que je vais te demander, ne me cache rien; pas d'embellisse- » ments, pas d'assonances dans ton récit, mais aussi pas d'omissions. — Oui, » sire. » Il reprit : « — Tu connais à fond l'histoire des Abbassides, leurs » mœurs, leur caractère?... — Prince des croyants, répondis-je, j'y mets » une condition, c'est que j'aurai la vie sauve. — Je te le promets », fit Kaher.

» Je commençai alors en ces termes : « Abou'l ABBAS Saffah (fondateur de la dynastie abbasside) était prompt à verser le sang. Ses agents, dans toute

---

[1] Maçoudi, *les Prairies d'or*, traduction de M. Barbier de Meynard, t. VIII, p. 289.

l'étendue de l'empire, suivirent son exemple et prirent modèle sur lui... Saffah rachetait ce défaut par beaucoup de noblesse d'âme et de générosité ; il donnait sans cesse et répandait l'or à pleines mains. Aussi les gouverneurs et en général tous ses contemporains suivirent ses traces et le prirent pour modèle. »

« — Parle-moi de MANSOUR, me dit le khalife. — La vérité, sire ? — La
» vérité. » Je continuai ainsi : « Eh bien, il sema la division parmi les enfants d'ABBAS... Le premier parmi les khalifes, il réunit à sa cour des astrologues et obéit aux jugements de l'astrologie judiciaire, etc., etc. » (Voy. p. 367.)

« — C'est bien, me dit Kaher, tout cela est précis et clair. Arrive maintenant
» à MEHDI, et dis-moi quel fut son caractère. » Je repris en ces termes : « Mehdi fut bon et généreux, d'un caractère noble et libéral... Ce khalife avait coutume, lorsqu'il se montrait en public, de faire porter devant lui des bourses pleines de pièces d'or et d'argent ; personne ne sollicitait en vain sa bienfaisance, et le distributeur qui précédait le prince avait reçu l'ordre de prévenir par ses aumônes ceux qui n'osaient les implorer, etc. »

» Kaher m'interrompit pour me féliciter de la netteté de mes explications, et me demander ensuite des renseignements sur la manière d'agir d'HAROUN-ER-RESCHID. »

Ici, le savant conteur s'étend sur ce règne célèbre que nous avons rapporté plus haut (p. 368). Il rappelle que le type de la bienfaisance, sous ce règne, fut ZOBEÏDÈH, épouse du khalife, et finit en disant : « Telles furent la splendeur, la richesse et la prospérité du règne d'Haroun, qu'on appela cette époque « *les jours de noces* ».

» Là-dessus Kaher m'interrompant : « — Je crois, dit-il, que tu as raccourci
» l'histoire de Zobeïdèh. Pourquoi cela ? — Sire, répliquai-je, je veux être
» court et je recherche la concision. » A ces mots, le khalife saisit sa pique et la brandit vers moi : je vis la *mort rouge* m'apparaître à la pointe de cette arme. Les yeux du prince lançaient des éclairs. Je me résignai à mon sort ; c'était l'ange de la mort, je n'en doutai plus, qui venait m'arracher l'âme. En effet, le khalife lança son arme contre moi, mais je me baissai à propos, et le coup ne porta pas. « — Malheureux, ajouta Kaher en se reculant, as-tu
» donc joué ta tête, es-tu dégoûté de la vie ? — Pourquoi, sire ? — Allons,
» continua le prince, cette histoire de Zobeïdèh, j'en veux savoir davantage. » Et le malheureux savant reprend l'histoire des vertus, de la piété, du luxe de la princesse. « Elle fit choix (comme pages), dit-il, de jeunes filles remarquables par l'élégance de leur taille et le charme de leur visage. Elle les coiffa de turbans, leur donna des vêtements au chiffre royal, une coiffure bouclée et enfermée dans un réseau par derrière, les habilla de *kaba*, de justaucorps et de ceintures qui donnaient du relief à leur taille, etc., etc. C'est alors que dans toutes les classes de la société s'établit la mode des jeunes

filles esclaves aux cheveux courts, vêtues de *kaba* et de ceintures; on les nomma *goulamiat, — pages féminins.* »

« Cette description émut Kaher; il manifesta une vive satisfaction, et, d'une voix retentissante, il s'écria : « — Échanson, une coupe de vin en l'honneur des pages féminins! »

« Aussitôt parut un essaim de jeunes filles, toutes de même taille et ressemblant à de jeunes hommes : elles étaient vêtues de justaucorps, de *kaba* et de brocart; elles portaient leurs cheveux en réseaux et des ceintures d'or et d'argent. Pendant que le khalife prenait la coupe, j'admirai la pureté du métal dont elle était faite, l'éclat du vin qui la dorait de ses rayons, et je m'extasiai sur la beauté de ces jeunes filles. Mais le prince tenait toujours sa formidable pique; il but d'un trait et me dit : « — Allons, continue. — Sire, j'obéis, répondis-je. »

Le récit arrivé jusqu'aux environs de son règne, le khalife se montra édifié et enchanté, fit donner au conteur une gratification, puis le congédia. « Je me levai, dit-il; il se leva sur mes traces, sa pique à la main : je crus d'abord qu'il allait me frapper par derrière, mais heureusement il se détourna et se dirigea vers son harem. Peu de jours après cette entrevue, il était victime des événements que l'on sait. »

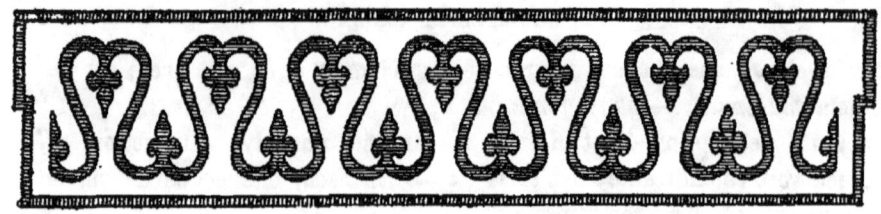

COURONNEMENT D'UNE FENÊTRE DE MOSQUÉE.

DES MOSQUÉES ET DE LEUR ORGANISATION

(Pages 40, 41.)

Dans l'Islamisme, aussi bien que dans le Judaïsme, il n'existe qu'un seul temple, qui est la *Kaabah* de la Mecque. La mosquée, comme la synagogue, n'est donc simplement qu'un lieu d'assemblée pour la prière; lieu que la Divinité n'est pas censée habiter, et dont la chose sainte, sanctifiante par excellence, est le *mihrâb*, ou niche circulaire indiquant l'orientation vers la Mecque : par conséquent, ni autels, ni sacrifices, et pas d'autre culte qu'un ensemble de prières, de lectures et de prônes. Aussi, malgré le respect dont les mosquées sont l'objet, est-il permis aux pauvres et aux voyageurs de s'y réfugier comme en un lieu d'asile; les fidèles peuvent y causer d'affaires, y dormir, y manger même, et travailler à quelques menus ouvrages manuels entre les heures consacrées à la prière.

Les mosquées sont ouvertes au lever du soleil et ne se ferment que deux heures après son coucher. Au Kaire, il y a exception pour la grande mosquée d'el-Azhar, qui est l'université musulmane la plus renommée de l'Orient, et où loge tout un peuple d'étudiants; cet établissement reste ouvert toute la nuit. Les jours ordinaires, la prière y est dite cinq fois, à des moments et avec des durées scrupuleusement fixés par la loi[1]. Le vendredi, qui est le jour du sabbat chez les musulmans, on y fait un prône ou *khotba*, mais il est permis aux fidèles de consacrer le reste du jour aux travaux quotidiens. Mahomet n'a pas défendu aux femmes d'assister à la *khotba*, mais il trouve

---

[1] Sur les ablutions et les prières, voyez : QUERRY, *Droit musulman*, t. I (*Des devoirs religieux*). — LANE, *the Modern Egyptians*, I, chap. III, et *passim*. — MAX. DU CAMP, *le Nil*, p. 41. — COSTE, *Monuments arabes du Kaire, décrits et dessinés*, 1839, in-fol., et la nouvelle édition du *Guide en Égypte* de M. le docteur ISAMBERT, qui donne les plans des principales mosquées du Kaire et un excellent plan de la ville d'après le plan officiel de Grand-bey (Hachette, 1877). — Sur les mosquées de cette ville en particulier, voyez l'excellent travail historique de M. MEHREN, professeur d'arabe à l'université de Copenhague : *Cahirah og Kerafât*, 1870. Texte danois donnant toutes les inscriptions arabes des mosquées.

qu'il est plus convenable pour elles de faire cette prière dans leurs maisons; aussi sont-elles exclues, au Kaire, des exercices publics. Dans la *khotba* est une prière publique pour le souverain régnant; cette prière et la *sikka*, ou droit de frapper monnaie à son monogramme, sont pour lui les marques de la souveraineté. C'est ainsi que dans les textes on trouve souvent : « *Et l'on disait pour lui* (tel souverain) *la khotba jusque dans les villes de...* », c'est-à-dire, sa souveraineté s'étendait jusqu'à... Dans les luttes de compétition ou d'usurpation qui agitèrent si fréquemment le monde oriental, le premier acte de rébellion contre un khalife ou un sultan régnant était de remplacer son nom dans la *khotba* par celui de l'usurpateur; la déchéance se trouvait ainsi promulguée.

Dans la mosquée, on ne fait aucune distinction entre les riches et les pauvres : les uns et les autres se placent côte à côte, où bon leur semble, et chacun peut apporter avec soi un petit tapis de prière, ou *seddjadèh*, qu'après avoir ôté ses babouches il étend sur les nattes ou les tapis qui recouvrent les dalles du sanctuaire; ces tapis portatifs sont parfois de véritables chefs-d'œuvre de goût et de richesse. Avant de commencer la prière, le fidèle doit s'astreindre aux ablutions prescrites, pour lesquelles une piscine, ou bassin, ordinairement recouverte d'une coupole, a été installée au centre de la mosquée. Il est permis au musulman de faire les prières et les ablutions hors de la mosquée, chez lui, ou bien là où il se trouve, dans les bazars, sur les places publiques ou ailleurs, à certaines exceptions près. C'est ainsi qu'à différentes heures, on voit de tous côtés, dans les rues, dans les boutiques ou sur le pont des navires, des musulmans prosternés, agenouillés, ou debout dans l'attitude immobile de l'extase; et c'est là certainement un des spectacles les plus saisissants et les plus poétiques de l'Orient.

Bien qu'on dise que le vendredi ait été choisi pour le sabbat, parce que les musulmans croient que ce jour-là Adam fut créé, mourut et doit ressusciter, il est plus que probable que Mahomet le choisit afin de placer son sabbat avant celui des Juifs et celui des chrétiens, qui se tiennent le samedi et le dimanche.

Les mosquées, dont le nombre, au Kaire, est d'environ cinq cents, portent différents noms, selon leur grandeur, leur importance et leurs attributions. Les plus grandes, qui correspondent assez à nos cathédrales et à nos basiliques, sont appelées *djamâ* (assemblée générale), et là seulement se fait la *khotba* ou prône du vendredi. Elles sont généralement entourées ou accompagnées de bains publics, de fontaines ou *sebîl* alimentées par des citernes ou *çahridj*, à l'usage des voyageurs et des passants; de cuisines et de fours pour les pauvres; d'écoles publiques ou *makteb*; de bibliothèques et de *medressèh*, ou écoles de hautes études.

Les *mesdjid* (« lieu où l'on se prosterne », d'où *mosquée*, par l'intermé-

PLAN DE LA MOSQUÉE D'AMROU, AU VIEUX-KAIRE
(d'après l'*Art monumental* de L. Bâtissier et les *Monuments arabes* de P. Coste).

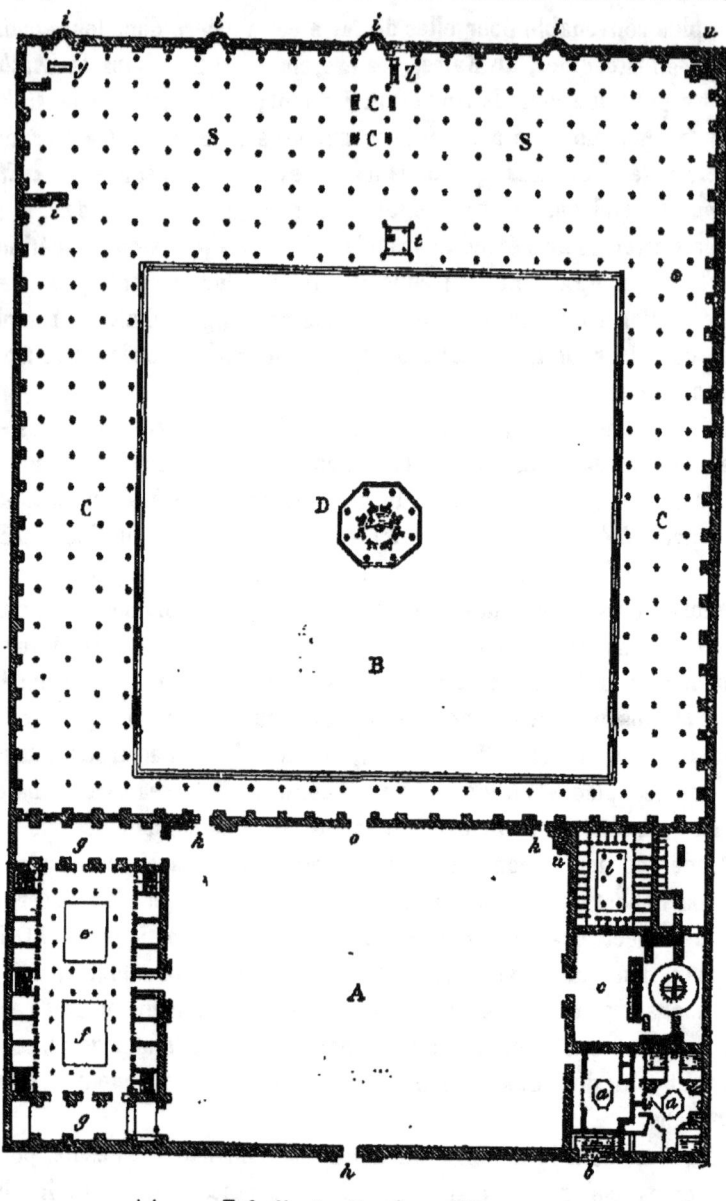

Echelle de 0^m 0015 pour 2^m

PARTIES ACCESSOIRES ET VARIABLES. — A, première cour ; *h*, entrée ; *e*, *f*, *okels* ou bâtiments avec cours et portiques entourés de chambres pour les étrangers ; *g, g*, écuries pour chevaux, chameaux, troupeaux ; *a, a*, bain public ; *b*, abreuvoir public ; *c*, manége ou *sakkiéh*, pour élever l'eau de la citerne ; *l*, cour des latrines ; B, cour de la mosquée ou *sahn* ; *k, k, o*, portes ; C, C, portiques ou *mousala*.

PARTIES FIXES OU INVARIABLES DES MOSQUÉES. — D, piscine ou fontaine aux ablutions ; S, S, sanctuaire ou *maksourah* ; *i, i*, niches orientées pour la prière, ou *mihrâb* ; Z, chaire ou *mimber* ; C, C, pupitres pour les exemplaires du Koran ; *t*, tribune, estrade ou *mastabah*, pour annoncer l'heure de la prière ; *u, u*, escaliers des minarets ; *y*, tombeau d'Amrou, fondateur de la mosquée (VIIe siècle de J. C.). — Dans les mosquées moins anciennes, le tombeau du fondateur est ordinairement placé dans une salle séparée, surmontée d'une coupole ou *turbéh*.

diaire de l'espagnol *mezquita*), les *mesdjid* sont les équivalents de nos églises, mais on n'y dit pas la *khotba*.

Les *zaouyèh* (coin, cellule) sont de simples oratoires ou chapelles qui renferment parfois des tombeaux ou des reliques de saints. On y instruit aussi les enfants.

Il y a tant de variété dans l'ordonnance et le plan des mosquées, qu'on ne saurait en établir une classification. Les unes sont formées d'une immense cour carrée, découverte et entourée de portiques, comme les mosquées d'Amrou (la plus ancienne), d'el-Azhar, de Thouloun, de Hakem, de Barkouk, d'El-Moeyyed, etc., etc.

Dans d'autres, comme la grande mosquée du sultan Hassan, la cour découverte tient une moindre place, et les rangées de portiques sont remplacées par une seule et immense arcade ogivale. Il en est enfin qui, étant tout à fait couvertes, ont un aspect entièrement différent des premières : telles sont les mosquées de Kalâoun (p. 34), de Kaït-bey, d'el-Ghouri, etc., etc. La mosquée neuve de Méhémet-Ali à la citadelle, qui est construite à la turque, c'est-à-dire selon des traditions grecques ou byzantines, comme toutes celles de Constantinople, participe des deux systèmes : elle est fermée, couverte, et, de plus, précédée de la vaste cour ou *atrium* à portiques. Il semble y avoir une tradition analogue à Saint-Marc de Venise, qui est d'origine byzantine : la *piazza*, entourée de portiques, qui s'étend devant sa façade, représente assez bien l'*atrium*, parvis ou cour d'entrée des édifices religieux byzantins et de ceux des Turcs, leurs dérivés. La seule règle fixe est, pour la décoration des mosquées, de ne jamais y introduire d'objets ou d'ornements qui puissent rappeler l'image d'un être vivant et animé. De là l'emploi exclusif des arabesques et des sentences religieuses, dont les caractères servent d'ornements, et dont la variété est presque infinie (voy. p. 47).

Le *nadhir* (prononcé en turc, *nazir*) est l'intendant, l'administrateur des biens et des legs appartenant à une mosquée. Les grandes mosquées, *djam'a*, ont en outre deux *imâm*, dont le nom signifie *celui qui précède* le fidèle, qui le dirige dans la prière. Le premier des deux, l'imâm *khatib*, tire son nom de la *khotba*, car c'est lui qui est chargé de faire le prône du vendredi. Le second, l'imâm *râtib* ou ordinaire, est chargé de réciter les cinq prières de chaque jour devant ceux qui se trouvent à la mosquée. Le caractère et les fonctions de ces deux ordres d'employés n'ont rien de commun avec ceux du *prêtre*; on choisit pour cela les premiers venus, des artisans, des *fkih* ou maîtres d'école, souvent de pauvres étudiants de l'université d'el-Azhar : tel était Soliman, l'assassin de Kléber; il remplissait l'office de lecteur à la grande mosquée de Hassan. Les imâm n'ont donc aucun caractère sacré, ni aucune influence à exercer sur les fidèles. Ils peuvent cesser d'être imâm et le redevenir. Ils sont rémunérés sur les fonds de la mosquée, mais leur traitement est si modique, qu'ils sont obligés d'exercer quelque autre profession.

Les imâm ne sont que les délégués du *pontificat*, qui réside seulement dans la personne du lieutenant de Mahomet, autrefois le khalife, aujourd'hui, selon les Sunnites (partisans de la tradition), le sultan ottoman de Constantinople.

A ce propos, voici le sens de différents titres souverains ou supérieurs :
Abou Bekr, le premier, se fit appeler KHALIFE ou vicaire (du prophète); rigoureusement, ce titre ne convient qu'aux chefs des dynasties omeyyade et abbasside, bien que les Fatimites d'Égypte l'aient aussi porté. — ÉMIR, *chef, prince*, est souvent employé pour désigner de simples princes ou des généraux; mais suivi de *elmouminin*, « des croyants », il désigne le khalife. — SULTAN est une qualification donnée à beaucoup de princes grands et petits, même à de simples gouverneurs de province. Saladin, par exemple, portait ce titre, qui de nos jours semble plus particulièrement réservé à l'empereur de Constantinople. Ce dernier porte aussi le titre persan de *padischâh* ou empereur. Schâh est le titre du roi de Perse.

KHÉDIVE est une appellation nouvelle dans la terminologie officielle et que l'on emploie depuis peu pour désigner le vice-roi d'Égypte. Ce mot paraît signifier proprement *divin*, et l'on a voulu, en l'employant, éviter quelqu'une des autres désignations qui aurait pu paraître blessante, soit au suzerain de Constantinople, soit au vassal.

Le MOUFTI, celui qui rend des *fetva* ou décisions juridiques, est un personnage officiel, souverain dans le domaine juridico-religieux.

Il existe en outre des *moueddins* (prononciation turque, *mouezzins*), c'est-à-dire des « moniteurs », qui sont chargés de monter aux minarets (de *menara*, signal, fanal) pour crier successivement du haut de leurs balcons (*darabezin*) l'appel aux cinq prières du jour. Il y a autant de mouezzins que de minarets dans une mosquée. On dit généralement que les mouezzins doivent être des aveugles, afin qu'ils ne puissent voir du haut des minarets ce qui se passe dans l'intérieur des harems. Nous ne savons trop ce qu'il y a de vrai en cela; mais deux choses semblent prouver le contraire : c'est d'abord que les mouezzins doivent régler d'après le soleil les heures des prières; puis, que les maisons voisines des minarets portent des auvents et des toits disposés de façon à arrêter les regards indiscrets et à rendre inutile toute autre précaution.

Si Mahomet a proscrit l'usage des cloches et ordonné le chant des mouezzins pour l'appel à la prière, c'est en partie pour éviter de faire comme les chrétiens. Pour une raison qui ne manque ni d'élévation, ni de poésie, il trouvait d'ailleurs que la voix humaine est l'organe le plus noble et le plus digne de contribuer à cet acte religieux qui occupe une si grande place dans la vie du musulman.

Si le tintement des cloches lointaines manque aux campagnes de l'Orient musulman, ses villes et ses bourgs offrent du moins le spectacle souvent sublime de l'appel à la prière, scène dont la beauté varie et s'accentue d'heure en heure. Au lever du jour, la voix des mouezzins s'élance joyeuse dans l'air frais comme pour saluer l'aurore; pendant ses ardeurs, elle descend pesante avec les rayons du soleil de midi, jusqu'au fond des ruelles désertes et des maisons silencieuses, où elle vient traverser, comme un bruit de rêve, le demi-sommeil de la sieste.

C'est surtout à la fin de la journée, lorsque les balcons des minarets se profilent sur les ardentes rougeurs du couchant et que les bruits de la ville s'assoupissent par degrés, c'est alors que le chant de la prière, s'élevant comme une note isolée dans l'espace assombri, atteint son effet le plus puissant.

« Soudain, du haut des minarets, la voix des mouezzins fait retentir l'*adam*, l'appel à la prière : « *Allahou akbar. Achadou anla ilaha illallah. — Achadou anna Mohammadar rasouloullah. — Hei ia alassalah. — Hei ia alselah. — Allahou akbar. — La ilaha illallah*[1] *!* » Le chant, d'abord lent et grave, monte par degrés jusqu'aux tons les plus élevés que puisse atteindre la voix humaine. Une mélodie étrange, pleine du vague des paysages orientaux, se balance dans les airs plus transparents que le cristal. Tantôt c'est une psalmodie monotone, tantôt des trilles rapides qui se succèdent et semblent se poursuivre[2]. Des voix d'enfants se marient aux notes plus sonores des vieux mouezzins. Le chant paraît s'éteindre, renaît, puis s'évanouit. Seule une voix tardive répète encore dans le lointain : « *La ilaha illallah !* »

» Dès les premiers accents, les bruits ont cessé. Chacun s'arrête; ceux qui étaient assis ou couchés se redressent, posant devant eux les objets dont ils s'occupaient. Tous les yeux prennent la direction de la *kiblah*[3], tous les fronts se lèvent vers le ciel, et cette multitude prie, s'inclinant, s'agenouillant et se prosternant en cadence, pour se relever et se courber encore. Le spectacle est saisissant. A la même heure, au même instant, dans les mosquées, dans la rue, dans le secret de la maison, au bord du fleuve, dans les rizières ou dans le désert immense, des milliers d'êtres s'unissent dans la

---

[1] « Dieu est grand. — Je confesse qu'il n'y a pas d'autre Dieu que Dieu. — Je confesse que Mahomet est le prophète de Dieu. — Venez à la prière. — Venez au salut. — Dieu est très-grand. — Il n'y a pas d'autre Dieu que Dieu. »

[2] Surtout aux mots : ..... *Mohammadar-rasouloullah*..... *Hei ia alassalah*.....

[3] L'orientation vers la Mecque (voy. page 40, note).

même pensée d'adoration. Si jamais prière a eu une véritable grandeur extérieure, c'est bien celle qui monte alors vers le trône d'Allah [1]. »

L'*adam* est le chant que Félicien David a si admirablement idéalisé dans *le Désert*. A l'une des premières auditions de cette œuvre au Théâtre-Italien (nous tenons le fait d'un témoin), quelques scheikhs bédouins de l'Algérie avaient été installés dans une loge. Ils demeurèrent impassibles et résignés devant une richesse harmonique et une complication d'idées musicales inintelligibles pour eux; mais au moment où la psalmodie simple du mouezzin jeta son invocation d'*Allah akbar!*, une vive et subite émotion les saisit tous. Ils se regardaient, se parlaient avec abondance de gestes expressifs, car ils avaient reconnu l'appel à la prière; et peut-être y auraient-ils obéi sans la présence d'un public qui les fit rentrer aussitôt dans le silence de leur impassible fierté.

Outre ces différentes classes de desservants, les mosquées ont encore des *babwâb*, ou portiers (de *bâb*, porte), en nombre égal à celui des portes de l'édifice; des *sakkas*, ou porteurs d'eau, chargés du soin d'arroser les cours et d'alimenter les piscines d'ablution; enfin des balayeurs. Tous, à l'exemple des imâm, sont rétribués sur la caisse des fonds affectés à la mosquée, sans que le peuple y contribue jamais.

Au-dessus et en dehors des nadhirs et des imâm est un corps d'*ulémas*, savants ou docteurs formant le corps enseignant chargé d'expliquer, d'interpréter le Koran et la loi canonique, principalement à la mosquée ou université d'el-Azhar.

« Les premiers siècles de l'Islam se contentèrent d'une critique toute grammaticale du Koran. Les voyelles n'étant pas encore ajoutées, le sens véritable dépendait fort de la correcte interprétation des mots et des phrases. Encore aujourd'hui, les variantes que peut présenter le Koran proviennent presque toutes des points-voyelles. Les premiers interprétateurs, les sept jurisconsultes de la Mecque, dont la réputation est si universellement répandue en pays musulman, ne furent ainsi que des grammairiens. Ce fut sous les khalifes omeyyades que l'esprit de critique spéculative fit, pour la première fois, valoir ses droits par l'étude raisonnée du Koran : lorsque, plus tard encore, le système philosophique d'Aristote fut connu en Orient, on ne tarda pas à l'appliquer à la révélation de Mahomet. Il se forma bientôt au sein de l'Islam de nombreuses sectes, dont quatre seulement sont considérées comme orthodoxes et soixante-douze comme hérétiques.

» Les quatre sectes reconnues sont les *Chaféites*, les *Malékites*, les *Hané-*

---

[1] Passage extrait de l'ouvrage intitulé : *L'instruction publique en Égypte*, par M. Ed. Dor. Paris, Lacroix-Verboeckhoven, 1872, in-8°.

fites et les *Hambalites*. Les seules différences dogmatiques qui peuvent se présenter entre ces sectes n'ont été réellement marquées que dans les premiers siècles du mahométisme : c'est en vain qu'on chercherait aujourd'hui entre elles l'opposition que nous sommes habitués à rencontrer chez nos rites chrétiens. Tout en accentuant le point de vue particulier à son fondateur, chacune d'elles a la plus grande vénération pour la mémoire et les idées des premiers *imâm* des autres sectes. Intimement unies pour tout ce qui touche à la religion ou à l'interprétation du Koran, elles ne se divisent que dans l'application ou l'explication des principes juridiques. Fidèles, avant tout, au texte du Koran et à la *Sounna* ou tradition, les Chaféites rejettent le concours du raisonnement et de la philosophie. Sans nier l'autorité de la Sounna, les Hanéfites ne l'acceptent que lorsque la logique seule ne suffit pas à l'interprétation du Koran. Les Malékites et les Hambalites, au contraire, n'adoptent le secours de la raison humaine que là où la tradition fait entièrement défaut.

» Le plus ancien de ces rites est celui des Hanéfites, fondé par l'imâm Nou'man Abou-Hanifêh, mort à Bagdad l'an 150 de l'hégire. C'est le rite suivi par la cour de Constantinople et les Turcs. Malek-ibn-Anès, mort à Médine en 179, et fondateur des Malékites, recrute actuellement ses partisans essentiellement dans l'Occident musulman, à Tunis, Tripoli, Alger, et dans le Maroc. L'Égypte appartient presque tout entière au rite chaféite, qui doit son origine à l'imâm Abou-Abd-Allah Mohammed ech-Chafei, mort à Fostât (le Vieux-Kaire) en 204 (819) [1]. Enfin Ahmed-ibn-Hambal, mort vers 241, a trouvé les sectateurs de sa doctrine à Damas et à Bagdad, c'est-à-dire en Syrie, en Mésopotamie et dans l'Yémen. Cette secte est fort peu nombreuse au Kaire.

» Les quatre rites orthodoxes ont leurs niches de prière (ou *mihrâb*) à el-Azhar et se répartissent les professeurs et les étudiants. Chacun d'eux a son cheikh principal [2]. »

---

[1] A propos de ce personnage, voyez, p. 42, la mention de la nécropole qui porte encore son nom, dans le cimetière de l'ancienne Fostât.

[2] Extrait de l'ouvrage précité, où l'on trouve d'intéressants détails sur l'enseignement donné à la mosquée-université d'el-Azhar. Nous en disons quelques mots page 59.

SUR LES TENTATIVES INFRUCTUEUSES

FAITES POUR DÉCOUVRIR LE SÉRAPÉUM DE MEMPHIS.

Fragment d'une lettre inédite de M. Aug. Mariette à M. Egger, de l'Académie des Inscriptions.

(Page 214.)

« L'emplacement de Memphis n'est connu d'une manière certaine que depuis l'expédition d'Égypte. Aucun auteur avant cette époque n'a donc pu préciser la position du Sérapéum. M. Jomard a été plus heureux. « Le Séra- » péum, dit-il, ne pouvait être éloigné du plateau de la montagne Libyque » (c'est sur le plateau même que je l'ai retrouvé). Pour le découvrir, il » faudrait opérer de grandes fouilles entre Sakkarah et la pyramide à degrés » qui est au nord [1]. » C'est précisément au pied de cette pyramide que passe l'allée des sphinx.

» Les instructions données par l'Institut d'Égypte à la commission chargée de fouiller Memphis sont moins heureuses : « Arrivés sur le terrain de » Memphis, l'un des premiers objets que doivent se proposer nos collègues » (MM. Fourier, Champy, Lepère et Geoffroy), est la recherche du Sérapéum. » Ce temple paraît avoir été destiné à deux usages : au rapport de Pausa- » nias, il était consacré à l'inhumation du dieu Apis... On doit en chercher » trace sur le bord oriental de la montagne [2]. » Je n'ai pas besoin de dire que c'est sur le bord *occidental* qu'il existe réellement.

» Wilkinson s'en est tenu à l'assertion de M. Jomard sans mieux préciser [3].

» Quant à M. Letronne, il plaçait le Sérapéum aux grandes pyramides et derrière le grand sphinx, c'est-à-dire à trois lieues au nord de son véritable emplacement [4], tandis que M. Lepsius l'a cherché aux pyramides de Dashour, situées à trois lieues au sud.

» Enfin, pendant les grandes fouilles du colonel Vyse, qui, vous le savez déjà, ne dépensa pas moins de 250 000 francs à l'exploration des pyramides,

---

[1] Voyez *Description de l'Égypte*, A, D, t. V, p. 555.
[2] *Courrier de l'Égypte*, n° 105.
[3] *Modern Egypt and Thebes*, t. I, p. 373.
[4] Voyez Letronne, *Inscriptions grecques de l'Égypte*, t. II, p. 482.

M. Perring fut spécialement chargé de rechercher le Sérapéum. Des tranchées furent faites dans ce but entre Abouzyr et Sakkarah, mais ne produisirent rien. Je n'ai pas le passage de l'ingénieur anglais sous la main, mais il existe réellement dans le IIIe volume de l'ouvrage intitulé : *Operations carried on at Gyzeh*, etc.

» M. Lepsius a fait divers sondages dans l'enceinte. Il a découvert, à l'est de la montagne sur laquelle le Sérapéum est bâti, un hypogée inviolé, situé précisément sous l'allée des sphinx, et pour arriver à cet hypogée, il a été obligé de démolir toute une partie de cette même allée. Enfin, connaissant comme tout le monde les nombreux sphinx déposés à Alexandrie et au Kaire, et en retrouvant deux nouveaux dans sa fouille de la plaine sablonneuse de Sakkarah, il aurait pu reconnaître le temple que, vers le même temps, il faisait chercher à Dashour.

» Vous savez que c'est en faisant une opération semblable à celle de M. Lepsius, c'est-à-dire en défonçant le dallage de l'allée des sphinx, que j'ai trouvé les admirables spécimens de l'art antique parmi lesquels figure le *Scribe accroupi* du Louvre (p. 200).

» Si sur la foi seule de Strabon, j'ai mis de côté la mission qui m'amenait en Égypte pour m'occuper du Sérapéum, j'ai aussi, sur la foi seule de Pausanias, sacrifié une année entière de travail à la recherche de la tombe d'Apis, située, selon cet écrivain, dans l'enceinte du Sérapéum. Le passage, assez obscur d'ailleurs, est celui-ci : « ... Le plus ancien des temples de Sérapis est » à Memphis. Pour celui-ci il n'est pas permis aux étrangers d'y entrer, et ses » propres prêtres n'ont ce droit qu'après avoir inhumé le bœuf Apis... » Les papyrus grecs du Sérapéum font mention des ensevelisseurs d'Apis et des logements qu'ils occupaient dans le Sérapéum.

» Paris, 21 mai 1856. »

COMMENT ON VOYAIT LES HIÉROGLYPHES
AU XVIe SIÈCLE.

L'OBÉLISQUE DE THOUTMÈS III, DIT AIGUILLE DE CLÉOPATRE, A ALEXANDRIE.

1. Reproduit d'après une photographie de M. Braun.
2. Dessiné, ainsi qu'un autre monument inconnu (3), par ANDRÉ THEVET, cosmographe de Charles IX et de Henri III : « ..... avec plusieurs figures de bestes, oyseaux, mains d'homme, vases à
» l'antique, d'arcs et carquois, corselets, cousteaux, astres du ciel, yeux et autres choses sem-
» blables, qui iadis étoient les lettres sacerdotales que nous nommons hieroglyphicques.
» Je laisse aux doctes hommes l'interprétation desdites lettres, telles que ie les vous ay repré-
» sentées au naturel, et ce suyvant ce que ie les ay vues estant sur les lieux. » (Cosmographie
d'André Thevet, 1575. Fac-simile d'après un exemplaire communiqué par M. Ferdinand Denis,
directeur de la bibliothèque Sainte-Geneviève.

TABLES

TABLE DES ILLUSTRATIONS

1. Figure de la REINE AAH-HOTEP, portrait donné par le cercueil doré de sa momie (XVII° siècle avant J.-C.). Musée de Boulaq. — D'après une photographie de T. Devéria, faisant partie de la collection inédite formée en Égypte avec son concours, par M. Henry P'''.................. *Frontispice*
2. Les ILES ÉOLIENNES, croquis de M. Cam. Chazal, pour en-tête de chapitre.   1
3. Ile de CYTHÈRE, petit croquis par M. Cam. Chazal.......   5
4. Monnaies alexandrines des PTOLÉMÉES .... 7 et   336
5. Petit groupe de fellahs........................   16
6. Intérieur de la mosquée de KALAOUN près du Moristan. Fac-simile Goupil d'un croquis inédit de Dauzats (1830)................................   34
7. Vue panoramique de la grande mosquée du SULTAN HASSAN et d'une partie de la ville du Kaire. Réduction et fac-simile Goupil d'une photographie de Braun..   39

> Le premier minaret, à droite de la mosquée, est celui de THOULOUN (IX° siècle); le second, d'AMROU (VII° s.), le plus ancien et le premier édifice des Arabes en Égypte. Sur le premier plan à droite : mosquée d'Ibrahim-aga. On remarquera le badigeon blanc et les bandes d'ocre vif qui couvrent la coupole et le minaret de cette mosquée. Ce bariolage déplorable, qui détruit pour toujours les nuances harmonieuses et chaudes que le temps et le soleil donnent aux édifices en Orient, a été commandé en 1869, *pour toutes les mosquées*, par le ministre des travaux publics, en l'honneur, dit-on, des invités du Khédive; mais ceux-ci, en gens de goût, ont vivement regretté cette innovation barbare. — Aujourd'hui, la mosquée de Hassan n'est plus visible, telle que nous la donnons ici : sa façade est cachée par l'énorme mosquée neuve de *Rifaye*, qui se dresse parallèlement à 15 mètres de distance en avant et communique avec *Ibrahim-aga* par une large rue neuve et tirée au cordeau. A l'extrémité droite de la mosquée de Hassan s'étend aujourd'hui une vaste place carrée avec bassin, d'où part un boulevard neuf (boulevard Méhémet-Ali) qui, prenant la ville en écharpe, va aboutir à *l'Ezbekieh*, place rapetissée, dépouillée de ses vieux sycomores et convertie en un square parisien. La même transformation, regrettable au point de vue du bon goût (qui ne saurait identifier une ville d'Orient à une cité du Nord), a été imposée aux places de *Roumeyleh* et de *Karameïdan*, sises entre la citadelle et l'angle gauche de notre mosquée.

8. Intérieur de la mosquée de Hassan, eau-forte.......................   41
9. Vue générale de la nécropole de KAÏT-BEY. Tirage à part sur bois...... ..   45

10. Ornement peint dans un tombeau égyptien................................ 61
11. Statue de bois de l'Ancien-Empire (musée de Boulaq)................. 81
12. Statue de diorite du pharaon CHÉPHREN (musée de Boulaq)......... 83
13. Sphinx d'un roi HYKSOS (musée de Boulaq)............................... 97
14. Statue d'un personnage ou d'un roi HYKSOS, dessin de M. Cam. Chazal (musée de Boulaq)... 99
15. Hachette d'or et de pierreries trouvée par M. Mariette dans la momie de la REINE AAH-HOTEP (musée de Boulaq)......................... 113
16. Poignard d'or et de pierreries de la REINE AAH-HOTEP (musée de Boulaq). 121
17. Statue d'albâtre de la REINE AMÉNIRITIS (XXV° dynastie), trouvée par M. Mariette à Karnak (musée de Boulaq)...... 136
18. La halte des derviches tourneurs. Tirage à part....................... 143
19. MÉHÉMET-ALI en audience au kiosque de CHOUBRAH. Ornement de chapitre. 164
20. Ornement tiré d'un manuscrit arabe..................................... 167
21. Musiciens arabes.. 180
22. Ornement peint dans un tombeau de Saqqarah (vautour aux ailes éployées tenant dans ses serres les emblèmes du sceau et de l'éventail)...... 181
23. Colosse de RAMSÈS II, dit Sésostris, à Memphis. D'après une photographie inédite de Th. Devéria... 187
24. Vue de la grande pyramide à degrés du plateau de Saqqarah (nécropole de Memphis).. 191
25. Statuette funéraire d'un scribe égyptien de l'Ancien-Empire, trouvée par M. Mariette sous le dallage de l'allée des sphinx du Sérapéum (musée du Louvre). Dessin de M. Cam. Chazal.................................... 200
26. Le taureau APIS, d'après les peintures du Sérapéum................... 207
27. Bronze antique d'APIS (musée du Louvre)............................... 208
28. Vue cavalière du *dromos* ou chaussée dallée, qui précédait l'entrée de la TOMBE D'APIS. Déblayé en 1851 par M. Mariette et ensablé de nouveau peu de temps après. Essai de restitution d'après les dessins et les plans donnés par M. Mariette. Tirage à part.. 220
29. Esquisses d'émaux antiques cloisonnés d'or, trouvés par M. Mariette dans les tombes inviolées des Apis. Règne de Ramsès II, époque de Moïse (musée du Louvre). Tirage à part.. 229
30. Profil et coupe d'une TOMBE D'APIS, dite *isolée*, d'après un dessin de M. Mariette dans le *Bulletin de l'Athenæum* français............................ 229
31. Vue intérieure des *Grands-souterrains* de la tombe d'Apis, pendant une illumination. A droite, la silhouette de M. Mariette, et au milieu celle de Th. Devéria, d'après une photographie inédite prise dans le cours de ce voyage. Eau-forte.. 233
32. Vue intérieure d'une chambre sépulcrale avec le sarcophage colossal d'un Apis, d'après un dessin publié par M. Mariette.......................... 233

 Lors de la découverte des souterrains, certaines chambres étaient encore murées jusqu'à mi-hauteur et les intervalles entre les sarcophages et les parois remplis de décombres. Ces monolithes ont été tirés des carrières de Syène (Assouan), distantes de près de deux cent cinquante lieues au sud. Ils descendaient le Nil sur des radeaux au moment de la crue et faisaient le reste du trajet à l'aide de treuils et de rouleaux.

Pour les faire descendre dans les chambres, plus basses que les corridors, puis dans l'encastrement du sol taillé pour eux, on submergeait dans le sable toutes ces cavités jusqu'au niveau dudit corridor. Le sarcophage étant roulé au-dessus de sa place définitive, on enlevait le sable, et le bloc descendait graduellement. Quatre hommes, placés dans les échancrures ménagées aux quatre côtés de l'encastrement, achevaient de retirer le sable sous le monolithe, opération que facilitait la convexité légère donnée à sa face inférieure. M. Mariette, ayant reconnu que l'un des sarcophages n'avait pas été complètement descendu, fit retirer ce qu'il restait de sable; en moins de deux heures on vit le bloc colossal descendre dans la cavité au-dessus de laquelle il était suspendu depuis deux mille ans peut-être.

33. Vue extérieure d'une chambre sépulcrale d'Apis ayant conservé sa fermeture antique et les stèles votives qui la couvraient. D'après un dessin de M. Mariette. (Collection du Louvre.) 246
34. Ornement arabe tiré de la mosquée de THOULOUN au Kaire (IXe siècle)..... 276
35. Vue intérieure de la mosquée ruinée du khalife HAKEM.................. 280
36. Intérieur d'un ancien salon arabe au Kaire. Fac-simile Goupil d'un croquis inédit de Dauzats (1830).. 283
37. Porte d'une ancienne maison arabe au Kaire............................ 289
38. Petite silhouette de la mosquée funéraire de BARKOUK.................. 291
39. Un café arabe au Kaire.. 301
40. La rue de la citadelle, au Kaire. A l'arrière-plan, mosquée d'Ibrahim-aga. 306

APPENDICE

41. Monnaie d'argent rarissime attribuée au satrape ARYANDÈS (époque de la conquête perse).. 334
42. Sphinx de THOUTMÈS III, au musée de Boulaq. D'après une photographie inédite de Th. Devéria.. 335
42 bis. Monnaies des trois PREMIERS PTOLÉMÉES............................. 336
43. Monnaie d'ALEXANDRE ÆGOS, fils posthume d'Alexandre le Grand........ 337
44. CLÉOPATRE en Isis, monnaie alexandrine................................ 348
45. Médailles ROMAINES IMPÉRIALES, frappées en Égypte..................... 349
46. Médaille d'AUGUSTE pour la prise de l'Égypte........................... 361
47. Frise byzantine, d'après l'*Art monumental* de M. L. Batissier, ancien consul de France en Égypte... 362
48. Monnaie de l'empereur JUSTINIEN, d'après la *Description générale des monnaies byzantines* de J. Sabatier...................................... 364
49. Monnaie du roi de Jérusalem JEAN DE BRIENNE, frappée à Damiette en 1219, d'après *Les principautés franques du Levant* de M. G. Schlumberger.. 376
50. Le supplice de TOUMAN-BEY, dernier sultan mamlouk, fac-simile d'une vignette du XVIe siècle.. 380

51. Médaille commémorative de l'expédition française en Égypte............ 383
52. Le général DESAIX et ses lieutenants dans la Haute-Égypte, d'après l'album dessiné par Denon en 1798... 386
53. Couronnement d'une fenêtre de mosquée au Kaire..................... 410
54. L'obélisque de THOUTMÈS III, dit Aiguille de Cléopâtre, dessiné au XVIᵉ siècle. 420
55. Le même, d'après une photographie........ 420

CARTES ET PLANS

56. Plans d'Alexandrie antique et moderne (Description, p. 336, 341, 390)... 7
57. Plan archéologique du Kaire ancien, d'après le tracé topographique de la *Commission d'Égypte* en 1798, augmenté des édifices et tel qu'il est resté, à peu de chose près, jusqu'en 1867.. 25
58. Petit plan du Kaire et de ses environs................................. 25
59. Petite carte du Nil au site de Memphis et du Sérapéum................ 25
60. Plan d'ensemble des fouilles du Sérapéum de Memphis................ 216
61. Plan inédit de la tombe souterraine d'Apis au Sérapéum de Memphis..... 228
62. Carte de l'ÉGYPTE PHARAONIQUE, PTOLÉMAIQUE et ARABE................. 309
63. Plan typique de la mosquée d'AMROU au Vieux-Kaire (VIIᵉ siècle)........ 412

TABLE DES MATIÈRES

I. — LA MÉDITERRANÉE.. 1

II. — ALEXANDRIE. — M. Tastu, consul général. — M. de Lesseps......... 7

III. — LE DELTA... 17

IV. — LE KAIRE et ses environs... 25

LES AUDIENCES. — Le vice-roi d'Égypte. — M. Mariette-bey.............. 26

LES MOSQUÉES. — Rues du Mousky et d'*el-Gouriéh*...................... 28
    La citadelle. — Mosquées de KALAOUN, de MÉHÉMET-ALI............ 33
    Panorama du Kaire vu de la citadelle............................ 35
    Mosquée du sultan HASSAN.. 38
    Place de ROUMEYLÈH. — Nécropole de l'imam SCHAFEY............... 42
    Nécropole de KAÏT-BEY, ou tombeaux des sultans mamlouks......... 43
    Mosquée funéraire du sultan mamlouk KAÏT-BEY.................... 45
    Mosquées funéraires des sultans EL-ASCHRAF-BARSEBAY, BARKOUK, etc... 48
    Les bazars. — Mosquées EL-GOURIÈH et EL-AZHAR................... 57

LE MUSÉE ÉGYPTIEN DE BOULAQ, créé par MARIETTE-BEY.................... 61
    Aperçu de la chronologie égyptienne............................. 67
    Monuments de l'ANCIEN-EMPIRE égyptien........................... 72
    Monuments du MOYEN-EMPIRE....................................... 88
    Monuments des conquérants HYKSOS OU PASTEURS.................... 94
    Monuments du NOUVEL-EMPIRE. Trésor trouvé dans la momie d'une reine de la XVIIIe dynastie (XVIIe siècle avant J. C.)............. 103
    Stèles éthiopiennes du mont Barkâl.............................. 130
    Monuments de la *Renaissance* Saïtique.......................... 133

LE COUVENT DES DERVICHES TOURNEURS. — Les cérémonies.................. 140
    Aperçu de la doctrine des SOUFIS................................ 145

TABLE DES MATIÈRES.

Course aux bazars et au hasard.. 150
    Des étoffes orientales et des bijoux....................................... 153
    Du caractère des Européens en Orient...................................... 155
    Du caractère des Fellahs et de leur situation............................. 158
    Esquisse de la situation économique à l'époque de ce voyage............... 162

Palais de Choubrah.. 164

La foire de Tantah. — Le grand zikr. — Marchands d'esclaves. — La procession. — Les « inévitables » danses d'almées, etc............................ 167

Memphis et Saqqarah, excursion avec Mariette-bey.............................. 181
    L'inondation du Nil. — Le site désert de Memphis.......................... 183
    Les ruines de Memphis au XIII° siècle..................................... 184
    Traversée des lagunes. — Le plateau de Saqqarah et la *Pyramide à degrés*. 188
    Nécropole de Memphis. — Les tombes de l'Ancien-Empire égyptien.... 192
    Éclaircissements sur la nature et le culte d'Apis.......................... 204
    Visite à l'ancien campement de M. Mariette, lors des fouilles du Sérapéum, ou temple funéraire des Apis... 210
    Mission de M. Mariette en Égypte en 1850. Le site du Sérapéum retrouvé. 212
    Commencement des fouilles. L'allée des sphinx mentionnée par Strabon, etc. 215
    Période des luttes, des persécutions et des interruptions................. 221
    Découverte des hypogées ou souterrains funèbres des Apis................. 231
    Description des souterrains : sarcophages colossaux, tombes inviolées, inscriptions et bijoux funéraires. — Toutes les dynasties égyptiennes ou conquérantes représentées au Sérapéum depuis le XVII° siècle av. J. C.. 232
    Le Sérapéum grec des Ptolémées ; ses mœurs révélées par les papyrus... 252
    Hypothèse de M. Mariette sur la *Pyramide à degrés*...................... 258
    Aspect de Memphis au soleil couchant...................................... 261

Héliopolis et Matariyèh, excursion avec M. Ferd. de Lesseps.................. 264
    Les travaux du canal d'eau douce par les corvées égyptiennes.............. 265
    Site désert d'Héliopolis. — Ses ruines au XIII° siècle.................... 267
    Obélisques de Rome tirés d'Héliopolis. — Son unique obélisque, le plus ancien de tous.. 270
    Matariyèh et le sycomore de la Vierge, légende antique de la *Fuite en Égypte*.. 273

Le Kaire ancien. Excursion dans le présent et le passé de la ville. — Impressions des soldats de Bonaparte. Impressions du peintre Marilhat.......... 276
    Mosquée du khalife Hakem ; anciennes bibliothèques des khalifes.......... 279
    Ruelles et moucharabychs.. 282
    Sur la condition des femmes de l'Orient................................... 283
    Les passages et les impasses de la ville arabe. — Édifices en ruine..... 287
    Petite attaque de chiens errants. — Coup d'œil du haut de la citadelle.. 289

Les quartiers ruinés de FOSTÂT, ASKER et KATAŸ. — Mosquée de THOULOUN. 291
Magnificence des palais arabes au IXe siècle de notre ère. — Une invention princière digne des *Mille et une Nuits*........................ 292
Trésors fabuleux des khalifes Fatimites.......................... 297
Physionomies populaires d'aujourd'hui et d'autrefois ; échoppes et palais. 299
Le BIRKET-EL-FIL, l'EZBEKIÉH d'autrefois et de demain............... 303

APPENDICE HISTORIQUE

EXPOSÉ DES CROYANCES RELIGIEUSES de l'Égypte antique, par M. MASPERO, professeur d'égyptologie au Collège de France............................ 309

NOTE SUR L'HISTOIRE DE L'ÉGYPTE. — Sources historiques. — Dynasties égyptiennes... 319

RÉSUMÉ CHRONOLOGIQUE DE L'HISTOIRE D'ÉGYPTE (règnes, faits, monuments principaux), depuis les premières dynasties antiques jusqu'à nos jours.......... 323

I. — PÉRIODE PAIENNE.. 323
    Ancien-Empire égyptien....................................... 323
    Moyen-Empire... 325
    Nouvel-Empire.. 327
    Domination macédonienne et grecque........................... 336
    Domination romaine... 349

II. — PÉRIODE CHRÉTIENNE. — Dominations romaine et byzantine....... 362

III. — PÉRIODE MUSULMANE.. 365
    PREMIERS KHALIFES après la conquête (VIIe siècle)............. 366
    KHALIFES OMEYYADES (VIIe-VIIIe siècles)....................... 367
    KHALIFES ABBASSIDES (VIIIe-IXe siècles)....................... 367
    Dynastie des THOULOUNIDES (IXe siècle)......................... 369
    Dynastie des IKHSCHIDITES (Xe siècle).......................... 372
    KHALIFES FATIMITES (X^e-XIIe siècles)........................... 372
    SULTANS AYYOUBITES (XIIe-XIIIe siècles)........................ 375
    SULTANS MAMLOUKS BAHARITES (XIIIe-XIVe siècles)............... 376
    SULTANS MAMLOUKS CIRCASSIENS ou BORDJITES (XIVe-XVIe siècles).. 377

TABLE DES MATIÈRES.

DOMINATION OTTOMANE (XVIᵉ-XVIIIᵉ siècles).......................... 380

DOMINATION FRANÇAISE (1798 à 1801)................... 383

SUZERAINETÉ OTTOMANE et DYNASTIE DE MÉHÉMET-ALI............... 387

DESTRUCTION DE LA MILICE DES MAMLOUKS par Méhémet-Ali................. 394
SUR LES TRÉSORS DES KHALIFES DU KAIRE............................ 400
DES MOSQUÉES ET DE LEUR ORGANISATION........................... 410
SUR LES TENTATIVES INFRUCTUEUSES faites avant M. Aug. Mariette pour découvrir le Sérapéum de Memphis...................... 418
COMMENT ON VOYAIT LES HIÉROGLYPHES AU XVIIᵉ SIÈCLE.................. 420

TABLE des illustrations................................. 423
TABLE des cartes et plans.............................. 426
TABLE des matières................................... 427

ERRATA

Page 7, Plan d'Alexandrie antique : *omission du mot* TIMONIUM. *Ajoutez à ce nom* : dernière habitation de Marc-Antoine après son désastre d'Actium.

Alors abandonné de ses partisans, il y mena la vie retirée du misanthrope *Timon d'Athènes*, dont il avait donné le nom à ce lieu de refuge.

- Page 22, lignes 20, 21 : son frère Achmet *lisez* son neveu
- — 38, — 11 : khalife Mostanser *lisez* sultan Thouloun
- — 43, — 30 : gauche *lisez* droite
- — 65, note, dernière ligne, *supprimez* (Id.)
- — 82, ligne 26 : *supprimez* ;
- — 217, — 11 : 1ᵉʳ Janvier 1851 *lisez* Décembre 1850
- — 217, — 14 : du 26 au 30 janvier *lisez* du 27 décembre 1850 au 4 janvier 1851
- — 243, — 30 : *supprimez* (E).
- — 246, titre de la vignette : Dernière chambre des Petits-souterrains, etc. *lisez* Exemple de chambre sépulcrale, etc.
- — 292, ligne 12 : khalife Thouloun, *lisez* sultan, etc., *et passim*. — *Id.* pour son successeur Khomarouyah.
- — 297, ligne 2 : *après* XIᵉ siècle, *lisez* après une longue suite de calamités exceptionnelles, pouvaient s'élever à, etc.

PARIS. — IMPRIMERIE DE E. MARTINET, RUE MIGNON, 2.

www.ingramcontent.com/pod-product-compliance
Lightning Source LLC
Chambersburg PA
CBHW071058230426
43666CB00009B/1748